国家社会科学基金重点项目“当代中国改革创新试验的法治问题研究”
（项目批准号：17AZD017）

改革与法治创新

要素市场化配置实证研究

沈国明 等 著

法律出版社
LAW PRESS·CHINA
北京

图书在版编目（CIP）数据

改革与法治创新 ：要素市场化配置实证研究 / 沈国明等著. -- 北京 ：法律出版社，2025. -- ISBN 978 -7 -5244 -0196 -4

Ⅰ. F723.0；D920.0

中国国家版本馆 CIP 数据核字第 2025HA9887 号

改革与法治创新
——要素市场化配置实证研究
GAIGE YU FAZHI CHUANGXIN
—YAOSU SHICHANGHUA PEIZHI SHIZHENG YANJIU

沈国明 等著

策划编辑 沈小英
责任编辑 沈小英 任 娜
装帧设计 汪奇峰

出版发行 法律出版社
编辑统筹 法治与经济出版分社
责任校对 王语童 张翼羽
责任印制 吕亚莉
经 销 新华书店

开本 710 毫米×1000 毫米 1/16
印张 24.5 字数 389 千
版本 2025 年 5 月第 1 版
印次 2025 年 5 月第 1 次印刷
印刷 保定市中画美凯印刷有限公司

地址：北京市丰台区莲花池西里 7 号(100073)
网址：www.lawpress.com.cn
投稿邮箱：info@lawpress.com.cn
举报盗版邮箱：jbwq@lawpress.com.cn

销售电话：010 -83938349
客服电话：010 -83938350
咨询电话：010 -63939796

书号：ISBN 978 -7 -5244 -0196 -4　　定价：116.00 元

凡购买本社图书，如有印装错误，我社负责退换。电话：010 -83938349

作者简介

沈国明

1952年生人，上海交通大学凯原法学院讲席教授，兼任上海市社会科学界联合会副主席，中国法学会学术委员会委员。

前　言

一

改革与法治是一个历史性话题，可以长久地存在和延续。之所以要改革，是因为经济社会发展遇到了既有体制不能解决的难题，必须探寻新的出路。因此，成功的改革一定是实现了体制创新的。要说明的是，本书所说体制创新，包括法律、法规、政策等具有约束力的规则的创新。我国的体制创新，往往经过“试错”的艰难探索，克服一个个障碍，积小胜为大胜，最终走出一条中国特色社会主义道路。改革进程中，法治建设一直相伴同行，体制创新是中国法治建设40余年的基本内核。创新的体制在实践中走向成熟，使社会主义法治体系不断健全和完善，其间虽有起伏曲折，但是发展和前进的，日益接近法治中国的宏伟目标。

《中华人民共和国国民经济和社会发展第十四个五年规划和2035年远景目标纲要》，擘画了国家15年内的发展总体战略和基本任务。“十四五”规划是中国经济迈向高质量发展关键阶段的规划，将为实现2035年进入中等发达国家行列，2050年全面建成社会主义现代化强国奠定基础。改革是实现各项目标的强大动力和重要举措，更深层次的改革、更高水平的开放，才能革除影响经济社会发展的体制机制障碍，构建起新发展格局。

为实现高质量发展，2020年3月30日，中共中央、国务院印发《关于构建更加完善的要素市场化配置体制机制的意见》（以下简称《要素市场化配置意见》），这是一个具有里程碑意义和时代特征的文件。推进市场化配置生产要素资源，是建设高标准市场体系的关键步骤，也是深化供给侧结构性改革的重大举措，还是提高全要素生产率的关键措施。我国在市场化配置土地、劳动力、资本、技术、数据这五大生产要素方面,取得了很大成绩,市场在配置资源中由过去发挥重要作用,进步到要发挥决定性作用。在这个过程中,国家制定了很多法律、行政法规和部门规章,在这些规范尚未覆盖的部分,还有许多政策在起规范的作用,这使要素市场运行基本实现了有法可依。可以说,法治规范体系引领和保障了市场在生产要素配置中发挥决定性作用。

与提高生产要素配置市场化水平相关的法律,无论是制定还是修改,都顺应了现实发展的需要。市场经济是法治经济,法治发展的轨迹大体是,经济运行中市场因素的增加,催生了相关的法律制度。法治实施环节中出现的问题,除了改进法治实施状况,还通过立改废释对法治规范加以完善,从而形成与社会主义市场经济相适应的法治规范体系。在生产要素市场化配置改革中,法律制度的建设也经历了这样的过程。虽然成绩巨大,但是,让市场在生产要素配置中发挥决定性作用,法治建设的任务仍然很艰巨。在微观操作层面,市场发育不良、要素流动不畅、市场配置功能不到位、价格形成不平衡不合理等问题仍然存在,亟待在法治的框架下加以解决;在宏观战略层面,对于生产要素市场化配置改革中,相关法治规范仍有很大的提升空间,有关制度创新的研究也仍显不足。

为此,在领受了《当代中国改革创新试验的法治问题研究》项目后,笔者进行了认真研究,决定以《要素市场化配置意见》为依据,将与土地、劳动力、资本、技术、数据这五大生产要素相关的法治问题作为研究对象,运用史实和数据展示从提出问题到解决问题的过程,具体展示法治对改革发挥的作用,从侧面来回答"中国改革为什么能成功"。这项研究通过剖析多项制度创新,说明生产要素配置逐步趋于市场化与法治发展的相关性。将社会主义市场经济作为改革的价值取向,是在实践中逐步明确的。与此相应,转型期常见的法治规范体系内部相互冲突和不协调,也随着改革价值取向的明确而趋向于消除,法治规范体系在实践中逐步健全和完善。

为最大限度地保证改革的顺利推进,特别是为了避免颠覆性的错误,我国的改革都是以试点开路的。选择若干试点,允许在一定的范围内突破既有法律法规，摆脱体制机制上的羁绊，以创新的机制和制度解决传统体制无法解决的问题，一旦试点成功，便将此项改革大面积推开，形成新的体制和机制，这是中国渐进式改革的成功之道。为了实现改革试点任务，地方上往往根据授权制定地方性法规和政府规章，为试点开路和提供保障，这种努力事实上为国家制定相同主题的成熟法律、行政法规积累经验教训，减少立法中的失误。许多地方都承担过改革试点的任务，所以，本书引用了一些地方先行改革进行体制创新的案例，包括上海的实践。

上海是承担改革试点任务最多的地方，上海的实践很能反映改革与法治、经济社会发展与法治相关性的。例如，1987 年，上海与深圳、广州、天津承担了国有土地使用权有偿出让和转让这项改革试点，这项改革助推了宪法、土地管理法等法律的修改，实现了体制创新，使土地资源的价值得以充分实现，为国家建设提供了巨额资金。改革试点重在创新体制机制，一方面为在全国范围内全面推行相关改革探路清障，另一方面也为制定和修改相关法律制度提供了实践依据。鉴于改革试点在体制创新方面的资料容易收集，笔者在本书中采用地方创新试验的一些情况和数据，以小见大，说明改革事项变化发展与法治的相关性。

二

2023 年 3 月，中共中央办公厅、国务院办公厅印发《关于加强新时代法学教育和法学理论研究的意见》，习近平法治思想对新时代法学教育和理论研究提出了全面要求，对完善法学教育体系和法学理论研究体系提出了具体要求，也对法学工作者把握政治方向提出了较高要求。

法学研究的一项重要的使命是要实现马克思主义法治理论的中国化、时代化，其基础工作是总结中国社会主义法治建设的经验教训，提炼中国特色社会主义法治的概念、观点、理论。本书立足国情，围绕全面建设社会主义现代化强国的实践，关注经济社会发展和法治进步的实际，力求符合《要素市场化配置意见》的要求，研究来自现实的真问题，为构建中国自主的法学知识体系尽绵薄之力。

在国际学术界，有一种声音认为中国的法治建设与改革开放是同步的,中国法学界应该说明法治作用于经济的机制,以证明法治对经济发展的推动作用。本书旨在揭示法治与经济增长的相关性,是回应这种声音的一次努力。经济持续高速发展的 40 余年,创下了世界经济的中国奇迹,在时间轴上,生产要素市场化的曲线与制度创新曲线基本是重合的,这是研究法治与经济社会的发展相关性可以截取的最佳时间段;生产要素由行政配置转向主要由市场配置的转型过程,是我们说明法治作用于经济的极佳范本。因此,本书的研究成果有助于理解中国的改革开放和法治的发展,有助于开展国际对话,也有助于人们正确认识法治理想与现实之间的距离,对法治提出更实际的要求。

本书运用史实和数据等可观察、可测量、可验证的资料,将与五大要素相关的法治问题作为研究对象,试图通过对现象的归纳和经验的描述,认清改革过程中的一些现象,揭示制度创新背后的一些原因,比较清晰地展示法治与生产要素走向市场化配置之间的相关性。为此,在研究中,笔者力求以数据说话,通过先后数据的变化,说明法律、法规、政策等层面制度创新的效果。研究也吸收了后实证主义的方法,并不唯数值论。信息化为开展该项实证研究提供了便利,学科的进步也使相关研究具备了较好的基础。鉴于与数据要素相关的法治规范出台晚,实施的时间较短,书中说明法治作用于数据要素的内容相对少,而叙述应然状态的篇幅相对多些。这样处理总体上是实事求是的,与目前对数据要素认识的程度相符,缺憾是与书中其他部分的风格不尽统一,但如若缺少数据要素,会使该项研究碎片化。相信假以时日,这个缺憾可以得到弥补,这也要求笔者将这项研究持续做下去。

由计划经济向市场经济转型,世界上没有成功的先例。我国的转型是较为成功的。我国以渐进式改革逐步革除了计划经济带来的不足,劳动生产率大大提高,经济得到快速发展;本书对法治与生产要素市场化配置相关性的研究,说明了渐进式改革的合理性,也说明了我国法治建设为什么是渐进的。

改革初期,在由计划经济向市场经济的转型的过程中,全社会对法治规范的需求很旺盛,重建规范的起点很低,对一些现在看来非常平常的行为的“罪”与“非罪”都有争议。满足社会需要和顺应发展趋势的新规范出台后，一些新出现的社会关系得以恰当的调整。但是，经济社会的快速发展，令这些新的规范往往生命周期很短，实施不久便不够用了，需要修改。如此循环往复，我国逐步建立起了与社会主义市场经济价值取向一致的法律体系，形成了基本经济秩序和社会秩序，并在朝建设法治体系进而向法治中国的方向迈进。

回溯历史，不难发现，在转型初期，法治与经济社会发展较多时候呈线性关系，法治作用于经济的机制容易揭示和把握。但是，市场经济发展到一定阶段，经济达到相当规模，作用于经济社会发展的因素增多，而且权重时有变化。这时，法治与其他因素结合在一起呈多项式关系，多种因素共同对经济社会发展产生影响。现实中常见的是，为社会治理某个具体事项而出台的法律法规，由于其他因素的介入，却对经济发展产生了直接或间接的影响。在多项式关系中，清晰显示法律规范的作用是有难度的，相较于法治规范体系是否完善，法治的实施状况对经济社会发展具有更高的相关性。这可以解释为什么法治规范体系日益健全和完善，而法治则呈波浪形曲折发展。今后，应当将更多相关因素纳入分析框架，如法治实施状况，并且还可以引入严肃的法律后评估的结果，以使笔者的研究达到设计的预期。

三

构建符合中国法治建设实际的知识体系，需要将现代法治理念与中华优秀传统文化相结合。在研究中，笔者注意到，五大生产要素的配置，不管是在计划经济时期，还是在市场化改革阶段，都存在传统文化的影响。这提示我们，在进行相关研究时，要从传统文化的维度，剖析文化因素在生产要素的市场化配置背后的作用，从而增强这类研究成果的说服力。传统文化的基因不可能消失，传统文化对法治的影响几乎无处不在，如果在分析法治与所调整的社会关系之间增加文化的维度，结论一定更符合实际，法治建设也多了源自历史的支撑，我国社会主义法治的特点也更加鲜明。

新时代法学理论研究,将进一步完善和强化实现法治的社会环境和社会条件,形成全社会接受法治的良好基础。缺乏相应的环境、条件和基础,法治是无法生根的。我们的工作是在营造法治所需的环境、成就实施法治的条件,改造和强化接受法治的基础,推动法治中国建设的实践。我们要有紧迫感,提高知识水平,使自己拥有实践所需的智慧,拿出实践所需要的成果,以应对各种风险挑战,为实现中国式现代化,进而实现中华民族伟大复兴这个宏伟目标尽心尽力。

基于上述共识,本书搭建研究框架,作了分工,大家分别收集资料,根据资料梳理而成的历史演进过程,并进行过多次讨论,拟在理论层面加以提升,形成符合预期的成果。但是,最终还是留有一些遗憾。首先,想弄清法治直接作用于五大生产要素的概貌并未完成。以资本要素来说,涉及领域很广,本书只撷取了银行法、证券法这两个部分,而且并没有涉及实质性运作,所以,试图说明法治作用于资本要素的努力没有完全达到预期。作用于经济的相关因素很多,一一对应是不现实的,更遑论完全量化。尝试虽然并不如意,但是,尽量说明各种因素对事物发展的相关性不是不可能的,笔者对未来的研究抱有信心,今后将进一步深化研究。其次,资料收集存有一定困难。笔者期望通过这次研究,与相关实务机构建立进一步的联系,建立互信,缓解资料收集工作的困难,使研究成果更具说服力。最后,由于知识结构与研究水平有限,本书尚未充分体会改革试验中创新的各项制度的真谛,以及所带来的正负效应,未必能准确地对其作出合理的评价,比较多的情况是对法治状况加以描述,与提炼出深刻见解的初衷还有距离,这影响了研究的深度。此外,笔者对国内外相关的实证研究方法掌握也很有限,研究方法还有很大提升空间。这些都是本书留下的遗憾,留给笔者在今后的相关研究中加以克服。

形成书稿,似乎已经大功告成,但是,此刻的心情却是,我们将开始一段新的艰难征程,唯有继续努力!

目　录

第一章　当代中国改革创新试验的法治问题概述

党的二十大报告指出:"构建全国统一大市场,深化要素市场化改革,建设高标准市场体系。完善产权保护、市场准入、公平竞争、社会信用等市场经济基础制度,优化营商环境。"党的十九大以来,完善要素市场化配置成为社会主义市场经济体制改革的重点任务。市场体系是一个综合性的机构,由商品及服务市场、土地市场、劳动力市场、资本市场、技术市场以及数据市场构成。改革开放以来,我国的资本、土地、劳动力、知识产权、数据等生产要素市场发展很快,其中土地、劳动力、信贷的市场化程度最高。与此相伴的法律发展和市场经济的制度化进程大体是清晰的。本书以土地、劳动力、资本、技术、数据五大要素为分析对象,展示当代中国改革创新试验中所遇到的法律问题。

一、土地要素制度改革及其影响

土地是自然资源,也是一国经济发展的主要生产要素。马克思指出:"资本家之间的竞争会造成人类无限地索取和占有自然资源。"[1]因此,各国都对土地的使用加以管理和限制。我国城市土地是国有的,农村土地是集体所有的,法律对于土地实行严格管理,也注重实现土地价值,推动经济社会发展。本章试图论证我国经济社会发展过程中,土地法律和相关制度所发挥的作用和影响,并尽可能用数据加以说明。

(一)《宪法》肯定农村土地家庭联产承包责任制所产生的影响

由于农村工作长期受"左"的政策影响,20 世纪 70 年代末,全国还有

---

〔1〕［德］卡尔·马克思:《资本论》(第 1 卷),中共中央马克思恩格斯列宁斯大林著作编译局译,人民出版社 2004 年版,第 579 页。

2.5 亿人没有解决温饱问题。安徽等地农民自发实行包干到组或包干到户责任制，除交给国家、集体的粮食外，全部归于农民自己。这种做法得到了当地党委和政府的支持，深受农民欢迎。1980 年 9 月，党中央印发《关于进一步加强和完善农业生产责任制的几个问题》，肯定了包产到户的做法。1982 年 1 月，党中央批转《全国农村工作会议纪要》，明确包产到户、到组，包干到户、到组等各种责任制都是社会主义集体经济生产责任制。在此基础上，《中华人民共和国宪法》（以下简称《宪法》）第 8 条第 1 款第 1 句明确规定："农村集体经济组织实行家庭承包经营为基础、统分结合的双层经营体制。"

家庭联产承包责任制通过由集体享有土地所有权、农户享有土地使用权的方式，在实质意义上让农民拥有了集体经济组织内部承包合同约定的"生产经营自主权"，即集体所有、农户家庭经营、自负盈亏。对于集体而言，其享有土地的所有权，成为发包方；对于农户而言，其通过承包的方式享有土地的使用权，能够在一定期限内对特定土地享有自主决定生产经营的权利。此项制度在一定程度上满足了国家、集体、个人多元主体的内在要求，这不仅是我国农民的伟大创新，更是我国农村现代化建设重要关键一步。家庭联产承包责任制这种"带有革命意义的变革"或新制度安排，成为激发农民生产积极性的主要动力，推动了农业生产迈上新台阶。

（二）1987 年城市土地批租制度改革的影响

中华人民共和国成立后的相当长时间里，我国土地的价值没有真正实现，城市更新速度缓慢，各地出现基础设施老化，交通拥堵、住房紧张问题。在实行城市土地使用权有偿出让和转让试点的基础上，1988 年《中华人民共和国宪法修正案》（以下简称《宪法修正案》）规定土地使用权可以依照法律规定转让。随后，1988 年《中华人民共和国土地管理法》（以下简称《土地管理法》）依据《宪法》的规定作了修改。此后，国有土地出让的收益使地方政府获得可支配的财力，为城市基础设施建设和公共服务提供了资金来源。全国土地出让收入占地方财政收入的比例已接近 50%；建设用地出让收入成为地方财政收入的有力支撑，也成为其财政支出的重要来源。土地批租制成为城市土地价值得以迅速膨胀的“催化剂”,并产生了至少近 80 万亿元的财富,为我国的城镇化、城市现代化打下了坚实的基础。然而,需要注意的是土地批租制度也给经济带来了一些负面影响。其一,助推地价、房价双高,地方经济容易被房地产市场“绑架”;其二,土地配置和财政分配并没有得到合理匹配;其三,市场的基础性作用没有得到充分发挥。在未来的制度设计中,可以考虑引入“年租制”,即在国家将城镇土地使用权租赁给开发商或土地使用者,开发商或土地使用者按规定每年向国家缴纳一定数量的土地租金。

(三)1993 年至今农村土地承包经营权流转及“三权分置”改革的影响

随着土地批租制度改革的推进,2002 年制定的《中华人民共和国农村土地承包法》(以下简称《农村土地承包法》)先后于 2009 年、2018 年进行了修改,农村土地承包户通过转包、转让等方式将农地交由其他人经营,获得了正式的立法认可。为推动土地承包经营权流转和市场化配置,2009 年,国家开始推动农村土地承包经营权确权登记颁证试点工作。“土地确权”是解决农村人地矛盾的重要举措。只有在土地权属清晰的前提下,农村土地要素市场化配置才有可能,从这个意义上来说,其是在国家层面开展的以农地产权清晰化处置为主要目的的实质性措施。2013 年,我国经济发展步入新常态,农村土地制度改革开始进入以权利分割为主的新阶段。承包地的“三权分置”制度妥善调整了国家、集体和农民的利益。党的十八大以来,我国完成了 15 亿亩承包地的确权,登记办证 2 亿户,从而有效解决了原先部分地区存在的承包地面积不准、四至不清、权属不明等问题。与此同时,承包地“三权分置”政策法律体系也逐步建立,为各地土地经营权流转市场的运行提供了指导,促使土地经营权有序流转。

(四)2008 年至今集体林权制度改革的影响

我国林权制度改革是继家庭承包责任制改革以后的农村社会经营制度的“第二次革命”。在坚持集体林地所有权为集体的前提下,依法将林地承包经营权和林木所有权,通过家庭承包的方式落实到本集体经济组织的农户,确立农民作为林地承包经营权人的主体地位,并依法明确产权、勘界发证、放活经营权、落实处置权、保障收益权。集体林权制度改革,通过产权明晰让林农真正成为林地的财产权人,推动了林业经济的发展,发展了“三权分置”制度,推动农村社会财产性收入增长,促进“绿水青山就是金山银山”生态文明建设。

(五)2018 年宅基地“三权分置”改革的影响

农村宅基地制度改革的主线是正确处理农民和土地的关系,底线是保证农民不失所。宅基地权利分配链条延伸,使社会主体参与宅基地的利用关系,由此产生了以农民集体为主体、农户与社会主体形成的三元宅基地权利分享格局,由此,实现“三权分置”制度创新。在此背景下,原农民集体土地所有权不变,农户可根据自己的身份取得宅基地使用权,而且社会主体还可通过一定的途径取得宅基地的部分使用权,从而促进宅基地资源配置效率的提升。

(六)允许农村集体经营性建设用地直接入市改革的影响

2019 年修正的《土地管理法》通过建立相关制度,允许农村集体经营性建设用地的直接入市而不经过征收,不仅是对既有用地现状的确认,还有利于农民分享制度改革的红利,可以为生态农业、观光旅游等产业的发展提供支持,填补“小产权房”的空缺,并为城市淘汰的落后产能提供重生的机会,为建立城乡统一的建设用地市场奠定了制度基础,为推动城乡统筹发展、保护农民权益、缓解城市建设用地紧张等方面提供了重要支持,也推动了农地改革,推动了我国农村土地制度现代化。

(七)探索增减挂钩指标、耕地占补平衡指标等跨省域交易改革影响

占用耕地补偿制度,即建设所占用的耕地数量和质量,必须以同等数量和质量的耕地进行补偿。2019 年《土地管理法》第 30 条规定国家严格控制耕地,实行占用耕地补偿制度,坚持“占多少,垦多少”的原则。实施耕地占补平衡制度为严格遵守耕地红线并保护耕地起到了至关重要的作用。实践中,随着全国统一的耕地空间管控机制的形成,以及耕地进出平衡制度的出台,原耕地占补平衡的空间扩大,土地用途管制也进一步细化、深入与加强。耕地占补平衡政策实施产生了“双向变化”结果,即耕地

转化为建设用地,并让未得到整治的农村建设用地以挂钩指标的形式转向城镇使用,缓解城镇建设用地短缺,跨省域耕地占补平衡优化了土地资源配置,促进区域经济的协同发展、高质量发展,既增加农村居民收入,又切实保护了农村的生态环境。

(八)总结

多项制度和法律推动的土地要素市场化改革,极大地调动了城乡社会的积极性和主动性,为土地要素财产权保护提供了制度和法治基础。针对社会主要矛盾,满足实践需要,是推动制度创新、推进土地要素市场化改革的动力。以人民为中心,坚持土地公有制,坚持土地要素流动自由、竞争公平有序、价格反应灵活,是保障土地市场健康运行的法治原则。在法治引领下,我国土地要素的配置在不断优化,全社会的创新活力在不断增强,经济发展的质量、效率也在转变和提高。

二、劳动力要素改革创新试验的法治问题研究

2020年3月30日,中共中央、国务院印发《要素市场化配置意见》,指出关于劳动力要素部分,中央主要围绕"深化户籍制度改革""畅通劳动力和人才社会性流动渠道""完善技术技能评价制度""加大人才引进力度"四个方面提出了要求,并提出了调整和完善的政策建议,为下一步我国劳动力要素市场指明了改革的方向。在此之前,我国的法律法规已经在劳动力要素领域为经济社会发展发挥了重要作用,户籍制度改革是劳动力市场中的一个关键环节,它能够促进劳动力流动、提高技能评估的准确性,并有助于更好地引进人才;户籍制度改革不成功,其他部分的改革就没有根基。本书第三章主要围绕劳动力要素改革创新中的户籍制度改革问题展开研究,展现了改革开放以来相关法治建设的进步,以及所带来的社会变化,同时,也为建设适应未来劳动力要素合理畅通有序流动所需要的法律制度,提供一些意见和建议。

(一)我国劳动力要素市场的形成

20世纪90年代,我国改革开放不断深入,产业结构不断调整,我国的经济体制进行重大的变革。在国有企业改革的洪流下,大量的劳动力从

固有的公有制单位中被解放出来,一方面,需要解决职工需求的社会化解决道路,如创设大量市场性的岗位、解决养老疾病保障等,以维护最低的生活要求,缓解改革的阵痛;另一方面,也意味着劳动力要素市场的逐步形成。原本的劳动力市场缺乏流动性,无论是单位内部的岗位流动、不同单位之间的流动、行业间的流动乃至地理上的流动都较为罕见,毕业包分配工作、一份工作干到老的现象较为显著。随着劳动力要素市场的形成,大量的人员流动需求也促进了相关行业的发展。与此同时,以《中华人民共和国劳动法》(以下简称《劳动法》)为核心,包括《中华人民共和国劳动合同法》(以下简称《劳动合同法》)、《劳动保障监察条例》、《中华人民共和国劳动争议调解仲裁法》(以下简称《劳动争议调解仲裁法》)、《女职工劳动保护特别规定》等一系列法律、行政法规、地方性法规、政府规章的劳动法律规范体系日臻完善。它们对于规范我国的劳动力市场,促进我国社会主义经济建设和发展起到了引领、推动、保障等重要的作用。以上海再就业工程为例,上海市政府积极应对,联手国有企业,采取设立再就业服务中心、推动临时社会保障体系、优先安置特困家庭、拓宽再就业门路等方式,让国有企业中的大量劳动力进入市场,对我国劳动力要素市场的形成与建立进行了艰难的探索。推动再就业工程、建立劳动力市场的过程,是劳动法领域法治不断健全和完善的过程。

(二)促进劳动力要素流动的城乡二元户籍制度改革

户籍是影响劳动力生存与发展的重要因素,长期以来,我国通过法律法规,建立了城乡二元的户籍管理制度。1953 年原政务院《关于劝止农民盲目流入城市的指示》(已失效)、1956 年国务院《关于防止农村人口盲目外流的指示》(已失效)、1957 年国务院《关于防止农村人口盲目外流的补充指示》(已失效)等政策文件限制了人口流动。1958 年,第一届全国人民代表大会常务委员会第九十一次会议通过了《中华人民共和国户口登记条例》(以下简称《户口登记条例》),首次把城乡有别的户籍制度和限制迁徙制度用法律形式固定下来,标志着二元户籍制度得到了正式确认,中国步入了一个城乡分割的二元体制时期。改革开放以后,我国的社会经济飞速发展,农业生产力的提高,使大批农民从土地中解放出来,而城市化速度越来越快，城市发展需要补充大量的新鲜血液，于是大量的农村人口开始逐渐向城镇转移。在这样的历史背景条件下，严格限制农村人口流入城市的举措已经不合时宜，户籍制度改革也逐渐展开。为顺应这种变化使我国经济社会取得更好的发展，以立法为中心的法治手段打破僵化的城乡二元户籍管理制度格局，充分解放劳动力，已成必然之势。

与其他重大改革都是以“试点”方式推进一样，户籍制度也是从地方试点开始的。最初是在县城实行购房落户的政策，一批农民据此改变了户籍，成为城镇人口。改革至今，除了超大城市、特大城市外的城市落户限制基本取消，这意味着我国实施数十年的城乡二元户籍制度在绝大部分地区已经被打破。

为了让户籍制度改革真正促进国民经济发展，还需完善相关法律制度，将户籍制度改革纳入法治化轨道。应当根据国家经济社会发展，重新制定新法取代1958年制定的《户口登记条例》。应当通过立法，进一步维护社会基层劳动人口的合法权益。对于长期进城务工的农民工群体，可根据当地的产业发展需求、人口结构、政策衔接等相关因素，畅通为他们提供公共服务的通道，保障他们子女接受教育的权利。应当依法积极推动解决流动人口住房问题，特别是基层劳动人口的住房问题。目前公共租赁住房租期以及公共租赁住房租金价格仍然是户籍制度改革中需要面对的现实问题。2021年年初，中共中央办公厅、国务院办公厅印发《建设高标准市场体系行动方案》，提出“推动户籍准入年限同城化累计互认”。广东、江苏、四川等地通过规范性文件的方式对户籍准入年限同城化累计互认作了规制。可以预见，今后各地通过政府规章甚至地方性法规对于户籍制度改革中形成的有效做法加以固化，并不断完善，将成为趋势，广大人民群众的切身利益将获得进一步的法治保障。

三、金融与资本市场改革创新与法治发展问题研究

金融法治建设与改革开放相伴而行，既在催生资本市场方面发挥了积极作用，也在推动金融创新和保障金融市场健康发展以及平稳运行方面发挥了重要作用。在法律的指引和保障下，资本市场规模逐步壮大，信

息披露逐步规范,监管体系逐步趋于健全。资本要素是通过直接或间接的形式,最终投入产品、劳务和生产过程中的中间产品和金融资产。资本市场既是传统要素市场,也是特殊的要素市场,其不仅推动资本要素配置,同时也借助资本有效推动其他要素实现市场化配置。我国资本市场的发展,极大地推动了国民经济快速发展;推动了资源优化配置;推动了实施现代企业结构,完善了法人治理结构,提高了企业效益,促进了高质量发展;健全了金融体系;增加了民众致富途径。在新发展阶段,法治将在推进资本要素与其他要素的协调发展,实现要素市场化配置方面进一步发挥重要作用,通过完善的法律制度发挥资本市场的资源配置枢纽作用。

(一)法治推动了金融体系的建立

国有企业改革的深化和经济的持续发展,靠行政下拨资金的做法已不可为继,企业对资金的需求日益多样化,资本市场应运而生。金融活动从财政活动中分离出来,独立于财政的金融体系建立起来。1993 年,国务院《关于金融体制改革的决定》明确了要建立统一开放、有序竞争、严格管理的金融市场体系,金融改革步伐加快。1994 年之后,金融领域的法治建设得到了快速发展。顺应政策性金融与商业性金融的分离,中国人民银行《信贷资金管理暂行办法》(已失效)、《中华人民共和国中国人民银行法》(以下简称《中国人民银行法》)、《中华人民共和国商业银行法》(以下简称《商业银行法》)、《中华人民共和国保险法》(以下简称《保险法》)、《中华人民共和国票据法》(以下简称《票据法》)、《关于惩治破坏金融秩序犯罪的决定》相继出台,金融市场的运行纳入了法治轨道。之后,法治建设不断加强,金融创新在法治的规制下总体健康平稳。金融规制的作用表现在多个方面:一是政府应通过对货币供给的有效调控与管理,营造经济发展的货币金融良好环境;二是增强商业银行生存能力,提高金融市场内在稳定性,维护债权人和存款人利益,约束债务人的行为,避免因银行破产而给有关企业或个人带来经济损失,继而造成挤兑,造成社会恐慌;三是提高金融市场资源配置效率,矫正市场失灵时金融市场资源配置低效率,分配不公平的现象;四是减少金融体系中的信息不对称问题,防范金融领域的道德风险和出现逆向选择现象。金融法治创新推动了银行业健康发展,深化了金融体制改革,助推了资源优化配置,资本市场的"独角兽"制度、风险资本投资机制、创新失败免责条款等,在促进企业科技创新、推动持续改革方面发挥了积极作用。形成法律规范与政策相互作用的机制,是金融改革成功之道。金融监管日益加强,中国金融体制 40 余年改革,未出现重大失误、颠覆性错误,与法治建设密切相关。

(二)证券发行制度演进

资本市场法治表现最典型的是关于证券市场各项制度的形成和完善。我国的证券发行制度主要经历了审批制、核准制、注册制三个阶段。

审批制是上市公司股票申请上市须经过审批的证券发行管理制度;核准制是上市公司股票申请上市须经过核准的证券发行管理制度;证券发行注册制是一项法定规定,要求申请人公开所有与证券发行相关的信息和资料,并将其转化为法律文件,提交给主管机构进行审查。在注册制度下,证券发行审核机构仅对注册文件进行形式审查,而不进行实质性的评估,这是其最为显著的特点。注册制对于核准制来说,是一种更加成熟的上市制度,也是众多发达国家和地区金融市场股票发行所采用的制度。注册制把决定权直接交给市场和投资者。2019 年 7 月 22 日,我国首批科创板公司上市交易,试点注册制。其后,深圳证券交易所(以下简称深交所)创业板改革并试点注册制,2020 年 8 月 24 日正式落地。2021 年 11 月 15 日,北京证券交易所(以下简称北交所)揭牌开市并同步试点注册制。注册制实行交易所审核、证监会注册的基本框架,不仅涉及审核主体的变化,更重要的是充分贯彻以信息披露为核心的理念,发行上市全过程更加规范、透明、可预期。2023 年 2 月 1 日,全面实行股票发行注册制改革正式启动,这是证券法治建设具有标志意义的举措。

(三)交易制度规范了市场运作

资本市场交易规则是证券法治的重要基础,既涉及公司股东的利益,也对公司发展具有重要影响。我国股票交易制度历经多次调整和完善,早期股票交易没有涨跌停板制度。涨跌停板制度自 1996 年 12 月 13 日起公布,1996 年 12 月 16 日起生效,规定股票和基金类证券除上市首日外,其一个交易日交易价格与前一个交易日收市价格相比,其涨跌幅度不应大于10%,超出涨跌限价范围的委托无效。科创板开市及创业板注册制改革时,规定涨跌幅度不得超过20%。随着交易制度的修改完善,市场规模不断扩大,股票交易金额不断增长。1992年,股票交易额为683亿元,1996年交易额突破万亿元,增加到2.1332万亿元,2000年达到6.08万亿元。随着2005年开始的股权分置改革,2007年股改基本完成、上市公司数量和规模急剧增长,成交额达到46万亿元。2015年,在大力发展证券投资基金等的背景下,交易额达到255万亿元。

(四)信息披露制度健全了对市场的监督

信息披露作为投资人了解证券发行人的基本情况,作出投资判断的依据,是证券市场重要的基础要求。为确保市场规范发展和保护投资人利益,信息披露制度规定上市公司及相关主体必须公开或公布其相关信息和资料,以接受社会公众的监督。《中华人民共和国证券法》(以下简称《证券法》)、《上市公司信息披露管理办法》加强对上市公司大股东、管理层等相关责任人信息披露方面的责任,引入公平披露的概念,确立信息披露的核心要素。中国证券监督管理委员会(以下简称中国证监会)发布交易所上市规则关于定期报告、临时公告的有关规定等,是关于上市公司信息披露的具体操作规定。信息披露具体制度进行的多次修订完善,都是针对相应市场情况的,包括对发行与上市、公司治理、定期报告、应披露的交易及其他重大事项、停复牌制度的修订完善,对披露内容详细程度、时限等的修改调整。信息披露制度的修改,对上市公司的规范运作、投资人的投资行为、证券交易额、收购兼并等都产生了相应的影响。

(五)上市公司收购制度减少了市场波动

上市公司收购是发挥证券市场资源优化配置功能的重要手段。上市公司并购,是指购买方通过合法途径,获取上市公司一定比例的发行在外的股权,以实现对该上市公司的控股或合并。2020年,为了实施《证券法》对收购制度的新规定,中国证监会对相关规定进行了完善,其中包括对持股5%以上的股东增减持股份的信息披露和操作要求进行了调整,增加了对前述股东持股变动达到1%时的信息披露要求,规定超比例增持股份不得行使表决权的期限，增加对增持资金来源的披露要求，取消要约收购义务豁免行政许可，以及延长上市公司收购中收购人所持被收购公司股份的锁定期限等措施。这些规定的实施使收购行为更具确定性和稳定性，从而提高了收购的成功率，减少了收购过程中存在的不透明和不确定因素所导致的市场剧烈波动。

（六）股权分置改革推动了市场发展

在我国证券市场发展的初期，上市公司股东持有的向社会公开发行的股份在证券交易所上市交易，而公开发行之前的股票暂不上市交易，叫作非流通股。这种同一上市公司股份分为流通股和非流通股的情况，形成了流通权的差别，因此被称为股权分置。为了解决 A 股市场相关股东之间的利益平衡问题，股权分置改革旨在消除非流通股和流通股在流通制度方面的差异。股权分置改革本质在于把不具流通性股权变为可流通性股权，以达到同股同权的目的。2005 年 9 月，中国证监会发布了《上市公司股权分置改革管理办法》，所有存在股权分置的上市公司，均应通过改革使公司股份获得流通权，总的原则是“股东协商、分类表决、分散执行”。到 2007 年年末，全国一千多家需股改的上市公司基本完成了股改。股改后，由于增加了公司既有股份的流动性，公司上市的热情增加，同时投资人参与市场的热情增加，中国证监会也大力发展基金等机构投资者，市场交易量增长。由于市场机制的改善，一大批在国民经济中有重要地位的大公司、优质公司如工商银行、建设银行、中国石油等得以在证券市场上市，上市公司家数从 2004 年年末的 1377 家增加到 2007 年的 1550 家。股票市值从 2004 年年末的 3.7 万亿元增加到 2007 年年末的 32.7 万亿元。在市场交易方面，股票交易额 2005 年为 3.1 万亿元，2006～2007 年分别增加到 9 万亿元、46 万亿元。

（七）注册制改革增强了证券市场与实体经济之间供求关系的平衡

2015 年 12 月 27 日，第十二届全国人民代表大会常务委员会第十八次会议通过《关于授权国务院在实施股票发行注册制改革中调整适用〈中华人民共和国证券法〉有关规定》的决定，为实施股票发行注册制改革确立了法律依据，随后中国证监会、上海证券交易所（以下简称上交所）为试点注册制、设立科创板进行了一系列制度设计,以进一步发挥资本市场服务实体经济的基础功能。2019 年 7 月 22 日,上交所试点注册制,科创板正式开盘。2020 年 8 月 24 日,深交所创业板改革并试点注册制平稳落地,同步推进"增量"和"存量"改革,资本市场注册制改革迈出承前启后的坚实一步。2020 年 3 月 1 日,修订后的《证券法》正式实施。除了分步实施注册制之外,在上市公司退市、惩罚、信披、投资者保护、监管和风控等方面也均作出修改,上交所和深交所也随之进行多种政策衔接,以此在制度层面进一步完善。随着注册制改革的全面实施,证券法基于注册制改革进行了一系列新的制度改革完善:一是全面推行证券发行注册制度,二是证券违法违规所带来的成本显著攀升,三是完善投资者保护制度,四是进一步强化信息披露要求,五是完善证券交易制度。2023 年 2 月 17 日,中国证监会发布全面实行股票发行注册制相关制度规则,自公布之日起施行。证券交易所、全国股转公司、中国结算、中证金融、证券业协会配套制度规则同步发布实施。

(八)退市制度改革促进了新陈代谢,保持了市场活力

作为资本市场的基础性制度,退市制度规定了一系列与上市公司暂停、终止上市、风险警示板、退市公司股份转让服务以及退市公司重新上市等退市配套机制相关的制度安排。2001 年 4 月 23 日,水仙电器因连续 3 年亏损成为沪深两个交易所第一家退市的上市公司。2020 年,沪深交易所发布的退市新规中将强制退市分为交易类、财务类、规范类、重大违法类四类。在新的退市规定下,尤其是随着注册制改革的深入推进,退市情况变得更加完善,退市效率显著提高,退市公司数量呈现出快速增长的趋势。根据中国证监会的数据,截至 2021 年年底,退市板公司从 2013 年的 45 家增加到 2021 年的 83 家。与此同时,退市制度也逐渐走向成熟完善,其中最为重要的是对上市公司财务信息质量提出了更高要求,例如,需要上市公司财务造假被发现后能够及时采取相关措施予以整改和补救。退市制度的建立完善,在市场上树立了优胜劣汰的观念,对企业经营者和投资者均形成了一定的风险约束意识,提高了市场的有效性。

(九)证券执法制度改革提高了执法力度和规范化水平

在证券执法制度的发展完善方面,中国证监会早期通过设立稽查一

局、二局，分别调查一般证券违法案件和内幕交易、操纵市场等重大案件，并实行查审分离的执法制度，对调查部门调查的案件，由专门的审理部门进行审理，作出处罚决定。同时，中国证监会对包括内幕交易、操纵市场、违反信息披露规则等各类违法行为的认定、处理规则的不断修改完善，使执法不断法治化、规范化。2007 年 11 月 16 日，新的证券执法体制开始运行，中国证监会稽查总队成立，这是中国证券执法体制在重大改革后初步形成的重要标志。不仅实现了证券执法的高效集中管理，同时也加强了稽查力量，新的体制展现出了更为强大的执法能力。执法体制的改革，就是为了优化执法资源，充实执法力量，加强组织管理，集中统一指挥，坚决查处各类违法违规行为，切实保护广大投资者的利益。

四、知识产权保护在技术要素市场中的地位及影响

知识产权是重要的生产要素。随着经济社会的发展和对外交往的扩大，知识产权的重要性日益突出，相关法治进步加快。在加入世界贸易组织（World Trade Organization，WTO）后，我国积极应对知识产权保护面临的巨大的压力和挑战，取得了相当成绩。本书第五章主要讨论知识产权保护何以成为国家战略、《中华人民共和国专利法》（以下简称《专利法》）实施以来，我国知识产权法治与技术要素市场发展相关性分析、我国对于新技术研发投入情况分析、技术交易与技术服务平台运行情况分析、对专利转化的分析、科技发明人在产权中的占比情况与创新动力分析以及知识产权司法裁判实证分析。

（一）知识产权在界定与保护上的嬗变

党的十七届五中全会明确提出，“十二五”时期要以科学发展为主题，加快转变经济发展方式为主线，坚持把科技进步和创新作为加快转变经济发展方式的重要支撑。知识产权保护为创新提供了保护的屏障。作为尊重创造性劳动和激励创新的一项基本制度，保护知识产权是建设法治国家和诚信社会的题中应有之义。要建设创新型国家，完善社会主义市场经济体制，就必须重视和切实解决当前知识产权保护方面存在的突出问题，全面推动知识产权保护工作取得更大进步。2021 年 9 月，中共中

央、国务院发布了《知识产权强国建设纲要(2021—2035 年)》,从战略背景、总体要求、建设面向社会主义现代化的知识产权制度、建设支撑国际一流营商环境的知识产权保护体系、建设激励创新发展的知识产权市场运行机制、建设便民利民的知识产权公共服务体系、建设促进知识产权高质量发展的人文社会环境、深度参与全球知识产权治理以及组织保障九个方面进行了详细规划,是我国由知识产权大国发展为知识产权强国的总体蓝图和行动指南。2021 年 12 月 27 日,国务院知识产权战略实施工作部际联席会议推出了《知识产权强国建设纲要和"十四五"规划实施年度推进计划》。

(二)《专利法》实施以来我国知识产权法治与技术要素市场发展相关性分析

改革开放 40 余年来,我国建立起了较为完善的知识产权制度。我国现行的与知识产权相关的法律法规主要包括《专利法》、《中华人民共和国专利法实施细则》(以下简称《专利法实施细则》)、《国防专利条例》、《集成电路布图设计保护条例》、《中华人民共和国著作权法》(以下简称《著作权法》)、《计算机软件保护条例》、《中华人民共和国植物新品种保护条例》(以下简称《植物新品种保护条例》)、《中华人民共和国知识产权海关保护条例》(以下简称《知识产权海关保护条例》)、《中华人民共和国海关关于知识产权保护的实施办法》(以下简称《海关关于知识产权保护的实施办法》)、《中华人民共和国促进科技成果转化法》(以下简称《促进科技成果转化法》)等,知识产权法律体系基本建成。2017 年,我国专利已相继实现了两个 100 万件的重大突破:一是年发明专利申请量突破了 100 万件,二是有效发明专利拥有量突破 100 万件,我国已成为名副其实的知识产权大国。

(三)我国对于新技术研发投入情况分析

从全国的研发经费投入状况来看,研发经费支出呈现持续上涨态势,每年研发经费相较于上一年的研发经费投入增长率平均在 10% ~20%,增长速度已经持续近 25 年。这表明国家越来越清楚地认识到,要保护经济的可持续发展,获得市场竞争力,只能靠科技创新。自 2014 年起,我国研发经费在国内生产总值(GDP)中的比重一直保持在2%以上,并且同经济合作与发展组织(OECD)国家的平均水平日益接近。另外,为了鼓励专利申请,许多地方政府提供了补贴、奖金等形式的激励,大大促进了专利数量的增加。

我国东部沿海地区由于其本身经济优势,有更多的经费可以投入研发中。尤其是我国加入WTO以后,东部沿海地区的经营者越来越重视新产品、新技术的研发与保护;而北京由于其特殊的区位优势可以获得较多的来自国家的经费投入。但是,黄河以南地区研发投入与产出成正比关系的情况并不当然适用于黄河以北地区。

研发经费的投入,尤其是政府主导的投入,对于研发主体研发能力及研发积极性的提高有着重要的促进作用。但是,如果在此过程中不能更理性地进行相关制度的设计,有可能产生反向的效果。事实证明,无论是研发、申请、授予,还是转化,专利都应当走市场化的道路,政府作用更多的应当是宏观政策的支持、中观制度的引领和微观机制的保障,而不是以行政化的手段强行管控专利发明的整个过程。只有将专利产生、产出交给市场,知识产权才能在技术要素市场中产生无穷的能量。

(四)技术交易与技术服务平台的健全助推了知识产权项目交易

在2006年之前,我国的知识产权交易大部分都是技术市场完成的,从2006年国家知识产权局发布的《关于实施全国专利技术展示交易平台计划的通知》开始,政府一直致力于促进建设和发展知识产权交易平台。政府及其主管部门对于专利技术交易平台的构建、扶持与促进是有规划、有节奏的,这对于我国技术交易平台的发展起到了很好的制度支持。但不足之处在于,这些规范性文件层级相对较低,即便发文主体是国务院,也尚未上升到国家立法的层面。这对于技术交易平台的资源调配与整合产生了一定的限制。

随着知识产权价值的不断增长,加之在“放管服”背景下知识产权交易市场化程度的不断加深,近年来,我国知识产权公共服务机构及技术交易平台数量持续增长。截至2020年年底,全国共有27个省级和15个副省级城市设立了知识产权信息公共服务机构,以满足社会对知识产权信息服务的需求。省级知识产权信息公共服务机构覆盖率已经达到91%。截至2019年年底,我国开展知识产权服务机构近6.6万家,我国进入了与国际接轨、依法保护知识产权的崭新时期。就成立年限来看,在所有的知识产权服务机构中,5年之内成立的机构分布最为广泛,比例高达64.5%,而成立20年以上的占比仅为0.2%。

从所涉及的业务内容形态来看,知识产权代理服务是知识产权服务机构最主要的服务形态,占比为78.9%。约有1.9万家知识产权服务机构开展两种及以上的服务形态,这些机构占比为28.5%。从知识产权角度来看,专利和商标是知识产权服务机构最重要涉及的领域。从比例上看,专利占比为28.9%,商标占比为57.9%,总比例达86.8%。除此之外,知识产权服务形态也不断涌现出新的类型,如知识产权培训咨询、信息检索、价值评估、行政保护、质押融资等领域,而代理业务仍然是知识产权服务机构最主要投入和获益的服务形态。截至2019年,涉及知识产权的技术合同成交额占全国技术合同成交总额的比重超四成。技术合同的知识产权相关项目167,463项,交易额达到9286.9亿元,同比增幅137.7%,占全国技术合同成交总额的41.5%。

(五)"一对多"的开放专利制度将提高专利转化率

通过对我国专利转化率进行测算比较与分析,可以发现我国专利转化程度不高,并且增速总体上相对迟缓。2020年修正的《专利法》设计的"一对多"的开放专利制度,应该更有助于促进供需对接、提升谈判效率、降低制度性交易成本,为专利转化运用提供更为便捷的渠道。

(六)专利发明人在专利权益中的占比与科技创新动力和水平具有相关性

由于我国《专利法》明确划分了职务发明与非职务发明的概念,故在发明人的法律关系主体身份认定上就产生了两种不同类型的发明人身份。事实上,有些情况较难完全厘清两者的区别。研究专利发明人在专利权中占比的主要目的在于,作为专利发明的主要成就者,其在拥有署名权的同时能否通过申请专利来获得收益权,或者在已成功申请的专利中能否获得更大的利益。

就现阶段情况而言,非职务发明创造专利在总专利量中占比较大且越来越大,专利权人更多是以高等院校、企业、科研机构和事业单位等单位形式出现。在这些单位中,发明人大多数具有知识水平高,对专利研发的投入大等特点,由此可见专利发明人对专利质量的重要意义。专利质量水平越来越高,我国的科技创新水平就越来越高,因此,专利发明人对科技创新具有极其重要的影响。这样的因果关系是显而易见的,因此,应当提高专利发明人在专利权益中的权重,赋予发明人发明创新的动力。

(七)知识产权司法裁判提高全社会对知识产权价值的认同

2014 年 11 月 6 日,全国首家知识产权审判专业机构北京知识产权法院挂牌并正式履职。至今,各知识产权法院(庭)受理的涉知识产权案件数量不断翻新,2014 年各地法院共审结知识产权案件为 11 万件,到 2021 年,已逾 60 余万件。我国知识产权司法审理模式为“三审合一”,即采取知识产权民事、刑事、行政案件统一集中审理的审判机制。随着国家经济的持续高速发展和改革开放的不断深入推进,权利人及市场主体对于技术价值的认识和期待也不断提升,这在专利案件尤其是专利侵权纠纷的诉讼标的额中体现明显。一方面,专利案件标的额总体持续增长,大标的额专利案件在知识产权案件中的占比越来越高;另一方面,专利案件最大标的额不断提高。

五、法治改革促进数据要素市场发展

数字经济的蓬勃发展催生了数据要素市场的兴起,数据作为新兴生产要素,在推动经济转型升级中发挥着日益重要的作用。我国高度重视数字经济发展,数字经济规模持续增长,预计 2025 年数字要素市场规模将达 1749 万亿元。然而,数据要素市场的建设面临着复杂的权益构造和数据安全挑战。为了应对这些挑战,我国出台了一系列法律法规,如《中华人民共和国民法典》(以下简称《民法典》)确立了数据作为民事法律关系客体的地位,《中华人民共和国网络安全法》(以下简称《网络安全法》)、《中华人民共和国数据安全法》(以下简称《数据安全法》)、《中华人民共和国个人信息保护法》(以下简称《个人信息保护法》)等形成了数据安全规范体系。法治建设为数据要素市场的规范化发展提供了制度保障。未来,我国将继续完善数据权利体系、数据交易制度、数据跨境制度、数据安全制度等基本制度,推动数据要素市场建设,为数字经济发展注入新动能,助力经济高质量发展。

(一)《网络安全法》:守住数据安全与个人信息保护底线

在数字经济时代,数据已成为重要生产要素,推动要素市场化配置离不开法治保障。《网络安全法》和《个人信息保护法》的实施为数据要素合理流动和配置提供了法治基础。一方面,两部法律确立了数据安全和个人信息保护的基本规则,为数据要素市场化配置划定法律红线,有利于规范数据要素市场秩序,为数据要素有序流动创造良好环境。另一方面,法律实施推动了数据要素配置相关技术创新和产业发展,企业加大对数据安全、个人信息保护技术投入,带动网络安全产业升级,数据流通也为数字经济相关产业发展注入新动能,有利于提升数据要素配置效率,激发数字经济活力。但是,法律实施在一定程度上影响数据跨境流动和国际贸易,需要立法执法中平衡保护和发展关系。总之,两部法律是法治引领数据要素市场化配置的重要体现,法治既要为数据安全和个人权益保驾护航,又要为数据要素合理流动和配置提供制度保障,需要立法、执法、司法多方协同,不断探索数据要素市场法治改革的前进道路。

(二)《数据安全法》:从安全到安全与发展并重

《数据安全法》是我国推动数据要素市场化配置的重要立法支撑。该法确立了数据安全保护制度,明确了数据安全概念内涵,建立了数据分类分级保护制度,规定了数据安全风险评估、应急处置、安全审查等制度,在保护数据安全的同时推动数据依法有序流通。《数据安全法》平衡了数据安全与发展的关系。一方面,对重要数据实行严格管理,防范数据滥用风险。另一方面,为一般数据处理预留空间,鼓励数据开发利用,促进数据资源市场化配置,推动数字经济持续健康发展。该法明确了数据处理者的安全保护义务,规范了数据交易行为,要求履行数据安全管理、风险处置等义务,规范数据交易中介机构行为,提升市场主体数据安全保护能力,营造规范有序的数据交易环境。《数据安全法》支持数据跨境流动,通过安全评估、标准合同、认证等方式进行分类监管，在特定区域开展数据跨境流动试点，在确保安全的同时促进数据跨境流动，深化数字经济领域对外开放合作。

（三）“数据二十条”，“数字要素×”：推动数据确权及交易规则建立

法治在推进数据要素市场化配置中发挥关键作用。《数据安全法》确立数据安全保护制度，平衡数据安全与发展关系，规范数据交易行为，支持数据跨境流动，为数据要素市场化配置提供法治保障。但数据权属不明、交易规则缺失仍影响数据流通。中共中央、国务院《关于构建数据基础制度更好发挥数据要素作用的意见》（以下简称“数据二十条”）提出数据“三权分置”，推动数据确权，各地积极探索实践。“数字要素×”推动数据高水平应用，共同推动数据要素市场化配置，释放数据价值，促进数字经济发展。未来，应在总结实践经验基础上，加快数据产权、交易、流通等领域立法，完善数据要素市场配置制度体系。同时，加强数据安全监管，防范数据滥用风险。法治引领数据要素市场化配置，是推动数字经济高质量发展的关键举措。

（四）各地立法探索：推动公共数据授权运营和要素市场建设

近年来，各地政府积极探索数据要素市场化改革，形成了一系列可复制、可推广的法治实践经验。安徽、上海、浙江、江苏等省市率先出台专门法规，从制度层面为公共数据开放利用提供法治保障。这些法规明确了公共数据开放的范围、方式和程序，规范了数据交易流通行为，有力地推动了数据要素市场化配置进程。与此同时，北京、浙江、广西、福建、济南等地还积极创新公共数据授权运营模式，因地制宜采取“公共数据＋行业应用”“顶层统筹＋试点落地”等方式，大胆尝试政府数据与社会数据融合共享，促进政府治理能力现代化和社会数字化转型。这些生动实践为在法治轨道上推进数据要素市场化配置提供了宝贵经验。未来，应在认真总结各地经验的基础上，进一步完善公共数据开放、流通、交易等法律制度，加强公共数据采集、存储、开放、利用等全生命周期管理，提升数据质量、数据安全和数据价值，更好发挥数据要素价值效用。同时还应当以法治引领和保障公共数据开放利用，推动数据要素市场化配置，有力促进数

字经济实现高质量发展。

(五)数字经济的发展现状与司法分析

从数字经济发展现状与司法分析来看,我国法治改革对数据要素市场化配置的影响深远,促进数字经济的持续发展。我国数字经济发展经历了三个阶段。在第一阶段(1994～2004年),我国涌现出一批互联网企业,政府高度重视互联网基础设施建设,为数字经济发展提供了前提条件,同时互联网企业结合我国国情,创新形成了面向消费,即企业对消费者(B2C)和消费者对消费者(C2C)的发展模式。在第二阶段(2005～2015年),中国的数字基础设施快速发展,推动了互联网应用的深度和广度。网民的多元化应用需求又进一步促进了基础设施的建设。在第三阶段(2016年至今),中国数字经济表现出对内融合发展、对外积极引领和参与全球数字经济治理的趋势,国家提出数据要素是数字经济深化发展的核心引擎,并强调构建数据基础制度以更好发挥数据要素作用。随着数字经济的快速发展,有关数字经济的民事、刑事、行政纠纷也不断涌现。在民事方面,司法机关往往采用将数字产权纳入既有的知识产权和民法典人格权保框架中予以保护,在刑事方面,选择帮助信息网络犯罪活动罪,侵犯公民个人信息罪,诈骗罪和非法获取计算机信息系统数据、非法控制计算机信息系统罪等罪名来保障公民、集体和国家的合法利益,惩罚犯罪体现了检察机关顺应时代变化而在工作思路上的改变。在行政方面,法院依据《中华人民共和国政府信息公开条例》(以下简称《政府信息公开条例》)等有关法律有效维护了公民的知情权,但目前关于公共数据开放和授权运营的案例尚少。

第二章　土地要素制度改革及其影响

土地是一国经济发展的主要生产要素。一国的土地制度决定了该国经济的发展机制。我国的土地制度是实现经济社会高速发展,以及实现中华民族伟大复兴的经济社会条件和制度保证。

以法律制度为主线,审视法律在社会转型中的作用,可以发现制度变革与经济社会发展之间的相关性。如农地制度改革、城市土地使用权制度改革、集体林权制度改革、农村经营性建设用地制度改革、“三权分置”改革、宅基地制度改革、土地占补平衡与异地土地指标转移制度改革,以试点开路,通过修改法律将改革成果从制度上予以肯定并加以推广,重新配置权利义务后,进一步解放了生产力,推动了经济社会发展。

本部分对我国改革过程中,法治与经济社会发展之间的内在关系进行研究,并试图论证我国经济社会发展过程中,土地法律制度所起的作用和产生的影响,并用数据来标示或说明法律制度带来的发展成就。

本章所说的法律制度是宽泛意义上的,并不局限在法律,党的政策、重要文件等也都包括在内。就法社会学的角度而言,“说法律制度完全以法律规范为基础,这是不正确的。……没有任何一个团体仅仅依靠法律规范即可维持其存在,它们不断地需要法律以外的规范的支持,后者增强和补充前者的力量。只有各种社会规范相互协作,才会为我们提供一幅社会机制的完整图景”[1]。我国是政府主导型的改革,这样的特征表现得尤为明显。几乎每项改革都是出台政策先进行试点,试点取得成功后再修改法律,形成新规则,全面铺开。因此,为准确描述和评价法律制度

---

〔1〕［奥］欧根·埃利希:《法社会学原理》,舒国滢译,商务印书馆2022年版,第66页。

的作用,我们的研究并不拘泥于法律条文,而将相关政策都纳入法律制度框架来进行研究。

本书认为,尽管各种政治、经济、军事等因素在推进我国经济社会发展中发挥了重要作用,“中国的政治、经济、军事和意识形态的权力网络是构建中国经济社会体系的基本结构,也是当今中国经济发展的运行框架”[1],但是,作为一种基础性的战略资源,土地要素经市场配置以及产权制度改革,对推动经济增长、促进社会发展和实现共同富裕发挥了关键作用。土地要素以市场化为取向的每一项改革和创新都引发强烈的社会反响,带来巨大的经济效益。城市土地使用权有偿出让和转让即土地批租,是重要的制度创新。自实行以来,国家从土地上获得了近 80 万亿元收益,城市更新改造,房地产和基本建设有了资金,即使在经济增速已经减缓的 2016 ~ 2023 年,土地收益仍较高(见图 2 - 1)。当土地开发强度已接近基本农田保护红线时,以异地占补平衡的方式,为土地需求方和供给方创造了发展空间,提供了资金支持。

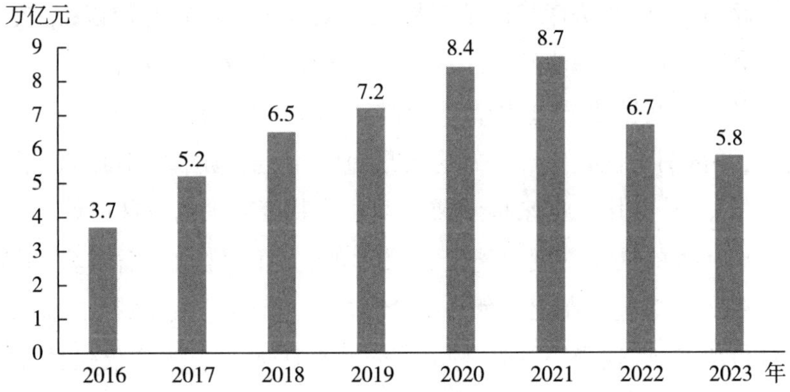

图 2 - 1　2016 ~ 2023 年国有土地使用权出让收入

我们对土地的自然属性认识比较清楚。土地要素具有稀缺性、不可移动性等特征,其本身也是重要的自然资源,是人类生存的基本资料和劳动对象;我国的土地资源储量丰富,利用类型多样,但是人均拥有量有限。

---

[1] 路风:《中国经济为什么能够增长》,载《中国社会科学》2022 年第 1 期。

我们对土地价值的认识则经历了较长的时间。1949 年新中国成立，确立了土地的社会主义公有制，直到 1988 年《宪法》修正前，我国“任何组织或者个人不得侵占、买卖、出租或者以其他形式非法转让土地”。1988 年，我国《宪法》明确我国城市土地属于国家所有，农村土地属于集体所有，土地使用权可以依法出让和转让，为实现土地价值提供了宪法依据。基于此规定，政府可以有偿出让土地使用权，依法获得土地使用权者应当依法缴纳相关费用。据此，政府有了新的财源，各项建设有了资金。[1] 农村土地则通过“三权分置”进行优化配置，实现土地价值。

近年来，随着最早一批城市住宅建设用地使用合同、二轮土地承包合同陆续到期，城市和农村的土地制度改革受到社会各界的广泛关注。为进一步释放土地要素在经济社会中承担的重要作用，中共中央《关于制定国民经济和社会发展第十四个五年规划和二〇三五年远景目标的建议》中强调要深化土地管理制度改革，推进土地等要素市场化改革，并肯定了农村承包地“三权分置”、宅基地“三权分置”等制度创新举措，提出完善城市土地出让收入分配机制，要在土地、资本等要素使用权、收益权收益中增加中低收入群体财产性收入。[2] 通过梳理改革开放以来城乡土地制度改革的重要举措以及法律变迁，可以看出，它们与经济社会发展的结果与要求呈正相关，显示了法律制度创新对经济社会发展的作用。

一、自下而上推动的制度创新：1978 年农村土地家庭联产承包责任制

20 世纪 50 年代，我国建立起人民公社制度，农村经济实行“三级所有，队为基础”的集体所有制。在这种制度下，国家完成了工业化原始积累。但是，这种制度片面强调“一大二公”和“一平二调”，挫伤了农民生产积极性，在一定程度上限制了农业生产力的提高。在一段时间里，我国的农业发展仍处于较为落后的水平，农村社会温饱等问题没有得到根本

---

〔1〕 参见沈国明：《渐进的法治》，黑龙江人民出版社 2008 年版，第 102 页。

〔2〕 参见高帆：《中国经济发展的独特性：一个基于土地制度变迁的考察》，载《社会科学战线》2021 年第 12 期。

解决。以安徽省凤阳县小岗村为代表的农民为解决自身温饱问题,自发实行土地承包经营的“大包干”,取得了显著成效。之后经党中央充分肯定,并在全国范围内推广,人民公社制度逐渐失去了存在的基础。以“包产到户、包干到户”为标志的家庭经营体制最终得到法律的认可,在市场因素不断增加的改革中,农户由单纯的劳动力转变为从事商品经营的主体,这激发了农民的生产积极性,促进了农业现代化和市场经济的高速发展。[1]

(一)制度变革

1978 年 11 月 24 日,安徽省凤阳县小岗村 18 位农民为解决温饱问题,冒着突破当时集体经济体制限制的风险,签下保证书,决定在本村施行“包干到户”和“大包干”生产责任制,这对原有“集体所有,集体经营”的农地制度形成了冲击和挑战。此后仅 1 个月,党的十一届三中全会胜利召开,鼓励政府大胆放权,对国家各方面管理体制和管理方法实施真正的改革,为农地制度改革指明了方向。1979 年,《中共中央关于加快农业发展若干问题的决定》删除了草案中“不许包产到户”的规定。1980 年 5 月,邓小平同志在《关于农村政策问题》讲话中指出,“农村政策放宽以后,一些适宜搞包产到户的地方搞了包产到户,效果很好,变化很快”,“这种转变不是自上而下的,不是行政命令的,而是生产发展本身必然提出的要求”[2]。当年 9 月,中共中央发布了《关于进一步加强和完善农业生产责任制的几个问题》,对于可否实行包产到户(包括包干到户)的问题,明确指出,在坚持土地集体所有的前提下,“根据地域和社会环境的差异,采取不同的政策措施。在边远山区和贫困地区,长期以‘吃粮靠返销、生产靠贷款、生活靠救济’为生产方式的生产队,因丧失信心而要求包产到户,应支持群众的要求,既可以实现包产到户,也可以实现包干到户,并在一个较长的时间里保持稳定”。此后,中央为了推动家庭联产承包责任制落

〔1〕 参见毕国华、杨庆媛等:《改革开放 40 年:中国农村土地制度改革变迁与未来重点方向思考》,载《中国土地科学》2018 年第 10 期。

〔2〕 《邓小平文选》(第 2 卷),载求是网,http://www.qstheory.cn/books/2019-07/31/c_1119484755_44.htm。

地,连续 2 年发布中央 1 号文件。截至 1983 年年底,全国 99.5% 左右的生产队都实行了家庭联产承包责任制。“六届全国人大所审议的政府工作报告中写入了‘家庭联产承包责任制’这一概念,以促进家庭参与农业生产”[1]。

家庭联产承包责任制的确立具有深远的历史意义,其不仅终结了人民公社体制,而且为我们农村社会现代化发展提供了制度基础。对此,有学者指出:“1978 年实行家庭联产承包责任制以来,随着大批的农民走出土地甚至走出家乡而摆脱了对土地的依附和束缚,农民的行为方式和社会心理才体现出越来越多的现代性。自 1978 年实行家庭联产承包责任制以来,大量的农民脱离土地的束缚,离开家乡前往他乡,这使得农民们的行为方式和社会心理显现出越来越多的现代性特征。”[2]从法律上而言,其为我国农村土地权利体系的形成奠定了社会和制度基础,如土地承包经营权就是在家庭联产承包责任制的基础上生成的。土地承包经营权与集体所有权形成二元权利模式,为农户自主经营,发挥自身主观能动性,获取更多的土地收益提供了法权基础。尤其是代表农村自身利益或诉求的权利主体的形成,为推动农地开启市场化配置提供了制度基石。对此,有学者指出:“20 世纪 70 年代末,中国的改革开放由农村家庭联产承包制的推行而拉开大幕……市场机制逐步成为主导农业生产决策和资源配置的基础……在家庭联产承包责任制允许的范围内,农民重新成为农业生产的决策主体,可自行决定‘种什么、怎么种’,从而大大激发了其生产积极性和创造力。”[3]

此后相关立法对这一改革成果进行了确认,并细化为具体的规则体系。如 1982 年《宪法》第 10 条[4]规定了集体土地所有制。1986 年,《土

---

〔1〕 姚小林:《土地法与中国农村的社会变迁》,载《广东商学院学报》2005 年第 4 期。

〔2〕 周晓虹:《传统与变迁——江浙农民的社会心理及其近代以来的嬗变》,生活·读书·新知三联书店 1998 年版,第 39 页。

〔3〕 张军、王永钦主编:《大转型——中国经济改革的过去、现在与未来》,格致出版社、上海人民出版社 2019 年版,第 2 页。

〔4〕 《宪法》第 10 条第 2 款规定:“农村和城市郊区的土地,除由法律规定属于国家的以外,属于集体所有;宅基地和自留地、自留山,也属于集体所有。”

地管理法》规定集体所有的土地由村集体经济组织、村民委员会或村内集体经济组织进行管理和经营。同年的原《中华人民共和国民法通则》(以下简称《民法通则》)规定了农村承包经营户的权益。1991 年,党中央在《关于进一步加强农业和农村工作的决定》中又把"以家庭联产承包为主的责任制、统分结合的双层经营体制"正式确立为我国乡村集体经济组织的一项基本制度并长期稳定下来。1993 年,"家庭联产承包责任制"被正式写入《宪法修正案》。1999 年,《宪法修正案》将农村集体经济组织的经营体制规定为以家庭承包经营为基础、家庭分散经营和集中统一经营相结合的双重经营体制。2002 年的《农村土地承包法》以单行法的形式进一步细化和完善了农村土地承包制度。[1] (见表 2-1)

表 2-1 家庭联产承包责任制确立的法制历程

年份	类型	名称	相关内容
1982	宪法	《宪法》	第 10 条第 2 款:"农村和城市郊区的土地,除由法律规定属于国家所有的以外,属于集体所有;宅基地和自留地、自留山,也属于集体所有。"
1986	法律	《土地管理法》	第 8 条第 1 款:"集体所有的土地依照法律属于村农民集体所有,由村农业生产合作社等农业集体经济组织或者村民委员会经营、管理。已经属于乡(镇)农民集体经济组织所有的,可以属于乡(镇)农民集体所有。"
1986	法律	原《民法通则》	第 27 条:"农村集体经济组织的成员,在法律允许的范围内,按照承包合同规定从事商品经营的,为农村承包经营户。" 第 28 条:"个体工商户、农村承包经营户的合法权益,受法律保护。"
1991	党的政策	《关于进一步加强农业和农村工作的决定》	"把以家庭联产承包为主的责任制、统分结合的双层经营体制,作为我国乡村集体经济组织的一项基本制度长期稳定下来,并不断充实完善。"

〔1〕 参见姚小林:《土地法与中国农村的社会变迁》,载《广东商学院学报》2005 年第 4 期。

续表

年份	类型	名称	相关内容
1993	宪法	《宪法》	第 8 条第 1 款："农村中的家庭联产承包为主的责任制和生产、供销、信用、消费等各种形式的合作经济，是社会主义劳动群众集体所有制经济。参加农村集体经济组织的劳动者，有权在法律规定的范围内经营自留地、自留山、家庭副业和饲养自留畜。"
1999	宪法	《宪法》	第 8 条第 1 款："农村集体经济组织实行家庭承包经营为基础、统分结合的双层经营体制。农村中的生产、供销、信用、消费等各种形式的合作经济，是社会主义劳动群众集体所有制经济。参加农村集体经济组织的劳动者，有权在法律规定的范围内经营自留地、自留山、家庭副业和饲养自留畜。"
2002	法律	《农村土地承包法》	第 1 条"为稳定和完善以家庭承包经营为基础、统分结合的双层经营体制，赋予农民长期而有保障的土地使用权，维护农村土地承包当事人的合法权益，促进农业、农村经济发展和农村社会稳定，根据宪法，制定本法。"及该法其余全部内容。

家庭联产承包责任制确立及其相关权利体系的成功构建表明："最初由基层农村土地变革实验推动的社会变迁正在逐渐被政策与法律所认可，并被拓展到中国农村社会的主流。中国新时期的土地法律制度得以生成、改进和完善，农村社会变迁为其提供了最为直接的动力。"[1]通过制度创新的方式，不断赋予农村土地使用权以财产权的内涵，重构了农村社会的结构，重塑了具有主体性的农民个体，有力地推动了农村社会转型和现代化，大大推动了农村社会生产力的发展。

（二）经济影响

家庭联产承包责任制通过由集体享有土地所有权，农户享有土地使用权的方式，在实质意义上让农民拥有了集体经济组织内部的承包合同约定的"生产经营自主权"，即集体所有、农户家庭经营、自负盈亏。对于集体而言，其享有土地的所有权，成为发包方；对于农户而言，其通过承包

---

〔1〕 姚小林：《土地法与中国农村的社会变迁》，载《广东商学院学报》2005 年第 4 期。

的方式享有土地的使用权,能够在一定期限内对特定土地享有自主决定生产经营的权利。此项制度在一定程度上满足了国家、集体、个人多元主体的内在要求,这不仅是中国农民的伟大创新,更是中国农村现代化建设的关键一步。

家庭联产承包责任制这种"带有革命意义的变革"或新制度安排,成为激发农民生产积极性的主要动力,[1]推动了农业生产迈上新台阶。就制度推进工作而言,到 1983 年年底,全国 99.5% 的基本核算单位普遍实行了生产责任制,涉及农户占农户总数的 97.1%。[2] 就农业生产增长而言,1978 年改革开放之初超过 6000 亿斤。此后一路攀升,到 1996 年首次突破 10,000 亿斤大关,2012 年迈上 12,000 亿斤台阶,2018 年粮食总产量达到 13,157.8 亿斤,比中华人民共和国成立初期增加了 1 万多亿斤。(见图 2-2)如今,我国粮食产量已经基本稳定在 1.3 万亿斤以上,2021 年全国粮食总产量为 1.365 万亿斤,连续 7 年超过 1.3 万亿斤。[3] 改革开放初期,产能的增长超过了 1 倍,我国已实现将粮食安全的"中国碗"牢牢把握在自己手中的目标。据估算,由此带来的农林牧副渔产能增加、税收等增长,给农村增添了每年超过 1 万亿元的财富增值,累计至今创造了 4000 多亿元的财富。[4] 1978~1985 年是中华人民共和国成立以来粮食产量、农民收入增长最快的时期,是城乡居民收入之比最小的时期,7 年间农民收入增长 197.6%,城乡居民收入差距由 1978 年的 2.57∶1 下降到 1985 年的 1.86∶1。[5]

---

〔1〕 参见赵泉民:《"变"与"不变"之间:现代中国农地制度改革的演进逻辑》,载《理论月刊》2021 年第 3 期。

〔2〕 参见杨光辉:《中国土地制度改革研究》,载《山西农经》2006 年第 2 期。

〔3〕 参见《2021 年全国粮食总产量再创新高》,载新浪网,https://finance.sina.com.cn/2021-12-07/detail-ikyamrmy7290735.d.html。

〔4〕 参见黄奇帆:《深化土地要素市场化配置改革　开启中国第三次土改新元年》,载《第一财经日报》2020 年 6 月 1 日,第 A10 版。

〔5〕 参见李军国、赵晓强:《从"两权分离"到"三权分置"——改革开放以来中国土地流转政策实践与探索》,载《中国经济报告》2020 年第 3 期。

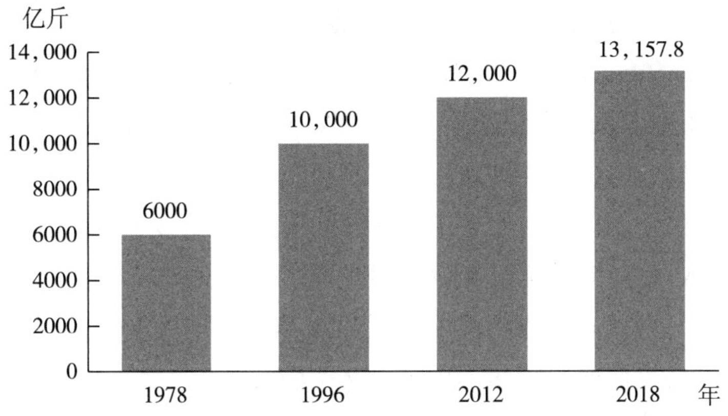

图2-2 1978~2018年我国粮食总产量变化

1979~1984年,农业发展节奏配合国民经济的发展,并呈现出持续的高速增长。该6年中,农业总产值的年均增长率达到7.6%,而种植业和畜牧业的年均增长率分别为6.8%和10.7%,农业增加值年均增长7.3%,其中,粮食和棉花产量的年均增长率分别为5%和19%。在6年的时间里,全国粮食产量突破前所未有的高度,达到8146万斤,人均可食用粮食达到786斤,创造历史新高,基本上满足了10亿农民的日常需求。[1] 1980~1984年,农业总要素生产率提升了20个百分点,占种植业增长总量的一半以上,且达到38个百分点。经过生产函数法测算,该期间农业出产增长42.23%,而制度变革的贡献约占其中的46.89%,相当于同期由化肥、资本、劳动力和土地投入总效应的贡献(45.79%)。[2] 由此观之,家庭联产承包责任制的确立,对于农业、农村乃至整个国民经济社会发展起到了至关重要的推动作用。[3] 对此,有学者指出:"自家庭联产承包责任制的推行开始,农业部门产量和生产率在这40年中稳步提高,不仅为我国经济发展提供了充足的物质保障,还大幅提高了人民群众的消费水平和福利。与此同时,农业改革将大量劳动力从农业生产中解放出来,转移到生产率更高的制造业和服务业中,由此释放的劳动力红利,为我国工

〔1〕 参见韩永文:《农业比较经济效益转换论》,经济科学出版社1998年版,第47页。

〔2〕 参见林毅夫:《制度、技术与经济发展》,上海三联书店,上海人民出版社2005年版,第80~82页。

〔3〕 参见沈国明:《渐进的法治》,黑龙江人民出版社2008年版,第113页。

业化和经济增长提供了持续稳定的动能。"[1]

该制度的推广取得显著成效的原因在于:其一,该制度与当时的农村生产力水平和农民的愿望与诉求相协调,农户分散经营的方式相较于之前集体劳动的模式,能够更好调动农民的参与热情;对于生产经营的管理相对宽松,赋予农民更大的生产经营自主权。其二,该制度将农户自身收入与其投入成本结合,可以有效地避免原有集体劳动模式中的"搭便车"现象,农民花费更多的物质成本和时间成本在一定程度上能够获取更多的土地产出,进而取得更多的物质收入,提高农民的生产积极性,发挥制度激励的效用。其三,该制度让农民可以拥有剩余产品的所有权和支配权,并且在坚持土地等基本生产资料公有的基础上,具备独立积累家庭私有财产的动力,能够以极大的热情更多地投入农业生产,创造出更多的财富。特别是,1985 年国家明确提出农业管理从主要依靠行政领导转变为主要依靠经济手段,取消农产品的统购统销,开启了农业领域的市场化改革。国家与农民订立合同,农民将相当数量的农产品上缴给国家后,余粮归农民自主处理,可以在市场上出售。1987 年,国家决定开放农机具等生产资料的销售,鼓励农民自主选择。农产品市场的发展使农民的农业生产成果能够取得更高的价格,农地产出的增加也推动了农副产品自由市场的形成。同时,政府提高了农产品的征购价格,尤其是棉花和其他非粮作物,使农民实际收入保持较高的增幅。对此,周其仁教授认为,在此过程中,一种新型的国家与社会关系得以逐步形成,成为推动我国经济社会发展的底层逻辑。以产权创新为中心,中央政府和农民两极间进行交易的格局,"发展为'农民—社区—地方—中央'多极之间的谈判、沟通和'交易'……从长期角度来看,这里包括了重建国家与社会关系的要素"[2]。由于农村土地制度的改革,农民从一个被动的行动者,在组织的安排下,转变为一个单独的生产经营者,拥有单独的经济利益与社会参

---

〔1〕 张军、王永钦主编:《大转型——中国经济改革的过去、现在与未来》,格致出版社、上海人民出版社 2019 年版,第 1 页。

〔2〕 周其仁:《产权与制度变迁——中国改革的经验研究》(增订本),北京大学出版社 2004 年版,第 31 ~ 32 页。

与,人民公社体制必须让位给农村自治体制,在农村社会生活中,国家权力也已逐步从大部分领域中退出。随着土地法律制度的发展,村民自治制度得以逐渐完善和健全,“海选”等直接民主选举方式获得国家权力认可,在不少不发达地方,兴起一股外出务工农民返乡参加选举的高潮,国家权力和农村社会自治并行不悖的模式正在不断地形成并发展。[1]

二、创造巨大财富的制度设计:1987 年城市土地制度改革

农地制度改革的成功,为我国城市土地制度改革提供了新的借鉴意义。对此,有学者指出:“事实上,土地制度的变化为认识改革提供了重要的线索:人们对土地的理解、不同的人与土地的关系以及土地在工业化中的作用,都深刻地影响着改革开放的进程。”[2]从这个意义上来说,如何发挥土地对于城市建设的作用至关重要。其不仅仅带来了雄厚的物质基础,也为整个国家现代化和我国社会的成功转型提供了制度基础。

(一)制度实践

改革开放 40 多年来,我国城镇化率从 1978 年的 17.92% 提高到 2021 年的 64.72%,其中,20 世纪 80 年代后期开始的城市土地批租制度发挥了重大作用,为地方政府推动工业化和城镇化建设积累了城市建设资金。[3] 在改革开放后,由于原来的宪法和法律规定“任何组织或者个人不得侵占、买卖、出租或者以其他形式非法转让土地”[4],对此,法学界有学者指出:“我们是捧着金饭碗讨饭吃……国际上大城市都利用土地获得大笔建设资金,尤其是香港,土地批租是解决了所有权和使用权分离的,我们也可以这样做。”[5]在原有土地无偿划拨体制难以为继的情况下,我们不得不重新反思

---

〔1〕 参见姚小林:《土地法与中国农村的社会变迁》,载《广东商学院学报》2005 年第 4 期。

〔2〕 曹锦清:《土地与工业化视野下的改革开放 40 年》,载姜义华等:《改革开放与大国治理》,辽宁人民出版社 2019 年版,第 51 页。

〔3〕 参见李宽:《土地批租与中国的快速城镇化》,载《文化纵横》2019 年第 1 期。

〔4〕 1982 年《宪法》第 10 条第 4 款规定。

〔5〕 据笔者回忆,20 世纪 80 年代初徐开墅老先生曾经在课堂上认为应该重新发现我国土地资源的价值,尤其是为城市建设提供资金支持。参见叶祝弟主编:《一个人的四十年:共和国学人回忆录》(上、下册),生活·读书·新知三联书店 2019 年版。

现有土地制度改革的方向。[1] 1987 年 4 月,国务院首次提出了"土地使用权可以有偿转让"的政策,并批准了国务院关于在天津、上海、广州、深圳 4 个城市开展国有土地使用权有偿转让改革试点的建议。当时的基本思路是:土地既然是生产资料,那么也应当是商品,虽然所有权不能自由买卖,但使用权可以有偿转让,有转让、有市场,就要有价格,价格的差别就是级差地租。

所谓地租,即指劳动者在劳动过程中所创造的物质财富被土地所有者夺取部分,这是土地所有权在经济上表现出来的一种形式。换言之,这是被土地所有者占有的、由劳动者创造的超额剩余价值。[2] "土地批租"在本质上是我国城市国有土地所有权,可以让渡出土地使用权,从而使土地使用权可以进行市场化配置。[3] 我国城市土地的所有权属于国家,通常所说地价是指土地使用权的价格,也就是一定时期地租折现的总和。1987 年,深圳敲响土地拍卖"第一槌",奏响了城市土地市场化改革,开启了一段充满活力的新时代。1988 年 4 月 12 日,第七届全国人民代表大会第一次会议通过了《宪法修改案》,将《宪法》第 10 条第 4 款修改为:"任何组织或者个人不得侵占、买卖或者以其他形式非法转让土地。土地的使用权可以依照法律的规定转让。"1988 年 12 月,又修改了《土地管理法》,并规定"国有土地和集体土地的使用权可以依法转让""国家依法实行国有土地有偿使用制度"。这些法律规定为国有土地所有权和使用权分离的实践提供了基本法律依据,从根本上扫除了实行土地批租的法律障碍。由天津、上海、广州、深圳试点的城市土地管理制度改革,由此推向全国,中国的城市面貌从此出现翻天覆地的变化。

土地批租制度改革的成功,得益于农地改革的启示和借鉴,更得益于我国既有农地制度的支持。中华人民共和国成立后,我国通过农地制度改革,最终确立了集体土地所有制。但在中国,集体土地制度是公有的,加上改革初期的征地补偿费相对较低,征地谈判交易成本较低,满足了"为了推动中国的工业化和城市化,需要获取大量价格低廉的土地来满足

---

[1] 参见杨俊锋:《中国土地配置基本制度的法律解读与改革》,载《学术月刊》2014 年第 8 期。
[2] 参见白彦锋:《土地出让金与我国的物业税改革》,载《财贸经济》2007 年第 4 期。
[3] 参见沈国明:《渐进的法治》,黑龙江人民出版社 2008 年版,第 196 页。

基础设施建设的需求”[1]。低廉的征地成本降低了我国基础设施建设的成本和工业制造的成本,也降低了城市化和工业化的费用,“农村剩余劳动力向城市和工业领域积极流动,提高了工业生产力,这不仅推动了城市化的持续发展,也向农业和农村回馈了资源和资金。中国的工业化、城市化和农业发展与土地制度有着协调一致的关系,土地制度不仅能够支持经济发展的效率,而且也能够确保公平”[2]。

土地批租制度的改革,推动了国有土地和农村集体土地的联动改革。为维护国有土地使用权,国家通过政策及其相关法律,限制农村土地进行市场化配置,以保证土地批租的土地来源。1994 年《中华人民共和国城市房地产管理法》(以下简称《城市房地产管理法》)规定“城市规划区内的集体所有土地,经依法征收转变为国家土地后,对该幅国有土地的使用权方可有偿出让”。1998 年,修改后的《土地管理法》第 43 条规定了建设用地审批制度,国家所有的土地和农民集体拥有的土地,都在国家的监管下。同时,该法第 63 条更加明确了农民集体所有的土地不能出让、转让或出租用于非农业建设,但企业因破产、兼并等使用权依法转移的除外。为了进一步消除农村集体出让土地使用权的可能,1998 年《土地管理法》作了修改,还取消了城镇非农业户口居民可以申请集体土地建房的资格。这样,政府在法律上成为土地一级市场的供地唯一主体。与此同时,分税制改革后,土地财政的逐步形成,土地用途管制制度的建立以及土地出让收支的规范管理体系形成,有力地推动了地方政府运用土地批租制度进行城市经营的步伐,并取得了巨大的成功。对此,有学者评论说:改革开放以来,在没有显著增加社会税收负担的情况下,地方政府主要利用土地有偿使用和转让制度,在相对短的一段时间里完成了绝大多数城市的改造和重建任务,建立了高度发达的城市基础设施和跨区域的交通运输网络,为我国经济的持久增长打下了坚实的基础。[3]

---

〔1〕 曹锦清:《土地与工业化视野下的改革开放 40 年》,载姜义华等:《改革开放与大国治理》,辽宁人民出版社 2019 年版,第 55 页。

〔2〕 曹锦清:《土地与工业化视野下的改革开放 40 年》,载姜义华等:《改革开放与大国治理》,辽宁人民出版社 2019 年版,第 64 页。

〔3〕 参见周黎安:《转型中的地方政府:官员的激励与治理》,格致出版社、上海人民出版社 2008 年版。

(二)经济影响

国有土地出让的收益可以使地方政府获得可支配的财力,为城市基础设施建设和公共服务提供了资金来源。根据《中国自然资源统计公报》《中国国土资源年鉴》《中国统计年鉴》等的统计(见图2-3),中国国有建设用地出让收入从1996年的331.6791亿元上升至2020年的84,142亿元,增长近254倍。根据原国土资源部历年的数据计算,从1987年年底实施土地有偿使用制度至2023年年底,土地出让收入已达750,840.0066亿元。根据国家统计局的数据,全国同期地方财政收入为500,800亿元。例如,从经济发展的角度来说,从土地要素市场改革的视角来审视这场伟大的转型,我们可以看出,土地制度改革在其中发挥的巨大的功能或价值。根据官方数据,全国土地出让收入自2011年至2023年分别为33,166亿元、28,422亿元、41,250亿元、42,940亿元、32,547亿元、37,457亿元、52,059亿元、69,941亿元、77,914亿元、84,142亿元、87,051亿元、66,854亿元、57,996亿元。如果从历年的土地出让金占财政收入比来看,总体上而言,在特定历史时期内,排除疫情的影响,土地出让金在整个财政收入的份额是逐渐增长的。(见表2-2)

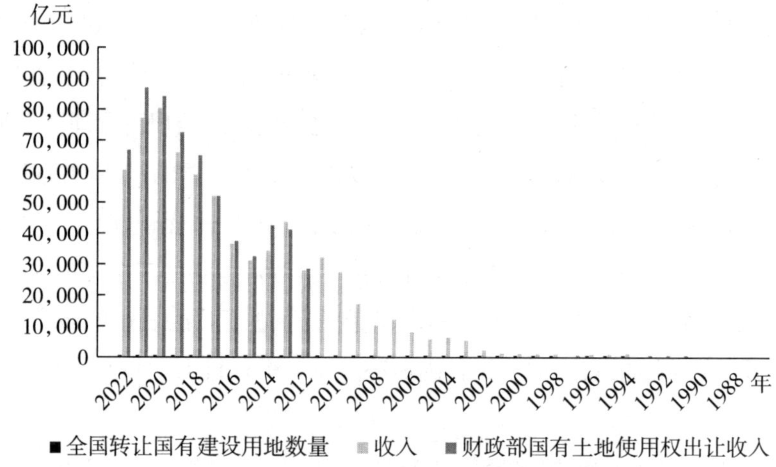

图2-3 历年国有出让土地数量及收入汇总

资料来源:《中国自然资源统计公报》《中国国土资源年鉴》《中国统计年鉴》。

特别说明:1991~1993年以及1997年的物价偏低,尤其是房地产行业尚在发展之中,故国有土地使用权出让收入数据偏低,且统计中的出让合同价款,不含协议出让利益,与财政部统计的全国土地出让收入缴入国库数口径不同。

表 2-2　1987~2023 年全国转让国有建设用地情况

年份	全国转让国有建设用地数量/万公顷	收入/亿元	财政部国有土地使用权出让收入/亿元
2023	25.5	50,593	57,996
2022	30.7	60,314.4	66,854
2021	30.747698	77,186.95	87,051
2020	31.495943	80,409.56	84,142
2019	27.931203	66,006.02	77,914
2018	26.019989	58,850.47	69,941
2017	23.089862	51,984.47527	52,059
2016	21.185082	36,461.68304	37,457
2015	22.488595	31,220.64715	32,547
2014	27.734632	34,377.37341	42,940
2013	37.4804	43,745.29671	41,250
2012	33.243234	28,042.28278	28,422
2011	33.508517	32,126.08231	33,166
2010	29.371781	27,464.47912	
2009	22.08139	17,179.52558	
2008	16.585967	10,259.79879	
2007	23.496059	12,216.72083	
2006	23.301788	8077.644701	
2005	16.558608	5883.817095	
2004	18.151036	6412.175967	
2003	19.360396	5421.311288	
2002	12.422984	2416.792518	
2001	9.039412	1295.88961	
2000	4.863322	595.5848	
1999	5.416344	514.3295	
1998	6.2058	499.5607	

续表

年份	全国转让国有建设用地数量/万公顷	收入/亿元	财政部国有土地使用权出让收入/亿元
1997			55.84
1996	3.4048	331.6791	
1995	4.3092	387.722	
1994	5.7338	564.7343	
1993			1.43
1992			3.82
1991			1.49
1990			
1989			
1988			
1987			
总计	591.427824	750840.0066	

资料来源：根据原国土资源部公布的《中国国土资源年鉴》中 2011～2023 年的数据整理得出。
注：表格中空白处为缺失数据。

根据《中国自然资源统计公报》《中国自然资源统计年鉴》《中国国土资源年鉴》《中国统计年鉴》提供的数据，1994～2023 年（1997 年除外），全国转让国有建设用地数量约 591 万公顷[1]，收入约 75 万亿元[2]。未被检索到 1997 年数据的原因，可能是 1998 年即将组建国土资源部，数据出现断层或缺失；同样的情况也发生在 2018 年，由于该年组建自然资源部，所以 2018 年并未发布《中国国土资源公报》，而《中国自然资源统计年鉴》自 2020 年开始发布，《中国自然资源统计公报》自 2022 年才开始发布。幸运的是，2020 年发布的《中国自然资源统计年鉴》对过去 3 年的数据均有总结，所以并未出现数据缺失。

需要说明的是，所谓的 75 万亿收入，此处的"收入"是指出让合同价

〔1〕 具体数量为：591.427824 万公顷。
〔2〕 具体收入为：750,840.0066 亿元。

款,不含协议出让利益,所以该数据与财政部统计的全国土地出让收入缴入国库数不同,总体来说,财政部统计的收入数据更高。财政部从 2012 年,在每年官方公布的财政收支情况中开始公布国有土地使用权出让收入金额及增减比例,从现有数据来看,2012 ~ 2023 年,国有土地使用权出让收入也已经达到了 66.8 万亿元。[1] 同一时间段,原国土资源部及自然资源部统计的数据为 62 万亿元[2],已经占到 75 万亿元收入的约 82%,可见土地使用权转让收入在近 12 年的强劲增长态势,即从 2012 年的 2.8 万亿元到 2023 年的 5 万亿元,这也说明了财政部专门在收支情况中列明此项收入的原因。但需要关注的是,2012 ~ 2020 年,土地使用权转让收入始终保持增长态势,但 2021 ~ 2023 年,土地收入出现了降低的发展趋势,即从 2021 年的 8.7 万亿元到 2023 年的 5.8 万亿元,全国转让国有建设用地数量也从 2021 年的 30.7 万公顷降低到 2023 年的 25.5 万亿公顷。(见图 2 - 4)由此说明,长期依靠土地财政模式难以为继,必须转向土地财产税或者物业税等其他发展模式。

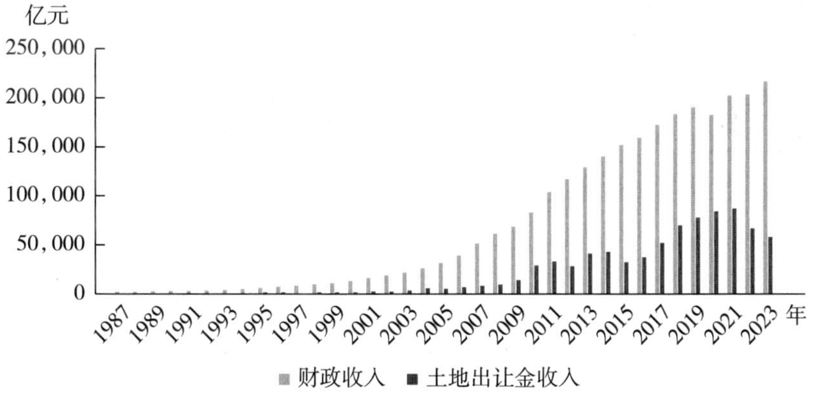

图 2 - 4　1987 ~ 2023 年我国土地出让金与财政收入趋势

资料来源:《中国国土资源年鉴》以及财政部公布的 1987 ~ 2023 年财政收支情况等公开数据整理形成。

《中国地质矿产年鉴》作为《中国国土资源年鉴》的前身,其在 1987 年

---

〔1〕 具体收入为:668,091.994 亿元。

〔2〕 具体数据为:619,192.158 亿元。

至1996年均有出版,但涉及的内容主要是地质勘探、区域地质调查、可供建设利用的地质报告、地质市场经营情况等,并未涉及土地出让的问题。

可见,这些年来全国土地出让收入占地方财政收入的比例已接近50%。[1] 建设用地出让收入成为地方财政收入的有力支撑,也成为其财政支出的重要来源。[2] 土地批租制成为城市土地价值得以迅速膨胀的"催化剂",并产生了近80万亿元的财富,而这也为中国的城镇化、城市现代化打下了坚实的基础。其中,我国自2007年至2019年全国土地出让价款累计达43.6万亿元。倘若自土地批租制度开始实施时计算,30多年来通过征收土地出让金、土地增值税、城镇土地使用税、契税等相关税费所获得的财富至少达60多万亿元。[3]

从城市基础设施建设情况来看,"在1987年土地批租时期,当时,中华人民共和国成立将近40年了,可是,城市建设非常落后,基础设施基本上是新中国成立前留下来的,城市形态基本没太大改变,许多出国几十年的华侨华人回到上海,都有这样的感受。以上海为例,上海当时人均居住面积仅几平方米,成片的棚户简屋散布在城市各地段。道路只有平面交通,街道狭窄十分拥挤,有的时候,走路比坐车还快些。当时国家还没实行分税制改革,地方上缴中央财政后留作自用的绝大部分用于人头费,可用于城市改造的钱十分有限。这样的问题困扰政府,市民也议论纷纷"。[4] 随着土地批租制度的推行,这些问题得到彻底的解决。如从土

[1] 参见谭荣:《探析中国土地要素市场化的治理结构》,载《国际经济评论》2021年第2期。

[2] 参见张彩云、隋筱童:《中华人民共和国成立70年来中国土地制度的阶段性演变及成就》,载《改革与战略》2019年第5期。

[3] 参见黄奇帆:《深化土地要素市场化配置改革 开启中国第三次土改新元年》,载《第一财经日报》2020年6月1日,第A10版。

[4] 叶祝弟主编:《一个人的四十年:共和国学人回忆录》(上、下册),生活·读书·新知三联书店2019年版。据时任上海市静安区建设委员会主任王和泉回忆,"当时市区内三代同堂、结婚无房的现象仍然存在,人均4平方米以下的特困户还有26.5万户。同时,住房成套率低,上海当时还有50万只马桶和80万只煤球炉。与城市改造相联系的还有市内交通紧张,当时上海市区人均拥有的道路面积仅为2平方米左右。通信、煤、水、电、下水道等基础设施建设滞后,给人民生活带来诸多不便。随着城市发展和人口增长,这些矛盾越来越突出,解决的难度也日渐加大。如何成功地进行旧区改造,成为各阶层关注的热点"。《回眸40年:土地批租,建设更美好的城市》,载微信公众号"上海静安"2018年11月16日,https://mp.weixin.qq.com/s/OHOVOpedZQ61b6sjFMwpiw。

地批租开始的人均住房面积为7.4平方米，到2000年便跃升为33.4平方米，而且这个数字还在不断增长，至2021年人均住房面积达到了37平方米。人均拥有道路面积从批租时2平方米，至2019年增加为4.72平方米。从土地出让情况来看，“据不完全统计，1988～2004年上海共出让土地使用权35,544公顷，全市土地使用权出让金收入2000多亿元”[1]。对此，朱林兴教授评价：“上海今天日新月异的成就很大程度上是建立在国有土地使用制度改革基础上的。土地使用制度改革有效地解决了长期来城市建设资金短缺的困难，为政府大规模地建设城市基础设施提供了资金保证，推动了上海‘九五’‘十五’期间‘一年一个样、三年大变样’的城市建设快速发展。”[2]

然而，需要注意的是土地批租制度也给经济带来了一些负面影响。其一，助推地价房价双高，地方经济容易被房地产市场“绑架”。个别地方政府在土地使用权交易环节“一次性”地收取土地出让金，定价标准浮动性大，为了获取更高的地价而对推高房价的行为采取放任甚或推动的态度。[3] 其二，土地配置和财政分配并没有得到合理匹配。土地出让金这部分的财政收入在地方政府收入中所占比例逐年递增，但是并没有带来地方政府公共服务能力的相应提升。其三，市场的基础性作用没有得到充分发挥。政府在是否批地、批多少地的问题上有相当大的裁量权，相应的市场因素在城市建设用地使用权的招拍挂事项中所发挥的调整作用受到弱化或限制。

对此，有学者提出，在未来的制度设计中，可以考虑采用“年租制”，即在国家将城镇土地使用权租赁给开发商或土地使用者时，开发商或土地使用者按规定每年向国家缴纳一定数量的土地租金。[4] 本书认为，其有

---

〔1〕 朱林兴：《关于深化上海国有土地使用制度改革的几点思考》，载《上海土地》2009年第5期。

〔2〕 朱林兴：《关于深化上海国有土地使用制度改革的几点思考》，载《上海土地》2009年第5期。

〔3〕 参见贾康、刘微：《“土地财政”论析——在深化财税改革中构建合理、规范、可持续的地方“土地生财”机制》，载《经济学动态》2012年第1期。

〔4〕 参见刘军民：《积极探索土地年租制　创新土地供应模式》，载《中国财政》2013年第7期。

一定的可行性,该制度优势主要体现在:有利于地方政府土地财政模式转型;能够降低土地取得的初始成本,客观上降低商品房价格;有利于促进社会公平;能够杜绝囤地囤房行为,提高土地资源的利用效率;国家能够更好地享有土地增值收益。[1]

三、新一轮的制度设计:1993 年开始的农村土地承包经营权流转及“三权分置”

从农民自发搞大包干,到城市开始进行土地使用权有偿转让,土地的价值日益为人们所认识,法律也对这些做法予以肯定。随着改革的推进,农村土地承包经营出现了新的形式,即将承包地转包、转让交由其他人经营。这其实是农村土地要素走向市场化配置,我国的法律顺应发展趋势,在肯定家庭联产承包责任制的基础上,对土地确权的过程,使农地产权清晰。法律的变化推动了土地价值的实现,对经济产生了积极影响。

(一)制度实践

家庭联产承包责任制的实施初期,无论政策上还是法律上,出租、转包等变更经营主体的做法都被禁止。根据 1982 年中央一号文件即《全国农村工作会议纪要》的规定:“社员承包的土地,不准买卖,不准出租,不准转让,不准荒废,否则,集体有权收回;社员无力经营或转营他业时应退还集体。”1982 年《宪法》第 10 条第 2 款、1986 年制定的《土地管理法》第 2 条和原《民法通则》第 80 条均规定土地不得侵占、买卖、出租或以其他形式转让。1986 年,最高人民法院在原《关于审理农村承包合同纠纷案件若干问题的意见》中也作类似的规定,即承包人未经发包人同意,不得私自转包,否则转让承包合同无效。[2]

但是,随着社会生产力的提高,市场发挥日益重要的作用,原有的承包地碎片化特征与农业规模化经营的需求不匹配,农户自主经营模式也不符合农业生产经营现代化的发展要求,需要加以调整。在实践中,农户

---

〔1〕 参见刘军民:《积极探索土地年租制　创新土地供应模式》,载《中国财政》2013 年第 7 期。

〔2〕 参见许明月:《改革开放 40 年我国农地制度的变迁与展望》,载《东方法学》2018 年第 5 期。

自主经营的规模相对较小,难以运用现代化工具和先进技术开展更加节约生产成本集约化的经营模式;进城务工规模的扩大也使“有地无人种”和“想种无地”的现象大范围地出现。从国家层面而言,有关方面逐渐认识到应不断放宽对土地流转的限制、进一步完善农村土地制度以发展市场经济。目前,我国农村土地基本生产经营制度仍然是家庭联产承包责任制,只是为了适应农业的现代化发展需求,进行适当的调整。各地也在实践中进行探索,如允许农村土地流转、扩大土地经营规模以促进城乡经济持续健康发展,“集体所有、家庭承包、多元主体经营”。[1]

1. 1993～2001 年:接受流转

20 世纪 90 年代初期,随着城镇化建设的快速发展,大量农村劳动力从农村转移到城市,使大片土地撂荒,实践中农户之间土地承包经营权的流转非常活跃,特别是通过转包、代耕等方式的流转,逐渐出现了一批农业大户。在此过程中,国家层面延长了土地的承包期限,还出台了相关的政策文件,改变了以往严格限制土地承包经营权流转的态度,允许一定条件下让该权利流转。1984 年的 1 号文件,即中共中央《关于一九八四年农村工作的通知》,该通知指出:“鼓励把土地逐步向种田能手集中。社员在承包期内,如因无力耕地或转营他业而要求不包或少包土地的,可以将土地交给集体统一安排,也可以经集体同意,由社员自找对象协商转包,但不得擅自改变向集体承包合同的内容。”这是国家层级首次出台的政策性文件,允许符合特定条件的农户可以对其承包经营的土地进行转让。[2]

1993 年 11 月,中共中央、国务院颁布的《关于当前农业和农村经济发展的若干政策措施》规定,原来的耕地承包期满,自动延期 30 年不变,且在此期间应坚持“增人不增土地,减人不减少土地”的原则。此后,我国开始对农村土地实行家庭联产承包责任制改革试点并取得初步成效。1995 年,原农业部颁布《关于稳定和完善土地承包关系意见的通知》(已失

〔1〕 吴静:《新中国 70 年农村土地制度改革历程:困境与突破》,载《决策咨询》2020 年第 1 期。

〔2〕 参见许明月:《改革开放 40 年我国农地制度的变迁与展望》,载《东方法学》2018 年第 5 期。

效),首次将农地"承包经营权流转等"这一概念作为官方文件提出。通知建立土地承包经营权流转机制,让承包方依法分包、转让、互换、入股。这一政策的出台,标志着我国农地经营方式由原来单纯的家庭联产承包责任制向多种所有制并存的格局转变。以该意见为切入点,农村土地经营制度改革则以"承包经营权流转等"为名继续进行。该文件明确了承包经营权流转的四种基本合法形式,即转包、转让、互换和入股。

在此之后,国家层面发布多项政策性文件,对农村土地承包经营权流转问题进行指导,并禁止以土地流转名义侵害农民利益的行为。如 1997 年,中共中央办公厅、国务院办公厅发布的《关于进一步稳定和完善农村土地承包关系的通知》,明令禁止实行"两田制";1998 年,党的十五届三中全会首次对农村集体土地提出所有权与承包经营使用权分离的统分结合的双层经营体制,坚持在自愿、有偿原则的基础上允许农户进行土地使用权转让,也允许少数具备条件的地方发展多种形式的土地适度规模经营。2001 年,中共中央发布的《关于做好农户承包地使用权流转工作的通知》,明令禁止"反租倒包"等。

在经过十几年的农村土地制度改革基础上,随着土地批租制度改革的推进,农村土地严格的承包户经营制度在法律上也出现了松动,通过转包、转让等方式将农地交由其他人经营,获得了正式的立法认可。[1] 1998 年,修改后的《土地管理法》第 14 条规定,农村集体经济组织成员可承包农村集体所有的土地用于种植、畜牧、渔业生产等活动。发包方与承包方应以承包合同的形式,约定双方的权利义务,并按照合同约定的用途合理利用土地,且最长约定期限不得超过 30 年。第 15 条规定农村集体所有的土地也可由本集体以外的单位或个人承包经营,除非获得村民会议超过 2/3 的投票,或者 2/3 以上村民代表的认可,并且得到乡(镇)人民政府的认可,否则无法实施。1999 年,第九届全国人民代表大会第二次会议审议通过了《宪法修正案》,规定农村集体经济组织实行家庭承包经营为基础、统分结合的双层经营体制。此后,我国开始对农村土地实行家庭联产

[1] 参见许明月:《改革开放 40 年我国农地制度的变迁与展望》,载《东方法学》2018 年第 5 期。

承包责任制改革试点并取得初步成效。农村家庭承包责任制是宪法所肯定的,农民由此得到土地承包经营权法律保护。

2. 2002 ~2007 年:探索流转

实践不断推动制度的逐步形成。随着社会生产力的发展和农村土地要素市场化配置制度改革的深入推进,实践很快就突破了既定的规则框架。对此,中共中央开始更加主动探索土地使用权流转的具体形式和内容。2002 年颁布的《农村土地承包法》则将以往我国农村土地相关制度整体纳入其中,上升为法律。该法规定农村土地的所有权性质保持不变,家庭承包的土地可以进行流转,但不得改变土地农业用途。根据《农村土地承包法》,农地承包关系下,承包经营权的主体资格和长期稳定性都得到了肯定。与此同时,承包经营权还可采取包租、租赁、互换等方式转让或者以其他形式转移。

2002 年 10 月,党的十六大报告明确指出,有条件的地方可按照依法、自愿、有偿的原则进行土地承包经营权流转。这为土地承包经营权流转提供了具体的政策支持和方向指引。《农村土地承包法》规定,农地承包关系下,承包经营权的主体资格和长期稳定性都得到了肯定;与此同时,承包经营权还可采取包租、租赁、互换等方式转让或者以其他形式转移。随后,各地相继制定或修订相关法律,规范土地承包经营权流转行为。2005 年 12 月,中共中央和国务院发布的《关于推进社会主义新农村建设的若干意见》明确指出,要以家庭承包经营为基础,健全统分结合的双层经营体制,以及不断完善土地承包经营权流转机制等,允许在条件成熟时发展各种适度规模经营形式。随后,中央连续下发文件鼓励农民以各种形式进入市场参与竞争,促进农业现代化进程。2006 年,我国“十一五”规划纲要中又一次明确提出,允许在条件成熟时主动提出土地有偿流转,发展各种适度规模经营。同年,我国废除了农业税,并开始对主种粮区的农民进行补贴。经过实践探索,2007 年 3 月颁布的原《中华人民共和国物权法》,第一次在法律上明确了土地承包经营权的性质为用益物权,在法律上结束了“土地承包经营权”债权或物权性质的争论。这大大促进了土地承包经营权的市场化、制度化、法治化。

3. 2008 ~ 2013 年:土地确权

为了进一步规范、完善土地承包经营权市场化配置,2008 年,党的十七届三中全会审议通过了《关于推进农村改革发展若干重大问题的决定》,明确指出土地承包关系要“长久不变”,确保农民拥有完整的土地经营权等,从政策上扶持农村土地制度改革的深入发展。

为推动土地承包经营权流转和市场化配置,2009 年,国家开始推动农村土地承包经营权确权登记颁证试点工作。“土地确权”是解决农村人地矛盾的重要举措。只有在土地权属清晰的前提下,农村土地要素市场化配置才有可能,从这个意义上来说,其是在国家层面开展的以农地产权清晰化处置为主要目的的实质性措施。2010 年中央一号文件,即中共中央、国务院《关于加大统筹城乡发展力度　进一步夯实农业农村发展基础的若干意见》中强调,全面实行承包地块、承包面积、承包合同、证书“四到户”;拓展土地经营权注册试点,确保所需工作经费。2011 年,国家发布的“十二五”规划纲要中也明确指出了有效实施农村土地确权、登记和颁证的任务,依法维护农民土地承包权。2013 年,中央一号文件,即中共中央、国务院《关于加快发展现代农业进一步增强农村发展活力的若干意见》明确要求在 5 年内完成农地确权工作。土地确权后,农地流转中的许多现实问题得到解决,对提高农户流转意愿、提升农村要素活力等起到了积极作用。[1]

4. 2013 年至今:“三权分置”

2013 年,我国经济发展步入新常态,农村土地制度改革开始进入以权利分割为主的新阶段。党的十八届三中全会上提出“全面深化改革”“赋予农民更多财产权利”等理念。2013 年 7 月,习近平总书记指出:“深化农村改革,完善农村基本经营制度,要好好研究农村土地所有权、承包权、经营权三者之间的关系,土地流转要尊重农民意愿、保障基本农田和粮食

〔1〕 参见毕国华、杨庆媛等:《改革开放 40 年:中国农村土地制度改革变迁与未来重点方向思考》,载《中国土地科学》2018 年第 10 期。

安全,要有利于增加农民收入。”[1]党的十八届三中全会还提出:“稳定农村土地承包关系并保持长久不变,在坚持和完善最严格的耕地保护制度前提下,赋予农民对承包地占有、使用、收益、流转及承包经营权抵押、担保权能,允许农民以承包经营权入股发展农业产业化经营。”首次提出“抵押”“担保”“入股”等新的流转形式。2014 年 11 月,中共中央办公厅和国务院办公厅印发的《关于引导农村土地经营权有序流转发展农业适度规模经营的意见》也提出,应坚持农村土地集体所有,实行“三权分置”,切实保障国家粮食安全、促进农业增效和提高农民收入。

为进一步激活被长期压抑的农村土地这一“沉睡的资本”,2015 年中央一号文件,即中共中央、国务院《关于加大改革创新力度　加快农业现代化建设的若干意见》再次提出,要引导农村土地合理流转,积极发展多种形式的适度规模经营,以促进农民集体经济的组织化发展。为了让农民拥有更多的财产权利,国务院颁布了两份文件:一是《关于引导农村产权流转交易市场健康发展的意见》,它对农村产权流转交易,包括农户承包地土地经营权等作出了相应规定。二是根据《关于开展农村承包土地的经营权和农民住房财产权抵押贷款试点的指导意见》,应当拓展土地承包经营权的抵押权能,发挥其融资功能,并建立健全抵押物处置机制和相关措施,以促进农村土地承包经营权和农民住房财产权的抵押贷款发放。这些规定,大大推动了广大农民具有到银行进行抵押贷款资格的形成,赋予广大农民更多的财产性权利。与此同时,为进一步深化农村土地制度改革,根据实践发展需求,2015 年,党的十八届五中全会提出要完善土地所有权、承包权、经营权的分置办法。2016 年中央一号文件,即中共中央、国务院《关于落实发展新理念加快农业现代化　实现全面小康目标的若干意见》也作类似的规定,即稳定农村土地承包关系、完善“三权分置”。2017 年,中央一号文件,即中共中央、国务院《关于深入推进农业供给侧结构性改革　加快培育农业农村发展新功能的若干意见》进行了再次重申。同年,党的十九大报告在原先提法的基础上,又增加了“第二轮土地承包

[1] 习近平:《坚定不移全面深化改革开放　脚踏实地推动经济社会发展》,载《人民日报》2013 年 7 月 24 日,第 1 版。

到期后再延长三十年"的内容。这些改革举措从制度层面上明确了农村土地承包关系的"长久不变",对推动农村土地财产权市场化交易提供了制度基础,有力地推动了农村土地要素市场的改革,尤其是农村土地"长久不变"意指土地承包关系,而非土地经营关系的长久不变,为农地改革指明了方向,也为进一步赋予土地经营权用益物权性质提供了政治和制度基础。

2018 年,《农村土地承包法》的修正。这次修正将前期探索形成的成果用法律的形式予以肯定:一是将土地承包关系长久不变具体化为相关法律规定,即通过再次延长农村土地承包期,实现农村土地承包关系的稳定。习近平总书记强调:"我们党的土地政策是长期稳定的。"[1] 2018 年《农村土地承包法》明示,耕地在合同期满之后,可以继续延长 30 年,草地和林地也按照前文规定续约。以法律的形式实现"三权分置",规定承包方可以拥有土地承包权,可以自行经营,也可以保留或转让经营权。二是土地经营权的财产权利可以逐步实现独立和固定,尤其是在法律上认可其可以进行股权投资,并且保证其承担担保义务的能力。2018 年《农村土地承包法》规定,承包方有权依法出租、入股或采取其他流转方式,并可向金融机构申请融资担保。[2]

(二)经济影响

党的十八大以来,我国完成了 15 亿亩承包地的确权,登记办证 2 亿户,从而有效解决了原先部分地区存在的承包地面积不准、四至不清、权属不明等问题。与此同时,承包地"三权分置"政策法律体系也逐步建立,为各地土地经营权流转市场的运行提供了指导,促使土地经营权有序流转。时至今日,我国已有 1239 个县市区和 18,000 多个乡镇建立了农村土地经营权流转服务中心,耕地流转面积超过 5.55 亿亩。[3]

---

〔1〕 习近平:《我们党的土地政策是长期稳定的》,载人民网,http://politics.people.com.cn/n1/2017/1020/c1024-29597405.html。

〔2〕 参见孙建伟:《土地经营权物权化规则构建路径》,载《国家检察官学院学报》2019 年第 6 期。

〔3〕 参见李春艳:《农村改革成绩"亮眼"新阶段加快构建现代农村产权制度》,载《农村经营管理》2021 年第 5 期。

为了具体说明这项制度创新的实际运作情况以及带来的收益,笔者撷取辽宁省2020年的数据作分析。根据统计,辽宁全省家庭承包经营农户达563.5万户,他们的耕地总面积达5371.9万亩,每户的耕地面积平均为9.53亩。此次,集体预留了2.514亿亩机动地,相较于家庭承包经营耕地面积比重增加了4.7%,比上一年增加5.4%。截至2020年,经流转进入农户及家庭农场的耕地总面积为1417.78万亩,占流转总面积的75.61%。流转入专业合作社的面积较上一年减少10.62%,为246.76万亩,占流转总面积的13.16%。流转入企业的面积为93.21万亩,占流转总面积的比例为4.97%,较上一年减少了5.35%。流转入其他主体的面积为117.22万亩,较上一年减少17.9%,占流转总面积的比例为6.25%。在流转方式中,出租(转包)最受农民喜爱,流转土地1491.46万亩,较上一年减少1.25%,占流转总面积的79.55%,出租(转包)流转土地达104万亩,出租面积占流转总面积的5.5%,较上一年增长16.13%,其中,租给本乡镇以外的人口或单位的流转土地增加了10.24%,面积达90.09万亩,占流转总面积的比例为4.8%。万亩的流转面积较上一年增长13.95%,达到总流转面积的6.47%。农村劳动力转移与土地流转、规模经营是相辅相成的,兼业化也影响土地流转工作。从总体看,辽宁省农户数量在下降,农村土地经营规模在增加。其中,在种粮家庭农场中,面积为50亩以下的农场20,712个,占比为37.97%;面积为50~100亩的农场16,428个,占比为30.12%;面积为100~200亩的农场11,014个,占比为20.19%;面积为200~500亩的农场5099个,占比为9.35%;面积为500亩以上的农场1291个,占比为2.37%。(见表2-3)

表2-3 辽宁省种粮家庭农场面积分布情况

种粮家庭农场面积/亩	数量/个
50以下	20,712
50~100	16,428
100~200	11,014
200~500	5099
500以上	1291

截至2020年年底,全省已有11,766个单位完成产权制度改革,其中11,698个村级单位、65个组级单位和3个乡镇级单位均已实现变革。持股2414.5万个,其中成员股东达1905.8万个,而集体股东则为9576个。股本总额约为464亿元,股金分红较上一年增长4.64倍,达到1.53亿元。2019年的资产总额约为578.4亿元,2020年经过增长达到717.8亿元,较上一年增幅达到26%,经营性资产的数额从上一年的106.3亿元激增到2020年的212.7亿元,增幅接近1倍,上缴税费总额增加到2020年的1425.9万元,增幅接近2倍。由此可知,产权制度改革成效较为明显,成员收益分配权得到保障。[1]

土地承包经营制度在全国的推进,影响着土地集中度,而集中度越高,流转率也越高,所创造的经济价值也越高。中部地区土地集中度远高于东西部地区,1993年中部地区5亩以上耕地占比为6.29%,虽在1996年后有所下降,但在2001年以后开始稳定增长,到2017年约达到15.79%。东部地区1993年5亩以上块数占比为1.29%,在1999年高峰值后有波动,在2009年后稳定上升,到2015年为5.42%。初始时东部地区土地集中度低于西部地区,自1994年起超过西部地区,并且在近年逐渐拉开和西部地区的差距。西部地区土地集中度增长不明显,从1993年的1.72%约增长到3.77%。其土地集中度在1993年后不断下降,直至2007年后开始上涨(见图2-5)。总体而言,全国的土地集中度处于上升阶段,中部地区的土地集中度大于东部和西部地区,在增长速度上,中部地区也高于东西部地区。这一点也体现在农用地流转比例上,中部地区2017年土地流转比例约为30.97%,东部和中部地区流转比例分别约为12.93%和10.27%,中部地区流转更活跃,牵扯土地面积更广,土地经营更为集约化,而西部地区的流转比例低,导致每户耕种块数难以下降,5亩以上耕种面积比例难以上升。随着"三权分置"改革的开展,农用地流转比例进一步上升,土地的集中化程度将会进一步增加,耕地块数更少,土地的集中化水平得到进一步提升,减少在家庭承包制中出现的土地细碎化问题。

---

〔1〕 参见金迪、宋子恒:《辽宁省2020年度农经统计分析报告》,载《农业经济》2021年第12期。

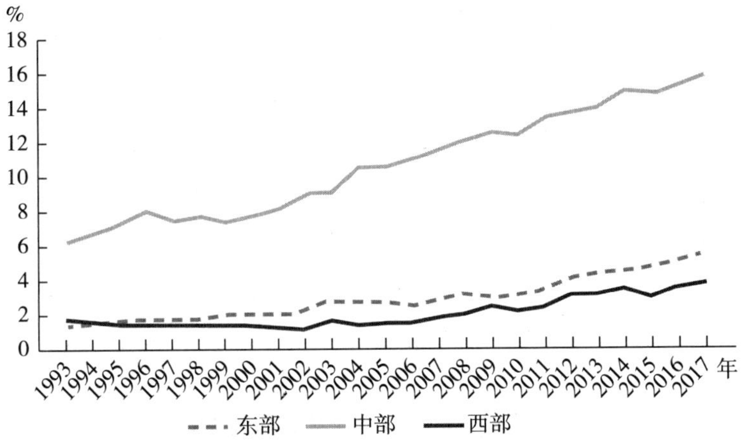

图 2-5　1993~2017 年东部、中部、西部地区土地集中化程度

随着农村经济发展和制度壁垒减少，农用地流转规模不断提高，流转率从 1986 年的 3.37% 约上升至 2017 年的 22.44%。农用地流转以中部市场最为活跃。以 2015 年为例，中部地区农用地流转率为 28.38%，东部和西部地区农用地流转分别为 15.10% 和 9.77%。（见图 2-6）农用地流转率在 1997~2007 年持续上涨，在 2013 年后保持稳定的增长趋势。农用地流转离不开政策的鼓励，2013 年之后，中央“三权分置”改革对农用地流转的推进使流转规模进一步扩大，制度性改革助推农村生产力的改变。出租是农用地流转中最主要方式，2017 年，将近有 4.14 亿亩农用地以出租形式实现流转，比 2016 年增长 5.1%，出租流转农用地占流转总面积 80.9%；2977.2 万亩农用地以股份制形式流转，占流转总面积的 5.8%，较 2016 年比例提高 0.7%；2962.7 万亩和 1442.4 万亩农用地分别以互换、转让方式实现流转，分别占农用地流转总面积的 5.8% 和 2.8%。[1]

---

〔1〕 参见农业部农村经济体制与经营管理司、农业部农村合作经济经营管理总站编：《中国农村经营管理统计年报（2017 年）》，中国农业出版社 2018 年版，第 14 页。

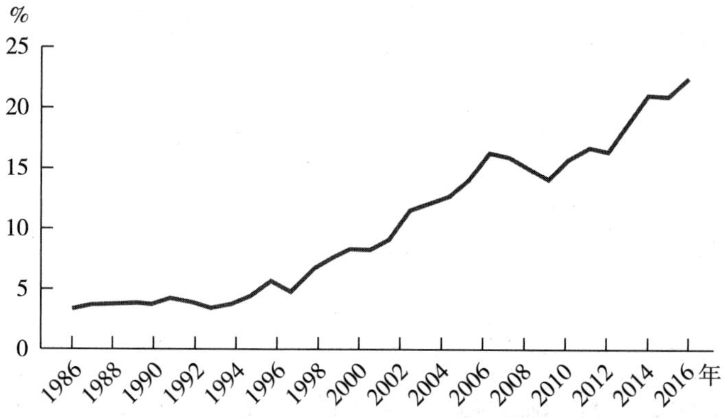

图 2-6　1986~2017 年农用地流转率

党的十八届三中全会决定在我国农村推行“三权分置”的经营模式。试验区的经验证明，“三权分置”不但具有建立规模化农业、绿色农业、科技农业和提升我国农业产业地位的优势，而且还有保障农民收入、改善农村以及农业生态，从而解决困扰多年的“三农”问题的优势。〔1〕同时也较好地解决了城镇化进程中出现的无人种地导致土地抛荒的问题。

承包地的“三权分置”制度妥善调整了国家、集体和农民的利益。作为社会主义国家，在我国现行法律制度框架中，国家和集体是土地的所有权主体，从其中剥离出来的使用权可以通过特定方式交由其他民事主体行使。2013 年，中共中央《关于全面深化改革若干重大问题的决定》〔2〕中提到产权是所有制的核心。健全“归属清晰、权责明确、保护严格、流转顺畅”的现代产权制度。在健全城乡发展一体化体制机制问题上，提出要“加快构建新型农业经营体系。坚持家庭经营在农业中的基础性地位，推进家庭经营、集体经营、合作经营、企业经营等共同发展的农业经营方式创新。坚持农村土地集体所有权，依法维护农民土地承包经营权，发展壮大集体经济。稳定农村土地承包关系并保持长久不变，在坚持和完善最

〔1〕参见孙宪忠：《推进农地三权分置经营模式的立法研究》，载《中国社会科学》2016 年第 7 期。

〔2〕参见《中共中央关于全面深化改革若干重大问题的决定》，载中央人民政府网，http://www.gov.cn/jrzg/2013-11/15/content_2528179.htm。

严格的耕地保护制度前提下，赋予农民对承包地占有、使用、收益、流转及承包经营权抵押、担保权能，允许农民以承包经营权入股发展农业产业化经营”。在保障国家长远发展和全民的根本利益的同时，允许农民在法律允许的范围内流转土地经营权，不仅可以避免农业生产中的短期行为，还可以充分发挥市场这一无形的手在农业发展中的作用，调整土地等生产要素的资源配置最优化，进而提高农业生产力水平和农业生产社会化。

各地积极探索转变农业经营的方式，创新农业生产经营体制，努力培育农业合作社、大农场等多元新型农业经营主体，推动农业的现代化发展。在农业生产方面，新型农业经营主体往往具备丰富的经验及专业知识，更有意愿推广专业化、机械化的农业生产模式，进而提高农业规模效益。中共中央《关于全面深化改革若干重大问题的决定》指出：“鼓励农村发展合作经济，扶持发展规模化、专业化、现代化经营，允许财政项目资金直接投向符合条件的合作社，允许财政补助形成的资产转交合作社持有和管护，允许合作社开展信用合作。鼓励和引导工商资本到农村发展适合企业化经营的现代种养业，向农业输入现代生产要素和经营模式。”〔1〕此外，该制度改革还加快了农村产业结构的调整，促进新增劳动力向第二、第三产业转移和深度农业进军，推动建设“生产发展、生活富裕、乡风文明、村容整洁、管理民主”的社会主义新农村，在党的带领下不断缩小城乡发展差距，加快城乡一体化进程，促进城乡深度融合发展。

为解决城镇化进程可能出现的“无人种地”情况，必须在明确产权的前提下，进行有效的土地流转。为此，各地做了很多探索，取得了良好的效果。以上海市松江区为例，针对城镇化进程导致的“无人种地”情况，从2008 年开始，该区积极进行农村集体产权制度改革，以明确集体成员的所有权主体地位，逐渐探索出“承包户—村委会—家庭农场”的土地流转模式。具体而言，按照自愿原则流转土地，承包农户与村委会签订《上海市农村土地承包经营权流转委托书》，由村委会统一将土地流转给具有本村农户家庭，且户口簿上有 2 人以上的农村户口，走家庭农场的发展道路。

〔1〕《中共中央关于全面深化改革若干重大问题的决定》，载中央人民政府网，http://www.gov.cn/jrzg/2013-11/15/content_2528179.htm。

因此,通过强化成员权的集体土地所有制行使统一转入土地权、选择土地承租者行使转包权以及土地用途规制权,从而使其集体土地所有权管理功能统摄地位得到强化,正在探索出一条符合国情的"村社型家庭农场模式"。〔1〕

"三权分置"作为农村土地制度的重大创新,在理论层面和实践层面还需要进一步完善。一是厘清权利主体的权利边界和相互权利关系。健全"三权分置"的农地产权体系。二是完善所有权承包权权能内容。依法维护农民集体对承包地发包、调整、监督、收回等权利,健全集体经济组织民主议事机制,维护承包农户使用、流转、抵押、退出承包地等权利,探索建立土地承包权依法、自愿、有偿退出制度。三是平等保护经营权。依法维护经营主体从事农业生产所需的各项权利,允许经营主体以承包土地的经营权依法向金融机构融资担保、入股从事农业产业化经营。从发展趋势看,"三权分置"将成为农村土地的一项基本制度。

四、实现多重目标的制度创新:集体林权制度改革(2008年至今)

我国林权制度改革是继家庭承包责任制改革以后的农村社会经营制度的第二次革命。有基层群众这样形象地比喻,"集体林权制度改革要像家庭联产承包责任制那样从山下转向山上"。据统计,我国现有林地面积45.6亿亩,其中集体林地27.37亿亩。这些资源如何成为活的资本,解决农民温饱问题以后如何解决致富、如何在保障生态价值前提下解决开发利用既有林地和森林资源发展农村经济等问题日益突出。

(一)制度实践

为回应实践诉求,集体林地制度亟须改革完善。1998年,福建省永安市红田村在全国率先将山林承包到户,为全国新一轮林地制度试点改革吹响了号角。当然,虽然我国集体林权制度在中华人民共和国成立以后面临多次改革,如土地革命时期分山到户,农业合作化时期集体林权入社,人民公社化时期统一经营,到改革开放初期3定阶段,即划定自留山、

---

〔1〕 李怀:《农地"三权分置"下乡村振兴实现的理论、困境与路径》,载《农业经济问题》2022年第2期。

稳定山权林权和确定林业生产责任制。但是,这些改革并没有对集体林权如何与具体的农户或农民个体的产权联系在一起进行改革,所以始终面临产权不清晰、经营主体不明确和经营机制不灵活,以及利益分配机制不科学等制度性障碍。[1]

为此,在总结福建、江西、辽宁、浙江等省试点经验的基础上,2008 年 6 月,党中央、国务院出台《关于全面推进集体林权制度改革的意见》(中发〔2008〕10 号)(以下简称 2008 年 10 号文件),提出用 5 年时间完成集体林权制度改革的目标任务。本次改革在坚持集体林地所有权为集体的前提下,依法将林地承包经营权和林木所有权通过家庭承包的方式落实到本集体经济组织的农户,确立农民作为林地承包经营权人的主体地位,并依法明确产权、勘界发证、放活经营权、落实处置权、保障收益权,作为本轮林地改革的重中之重。与此同时,2008 年 10 号文件在坚持农村基本经营制度的前提下,依法确保集体林地承包经营权为集体成员平均享有;在保障生态利益的前提下确保农民林地利益;尊重农民意愿,确保农民的知情权、参与权和决策权等。根据 2008 年 10 号文件,2009 年 6 月,中央召开了中华人民共和国成立以来第一次中央林业会议,并对集体林权制度改革作出全面部署,至此,集体林权制度改革在全国范围内全面推开。

截至 2013 年,全国范围内林权制度改革的明晰产权、承包到户的改革任务基本完成,分林(山)到户极大调动了农民造林护林的积极性,农民造林和林地流转收益权得到了有效保障。但是,也面临林权证抵押贷款困难、林业经济发展定位不明等难题。对此,2012 年国务院办公厅《关于加快林下经济发展的意见》,着力推动林业产业的发展。2013 年,中央财政启动了林下经济中药材种植补贴试点工作,在中央财政的推动下,各省也纷纷出台林下经济省级财政扶持政策。与此同时,为破解发展林业经济贷款难的问题,2013 年原中国银行业监督管理委员会(以下简称中国银监会)、原国家林业局联合出台了《关于林权抵押贷款的实施意见》,正

〔1〕 参见贾治邦:《国务院关于集体林权制度改革工作情况的报告——2011 年 4 月 20 日在第十一届全国人民代表大会常务委员会第二十次会议上》,载中国人大网 2011 年 7 月 20 日,http://www.npc.gov.cn/cwhhdbdh/c10034/c16022/c16023/201905/t20190523_391978.html。

式启动了让林业资源变现为资本的集体林权制度深化改革。2016 年 11 月，国务院办公厅出台了《关于完善集体林权制度的意见》，主要围绕实施精准扶贫，破解制约集体林权制度改革的深层次问题，提出到 2020 年，实现集体林区森林资源持续增长、农民林业收入显著增加、国家生态安全得到有效保障等目标。该意见明确提出“逐步建立集体林地所有权、承包权、经营权分置运行机制”，即推动实施集体林地“三权分置”。在确权颁证的前提下，“稳定集体林地承包关系”“放活生产经营自主权”“引导集体林适度规模经营”等，为进一步推进集体林权制度改革指明了方向。

2018 年《农村土地承包法》和 2019 年《中华人民共和国森林法》(以下简称《森林法》)的修改，将上述改革成果以法律的形式加以固定，有力提升了集体林权保护的效力。如 2018 年《农村土地承包法》以法律的形式确立林地“三权分置”改革成果，并规定：“……林地的承包期为三十年至七十年。前款规定的耕地承包期届满后再延长三十年，草地、林地承包期届满后依照前款规定相应延长。”《森林法》第 17 条规定：“集体所有和国家所有依法由农民集体使用的林地(以下简称集体林地)实行承包经营，承包方享有林地承包经营权和承包林地上的林木所有权，合同另有约定的从其约定。承包方可以依法采取出租(转包)、入股、转让等方式流转林地经营权、林木所有权和使用权。”

(二)经济影响

1. 产权明晰使林农真正成为林地的财产权人，推动林业经济的发展。

首先，产权明晰使林农真正成为林地的财产权人。发展的根本目的是提高人民的生活水平，实现共同富裕。“以人民为中心”，要求对人民负责、让人民获益。[1] 这意味着在发展的过程中，需要充分考虑如何能够合乎最广大人民群众的利益，人民是不是真正得到了实惠。我国当前的社会主要矛盾已经转变为人民日益增长的美好生活需要和不平衡不充分的发展之间的矛盾。只有以让人民享有美好生活为己任，把人民的期待作为在林地制度改革中的动力，使农民能够从林地承包到户中直接谋取福

---

〔1〕 参见姜淑萍：《“以人民为中心的发展思想”的深刻内涵和重大意义》，载《党的文献》2016 年第 6 期。

利，才能更好地汇聚民心，推动中华民族伟大复兴和共同富裕的实现。林地产权制度改革通过一系列的惠农举措，确立了农民作为林地承包经营权人的主体地位，进一步解放和发展生产力，逐渐将传统林业模式转向现代林业模式。这些措施符合人民群众的利益需求，能够把给予人民的实惠真正落到实处，真正实现了让人民共享改革发展的成果，使林农感受到国家经济发展中的获得感，进而激励其积极进行后续的生产经营，为实现共同富裕打下坚实的基础。

据悉，截至 2010 年年底，已有 20 个省(区、市)基本完成明晰产权、承包到户的改革任务，全国共承包到户的集体林地 24.31 亿亩(林木蓄积 40 亿立方米)，占总面积的 88.6%，发证面积 20.1 亿亩，占总面积的 73.4%，7260 万农户拿到林权证，3 亿多农民直接受益，得到了广大农民的支持。[1] 到 2021 年 9 月，全国确权集体林地面积超过 27 亿亩，占集体林面积的 93% 以上。发放林权证 1 亿多本，发证面积达 26 亿亩，占确权面积的 97% 以上。据统计，已有 5 亿多农民直接受益。(见图 2－7)林农分包到相应的林业资源，不仅可以自己进行生产经营，通过林农产品的产出增加财富，还可以依据法律规定进行流转获取财产性收益，无论其作出何种选择，都能够切实提高其实际收入，直接享受改革成果。

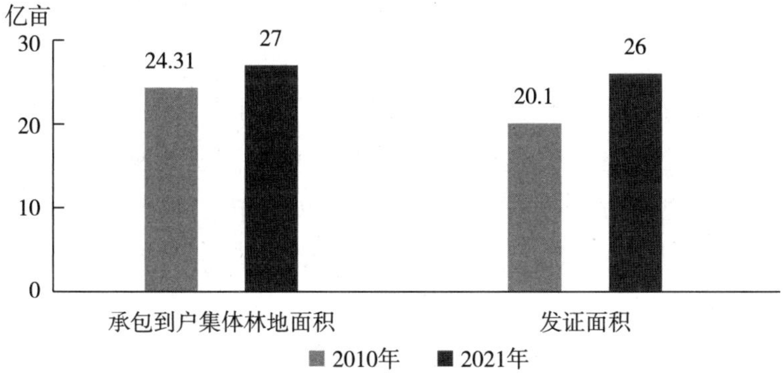

(a)

〔1〕 参见贾治邦：《国务院关于集体林权制度改革工作情况的报告——2011 年 4 月 20 日在第十一届全国人民代表大会常务委员会第二十次会议上》，载中国人大网 2011 年 7 月 20 日，http://www.npc.gov.cn/cwhhdbdh/c10034/c16022/c16023/201905/t20190523_391978.html。

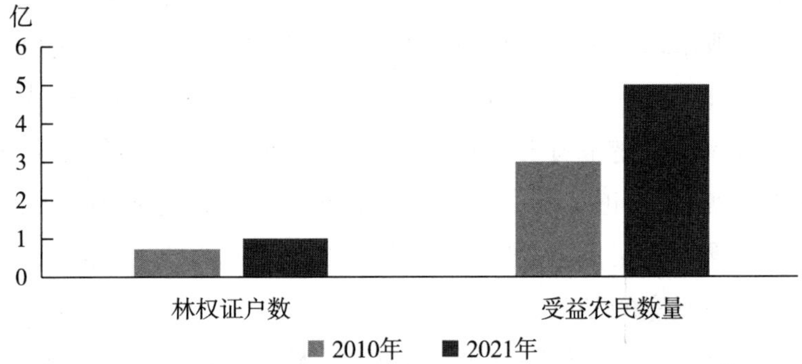

（b）

图 2－7　全国林地承包到户的改革任务完成情况

资料来源：《我国集体林权制度改革取得重大成效：全国确权集体林地面积超 27 亿亩》，载央广网，http://news.cnr.cn/native/gd/20210909/t20210909_525595454.shtml。

其次，2019 年《森林法》有了明晰产权的规定，产权明晰推动了林业经济的发展。经济交往活动的前提是制度安排，在进行经济分析之前需要首先完成的是界定产权，之后再通过交易达到社会总产品的最大化。[1]虽然理论上产权制度改革和土地市场改革同时进行能更好地提升交易效率，但是囿于实践中各地土地市场发展存在差异，两者不一定能实现同步，如果产权不明晰，将在客观上提高交易成本，并降低交易效率。如果产权明晰，不仅可以降低确权交易成本，厘定林权价值，推动相关产品的充分竞争，进而激发林权流转市场的活力，还能规范林权流转市场的有序发展，减少市场交易主体之间因产权界定不清晰产生的争议。林业是国家经济发展和社会进步的基础，起到优化环境和促进发展的重要作用，是公益事业的重要组成部分。林业产权明晰对于转变林业经济体制，转变林业经济增长方式，发展林业生产力，保护生态环境，实现林业持续发展，具有重要意义。

同时，林农产品交易市场的升级带动了土地等要素市场的竞争，在这些要素的竞争中促进产权的明晰，经过这样不断地循环往复，能够实现资

〔1〕 参见常永胜：《产权理论与环境保护》，载《复旦学报（社会科学版）》1995 年第 3 期。

源的有效利用，提高农业的现代化水平。[1] 当林农产品市场逐渐健全完善，其对于投资者的吸引力将大幅提升，为了生产更具市场竞争力的林农产品，投资者需要良好的林地资源、有经验的林农劳动力、先进的林农生产技术等，因此，相关土地等要素市场的竞争更加激烈，为了降低交易成本、提高交易效率、实现各要素之间的良性互动，对于构建更加精准的产权制度的需求也更加强烈。近年来，很多林业资源丰富的地区不仅积极开发品类丰富、质量优良的林农产品，还逐渐重视相关市场的建构与推广，除了在本地给予多项政策扶持，还主动加强与外地市场的联系，联动各部门将具有本地特色的林农产品推销到全国各地。比如，黔东南州林地面积 3269 万亩，森林覆盖率达 68%。空气富含氧离子高于全国平均水平，是生产纯天然、无公害的有机农产品的地方。经过多年产品开发，其“苗侗山珍”品牌下农产品就有近百种，仅 2021 年与佛山的消费协作已达到 29.79 亿元，助推黔东南全面实现乡村振兴。[2]

2. 林权制度改革发展了“三权分置”制度，推动农村社会财产性收入的增长。

其一，“三权分置”制度在林权制度改革中不断完善。就林权制度改革而言，“三权分置”的制度设计主要是指在坚持和完善农村基本经营制度的基础上，落实集体所有权，稳定农户承包权，放活林地经营权，推进集体林权规范有序流转，促进集体林业适度规模经营，创新产权模式和国土绿化机制，为更多优质的资本、劳动力、技术进入林业生产领域提供了机会，广泛调动农民和社会力量发展林业经济。产权较为模糊的历史时期，在林业经济较长的投资回报周期中可能发生权属纠纷，由于林权的归属不确定，裁判结果的不确定性较大，林业生产经营的预期收益不高，在一定程度上制约了农民从事林业生产经营并增加投入的积极性，很多农民将收入基本用在消费上，对林业生产经营进行的生产性投入相对较少，致

---

〔1〕 参见王振坡、梅林、詹卉：《产权、市场及其绩效：我国农村土地制度变革探讨》，载《农业经济问题》2015 年第 4 期。

〔2〕 参见《黔货入佛消费协作！近百款“苗侗山珍”林下农产品亮相佛山　黔佛企业现场“联姻”》，载新浪网 2021 年 12 月 18 日，http://k.sina.com.cn/article_1652484947_627eeb5302001a9kn.html。

使林产品产出数量和价值难以呈现递增趋势,陷入恶性循环。通过林权制度改革,农民可以获得新的生产资料,分享改革成果,还被激发了其从事林业生产经营的积极性,意识到可以通过经营林地增加收入。[1] 基于此,林农开始尝试一切可能办法增加对林业的投入,积极扩大生产规模,以期获得更高的经济收入,打破前述的恶性循环,走上靠自己致富脱贫的道路。

其二,"三权分置"制度推动了林业经济的蓬勃发展。"三权分置"制度能够有效实现土地资源的优化配置,促进土地作为要素流动起来,为发展适度规模经营的现代农业提供生产资料基础条件,并大幅提高资源利用效率。通过集体林权改革,农民在自己承包的林地上积极转变发展方式,精心经营,扶持发展木竹产业、花卉苗木等绿色富民产业,收入显著增加。2017 年,全国森林资源清查结果显示,全国各地的集体林地面积达 27.37 亿亩,使超过 1 亿的农户拥有 10 万元以上的森林资源财富。[2] 这极大地唤醒了农民的生产活力,将长久积蓄的集体林业资源潜能释放出来,推动了农村社会,尤其是林农的财产性收入。产权明晰后,极大地调动了农民发展林业经济的积极性。全国林业产业总产值不断增长。有数据显示,2006 ~ 2010 年,全国林业总产值从 1.07 万亿元激增至 2.09 万亿元,5 年增长率达到了 1 倍。[3] 到 2016 年全国林业产业总产值每年增幅 20% 左右,已经达到 6.49 万亿元。2019 年全国林业产业总产值 7.56 万亿元,超出 2006 年的 7 倍还多。[4] 到 2021 年,全国林业经济产值已达 9000 多亿元,林业产业总产值由 2006 年的 1.07 万亿元增加到 2020 年 8 万亿元,增长了近 8 倍。全国集体林地产出由 2003 年的每亩 84 元到 2021 年每亩 300 元,比 2003 年提高 3 倍多。集体林业提供了全国 80% 的

---

〔1〕 参见王文烂:《集体林权制度改革对农民林业收入的影响》,载《林业科学》2009 年第 8 期。

〔2〕 参见王浩:《我国集体林权制度改革成效明显　明晰产权承包到户基本完成》,载《人民日报》2017 年 7 月 28 日,第 11 版。

〔3〕 参见贾治邦:《国务院关于集体林权制度改革工作情况的报告——2011 年 4 月 20 日在第十一届全国人民代表大会常务委员会第二十次会议上》,载中国人大网 2011 年 7 月 20 日,http://www.npc.gov.cn/cwhhdbdh/c10034/c16022/c16023/201905/t20190523_391978.html。

〔4〕 参见《2019 年全国林业产业总产值 7.56 万亿元》,载新浪网 2020 年 1 月 2 日,http://finance.sina.com.cn/chanjing/cyxw/2020 - 01 - 02/doc-iihnzahk1545289.shtml。

木材和林果等林产品产量,实现了农民在家门口创业和就业,带动4000多万农村人口实现就业。[1]

其三,“三权分置”制度促进了林业相关新产业的快速发展。“三权分置”制度中允许林农将承包到的林地资源交由他人进行生产经营,不仅能够促进农民分工分业、转变农业发展方式,还能够推动新产业的规模化经营,利用林业资源发展第三产业,增加农民收入和地区产值。近年来,各地大力发展旅游康养、林草中药材等绿色富民新产业,开辟出增收的新渠道。以林业旅游经济为例,伴随我国国民经济的高速发展和城镇化速度的加快,居住在城市“水泥森林”中的人口数量越来越多,人们对于在假期走近自然的需求越来越强烈,想以此缓解日常的工作和生活压力,林业旅游经济正是在这样的背景下蓬勃发展。很多地方的林业部门与其他相关部门积极联动,充分利用当地的林业资源优势,建设林业旅游产业链,帮助当地居民显著增收,促进区域经济的发展。以广西壮族自治区为例,森林资源丰富,条件优越,发展林业生态旅游和森林康养产业的可能性极大。广西已拥有158处森林康养目的地,包括自然公园、自然保护区、森林人家等,并设立了62处森林康养基地,成为全国重要的森林康养集散中心。2021年,全区林业生态旅游和森林康养的接待游客量预计约1.45亿人次,总消费超过1300亿元,占全区文旅产业收入的比例超过20%。[2]

3. 林业制度改革推动生态文明建设,促进“绿水青山就是金山银山”的实现。

生态环境是人类赖以生存、生产和生活的必要条件,而生态环境的可持续发展更是目前全球面临的重大挑战和历史机遇。生态兴则文明兴,生态衰则文明衰。在中华民族传统文化中,历来有尊重自然、保护生态环境的基本理念,这是在制度改革中需要汲取的古人智慧。近年来,我国对

---

〔1〕 参见《我国集体林权制度改革取得重大成效:全国确权集体林地面积超27亿亩》,载央视网2021年9月9日,http://news.cnr.cn/native/gd/20210909/t20210909_525595454.shtml。

〔2〕 参见《广西林业生态旅游年消费额超1300亿元》,载国家林业和草原局网2022年1月17日,http://www.forestry.gov.cn/main/102/20220117/090556555298298.html。

于生态文明建设的重视程度与日俱增,强调人与自然是生命共同体,要注重人与自然的和谐共生,发展的举措需要以经济、社会、环境效益的统一为考量,绝不以牺牲环境为代价换取一时的经济增长。因此,在制度设计过程中,需要坚持以绿色发展理念为引领,坚持以满足人民日益增长的美好生态需要为根本目的,坚持以完善生态文明制度体系为重要保障。为了满足人的全面发展内在需要,生态文明法治建设的目标与路径应该以保护"山水林田湖草生命共同体"为旨趣,将人对优质生态产品、优美生态环境的需要纳入生态文明法治的价值考量。[1] 聚焦林业制度改革中的具体举措,造林规模的不断扩大、林业资源的结构优化以及相关产业的环保措施,都为建设生态文明添砖加瓦,努力实现"绿水青山就是金山银山"的战略构想。

一方面,不断增加造林面积和发展林业经济,对于我国生态文明建设具有重要价值。林业资源的可再利用性和林业产品的可降解性,能够有效维系生物多样性,不仅因其一般相对平衡、稳定,温湿度相对适宜,且土壤中的营养物质相对丰富,可以为多种动植物的生长提供优质的环境,还在于其内部有较为丰富的食物链和相对复杂的食物网,再加上隐蔽的环境,是多种濒危动植物的繁衍生息的良好场所。[2] 集体林权改革后,各地造林规模大幅增加,有效维护了森林生态安全(见图 2-8)。福建、江西、浙江等省造林规模连创历史新高,成活率和保存率达 90% 以上。其中,重庆市在 2009 年一年造林 798 万亩,超过此前 10 年的总和。2011 年每年造林面积一直保持在 9000 万亩的高水平。仅 2016 年,全国就完成造林 1.02 亿亩,完成森林抚育 1.26 亿亩。[3] 2021 年全国集体林地森林蓄积从 2008 年的 46 亿立方米,增加到 69.87 亿立方米,比 2008 年增长 53%,

〔1〕 参见吕忠梅:《习近平法治思想的生态文明法治理论》,载《中国法学》2021 年第 1 期。

〔2〕 参见洪一平、陈丽丹:《生态环境保护下的林业经济发展》,载《林业科技情报》2022 年第 3 期。

〔3〕 参见黄俊毅:《全国集体林权制度改革成就综述:山定权 生态美 百姓福》,载《经济日报》2017 年 7 月 10 日,第 2 版。

林地面积增加了4亿多亩。[1] 这对维护生物多样性和生态系统的稳定具有重要意义。

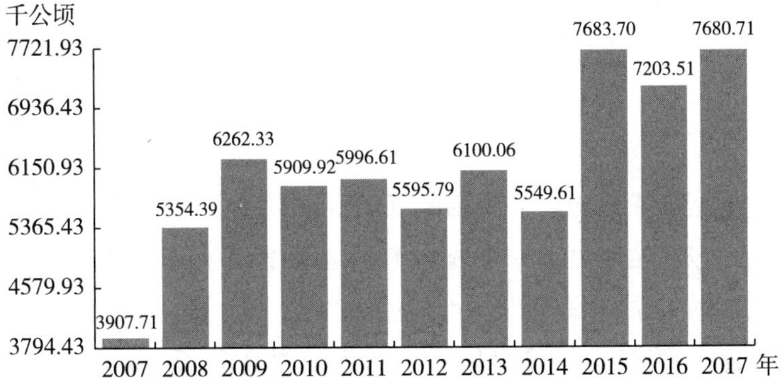

图2-8 集体林权改革后,全国造林总面积

资料来源:国家统计局网站。

另一方面,林业制度改革为真正实现"绿水青山就是金山银山"的战略构想提供较大助力。绿水青山不只是自然界的财富,是生态系统的财富,对人类而言也是经济财富、社会财富。通过对自然资源的合理利用和优化配置,能够创造新的经济价值和社会价值。对林业资源合理开发有利于保护和发展生产力。自然生态系统中的各种自然物、自然力和自然环境之间的有机联系构成了自然生产力,间接影响生产活动。林业资源为人类的生产生活提供了基础性的物质资源,能够为人们创造林副产品和林业附加品,其中一部分可以给人们提供必需的生活用品,另外一部分可以给国家提供必要的生产资料,这就为人类的生存和发展提供了得天独厚的原动力。[2] 近年来,各地纷纷响应党和国家号召,在青山绿水中探求人类福祉的金山银山。以甘肃省崇信县为例,坚持生态优先、绿色发展,全面推行林长制,持续开展大规模国土绿化行动,力主"增绿、护绿、管绿、用绿",每年造林绿化4万多亩,累计建成林业重点生态工程11万亩,完成造林绿化35.2万亩,改造梯田27.6万亩,全县林草覆盖率和森林覆

〔1〕 参见《我国集体林权制度改革取得重大成效:全国确权集体林地面积超27亿亩》,载央视网2021年9月9日,http://news.cnr.cn/native/gd/20210909/t20210909_525595454.shtml。

〔2〕 参见王云炀:《生态经济视角下的林业经济发展探析》,载《林业科学》2022年第13期。

盖率分别达到59.88%和46.64%,同时,探索出了"社会资本开发""村级改造利用""农户自主经营"等8种模式,盘活利用沉睡"生态"资源,打造出一批集古树名木保护开发利用、非物质遗产文化传承、农耕农事体验、休闲娱乐于一体的农文旅融合体,逐步实现了生态效益和经济效益的双赢。[1]

五、适应新农村建设需要的制度创新:2018年宅基地"三权分置"

土地承包经营制度改革和农村宅基地制度改革的主线都是正确处理农民和土地的关系,但是前者底线是保证农民不失地,后者底线是保证农民不失所。[2] 随着我国城镇化水平的逐渐提高和新农村建设的快速推进,农村宅基地制度的问题日益显现,由此催生了宅基地"三权分置"改革。

(一)制度实践

我国农村宅基地存在以下问题:其一,低效闲置问题十分严重。我国的城市化率已经超过60%,农民工2.9亿人,其中外出农民工1.7亿人。各地农村的农房空置率普遍在20%以上,最高的达到70%,沿海很多地方达到40%。据国家统计局的数据,2016年年末,我国有近99.5%的农民有了自己的家居住宅。在这些房屋中,既有经济适用房、廉租房和限价商品住房条件下居住的居民,也有商品房出售后购买自用或出租的居民。其中拥有一处房屋的住户达20030万,占总户数87.0%。这些房屋大部分为多层和小高层结构。共有2677万人居住在两处房屋中,占全国总户数11.6%左右。共有196万人拥有3处或更多房屋,占全国总户数0.9%。从总体来看,我国城镇居民的住房问题并没有得到根本性的解决,特别是在大中城市和特大城市中还存在着大量的中低收入居民家庭居住条件恶劣、质量差等问题。1997万居民有商品房,占全国总户数

---

〔1〕 参见《崇信:守护绿水青山 换来金山银山》,载腾讯网2022年9月5日,https://new.qq.com/rain/a/20220905A09MO700。

〔2〕 参见董祚继:《"三权分置"——农村宅基地制度的重大创新》,载《中国土地》2018年第3期、2018年第4期。

8.7%。若按照一户一宅来计算,可能有10%以上的农村住宅非本人居住。[1] 截至2017年年底,全国农村宅基地面积约1.7亿亩,占农村集体建设用地总量的55%～56%;此外,农村居民闲置用地的面积也达到3000万亩。然而,一户一宅难以实现,超标占用也普遍存在。从2000年到2016年,我国农村常住人口从8.08亿减少到5.89亿,下降了27.1%,而同期农村建设用地面积却由2.47亿亩扩大至2.98亿亩,增加了20.6%。[2] (见图2－9)其二,隐形交易泛滥,财产价值显化。随着城镇化进程加快,农村剩余劳动力向城市转移,土地流转加速,"小产权房"应运而生。由于制度缺陷,部分地方出现了非法转让宅基地使用权问题。近年来,全国各地都不同程度发生了违法违规现象。经济发达地区,宅基地隐形交易市场得到了快速的发展,造成了"小产权房等""非法交易"的尴尬局面。在城乡接合部,农民宅基地以房屋买卖的方式出租、抵押等"地随房子去"形式的非法交易占10%～15%。[3]

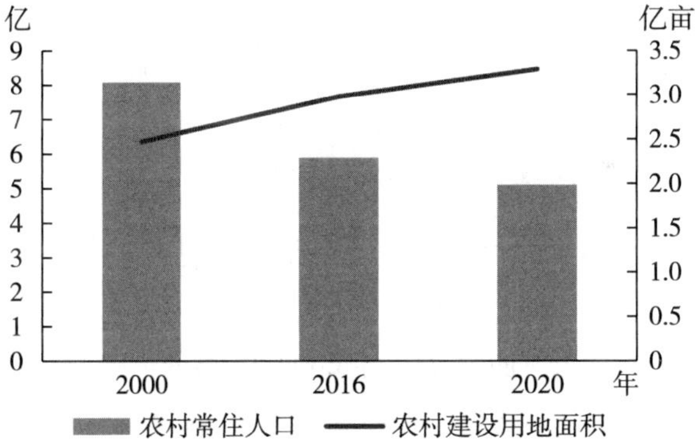

图2－9　农村常住人口和农村建设用地面积变化趋势

习近平总书记在农村改革座谈会上指出:"中国要强农业必须强,中

---

〔1〕 参见张彩云、隋筱童:《中华人民共和国成立70年来中国土地制度的阶段性演变及成就》,载《改革与战略》2019年第5期。

〔2〕 参见秦志伟:《宅基地改革将进入破冰期》,载《中国科学报》2018年6月6日,第5版。

〔3〕 参见张汉飞、石霞:《我国现行农村宅基地制度及创新》,载《农业经济问题》2010年第12期。

国要美农村必须美,中国要富农民必须富。”[1]党的十九大报告中指出,“中国特色社会主义进入新时代,我国社会主要矛盾已经转化为人民日益增长的美好生活需要和不平衡不充分的发展之间的矛盾”[2]。其中发展不平衡突出表现之一就是城乡发展不平衡,实现农业农村的现代化仍然有很长的路要走,需要妥善处理农民和土地的关系,补齐这一短板。目前,农村宅基地粗放低效利用、闲置浪费的现状与盘活利用困难同时存在;管理不善、自发入市的乱象与腾退积极性不高并存,难以实现农村人才、技术、资本与产业等基础要素高效配置。实行宅基地“三权分置”,在宅基地集体所有权不变的情况下,适度放活宅基地使用权,农民能够在更大范围内流转宅基地使用权,让闲置的宅基地、农房为乡村产业振兴提供空间载体。通过该制度的落实,能够有效打通城乡要素自由流动的通道,为人才、资本和技术下乡敞开大门,将改变以往单一的农业形态,促进农村新业态的发展,催生新型产业形式。以互联网+农业、租赁+农家乐等形式释放土地潜能,为农业、农村发展注入新活力,将推进农村三产融合,打破城乡二元结构,带动城乡统筹发展,成为实施乡村振兴战略的助推器。

1. 宅基地使用权严格管控

农村宅基地使用权不准转让给城市居民,城市居民也不能在集体土地上建房,这是根据1999年国务院办公厅颁布的《关于加强土地转让管理严禁炒卖土地的通知》而制定的。2004年国务院《关于深化改革严格土地管理的决定》禁止城镇居民购买农村宅基地,严格落实土地管理。2004年发布的《关于加强农村宅基地管理的意见》(已失效)以及2008年发布的《关于进一步加快宅基地使用权登记发证工作的通知》(已失效),明确禁止城镇居民购买农村宅基地,并发放宅基地使用权证书和土地权

---

[1] 《习近平:中国要强农业必须强 中国要富农民必须富》,载搜狐网2016年4月29日,https://www.sohu.com/a/72414416_116897。

[2] 颜晓峰:《我国社会主要矛盾变化的重大意义》,载人民网2018年1月4日,http://theory.people.com.cn/n1/2018/0104/c40531-29744175.html。

利证书。[1]

2. 严格审批管理,上收审批权限

农村居民盖房,首先应当向村农业集体组织或者村民委员会提出申请,由乡级人民政府审查,报镇(乡)人民政府批准,耕地的利用则需报经县级人民政府同意,这是《村镇建设管理暂行规定》(已失效)、《中华人民共和国土地管理法实施条例》(以下简称《土地管理法实施条例》)和《村庄和集镇规划建设管理条例》所规定的。在农村宅基地审批制度上,国家一直采取"一票否决"原则,即凡是不符合法律、法规要求的项目一律不予办理审批手续。农民建房审批权在 1998 年和 2004 年修改后的《土地管理法》中发生了改变,具体来讲,经乡(镇)人民政府批准,县级人民政府同意,如涉及占用农地,需要省级政府批准,经批准的城市具体建设项目由县人民政府负责审查。[2]

3. 宅基地财产权有限开放

2013 年,党的十八届三中全会决定采纳试点改革宅基地制度方案,确保宅基地用益物权的实现、提高农民的住房财产权能、增加了农民的财产性收入的通道。2014 年,中央全面深化改革领导小组第七次会议审议了《关于农村土地征收、集体经营性建设用地入市、宅基地制度改革试点工作的意见》,明确坚持"土地公有制性质不改变、耕地红线不突破、农民利益不受损"的改革试点底线,改革宅基地审批制度等,经乡级政府批准,存量建设用地予以利用;县级政府批准的新增建设用地的用途;经乡(镇)人民政府批准的农村村民住宅用地;在有条件的地区允许村集体经济组织或者农户以转包、转让、租赁等方式取得国有土地使用权。占用农用地,应依法办理审批手续。这意味着,"一户多宅"现象在我国已成为一种普遍现象,而且有愈演愈烈之势。此外,还将"农村村民出卖、出租、赠与住宅后,再申请宅基地的,不予批准"纳入 2019 年修订的《土地管理法》

---

〔1〕 参见刘守英、熊雪锋:《产权与管制——中国宅基地制度演进与改革》,载《中国经济问题》2019 年第 6 期。

〔2〕 参见刘守英、熊雪锋:《产权与管制——中国宅基地制度演进与改革》,载《中国经济问题》2019 年第 6 期。

之中。

2015 年 8 月 24 日,国务院公布了《关于开展农村承包土地的经营权和农民住房财产权抵押贷款试点的指导意见》,建议全国试点地区推行农民住房财产权抵押,以维护农民的土地使用权。2016 年 10 月 10 日,原国土资源部等发布了《关于建立城镇建设用地增加规模同吸纳农业转移人口落户数量挂钩机制的实施意见》,让已进城定居的农村集体成员,集体内有偿主动退出或者流转宅基地。

值得一提的是,2020 年 9 月 9 日,《自然资源部对十三届全国人大三次会议第 3226 号建议的答复》第六部分明确,城镇户籍的子女可依法继承农民的宅基地使用权,并办理不动产登记。[1] 这更为明确地将宅基地使用权作为一项独立的财产权进行设定,有助于更大限度地从法律上保障该权利,这无疑符合我国城乡社会一体化发展的法理逻辑和制度逻辑,并与我国宪法规定的保障私人财产所有权和继承权的精神一脉相承。

4. 宅基地"三权分置"的正式提出

2018 年中央一号文件即中共中央、国务院《关于实施乡村振兴战略的意见》提出,应继续完善农村闲置宅基地、农房政策,探索宅基地所有权和资格权的确定、使用权的分置方法,以宅基地集体所有权为前提,确保农民宅基地资格权、房屋财产权,同时,适度放活农户宅基地及房屋使用权。这意味着我国农村土地权属体系正在进行重大变革,农村"三权分置"已经拉开序幕。2015 年 2 月 27 日十二届全国人大常委会第十三次会议审议通过的《关于授权国务院在北京市大兴区等三十三个试点县(市、区)行政区域暂时调整实施有关法律规定的决定》(以下简称《授权试点调整决定》),获批 15 个集体经营性建设用地入市试点、15 个宅基地制度改革试点、3 个征地制度改革试点,为推动农村土地三项制度改革。其中

---

〔1〕 其原文为:六、关于农村宅基地使用权登记问题。农民的宅基地使用权可以依法由城镇户籍的子女继承并办理不动产登记。根据《中华人民共和国继承法》规定,被继承人的房屋作为其遗产由继承人继承,按照房地一体原则,继承人继承取得房屋所有权和宅基地使用权,农村宅基地不能被单独继承。《不动产登记操作规范(试行)》明确规定,非本农村集体经济组织成员(含城镇居民),因继承房屋占用宅基地的,可按相关规定办理确权登记,在不动产登记簿及证书附记栏注记"该权利人为本农民集体经济组织原成员住宅的合法继承人"。

涉及“放开”了对宅基地使用权的限制。2017年11月4日，全国人大商定把改革期限再延长1年，同年11月20日，中央全面深化改革领导小组会议建议扩大宅基地改革试点。至此，“三权分置”成为我国新一轮土地改革的重要内容。11月24日，原国土资源部决定把宅基地试点地区扩大至33个。通过对农村集体土地进行流转来实现土地资源优化配置是当前农村土地管理制度改革的重点之一。当前，一些试点地区已着手探索宅基地指标交易和调整为集体经营性建设用地进入市场的问题，由此，宅基地制度改革从某种程度上走向财产权制度改革。

5. 宅基地“三权分置”的制度探索

15个地区在原33个县（市、区）农村土地制度改革三项试点中，重点开展了农村宅基地制度改革试点，比如浙江省义乌市、四川省泸县、江西省鹰潭市余江区，这些试点明确了宅基地权益的保障和获取方式、有偿使用、实现用益物权、有偿退出等内容。到2018年年底，已有33个试点县（市、区）腾出约14万户、8.4万亩的零星、闲置的宅基地，为5.8万宗农房抵押贷款办理了总额达111亿元的贷款。此外，法律修订中也将涉及宅基地权益保障的方式、宅基地审批的制度，以及尝试实施宅基地有偿使用的机制。[1] 但目前仍然存在宅基地分户和分地互为前置的问题。[2] 按照《土地管理法》的规定，村民在申请宅基地时必须先分户，遵守“一户一宅”的原则，而这与《户口登记条例》规定的分户必须先分地相矛盾。未来应当按照先分地后分户的原则，明确宅基地的申请标准、不予审核的条件以及批准宅基地的规定，以此解决问题。

（二）经济影响

宅基地权利分配链条延伸，使社会主体参与宅基地的利用关系，由此产生了以农民集体为主体、农户与社会主体参与的三元宅基地权利分享格局，由此，实现“三权分置”制度创新。在此背景下，原农民集体土地所

〔1〕 参见《国务院关于农村土地征收、集体经营性建设用地入市、宅基地制度改革试点情况的总结报告》。

〔2〕 参见黄俊辉：《中国农村集体土地法律制度变迁与完善图景》，载《江西社会科学》2021年第9期。

有权可不变,农户可根据自己的身份取得宅基地使用权,而且社会主体还可通过一定的途径取得宅基地的部分使用权,从而促进宅基地资源配置效率的提升。因此,“三权分置”制不仅有利于保障农村居民享有良好的生活条件,而且还能进一步促进农村经济发展和农民收入增长。在宏观视角下,一方面,宅基地“三权分置”,其实质就是在农村宅基地资源配置中实现内外平衡,坚持封闭性和开放性相统一,保障宅基地使用权社员基本社会福利,由此对会员进行约束;另一方面,通过制度的创新,甚至非成员身份社会主体都能充分利用宅基地闲置资源,以此来保证向实际使用者开放。在坚持集体所有制的基础上,将宅基地资源引入市场以形成平衡是必须的。[1] 2018 年以来,我国实施的宅基地“三权分置”制度已经取得了一定的成果。已有研究显示当下由政府推动的宅基地流转模式有利于提高和改善总体样本和资产均衡型农户的家庭福利,进一步分析影响农户家庭福利变化的因素发现,宅基地流转后,农户家庭的居住条件、社会保障得到了改善。[2]

首先,宅基地“三权分置”制度仍然履行基本的社会保障功能。长期以来,农村社会保障水平始终偏低,宅基地制度作为一项福利性保障制度,为村集体经济组织成员无偿取得,且在取得后可以长期使用。“三权分置”改革既适应了社会经济发展的效率需求,同时坚持集体所有制,即宅基地“所有权”主体为集体经济组织,杜绝了宅基地的私有化。作为农民赖以生存的最后保障,土地必须公有制。通过农村宅基地产权的重新分配,丰富宅基地的权利内容,解决现有制度与社会需求的矛盾问题,厘清不同利益主体的权属边界。“资格权”的剥离与独立,充分保持了宅基地的身份属性,同时蕴含着宅基地制度的一系列基本原则,在本质上延续了农村宅基地制度的基本保障功能,维护了现有制度的稳定,避免因改革过激而产生未知的风险。

其次,该制度彰显了宅基地使用权的财产价值,提高了农民的财产权

---

〔1〕 参见宋志红:《宅基地“三权分置”的法律内涵和制度设计》,载《法学评论》2018 年第 4 期。

〔2〕 参见关江华、黄朝禧、胡银根:《不同生计资产配置的农户宅基地流转家庭福利变化研究》,载《中国人口 · 资源与环境》2014 年第 10 期。

收益。随着城乡融合的推进,农民对宅基地的依赖程度日渐式微,原有的规则使农民无法与城市居民享有同等的、完整的土地财产权益,致使宅基地的财产权无法实现,宅基地的大量闲置不仅造成了社会财富的浪费,还阻碍了提升农民福利、缩小城乡收入差距路径的实施。农村宅基地制度改革,通过单独创设了资格权,赋予农民自由选择的权利;农户以宅基地的资格权为法律保障,选择是否将手中宅基地的使用权进行流转,在转让给真正需要宅基地主体的同时,可提高宅基地的利用效率并可增加农民的收入。保持宅基地使用权的适度开放性,则应允许农户以转让、互换、赠与等方式在本集体经济组织成员之间流转宅基地使用权,还应允许农户以出租、抵押、入股、继承的方式与非本集体经济组织成员进行流转。前者可以提高宅基地集约利用水平和效益,并保证农村社会结构稳定;后者则有利于释放土地价值潜能,吸引资本下乡,促进乡村新业态形成和发展。需要注意的是,在此过程中也应防止租赁权期限的无限延长,以及抵押权的过度发展,冲击农村社会正常秩序。[1]

最后,该制度促进了城乡一体建设用地市场的建构。近年来,城市建设用地资源的紧缺导致价格暴涨,与农村宅基地的闲置形成了鲜明的对比。对此,需要构建城乡一体的建设用地市场。基于发挥市场机制在资源配置中作用的基本改革思路。农村宅基地作为农村土地资源的重要组成部分,基于资源的稀缺性,利用市场机制对农村宅基地进行配置的方向是确定的。在农村宅基地的改革过程中,随着该制度实际承担的社会保障功能的弱化,可比照农村建设用地的改革方式,从农民宅基地财产权的基本权利内涵展开,在农户资格权的保障之下允许宅基地使用权自由流转,激活宅基地使用权市场,逐步完善农村宅基地使用权入市规则,实现城乡协调发展。

宅基地"三权分置"这项制度创新还在试点阶段,因此,没有全面完整的数据。本书仅以浙江省义乌市、四川省泸县和江西省鹰潭市余江区的改革成效为例,说明这项制度创新带来的成果。其一,宅基地的财产权得

---

〔1〕 参见董祚继:《"三权分置"——农村宅基地制度的重大创新》,载《中国土地》2018 年第 3 期、2018 年第 4 期。

到确认。改革开放以来,浙江省义乌市农村居民的收入已从25,963元提升至33,393元,平均财产收入从3063元攀升至4000元以上。这项改革使70.96亿元的收益流入了村级组织,76个村庄从中摆脱了贫困的桎梏。四川省泸县农民于2017年退出宅基地到城市买房,每户补偿12万元;转到中心村盖房子,每户还得到了8万多元赔偿;搬迁后还能继续享受土地政策优惠和扶持等一系列优惠政策。222个村的集体结余指标,每个村平均收入可达100万元以上,彻底消灭空壳村。从试点到全面推开的农村宅基地制度改革是一次重大实践创新。其二,强化建设用地配置以提高效率。通过对农村居民点整治项目进行优化调整,在保留原有宅基地和闲置房屋面积前提下增加新增耕地面积,实现城乡建设用地增减挂钩试点区域内存量耕地占补平衡,提高土地利用水平。改革后,浙江省义乌市7个城乡接合部新社区建设项目,使该村土地利用率降低36%,总共节省土地6401亩。其三,盘活存量建设用地资源。2017年年底,四川省泸县腾退建设用地指标达到1万亩,可满足城乡3年建设用地的需要。此外,通过建立农村集体经营性建设用地入市制度和宅基地退出机制等方式,盘活存量土地资源,提高土地利用效益。截至2018年年末,整个江西省鹰潭市余江区收回宅基地34,161户4568亩,其中无偿回收26,474户,面积3495亩,而其余的7687户,1073亩,有偿收回,保证今后10~15年内,农民不用担心建房用地问题。其四,乡村的形式转变,乡村焕然一新。近年来,国家出台政策鼓励农村"空心村"向中心城区转移并逐步实现土地集中连片开发经营,同时,对城市近郊村庄实行迁建搬迁。从2015年开始试点改革,浙江省义乌市成功化解住房困难户5010户,危房29,635套。同时,随着"多规合一"工作的推进,各地都对一些村庄进行调整改造,使其成为新农村建设的样板村,并取得了较好成效。四川省泸县采取异地安置的方式、货币化安置等途径,从各地的实际出发,确保不同人群获得适当住房,使其得以安居。同时,对"三权分置"进行探索,使其成为推进土地确权登记工作的重要手段之一。在江西省鹰潭市余江区县乡村,对宅基地进行改革,切实抑制农户无序私自建房行为、建造附属设施,使乡村风貌,农村人居环境不断提升。其五,村庄开辟。随着城镇化发展速度加快,一些地方开始探索以“村改居”为契机开展城镇化改造工作。截至2017年,浙江省义乌市城乡新社区共签订集聚建设权益转让合同10,047项,交易面积600,961平方米,总额约32亿元,其中,跨集体经济组织流转的37件,是集体经济组织内部转让的274件,已经办理登记手续311件。其六,宅基地流转。四川省泸县实行县域调剂,打破宅基地利用对集体成员的约束,通过促进城市化进程、建立共建共享机制的对策建议,实现宅基地使用权和社会资本的对接,使村落由封闭变为开放。〔1〕 其七,赋予宅基地使用权更多的权能,尤其是非居住功能的拓展,更能吸引社会资本。在实践中,很多使用权主体使用宅基地的目的,是能够为相关产业发展提供用地,如农村物流、交通运输以及乡村旅游等创业主体,能否拓展宅基地使用权的边界,成为宅基地“三权分置”制度改革的难点。本书认为,在做好规划和审批的基础上,可以尝试分类改革的方式,对于农村物流或交通运输等行业,可以尝试推动宅基地使用权向农村经营性建设用地方向改革,对于乡村旅游,在符合规划的前提下,可以保留宅基地使用权,按照宅基地“三权分置”改革的思路进行推进,以便总结制度经验,为相关立法提供基础。〔2〕

六、旨在保护农民利益的制度创新:允许农村集体经营性建设用地直接入市

根据2019年修改以前《土地管理法》的规定,可以依法出让城市土地使用权,但农村集体土地必须经国家征收后作为国有土地方可出让使用权。这导致农民从土地上获得的收益很少,集体土地价值没有充分体现。据统计,土地管理法修改前,农村集体用地65.5亿亩,但农村集体经济账面资产只有6.5万亿元,而国企的资产有160万亿元,虽然有部分原因是

---

〔1〕 参见刘守英、熊雪锋:《产权与管制——中国宅基地制度演进与改革》,载《中国经济问题》2019年第6期。

〔2〕 参见吴九兴:《农村宅基地“三权分置”的制度供给及其经济社会影响》,载《桂海论丛》2019年第2期。

集体土地价值较难计算,但体现了集体土地没有充分市场化的普遍问题。[1] 随着城镇化进程加速,农村集体土地价值日益提高。合理分配农村土地收益不仅是经济问题,也成为影响社会稳定的政治问题。允许农村集体经营性建设用地直接入市这项制度创新,较好地回应了这一问题。

(一)制度实践

城乡统一建设用地市场有待建立和完善。为促进城乡融合发展,以及加快推进农村集体经营性建设用地入市,党的十八届五中全会提出,要推进户籍制度改革。国家发展改革委发布《2020 年新型城镇化建设和城乡融合发展重点任务》,明确提出:城市常住人口不足 300 万人,一切户籍限制都会解除。对符合条件的农业转移人口在居住地从事非农业活动给予相应支持。鼓励常住人口 300 万~500 万人的大城市全面放开落户限制,超大特大城市取消郊区、新区落户限制。在全国范围内实行严格规范的住房租赁登记制度。"长三角、珠三角等城市群采取先行先试,将其户籍准入年限统一,实现同城互认累积。"这是 2019 年中央经济工作会议提出的一项重要部署。让新市民和外来人口能够迅速安家就业,促进包容性发展,构建增长动力引擎,从而实现城镇化的目标。着力推进特大城市的聚集发展,取消新区落户的限制,加大对重点城市群的基础设施投入,把建设用地资源集中到中心城市和重点城市群,也需要"人地"供需匹配目标的实现。[2] 农村集体经营性建设用地直接入市而不经过征收,不仅是对既有用地现状的确认,还有利于农民分享制度改革的红利,可以为生态农业、观光旅游等产业的发展提供支持,填补"小产权房"的空缺,并为城市淘汰的落后产能提供重生的机会。

农村集体建设用地制度改革,早在 21 世纪初期就在广东和安徽进行过试点或探索,但真正将其提上日程的还是 2011 年年底以后,针对集体成员日益要求分配或获得集体建设用地中财产性收入,党的十八届三中

〔1〕 参见彭森:《土地要素市场化配置是市场化改革再出发的重要任务》,载《北方经济》2020 年第 8 期。

〔2〕 参见李宇嘉:《土地要素市场化改革降低城镇化成本》,载《每日经济新闻》2020 年 4 月 16 日,第 7 版。

全会给出了明确答案,即要建立城乡统一的建设用地市场,实行农村集体经营性建设用地与国有土地同等入市、同权同价。党的十八届五中全会再次强调,要进一步深化农村土地制度改革,不断完善农村集体产权权能等。中共中央、国务院于2014年年底发布了《关于农村土地征收、集体经营性建设用地入市、宅基地制度改革试点工作的意见》,这标志着我国农村土地制度改革已经步入了一个新阶段。

2015年4月,正式启动了33个县级试点,将农村土地征收、集体经营性建设用地入市、宅基地制度改革等措施纳入规划。城乡统一建设用地市场的建设,使农村和农民享有其应得的权利,促进了农民集体土地产权的完整,约束了地方政府只重当前、忽视未来土地收益的行为。[1]

2020年5月11日,中共中央、国务院出台《关于新时代加快完善社会主义市场经济体制的意见》,重申要加快建设城乡统一建设用地市场,确立农村集体经营性建设用地进入市场的制度。这一重大举措是我国改革开放以来首次提出农村集体建设用地使用权可以市场化交易。2019年对《土地管理法》进行了修订,删除了以前法律中第43条的规定,从而为农村集体建设用地入市扫除法律制度障碍。该修正案取消了此前有关农村集体建设用地不得作为农用地转用或者用于非农建设用途的限制。其第63条还对集体经营性建设用地流转具体规则作出明确规定,即在满足计划、依法登记的情况下,并须有2/3或更多集体经济组织成员批准,农村集体经营性建设用地可以采取出让、出租和其他方式移交给农村集体经济组织之外的其他单位和个人,由其直接利用,同时,使用者也可以采用转让、互换等方式抵押再出让农村集体经营性建设用地。该规定进一步推动了农村集体经营性建设用地使用权市场化,更多地推动赋予农民更多的土地财产权利落地。

(二)经济影响

2019年《土地管理法》通过建立相关制度,取得了一定的改革成果,为建立城乡统一的建设用地市场奠定了制度基础,为推动城乡统筹发展、

---

〔1〕 参见谭荣:《探析中国土地要素市场化的治理结构》,载《国际经济评论》2021年第2期。

保护农民权益、缓解城市建设用地紧张等方面提供了重要支持,也是推动农地改革的重大举措,为推动我国农村土地制度现代化提供了重要的理论和实践参考。农村集体经营性建设用地的入市,使政府公益性征地的数量减少至审批土地的约50%,全国33个试点区域的经营性用地入市价格发生了巨大变化,过去几万元一亩的地,现在的价格涨到从20万元/亩到200万元/亩。农村集体经营性建设用地改革的核心是放宽,以50万元/亩计,保守估算每年可创造10,000亿元财富。[1] 集体经营性建设用地改革的核心内容,就是要放松集体经营性建设用地使用权转让限制,让集体经营性建设用地和国有土地进入同一个市场,实现同权同价同规同务同管,组建城乡统一建设用地市场,把土地增值收益用在乡村振兴上。党的十八届五中全会提出要推进户籍制度改革。江苏、浙江、广东、广西和其他省市改革实践表明,让存量农村集体经营性建设用地使用权转让、出租、入股,可显著增加农民土地财产性收入。近年来,随着农村土地制度改革深入推进,各地探索开展"村改居"后农村集体经营性建设土地确权登记颁证工作,并出台配套政策保障农民权益。浙江省德清县从2015年2月开始授权进行改革试点,建成存量集体经营性建设用地进入市场交售158户,面积1104亩,交易总额2.36亿元,农民、农村集体共获收入1.92亿元,受益农民达10万多户(2017年)。广西北流县农民入市可获收益17.15万元/亩,与改革前征地补偿相比,增加13.2%(2017年)。[2]

特别是在流转收益分配体系的安排上,集体建设用地流转收益原则上应归农民集体所有,并在集体经济组织与集体成员之间合理分配,为推动农地改革成果更多地向农村和农民倾斜,从财产权的角度来看,政府不宜直接过多地参与到收益分配中。[3] 从经济学的角度来看,在集体建设用地使用权流转时,应充分保障土地供给方(农村集体经济组织和组织成员)的收益。政府基于管理职能可以从土地收入的相关税费上进行相关

---

〔1〕 参见黄奇帆:《深化土地要素市场化配置改革 开启中国第三次土改新元年》,载《第一财经日报》2020年6月1日,第A10版。

〔2〕 参见刘振伟:《乡村振兴中的农村土地制度改革》,载《农业经济问题研究》2018年第9期。

〔3〕 参见孙建伟:《建设用地置换视域下土地发展权的法理基础与制度构造》,载《暨南学报(哲学社会科学版)》2017年第12期。

制度构建，并适当参与利益分配。[1] 这主要是集体作为土地财产权的所有者和集体成员作为土地使用权的实际控制者，如何赋予所有权和使用权人更多的财产权益，是未来推动农地改革的主要动力机制。从本质上来说，如何在土地所有权和使用权人之间形成一种合理的分配基础，需要更多的制度探索，尤其是在当下我国农村社会，农地还保障着广大集体成员的"耕者有其田"和"居者有其屋"的背景下，制度设计应该更多地给予集体成员保障，才能更好地体现中央赋予农民更多的财产权的制度改革方向，也更能实现藏富于民，进而更大程度上激发农村社会干事创业的活力和潜力，更进一步推动农村社会现代化和农地改革的深入，为推动城乡一体化和乡村振兴提供制度基础。

七、着力可持续发展的制度创新：探索增减挂钩指标、耕地占补平衡指标等跨省域交易

经济的高速发展，对土地的需求量大增，而守住 18 亿亩耕地红线是各级政府刚性的责任。为此，通过制度创新，以城乡建设用地增减挂钩政策调整农村建设用地的使用方式，缓解城镇建设用地短缺，优化土地利用结构成为势在必行。这项改革让未得到整治的农村建设用地以挂钩指标的形式转向城镇使用，不仅优化了土地资源配置，促进区域经济的协同发展，还促进了经济高质量发展，并增加了农村居民收入；而实施占补平衡制度特别是异地占补平衡制度，为坚决守耕地红线并保持经济发展后劲起到了至关重要的作用。

（一）耕地占补平衡

1. 制度实践

1997 年中央 11 号文件即中共中央、国务院《关于进一步加强土地管理切实保护耕地的通知》首次提出"耕地占补平衡"概念，成为耕地占补平衡政策的核心文件和起点。1986 年，《土地管理法》首次在立法上确立了占用耕地补偿制度，即建设所占用的耕地数量和质量，必须以同等数量和

〔1〕 参见孙建伟：《建设用地置换视域下土地发展权的法理基础与制度构造》，载《暨南学报（哲学社会科学版）》2017 年第 12 期。

质量的耕地进行补偿。2019 年《土地管理法》第 30 条规定国家严格控制耕地,实行占地补偿制度,坚持“占多少,垦多少”的原则。根据这个规定,如果地方政府占用 1500 亩耕地,在镇域、区(县)乃至市域,便可以在符合规划的地方,通过复垦的方式获得 1500 亩耕地作为补充。占补平衡范围也从县域平衡拓展到市域平衡,又发展到省域平衡。但是,我国的耕地后备资源不大,而且区域分布也不均。尽管原国土资源部下发的《关于严格耕地占补平衡管理的紧急通知》(已失效)明确要求耕地占补平衡应该严格限定在本省行政区域内,但是对于一些直辖市和东部等省份来说,在本省域内实施耕地占补平衡仍然具有极大挑战,如上海近年来有的辖区开发受限,就是因为原来崇明区提供耕地占补平衡指标受阻,进而产生无法进行开发利用的窘况。有学者对于山东省的考察也得出相同的结论。当时山东省耕地后备资源仅 165 万亩,而每年新增建设用地占用耕地为 18 万亩左右,以此发展速度,未来只能维持 8 ~ 9 年的耕地占补平衡。即使在一省之内,各地也逐渐意识到未来发展空间有限,后备资源充足的地区也不愿再出售指标。例如,山东东营、滨州两地的“黄三角”地区,原有 792 万亩未利用土地,适合开发的土地 482 万亩。2011 年 2 月之后,东营市分别向青岛、烟台等地出售了 2 万亩指标,并获利 6 亿元。但自山东省黄三角经济区被纳入国家战略后,地价倍增,2012 年黄三角的指标交易戛然而止。[1] 这主要是因为城市的不断扩张使耕地后备资源逐年减少,补充耕地的能力也受到严重制约,尤其是经济发达地区在本区域内已无法维持耕地占补平衡。[2] 基于此,国家又将耕地占补平衡的范围拓展到不同省份之间,以实现耕地占补全国“一盘棋”,沿海地区在进行指标交易时应当补偿内陆地区一定数额的费用。虽然国家统一组织实施了跨省域补充耕地,但是由于监管因素,其市场化程度还不够高。[3]

---

〔1〕 参见谭明智:《严控与激励并存:土地增减挂钩的政策脉络及地方实施》,载《中国社会科学》2014 年第 7 期。

〔2〕 参见谭明智:《严控与激励并存:土地增减挂钩的政策脉络及地方实施》,载《中国社会科学》2014 年第 7 期。

〔3〕 参见黄奇帆:《深化土地要素市场化配置改革　开启中国第三次土改新元年》,载《第一财经日报》2020 年 6 月 1 日,第 A10 版。

近年来,实施耕地占补平衡制度为严格遵守耕地红线并保护耕地起到了至关重要的作用。然而,随着我国新型工业化和城镇化建设的深入发展,耕地储备资源显示出日益匮乏的趋势,以致无法保持耕地占补平衡。为此,2015 年,习近平总书记指出:“要实行最严格的耕地保护制度,依法依规做好耕地占补平衡,规范有序推进农村土地流转,像保护大熊猫一样保护耕地。”[1]2017 年,中共中央、国务院出台了《关于加强耕地保护和改进占补平衡的意见》,[2]指出了要采取更加有力措施,依法加强耕地占补平衡规范管理。

第一,严格落实耕地占用补偿平衡责任。建设单位在使用农耕地的时候,必须按照法律规定补充土地,如果无法补充,则需要缴纳相应的耕地开垦费用。地方各级政府推进高标准农田建设,以县域自行平衡为主,省域内调剂为辅,国家适度统筹为补充,实现增加耕地数量和提升耕地质量的目标,完成补充耕地任务。各省(自治区、直辖市)级政府应根据土地整治新增耕地的平均成本以及占用耕地的质量状况,制定不同的开垦费标准。对经依法批准占用永久基本农田的,应当按照当地耕地开垦费最高标准的 2 倍支付缴费。

第二,大力推进土地整理,坚决完成增补耕地任务。各省(自治区、直辖市)级政府负责协调实施当地区域的补充耕地任务,拓宽补充耕地的渠道,统筹实施土地整治、城乡建设用地增减挂钩等措施,经过核定后新增的耕地可用于补充耕地。应当据实、科学划定宜耕土地储备资源的范围,鼓励当地进行土地整理与构建高标准农田的措施。为鼓励和引导农村集体经济组织、农民及新型农业经营主体参与土地整治项目,可以采用政府与社会资本合作(PPP)模式,或者采取奖励机制以补偿他们的努力,来实现土地整治规划的投资,并共同完成补充耕地的任务。

第三,规范省域内补充耕地指标调剂的管理。县(市、区)政府在本行

---

〔1〕《习近平:依法依规做好耕地占补平衡　规范有序推进农村土地流转》,载《人民日报》2015 年 5 月 27 日,第 1 版。

〔2〕参见《中共中央　国务院关于加强耕地保护和改进占补平衡的意见》,载中央人民政府网,http://www.gov.cn/zhengce/2017-01/23/content_5162649.htm。

政辖区内无法实现耕地占补平衡的情况下,可以在市域内的相邻县(市、区)进行调剂补充,若仍无法满足需求,则可以在省域内资源条件相似的地区进行调剂补充。各省(自治区、直辖市)应当依照相关指标对补充耕地进行调剂管理,制定兼顾补充耕地成本、资源保护补偿和管护费用等因素的指导价格,以完善价格形成机制。

第四,探索开展补充耕地国家统筹。国家依据各地区的资源环境承载状况以及其他要素,协调分类落实补充耕地工作。对耕地后备资源严重不足的直辖市,可以向国务院提出国家统筹申请;中央和地方政府之间通过协议方式建立"异地"补充耕地机制,明确各级财政承担补充耕地任务的责任与义务。对资源和环境条件的制约比较严重、严重缺乏补充耕地能力的省,国家重大建设项目实施导致补充耕地缺口等,也可以向国务院提出国家统筹申请。省级政府要根据本地区实际情况合理核定跨省补耕规模和比例。经国务院同意,相关省要按照规定的标准,将跨省补充耕地资金上缴中央财政,中央财政统筹安排此项经费。跨省补充耕地资金的征收标准,则要在充分考虑补充耕地成本的基础上,在对资源保护等管护费用和其他要素进行补偿之后确定,具体办法,由国家财政部门和自然资源部门分别制定。

第五,对耕地的检查和验收加以严格执行。市县政府应当对土地整治和高标准农田建设项目进行全程管理,从规划设计到日常监管,再到竣工验收,以确保项目质量。经验收合格后,及时将新增耕地在年度土地利用变更调查中进行地类变更。省级政府应当对市县补充耕地的数量和质量进行严格检查复核,以确保其合格。

2020 年以来,党中央、国务院为了坚决遏制耕地"非农化"的势头、预防耕地"非粮化"的系列决策,均对耕地保护提出明确要求。在实践中,违反规定占用耕地植树造绿,挖湖造景、大力发展林果业、挖塘养鱼的现象时有发生,还有工商资本私自改变耕地用途的、违法违规建设占用耕地的问题,对耕地保护红线提出了持续挑战。在此背景下,国家提出要建立全国统一的耕地空间管控机制。第三次全国国土调查的结果表明:2009 ~ 2019 年,我国耕地净流入林地的面积为 1.12 亿亩,耕地净流至园地的面积为0.63亿亩。耕地进出平衡制度出台,它扩大并补充了原耕地占补平衡制度,细化、深入与加强了土地用途管制制度。[1] 本着"先补后占""占优补优""占水田补水田"的原则,2021年12月自然资源部、农业农村部、国家林业和草原局联合发布的《关于严格耕地用途管制有关问题的通知》[2]第四部分重申了耕地平衡的重要性,并要求加强对非农业建设占用耕地的管理,积极探索多种补充耕地的途径,以确保长期稳定的耕地供应。

2. 经济影响

耕地占补平衡政策实施会产生"双向变化"结果,即耕地转化为建设用地,同时守住有效耕地面积。耕地占补平衡政策的实施产生了深远的社会影响,被征地的农民从传统的农业生产转向第二、第三产业,其生活方式、价值观念和行为习惯等相应地改变。由此带来的土地城镇化和人口城镇化(见图2-10),正在悄然而深刻地改变着原有的社会结构。[3] 根据国家统计局发布的《中国统计年鉴》,1978年我国城镇人口为17,245万人,乡村人口为79,014万人,截至2020年,城镇人口为90,220万人,乡村人口为50,992万人,由此推之,1979~2020年城镇人口的平均增速为4%,乡村人口的平均增速为-1%。[4] 我国城镇人口在未来一段时间内仍然可能保持一定的增速,城镇化水平仍在不断提高,可见,耕地占补平衡政策对我国社会关系和社会结构的变化产生了重大影响。

---

〔1〕 参见晓叶:《从"占补平衡"到"进出平衡"》,载《中国土地》2022年第1期。

〔2〕 参见自然资源部、农业农村部、国家林业和草原局《关于严格耕地用途管制有关问题的通知》。

〔3〕 参见孙蕊、孙萍、吴金希、张景奇:《中国耕地占补平衡政策的成效与局限》,载《中国人口·资源与环境》2014年第3期。

〔4〕 参见《中国统计年鉴2021》,载国家统计局官网,http://www.stats.gov.cn/sj/ndsj/2021/indexch.htm,2021年10月10日访问。

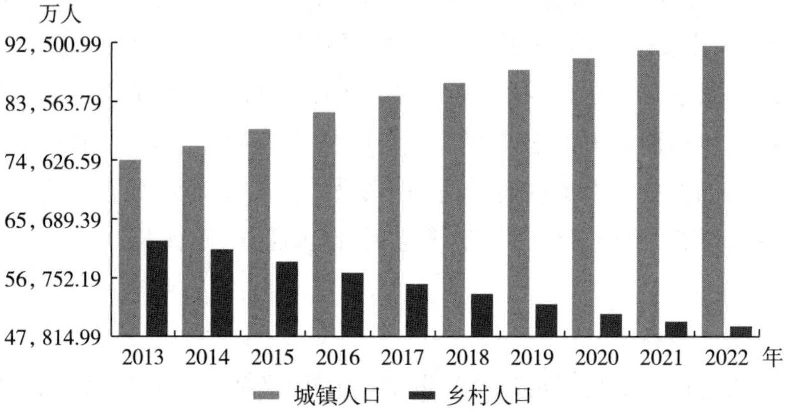

图 2－10 城镇人口与乡村人口数量

资料来源:国家统计局网站。

然而,耕地占补平衡制度运行中仍然存在诸多问题,其一,“只占不补”和“多占少补”的弄虚作假现象依旧存在。虽然总体上我国的违法用地数量和面积有所减少,但受地方利益和部门利益的驱使,这类案件仍屡有发生。其二,“占优补劣”的情况并不鲜见。这是因为,一些地方在执行耕地占补平衡政策时只追求短期经济效益,有的用以补偿的耕地并不真正适合耕种。其三,政策执行不力导致生态环境受到破坏。一些地方政府将原本应作森林、牧草地,甚至生态保护区的土地开垦开发以获取建设用地指标,结果破坏了当地的自然生态环境。

占地逐渐增加,却没有相应的土地储备,使人们误以为资源是无限的,从而加大了土地开发和建设的需求,造成了对环境负荷的挑战。[1] 近年来,由于一些地方土地利用方式不当,相当数量耕地被毁损,水土流失严重,耕地质量有所下降,这是占补平衡制度实施后需要进一步解决的问题,也是法律在调整关于土地要素方面的社会关系时需要面对的问题。

（二）城乡建设用地增减挂钩

1. 陆续出台的相关制度

为了进一步加强对土地要素资源的合理配置,实现节约用地和城乡

〔1〕 参见[美]奥尔多·利奥波德:《沙乡年鉴》,侯文蕙译,商务印书馆2016年版,第233～256页。

协调发展,1999年,原国土资源部在总结各地土地开发整理经验的基础上,提出两项重要政策:一是土地置换政策,二是60%指标折抵政策。这两项政策的出台可视为在我国严格的土地管理制度框架内中央政府为地方迅速增加的用地需求而开的"口子",预示着增减挂钩政策的出台。[1] 2004年10月21日,国务院颁布了《关于深化改革严格土地管理的决定》,明确规定增加城镇建设用地与减少农村建设用地应有一定的关联性。2005年10月,原国土资源部出台了《关于规范城镇建设用地增加与农村建设用地减少相挂钩试点工作的意见》(已失效),从而开启了增减挂钩试点的实施。按照《城乡建设用地增减挂钩试点管理办法》,城乡建设用地增减挂钩实行的是一种在总体规划下的土地利用方式,即将拟整理复垦的耕地地块(拆旧地块)和拟用于城镇建设的地块(新建地块)组成建新拆旧项目区,在保证项目区各类土地面积平衡的前提下,采取建新拆旧和土地整理复垦的措施,以达到建设用地增量不增加、耕地面积不减少、质量不降低、城乡用地布局更合理的目的。[2] 该项举措最先在县域内试点,之后又拓展到省域内。通过建新拆旧,可以促进农村居住向城镇或中心村集中,基本农田向保护区集中,可以为城镇建设发展拓展空间,满足经济发展对土地资源的刚性需求,促进城乡建设用地的合理布局和协调发展。[3]

2. 地方实践的案例:地票制度

在实行耕地占补平衡、促进城乡建设用地增减挂钩方面,重庆市对该指标交易进行了探索。2008年,重庆提出建立农村土地交易所、开展地票交易试点的设想,得到了国务院的认可,经历了十多年的实践,现在已经形成了一个比较成熟的制度体系。"地票"作为交易所的主要交易物,不同于传统交易市场中的农村集体建设用地和林地、草地等,是指农村宅基

---

〔1〕 参见谭明智:《严控与激励并存:土地增减挂钩的政策脉络及地方实施》,载《中国社会科学》2014年第7期。

〔2〕 参见孙建伟:《城乡建设用地置换中的"自愿"原则及其悖论》,载《苏州大学学报(哲学社会科学版)》2013年第6期。

〔3〕 参见北京大学国家发展研究综合课题组编:《还权赋能:奠定长期发展的可靠基础——成都城乡统筹综合改革经验的调查研究》,北京大学出版社2010年版。

地及其附属设施用地、农村公共设施用地、乡镇企业用地等用于农村建设的土地复垦后，经土地管理部门严格验收后形成的土地指标。[1]

该制度的主要内容：一是自愿复垦；二是公开交易；三是收益归农；四是价款直拨；五是依规使用。[2] 重庆市2008年至2013年，交易地票12.24万亩，总成交价款245.3亿元，其中，2012年地票成交2.23万亩，价款47亿元。[3] 截至2019年年底，重庆市累计交易地票达31.2万亩，总金额高达610.8亿元，每亩均价约20万元，地票市场运行保持稳定。农房的价值从几千元攀升到几万元，让农民的财富收益显著提升，受到了广大农民的热烈欢迎。[4] 与此同时，"地票"也逐步进入抵押融资领域，具有了极强的收益属性。据公开报道，重庆市的首单地票的抵押，从"4270万元的地票贷到3000万元"[5]。

地票制度运用市场机制，推动了城乡土地要素市场的一体化。重庆地票制度总体遵循"公有制性质保持不变、耕地保护不超越红线、农民利益未受损害"的基本原则，发挥了增减挂钩和占补平衡的综合功效，也入选全国"改革开放40年地方改革创新40案例"[6]。但需要在法律上解决地票落地不畅等问题，才能真正实现城乡建设用地增减挂钩政策的初衷。

3. 异地占补平衡

随着各地经济建设发展，耕地占补平衡指标仍无法根本上得到解决，如像上海市等东部沿海发达地区，农地后备用地潜力不大，农村建设用地后备相对不足。例如，上海市，按照上海市土地利用总体规划（2006～

---

[1] 参见鄢银婵：《重庆地票五年考：市场化运作力保耕地占补平衡　制度细节尚需完善》，载每经网，https://www.nbd.com.cn/articles/2014-02-21/810847.html。

[2] 参见黄奇帆：《深化土地要素市场化配置改革　开启中国第三次土改新元年》，载《第一财经日报》2020年6月1日，第A10版。

[3] 参见谢必如、白文起：《重庆5年交易地票12.24万亩》，载《中国国土资源报》2013年12月9日。

[4] 参见黄奇帆：《深化土地要素市场化配置改革　开启中国第三次土改新元年》，载《第一财经日报》2020年6月1日，第A10版。

[5] 谭明智：《严控与激励并存：土地增减挂钩的政策脉络及地方实施》，载《中国社会科学》2014年第7期。

[6] 黄奇帆：《深化土地要素市场化配置改革　开启中国第三次土改新元年》，载《第一财经日报》2020年6月1日，第A10版。

2020年),到2020年,上海市的建设用地为2980平方千米,而上海实际建设面积到2009年就已经达到2700多平方千米,对于上海而言,可用建设用地指标和耕地占补平衡指标可谓奇缺;而西部地区农地数量庞大,因而实施增加挂钩空间较大,但缺少资金或相应的市场机制以实现城乡土地的增减挂钩。自2018年起,国家就开始在跨省域间实施建设用地增减挂钩指标调剂,但主要目的是促进脱贫攻坚,而不是从市场对资源配置起决定性作用的角度出发,且仅针对一些深度贫困县实施。2018年,云南以每亩50万元的价格将其3万亩建设用地指标调剂给上海,获得了150亿元的土地收入,大大推动了云南农村的发展和脱贫攻坚,也为上海增添了可用地源。[1]

4.经济影响

城乡建设用地增减挂钩政策旨在通过调整农村建设用地的使用方式,缓解城镇建设用地的短缺,优化土地利用结构,让未得到整治的农村建设用地以挂钩指标的形式转向城镇使用。[2] 首先,继续推进我国城镇化进程。近年来,随着城镇化、工业化的深入发展,我国每年审批的土地数量已从约800万亩下降到500万亩左右,而由于技术和管理的影响,未来的每年审批土地数量可能会进一步减少至400万亩左右。如果1/6的指标用于跨省域交易,按照云南省与上海市之间每亩50万元的价格标准,每年将会有超过3000亿元的财富通过横向流动转移。国有建设用地在一定程度上得到支撑(见图2-11、图2-12)。

---

〔1〕 参见黄奇帆:《深化土地要素市场化配置改革 开启中国第三次土改新元年》,载《第一财经日报》2020年6月1日,第A10版。

〔2〕 参见蔡继明、刘梦醒:《论我国城乡建设用地增减挂钩模式的转变》,载《天津社会科学》2021年第5期。

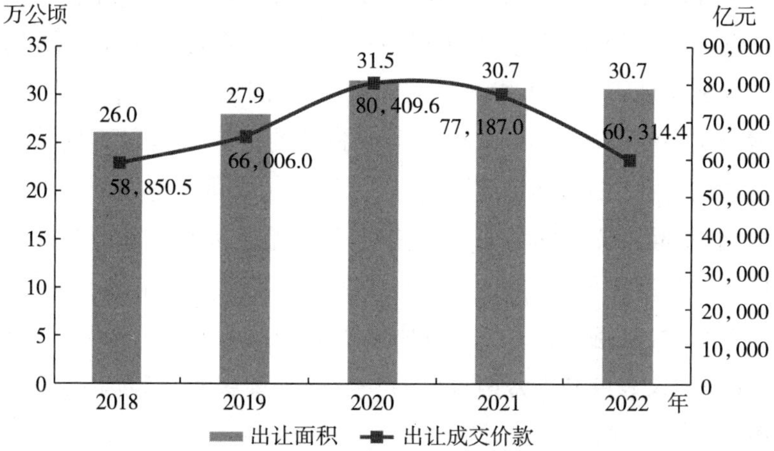

图 2-11　2018~2022 年国有建设用地出让情况

资料来源:《2022 年中国自然资源统计公报》。

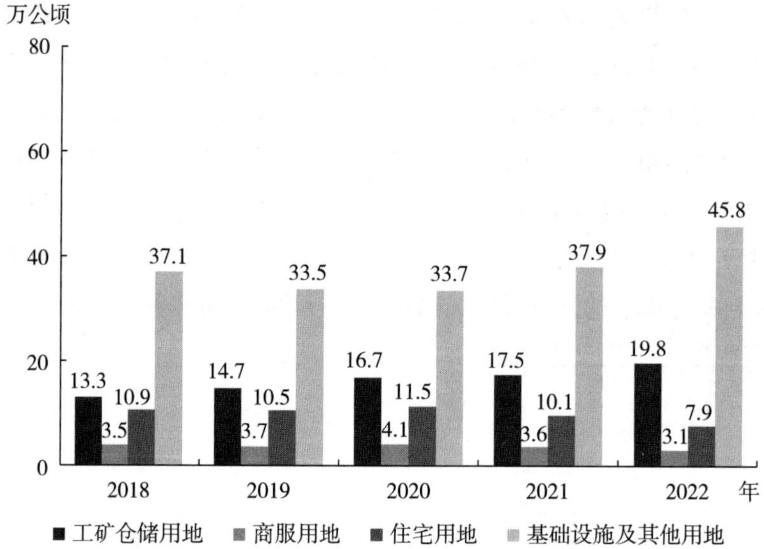

图 2-12　2018~2022 年国有建设用地供应情况

资料来源:《2022 年中国自然资源统计公报》。

其次,优化土地资源配置,促进区域经济的协同发展。该制度设立目的之一,就是保持城乡建设用地、耕地总量的动态平衡。通过区域之间的指标协调,降低因为城镇化进程加快带来的城乡住宅用地配置失衡情况,以城带乡、东部带动西部、发达地区带动落后地区，特别是能够推动社会主义新农村建设，不但可以改善农村基础设施，而且能够美化农村的环境卫生。通过村庄连片、中心村建设和生态环境建设等方法，整治乡村，将原有的旧村庄改造成让农民群众喜欢居住、公共服务齐全的新农村社区，让农民享受到现代化的生活。[1]

最后，能够促进经济高质量发展。增减挂钩制度的落实，不仅可以提高农村居民可以获得财产性收益，增加农村居民的人均可支配收入，还可以促进资源节约集约利用和生态文明建设，真正落实“放管服”改革要求，实现国家治理体系和治理能力现代化。[2] 仅就农村发展而言，将居民点进行相对集中能够扩大每户农民的耕地规模，从而使基本农田集中成片，进而能够更好地在农业生产经营中运用现代农业技术和先进的大型生产工具提高土地产出，进而增加农业收入；此外，沿海地区与内陆地区、城乡之间的土地流转适应了不断增加的养老、旅游等新产业、新产品开发对土地的需求，一部分从事农业生产的劳动力转入农村第二、第三产业，如生态旅游等，可以增加农村居民收入，同时，也有利于保护农村的生态环境，实现绿色、可持续的高质量发展目标。

但是，该政策在实施过程中仍面临一些问题。其一，一些地方只重视增加建设用地指标，而忽视优化用地结构、提高耕地质量，甚至将增加指标视为工作的重中之重。市县政府为争取建设用地指标，忽视置换和安置，采用先拆后建的手段也较常见。

其二，难以实现耕地质量平衡。部分地方“占优补劣”，只满足于耕地数量平衡，而不顾耕地质量的平衡，虽然形式上达到了耕地面积“占一补一”的要求，但实际上有效耕地面积却有所减少，与国家提出的“耕地面积不减少、质量不降低”要求严重不符。

其三，实行跨区域土地占补平衡的调整中，有的地方权益配置不合理。随着对跨区域调整的政策逐渐放宽，越来越多的区域开始合作，无论

---

〔1〕 参见汪彩琼：《新时期浙江美丽乡村建设的探讨》，载《浙江农业科学》2012 年第 8 期。

〔2〕 参见黄奇帆：《深化土地要素市场化配置改革　开启中国第三次土改新元年》，载《第一财经日报》2020 年 6 月 1 日，第 A10 版。

是城市和农村，还是东部地区和中西部地区，当两个行政级别或区域不同的地方政府在协商时，如果没有市场机制发挥作用，不进行充分的利益博弈，就会出现“以上压下”“以大欺小”的情况，损害一方的利益。

其四，切实保障居民权益的制度需进一步细化。农民以前建造的房屋超过国家规定的部分是否要给予补偿以及如何补偿，有待进一步明确。此外，新建的居民点面积扩大，需将原先的农用地改为建设用地，为实现占补平衡，需对拆除的旧点要通过复垦、置换，而在此过程中，必须依法及时妥当处理土地变更登记和用途转移手续，否则就可能损害农民权益。同时，倘若所建新区位于城镇建设规划区，则建设完成后土地将成为城镇建设用地，土地性质会发生转变，由集体所有土地变成国有土地。城乡建设用地增减挂钩是为了维护农用地和建设用地的数量，而不是为了改变集体土地和国有土地的总量，因此，此情况牵涉集体土地征用的问题，而地方政府需严格依法办事，谨慎应对。[1]

解决增减挂钩指标调整时出现的问题，应该借助于市场。党的十八届三中全会审议通过了中共中央《关于全面深化改革若干重大问题的决定》，明确提出，全面深化改革，以经济体制改革为主线，关键是要正确处理政府和市场的关系，发挥市场配置资源决定性作用，并且较好地发挥政府的作用。其中，农村土地制度改革就是一项重要内容。2020 年 3 月 30 日，中共中央、国务院印发《要素市场化配置意见》，更把土地要素市场化配置列为各主要要素中的首位。这就要求各地必须加快推进农村土地制度改革，建立城乡统一的建设用地市场，实现土地资源优化配置。为此，需要根据市场化要求，对增减挂钩指标进行配置，撤销全国城乡建设用地增减挂钩周转年度指标，各省、自治区、直辖市及地级市可根据《全国主体功能区规划》《国民经济和社会发展第十四个五年规划和 2035 年远景目标纲要》等，遵循市场化的资源配置规则，自主确定并调整增减挂钩规模和地区范围。同时应以保障耕地为核心，建立土地用途管制制度，严格划定永久基本农田保护区域，并对永久基本农田实行特殊管理措施。应当

[1] 参见李旺君、王雷：《城乡建设用地增减挂钩的利弊分析》，载《国土资源情报》2009 年第 4 期。

指出，在这一过程中，应当给予农村宅基地和城市住房建设用地使用权相同的完全用益物权。同时，应当以农村土地承包经营权为基础进行土地确权登记颁证工作。在保证全国基本农地数量与质量、保障粮食安全、不违背农民意愿的前提下，试点经验可以逐步向村集体、全省乃至全国推广，使偏远的乡村和城郊、工业地区和农业地区联系在一起；经过挂钩的增减平衡，实现农村集体建设用地和城镇建设用地的平等竞合，做到城乡建设用地"同地""同价""同权"，建设用地市场城乡统一的设想逐步实现。[1]

八、总结

土地制度创新对我国经济社会发展起到非常重要的作用。"土地制度改革将为我国的市场化改革和高质量发展提供新的突破口和动力源。"[2]从小岗村基层群众因解决温饱问题的诉求到城市土地批租制度，从温饱问题解决后盘活集体林业资源诉求到农村集体经营性建设制度改革，从林地"三权分置"、农地"三权分置"到宅基地三权制度改革，从土地占补平衡制度改革到城乡建设用地增减挂钩再到土地指标异地调配等制度改革，都大大推动土地要素市场化配置的力度、广度和深度，并不断在土地要素市场化配置中，发挥着制度的力量。

这些制度更好地组织土地资源、发挥市场的比较优势，来推动农村、城市社会现代化，并成功为中国现代化提供了一条独特的发展道路，使土地资源市场化配置与中国社会的巨大转型有机统一在中国式现代化的进程之中。

（一）通过制度创新，将产权赋予相关产权人，为城乡土地要素市场化配置提供了法治基础

土地要素市场化改革极大地调动了城乡社会的积极性和主动性，为

[1] 参见蔡继明：《城乡建设用地"增减挂钩"的政策效应》，载《中国党政干部论坛》2016年第6期。

[2] 彭森：《土地要素市场化配置是市场化改革再出发的重要任务》，载《北方经济》2020年第8期。

推动土地要素财产权化提供了制度和社会基础。就农村社会而言,在改革开放之初,通过基于温饱等基层农民的诉求,放弃了传统社会的集体所有集体经营的模式,向集体所有农户经营的模式转型,尤其是家庭联产承包制在宪法和法律上予以明确之后,从集体土地所有权分离出土地使用权,将土地承包经营权作为一种新的用益物权,成为制度保障的重要内容,作为一种可以市场化的独立的财产权,并不断完善该权利的内涵,不断赋予其更多的法律意义的上地位和功能。这不仅赋予农村社会更多的生产经营自主权,而且为城乡社会流动提供了制度基础。

农村社会土地制度改革的成功为城市土地制度创新提供了启示。为了城市的更新发展,解决城市基础设施陈旧问题,中央决定以土地批租制度来破解这一难题,由上海、天津、广州和深圳等地进行试点,通过所有权和使用权的分离,突破了国有土地不得出租、转让的界限,通过修改宪法和法律,赋予了土地使用权以独立的财产权的法律地位,为实现城市土地价值和将土地要素进行市场化配置提供了法律基础。

农村集体土地与城市土地制度的进一步改革,提高了农民的收益,也为城市增加建设用地提供了保障,在土地制度与工业化、城市化之间建立了正向反馈,通过户籍制度和农村土地制度,尤其是私有产权保护制度改革的推进,为城市资本介入新的生产方式、寻找新的投资空间并提供更好的保障。[1]

我国农村土地集体所有,一方面,为城镇化建设提供了土地资源,使城市化过程用地成本相对较低;另一方面,也为城镇建设用地的市场化配置提供了权属变更方面较为便利的制度基础。

从20世纪70年代末农地改革开始,经由城市土地制度改革,再到城乡用地优化利用,清晰地显示,市场因素在持续增强,土地要素市场化配置的制度在不断创新,日趋完善,相关法律法规也逐渐健全。

我国以市场经济为价值取向的改革,带来了制度创新,法律法规将实践中成功的经验和创新的制度予以肯定。有学者总结道:"中国的经济转

---

〔1〕 参见张军、王永钦主编:《大转型——中国经济改革的过去、现在与未来》,格致出版社、上海人民出版社2019年版,第48页。

型与经济发展独辟蹊径……第一,在整体的改革战略上,中国采取了渐进式的改革战略。第二,中国转型迄今为止的成功与中国独特的政治治理结构密不可分。第三,中国的转型迄今为止的成功与中国独特的社会治理结构密不可分。第四,在具体的发展策略上,中国采取了扭曲要素价格和产品价格的政策。第五,中国经济奇迹与基于投资的发展阶段与积极融入经济全球化也密不可分。"[1]在土地要素实现市场化配置的过程中,这几个特点表现得很充分。

这里必须对政府在改革中的作用或地位进行评述。在中国由计划经济向市场经济转型的改革中,政府发挥着非常重要的作用,有论者指出:"中国独特的政治治理和基于关系型合约的私人治理结构在一定程度上弥补了缺失的市场……在这个基于投资的发展阶段,最重要的是动员资源来发展经济……关键的问题是如何有效地动员和组织经济体系内的资源。在这个阶段,由于市场的缺失和不完美,完全由市场来配置资源无法达成帕累托有效的配置,适当的政府干预可以改进资源配置,从而促进经济发展。"[2]

应该指出的是,政府在实现土地要素市场化配置中的作用无可替代,但是,行政权力也是很容易扩张的,法治在形成的过程中,政府运作也存在一些问题,突出地表现在一些地方土地征收中出现了侵犯相关产权人利益的现象。随着法治政府建设,以及法治的健全,近年来,在法治的框架下进行改革的趋势逐渐显现。由于经济实力的增强,土地要素价格和价值的差距在缩小,与土地相关的各方权益得到了较好的保障。

(二)制度创新是实现土地要素市场化配置的关键

制度创新,是以事物发展规律为基础,对原有制度进行改革、创造以满足现实需要,从而产生新的价值和功能的过程。制度的普适性和稳定性,可为人们对自己的行为预期判断提供依据,从而激发人们的积极性,

---

〔1〕 张军、王永钦主编:《大转型——中国经济改革的过去、现在与未来》,格致出版社、上海人民出版社 2019 年版,"序言"。

〔2〕 张军、王永钦主编:《大转型——中国经济改革的过去、现在与未来》,格致出版社、上海人民出版社 2019 年版,"序言"。

并形成经济社会发展的动力。由此观之,中国的改革实际上是一次次的制度创新。中国的改革不少是自上而下的制度创新,但是,更多导致传统制度发生改变的是自下而上的制度创新,也就是基层实践对旧规则的突破。其中,影响最大的是安徽小岗村农民搞的“大包干”,实行“包产到户”。[1] 实践证明,这种做法一改过去很多农村劳动力“出工不出力”的消极情况,极大地提高了人们的生产积极性,改变了以往的农产品匮乏状况。1979 年至 1984 年,我国粮食产量从 1978 年的 3.04 亿吨增长到 1984 年的 4.07 亿吨,农业总产值增长 455.4%,以致 1993 年《宪法》修改时以“家庭联产承包为主的责任制”取代了“农村人民公社”;规定“农村集体经济组织实行家庭承包经营为基础、统分结合的双层经营体制”。这种制度创新极大地促进了生产力发展,给经济社会进一步发展带来巨大空间。[2]

论法律制度和经济增长,许多思想家都作了这方面的研究。马克斯·韦伯在《新教伦理与资本主义精神》中阐述了“合理的法律制度”是资本主义萌芽前提的论点。在西方经济学中,这一理论被称为新古典综合派的重要组成部分。思考我国市场经济体制改革能取得成功,其中一个重要的原因就是制度的创新,形塑出一套合乎自由竞争,优胜劣汰的市场规律,从而大大调动市场主体积极性。与此同时,通过这一社会法则来确保全体社会成员享有基本的生活条件。另外,国家通过制定宪法、刑法、民法等法律对公民进行保护。上述法律制度,既令社会生机勃勃,还让社会稳定。这一切都为社会主义市场经济的建立提供了重要保证。改革开放 40 多年来,我国革除计划经济体制中存在的系列弊端,使经济跃居世界第二位。随着我国社会主义市场经济体制的建立,人民群众的物质文化水平日益提高。不可否认,我国经济社会发展还面临着许多的矛盾与问题,这些问题有的牵涉深层次矛盾,有的触及体制性、结构性问题。而要解决这些矛盾与问题还有待于制度创新,需要法治,为满足这些需

---

〔1〕 参见沈国明:《渐进的法治》,黑龙江人民出版社 2008 年版,第 113 页。

〔2〕 参见沈国明:《探索中的法治道路》,上海人民出版社 2018 年版,第 22 ~ 23 页;沈国明:《改革开放 40 年法治中国建设:成就、经验与未来》,载《东方法学》2018 年第 6 期。

求,法律必须与时俱进。由此可见,全面深化改革的过程,也是全面依法治国的过程,必定会对法治中国建设产生巨大的推动作用。

"中国社会的转型,涵盖了政治,经济及文化等方方面面,这一转型的根本原因就源于市场经济。"[1] 从某种角度讲,我国 40 多年的改革开放,是以市场化改革为根本主线,但是,由于市场化改革阻力较大,人们对市场经济自身规律认识有限且市场经济规律不断发展,决定这一改革开始就带有一定探索性,风险较大,是一个"摸着石头过河"尝试错误的过程。同时,随着市场经济体制的确立,原有的计划管理体制也逐步退出历史舞台。所以,在这个过程当中,传统计划经济社会形成的社会治理模式与民众行为规范,正面临市场化转轨带来的挑战与危机。在这种情况下,必须建立与市场经济体制相适应的新型的社会关系结构,从而使社会治理从计划向市场转变,实现国家、政府与公民之间关系的重新整合。原有的计划经济体制,是通过单一行政命令对社会资源进行分配的方式,取而代之的是以市场经济为主导,多元竞争社会资源配置方式。[2]

在改革和法治关系问题上,改革要有法治作保障,夯实基础,市场经济自身对法有其内在需求,产生了相应的法律规则。市场化为主导方向的改革本身对规则具有内在的需求,并为规则的产生与成长提供了土壤。我国要继续推进行政主导型的体制改革,发挥行政权的作用,推动经济社会又好又快发展;要弱化政府对经济活动的干预,充分发挥市场配置资源的作用。[3]

市场经济需要法治。同时,还要保护市场主体利益不受侵害,防止滥用权利造成损害,使之成为真正独立的市场主体。追溯农地制度改革的历史就会发现,经济社会的发展和法治的逐步推进正相关。因此,我们应该把法治建设放在经济建设需要优先考虑的位置上,在建立秩序、调整关

---

〔1〕 李惠斌、薛晓源主编:《中国现实问题研究前沿报告》,华东师范大学出版社 2006 年版,"序言"。

〔2〕 参见沈国明:《改革开放 40 年法治中国建设:成就、经验与未来》,载《东方法学》2018 年第 6 期。

〔3〕 参见沈国明:《改革开放 40 年法治中国建设:成就、经验与未来》,载《东方法学》2018 年第 6 期。

系、理顺权责、促进发展上发挥关键性、基础性作用,用法治来保障经济社会健康有序地向前推进。经济与社会的发展推动着法律的不断进步与完善,法律进步与健全又推动经济和社会发展,其中,最主要的就是要建立起完善的市场机制来实现上述目的。我国市场经济初期,法治通常是以管制的形式出现,它对维护市场秩序,促进市场竞争起到了重要的作用。于是,人们开始关注和研究如何通过法律来制约或干预经济活动。近代社会经济史证明,在市场逐渐拓展的今天,有些管制曾对市场经济有益,很可能会发展成为自由市场竞争中的一道壁垒。从这个意义上讲,法律作为政府干预经济的工具,在市场经济条件下同样具有促进经济发展的功能,但同时又不能完全替代市场的功能。市场意识因此改变,从最初对自由市场的喜好到对管制的喜好,然后选择了市场和管制之间的相互作用。同时,市场经济本身具有内在矛盾性,它要求通过规则来解决这种不和谐状态,而这就必然要涉及法律问题。人们通过这些实践,渐渐意识到法律对市场的重要性,它代表良好的秩序、目标的指导与保证,同时又受市场影响,法律或对市场化妥协,或是自己更新,才能适应并促进经济社会的发展。如果法律对市场的规制不足,出现过度保护、抑制竞争等问题,就需要通过改革完善法律来加以解决。法律和市场机制两者关系相互作用,相互均衡,一旦产生矛盾,一种可能性就是市场经济发展的某些方面超出法律限制,致使不得不对原有法律进行修改或者废除,以放松监管,推动经济的发展;还有一种可能性是法律失灵或有瑕疵,造成管制不严,有必要对法律进行修订,进一步强化管制。一个行之有效的法律制度应在市场与监管的持续磨合和配套过程中逐步形成,并且,应根据外界条件的改变而不断调整,以市场为导向,法治化为目标,市场化和法治化相结合,不失为一种较为理想的境界。这也是制定法律、修改法律、废止法律最根本的动因。

法治对市场的经济的作用表现在很多方面:一是要明确市场主体的法律地位,确保市场主体处于平等、公平、公正的地位,在自愿环境中进行交易与竞争;因此,要解决这个问题就要实行政企分开,简政放权,把原来高度集中统一的体制转变为社会主义市场经济下的新型经济体制,建立起与之相适应的经营机制。二是确保市场经济的运行,包括对市场主体交易行为进行规制,维护市场正常交易秩序,创造良好市场交易环境等方面。其中,最重要的就是要建立起完善的市场机制来实现上述目的。三是确保政府在法律的框架下进行有效的经济管理与调节,对于社会公平这一依赖于效率的问题、依靠市场化无法实现的目的,所需要的是资源配置与供应。现代市场经济最关键的元素就是法治,使任何权力都受到制约,防止出现原始市场经济常见的反市场力量膨胀却无法遏制的局面,以减少国家和社会动荡,从而达到效率与社会治理稳定的结合,使经济增长的收益惠及每个社会成员。

实行改革开放之初,我国经济与社会运行规则仍是适用于计划经济的,并不符合建立市场经济的需要,当时的经济管理体制权力过于集中,在一定程度上束缚着国家、地方四个方面发挥企业和职工个人的积极性。因此,要解决这个问题就要实行政企分开,简政放权,把原来高度集中统一的体制转变为社会主义市场经济下的新型经济体制,建立起与之相适应的经营机制,让每个企业都成为市场的主体,充分发挥积极的创造精神。在改革之初,一项重要举措就是大胆放权,使地方与企业、农村各生产队在经营管理上享有较大自主权,使收入分配平均主义和多劳多得的现象有所变化,调动职工生产积极性。这就是"解放生产力"的思想萌芽在我国社会主义建设中产生的最初反映。"松绑""放权"是当时的流行语,它符合市场主体对现代经济管理的要求,有利于劳动生产率的提高。农地制度的改革,一路走来并不容易,每项法律制度的创新都经历了艰辛探索和努力。改革开放初期,计划经济的影响根深蒂固,无论是政策还是法律,制定过程中都会有价值取向的争论,制度创新是思想解放的过程,是统一认识的过程。[1] 上海市人大常委会在 20 世纪 90 年代初,否决了市政府提交的关于实行城市土地有偿出让和转让制度的立法议案,为了适应中央关于浦东开发开放的需要,这个议案只能改为制定政府规章,以政府规章的形式颁布。

---

〔1〕 参见沈国明:《渐进的法治》,黑龙江人民出版社 2008 年版,第 162 ~163 页。

(三)社会主要矛盾是推动土地要素市场化配置的根本动因

1949 年中华人民共和国成立之初,阶级矛盾是当时社会的主要矛盾之一。1952 年年底,通过土地改革,约有 4960 万公顷的土地无偿分配给了 3 亿多没有土地或拥有很少土地的农民,从而根本上解决了人民群众与封建土地所有制的矛盾。[1] 之后,社会的主要矛盾是"人民对于建立先进的工业国的要求和落后的农业国现实之间的矛盾",国家通过初级农业生产合作社到高级农业生产合作社等改革举措,完成了对农业的社会主义改造。改革开放初期,"人民日益增长的物质文化需要同落后的社会生产之间的矛盾"是我国的主要矛盾,表现在农业上的生产关系与生产力不适应现象越发凸显,国家肯定了农民为了提高生产效率而自发进行的"包产到户"实践,允许在不改变土地集体所有制的前提下,实行家庭联产承包责任制,调动农民的生产积极性。随着城镇化进程的加速推进,原有的所有权和使用权两权分离的制度设计无法满足农业生产现代化发展的需要,国家开始逐步开展"三权分置"制度改革,以缓解"人民日益增长的美好生活需要和不平衡不充分的发展之间的矛盾",充分发挥土地资源的财产价值,不仅能够推动新农业的发展,还能够促进社会主义新农村建设,有助于更好地实施乡村振兴战略。

党的十九大围绕我国社会主要矛盾的变化,明确提出第二个百年奋斗目标。要在充分尊重市场机制的基础上,让市场来进行资源优化配置,实现社会公平和效率的统一。上述两个目标都是针对社会主要矛盾"不平衡不充分"而制定的,然后分化出经济、政治、文化、社会、生态等领域建设发展目标。从理论层面上讲,"两个阶段性"既相互联系又相对独立,但其背后隐含着内在逻辑与思想渊源,反映出党关于经济社会发展的战略思考。首先,"两个阶段"是建立在社会主义建设规律基础之上的,隐含了我们党循序渐进地处理主要矛盾的执政思路,它反映了我们党在制定战略目标时,将随着发展客观状况的变化而不断地作出调整,为了适应社会发展需求的变化,不断加深了我们党对于社会主要矛盾的理解与认识、提

---

〔1〕 参见唐辉:《中国共产党百年农村土地制度变迁:动因、逻辑及启示——基于社会基本矛盾的视角》,载《党政研究》2021 年第 5 期。

升党的治国水平。其次,“两步走”战略的确定,既顺应了历史趋势又符合时代要求。故而,党的十九大报告中明确将全面建设社会主义现代化国家的进程分为2020年到2035年、2035年到2050年两个阶段,前期基本上是现代化的,后者是使我国成为社会主义现代化强国的需要,这样,就可以有步骤地完成第三步战略目标。

“两大阶段性目标”的确立,是同中国社会主要矛盾内在地统一起来的。第一个十年是全面建成小康社会的决胜期,第二个十年则是推进现代化强国建设的新征程。其中,当前我国社会主要矛盾表现为多样化、多层次、多方面,因而党的十九大分别从经济建设、政治建设、文化建设、社会建设、建设生态文明等多个方面制定了目标。对于“基本实现现代化”,党的十九大报告中,又有更加具体的目标规划,如“经济实力、科技实力大幅度上升,跻身创新型国家前列;政治上人民平等参与、平等发展的权利得到充分保障”等。第二个阶段,即到2050年,使我国成为一个社会主义现代化强国,这就提出了“国家治理体系和治理能力的现代化”的奋斗目标。[1] 具体到土地制度改革层面,通过促进多种形式的适度规模经营,探索农村集体经营性建设用地入市制度,探索宅基地所有权、资格权、使用权“三权分置”实现形式等,推动土地要素的市场化改革以及城乡要素的交换与流动,加大以工补农,以城带乡力度,促进工农互促、城乡互补、协调发展的局面的形成,共同繁荣新型工农城乡关系,加快推进农业农村现代化。

(四)以人民为中心是实现农地要素市场化配置的出发点和立足点

习近平新时代中国特色社会主义思想坚持以人民为中心。习近平总书记指出:“以人民为中心的发展思想,不是一个抽象的、玄奥的概念,不能只停留在口头上、止步于思想环节,而要体现在经济社会发展各个环节。要坚持人民主体地位,顺应人民群众对美好生活的向往,不断实现好、维护好、发展好最广大人民根本利益,做到发展为了人民、发展依靠人

---

〔1〕 参见金梦兰:《新中国成立以来中国共产党对社会主要矛盾认识的历史与逻辑》,载《中共成都市委党校学报》2021年第5期。

民、发展成果由人民共享。"[1] 检验我们全面建设小康社会的成效,关键要看人民拥护不拥护、满意不满意、赞成不赞成、高兴不高兴;重要的是人民是否能够获得实实在在的利益,以及他们的生活状况是否真的发生了变化,人民是否在改革开放中有更多的获得感。[2] 现阶段,经过多年的发展,人民生活水平显著改善,社会各类主要矛盾也发生了根本性的变化。由人民日益增长的物质文化需要和落后的社会生产之间的矛盾转化为人民日益增长的美好生活需要和不平衡不充分的发展之间的矛盾。这一重大判断决定了国家发展必然要顺应人民对美好生活的向往,满足人民在经济、政治、文化、社会、生态等方面日益增长的需要,切实解决好不平衡不充分的发展问题。发展的本意是要改善人民的生活状况,实现大家共同享受美好的生活。"以人民为中心",首先要求对人民负责、让人民获益。"土地是社会转型时期非常重大的经济、社会,乃至政治问题。其不仅涉及农民权益的维护,也涉及国家城市化发展和农村社会的稳定。如何有效平衡城市发展用地和农民土地权益维护之间的关系,是当代社会一个重大的民生问题。"[3]

我国是农业大国,土地则是农业生产经营的重要生产资料,因此,土地制度改革对于我国农业发展甚至整个国民经济发展具有非常重要的影响。[4] 中华人民共和国成立后的土地改革首先让农民享有了土地所有权和使用权,其次为壮大集体经济而进行了人民公社化和农业合作化,之后为放活农民的土地经营权,满足了农民自主经营的需求而实行家庭联产承包责任制。[5] 人民是历史的推动者,在实践中创造出新的历史。坚持人民的主体地位,充分调动人民的积极性,使党始终立于不败之地,建立强大的根基,成为推动革命、建设和改革的可持续动力源。改革开放以

---

〔1〕《习近平谈治国理政》(第2卷),外文出版社2017年版,第213、214页。

〔2〕参见王明生:《正确理解与认识坚持以人民为中心的发展思想》,载《南京社会科学》2016年第6期。

〔3〕沈国明:《探索中的法治道路》,上海人民出版社2018年版,第253页。

〔4〕参见沈国明:《渐进的法治》,黑龙江人民出版社2008年版,第259页。

〔5〕参见孟宏斌、崔茜雅:《建党百年来我国农村经济制度变迁的历史过程与经验启示》,载《改革与战略》2021年第9期。

来,智慧与力量源自人民群众的积极性,在理论上和实践中取得了许多突破性进展。从人民的实践创造中汲取灵感,不断推动发展。[1] 其中浓墨重彩的一笔就是小岗村包产到户的实践探索,在很大程度上解放了当时的生产力,大幅提高了生产效率。现阶段,对农民土地经营权的创设,也是顺应农民保留土地承包资格、流转土地经营权的意愿。

农业、农村、农民问题是关系国计民生的根本性问题,是制约乡村振兴和城乡一体化的重要环节。中共中央《关于制定国民经济和社会发展第十四个五年规划和二〇三五年远景目标的建议》指出社会发展必须遵循的原则中包括"坚持以人民为中心。坚持人民主体地位,坚持共同富裕方向,始终做到发展为了人民、发展依靠人民、发展成果由人民共享,维护人民根本利益,激发全体人民积极性、主动性、创造性,促进社会公平,增进民生福祉,不断实现人民对美好生活的向往"。2021 开始实施的《中华人民共和国乡村振兴促进法》(以下简称《乡村振兴促进法》)中明确指出,全面实施乡村振兴战略的原则包括"坚持农民主体地位,充分尊重农民意愿,保障农民民主权利和其他合法权益,调动农民的积极性、主动性、创造性,维护农民根本利益","应当坚持以农民为主体,以乡村优势特色资源为依托,支持、促进农村一、二、三产业融合发展,推动建立现代农业产业体系、生产体系和经营体系,推进数字乡村建设,培育新产业、新业态、新模式和新型农业经营主体,促进小农户和现代农业发展有机衔接"。

(五)推动农地要素市场化配置应当坚持土地公有制

土地问题一直被中国共产党视为革命的中心问题,新民主主义革命的过程正是解决此问题的过程。新民主主义革命时期,地主、统治者利用收租等方式进行大规模的土地兼并和垄断,令广大农民一贫如洗,从而深化了农民阶级和地主阶级的矛盾。为此,党设定了"耕者有其田"的目标,并围绕此目标制定了一系列的土地政策以打破封建土地所有制,从而形

---

〔1〕 参见姜淑萍:《"以人民为中心的发展思想"的深刻内涵和重大意义》,载《党的文献》2016年第6期。

成了我国百年来的土地制度改革历史。[1] 中华人民共和国成立后，中国共产党领导全国人民实行土地改革，废除了原先的土地私有制，实现了耕者有其田。社会主义改造完成后，在社会主义公有制下，农村土地的集体所有、集体经营有利于农业生产基础设施条件的改善，有利于推广农业科学技术，也有利于我国实现工业化发展的原始积累。改革开放后，为满足农村发展需求，在不改变原先农村土地公有制的前提下，推行了家庭承包经营制，建立了统分结合的双层经营体制，革除了农业生产“大呼隆”和分配上吃“大锅饭”的弊端，充分调动了农民农业生产的积极性，解决了我国人民的吃饭问题，为以后国家快速地发展奠定了坚实基础。[2]

习近平总书记在2013年《关于〈中共中央关于全面深化改革若干重大问题的决定〉的说明》中强调：“改革开放以来，我国所有制结构逐步调整，公有制经济和非公有制经济在发展经济、促进就业等方面的比重不断变化，增强了经济社会发展活力。在这种情况下，如何更好体现和坚持公有制主体地位，进一步探索基本经济制度有效实现形式，是摆在我们面前的一个重大课题。”[3] 在传统社会主义理论中，集体所有制被当作公有制的一种形式。[4] 《乡村振兴促进法》强调为增进农民收益，应不断完善农村集体产权制度，激发农村集体所有制经济发展活力，有力促进集体资产保值增值。在三块地“三权分置”制度改革中，需要继续推进土地资源的优化配置工作，确保集体土地所有权，保障农民的资格权，提高土地使用权的财产价值。针对建设用地制度改革，建立健全城乡一体化市场。

（六）为提高土地要素市场化配置水平提供制度保障

改革开放以来，以产权改革为核心的市场化改革是我国社会经济发展中一项重要经验，特别是农地产权改革促使农村土地要素市场由封闭向开放、土地权利由封闭向共享转变，对我国农业农村现代化和工业化、

---

〔1〕 参见唐辉：《中国共产党百年农村土地制度变迁：动因、逻辑及启示——基于社会基本矛盾的视角》，载《党政研究》2021年第5期。

〔2〕 参见韩长赋：《中国农村土地制度改革》，载《农业经济问题》2019年第1期。

〔3〕 高帆：《中国经济发展的独特性：一个基于土地制度变迁的考察》，载《社会科学战线》2021年第12期。

〔4〕 参见党国印：《论农村集体产权》，载《中国农村观察》1998年第4期。

城市化发展起到了积极作用。[1] 党的十二大报告明确提出了“以计划经济为基础，市场调节为手段”的基本原则，由此揭开了我国经济体制由计划经济走向市场经济的序幕。当前，我国正处于全面建成小康社会决胜阶段，经济进入新常态，社会主要矛盾已经转化为“人”的矛盾。1984 年，中共中央颁布了《关于经济体制改革的决定》，一针见血地提出了社会主义经济必须建立在公有制基础上，发展有计划的商品经济，计划与市场这两个手段是不能偏废的。这就把计划体制与市场机制提到了同一高度，并使两者有机结合在一起。1987 年，党的十三大报告中，更把市场和计划这两个手段放在同等重要的位置上，旗帜鲜明地强调了建立计划和市场相协调的经济体制，发展有计划的商品经济。1986 年，中央一号文件即中共中央、国务院《关于一九八六年农村工作的部署》的出台，就土地制度而言，改变了此前存在的农村土地产权的限制，从而推动了农民向非农产业的转移，并有效避免了耕地资源的闲置。1988 年，《宪法修正案》废止了此前土地不可以出租和买卖的法律规定，在法律规范下可以有偿转让土地，从而确立了土地使用权的商品性质。1992 年，党的十四大报告提出，在国家宏观调控的指导下，让市场在资源配置中发挥基础性作用，这是改革的初步目标。1993 年，《关于建立社会主义市场经济体制若干问题的决定》指出：“建立社会主义市场经济体制，就是要使市场在国家宏观调控下对资源配置起基础性作用。”[2] 这一表述为我国建立社会主义市场经济体制的目标提供了明确的指导，即发挥市场在资源配置中的基础性作用。

在 2003 年发布的《关于完善社会主义市场经济体制若干问题的决定》中，中共中央又一次强调，在社会经济发展的进程中，要发挥市场配置资源的基础作用等。以农村土地为例，承包地市场化改革开始得比较早。

---

〔1〕 参见钱文荣、朱嘉晔等：《中国农村土地要素市场化改革探源》，载《农业经济问题》2021 年第 2 期。

〔2〕《资料：中共中央关于建立社会主义市场经济体制若干问题的决定》，载网易新闻 2013 年 11 月 12 日，https://www.163.com/news/article/9DG1LA7A0001124J.html。其中“就是”二字再一次说明中央对于市场与政府关系的认识不断加深，显示出中央对建立市场主导型社会主义市场经济体制坚定不移的决心。

2003 年,《关于完善社会主义市场经济体制若干问题的决定》已经确认农民在承包期转让土地承包经营权具有合法性;2005 年,《农村土地承包经营权流转管理办法》(已失效)细化了农地市场化流转的方式,以及对农户之间农地市场化流转合约行为进行规制等;2008 年,《关于推进农村改革发展若干重大问题的决定》进一步提出要建立和完善农地流转市场。

党的十八届三中全会作出"市场对资源的配置具有决定性的作用"这一重要结论,把市场"基础性作用"变成"决定性作用",它体现了党中央在经济体制改革问题上的一个全新而又重要的认识变化,成为中国社会主义市场经济体制建设中最新的理论成果。从市场经济本质来看,市场机制是通过价格信号引导资源流向最有效率的地方,而政府干预则会造成社会资源浪费和效率低下。党的十九大报告中进一步强调,必须把完善产权制度,推进要素市场化配置列为经济体制改革重点,由此建构一个自由、正义的市场竞争秩序。这也是我国全面深化改革的目标之一。中共中央、国务院《要素市场化配置意见》指出,完善要素市场化配置是建设统一开放、竞争有序市场体系的内在要求,是坚持与完善社会主义基本经济制度、加快完善社会主义市场经济体制的重要内容。[1] 在总体要求基础上,明确实施土地要素市场化配置的具体要求,如建立健全城乡统一的建设用地市场、深化产业用地市场化配置改革、鼓励有效利用存量建设用地等。资源配置中,市场和政府各司其职,要发挥市场配置资源的决定性作用,必须保持要素流动的渠道畅通,让不同的市场主体都能够平等地获取生产要素,使要素配置能够根据市场规则、市场价格和市场竞争,以达到效益最大化和效率最优化的目的。政府应加强对市场机制的调节和监管,以促进市场作用的充分发挥,并提升其监管和服务能力,引导各类要素朝着先进生产力的集聚发展。中共中央、国务院《关于新时代加快完善社会主义市场经济体制的意见》[2]提到要"构建更加完善的要素市场化

---

〔1〕 参见《中共中央 国务院关于构建更加完善的要素市场化配置体制机制的意见》,载中央人民政府网,https://www.gov.cn/zhengce/2020-04/09/content_5500622.htm。

〔2〕 参见《中共中央 国务院关于新时代加快完善社会主义市场经济体制的意见》,载中央人民政府网,https://www.gov.cn/zhengce/2020-05/18/content_5512696.htm。

配置体制机制,进一步激发全社会创造力和市场活力”,并针对城乡统一的建设用地市场建设,农村集体经营性建设用地入市,农村宅基地所有权、资格权、使用权“三权分置”等问题提出具体要求,强调最大限度减少政府对价格形成的不当干预。这就需要政府更加尊重市场经济规律,妥善处理好政府与市场之间的关系,尽可能地减少政府对市场配置资源的干预,有效弥补市场失灵。

实现土地要素流动自由、价格反应灵活、竞争公平有序,是完善的土地市场运行体制机制的三大标志。当资源无法实现从效率较低的企业和行业向效率较高的企业和行业流动时,将不可避免地导致资源配置效率降低。当市场不能及时反映土地要素价格变动时,市场主体对稀缺土地要素的反应也就变得迟缓,土地要素的流转也就无法实现有序和高效,从而会影响土地的配置效率。当土地要素市场出现公平竞争障碍时,生产力较低的企业和行业便会把握住有利机会,而这也会导致土地要素配置效率不高。因此,我们需要从上述三个方面出发,建立一个能够使土地要素流动自由、价格反应灵活、竞争公平有序的机制体系。深化土地制度改革,构建城乡统一开放、有序竞争的建设用地市场,有效利用存量建设用地,完善土地管理体制,形成健全的土地市场运行机制。[1] 目前,土地要素市场化改革正在全国范围内热火朝天地进行。要实现农业发展的现代化,必须处理好发展大型农业经营主体和支持小农经营的关系,把农业生产规模根据实际情况进行合理分类,调整结构,既要促进大规模经营的发展,也要支持小农经营的发展。必须抓住土地经营权流转,集中和规模经营,随着城镇化进程、转移农村劳动力规模、农业科技不断进步,生产手段不断完善、适应农业社会化服务水平提升。因此,在农村土地制度改革过程中,应当以市场导向配置土地资源,引导土地向种田能手和新型农业经营主体流转,发展多种形式适度规模经营;同时,强化政府的公共服务,完善农村土地法律政策,促进土地资源保护有效、流动有序。通过市场和政

〔1〕 参见李松龄:《土地要素市场化配置改革的制度安排与理论认识》,载《湖南社会科学》2021年第2期。

府各司其职、优势互补,激发市场活力。[1] 在城市,需要盘活建设用地存量、深化产业用地市场化配置改革等以提高土地利用效率。以往地方政府为招商引资、发展经济而批发了大量工业用地,从而致使工业用地比重过高、价格过低、效率更低;同时,大中城市建设用地的总规模逐步受限,存量用地和低效土地逐渐增多,为此,我国建立了安排增量必须与盘活存量挂钩的机制,从而极大促进城市土地要素的高效利用,也为乡村振兴和城乡融合发展提供了土地要素保障。[2] 耕地占补平衡等制度的不断完善,特别是全国跨区域交易的探索具有重大意义,使耕地稀缺地区获得建设用地、耕地充裕地区获得建设资金,进而实现区域及城乡的共赢。提高土地要素的配置效率,激发全社会创造力和市场活力,推动经济发展质量、效率、动力的变革,为建设高标准市场体系奠定坚实的制度基础。通过优化土地要素的配置,激发全社会的创新活力,推动经济发展的质量、效率和动力的转变,为建立高水准市场体系创造有力的法律制度保障。

土地制度的创新在中国经济和社会发展中扮演了关键角色,推动了要素市场化和经济社会高质量发展。这些改革涵盖土地批租制度,以及城市和农村的多项制度改革。这些改革通过明确产权、法治化手段,强化了土地要素的市场化配置,优化了资源分配,促进了农村和城市的现代化。这些变革不仅支持了中国式现代化的路径,而且提高了土地市场配置的效率,展示了制度创新对推动社会主要矛盾解决的重要性。整个改革过程坚持以人民为中心,确保了土地公有制的原则,为土地市场化配置提供了坚实的制度保障。

---

〔1〕 参见沈国明:《渐进的法治》,黑龙江人民出版社 2008 年版,第 20 页。

〔2〕 参见陈诗一、刘文杰:《要素市场化配置与经济高质量发展》,载《财经问题研究》2021 年第 9 期。

附件：土地要素相关法律法规与政策文件

文件	公布日期
中共中央关于加快农业发展若干问题的决定	1979 年 9 月
关于进一步加强和完善农业生产责任制的几个问题	1980 年 9 月
全国农村工作会议纪要	1982 年 1 月
中共中央关于一九八四年农村工作的通知	1984 年 1 月
森林法	1984 年 9 月
中共中央关于经济体制改革的决定	1984 年 10 月
村镇建设管理暂行规定(已失效)	1985 年 10 月
民法通则	1986 年 4 月
最高人民法院关于审理农村承包合同纠纷案件若干问题的意见	1986 年 4 月
土地管理法	1986 年 6 月
宪法修正案	1988 年 4 月
中共中央关于进一步加强农业和农村工作的决定	1991 年 11 月
村庄和集镇规划建设管理条例	1993 年 6 月
中共中央、国务院关于当前农业和农村经济发展的若干政策措施	1993 年 11 月
中共中央关于建立社会主义市场经济体制若干问题的决定	1993 年 11 月
城市房地产管理法	1994 年 7 月
关于稳定和完善土地承包关系的意见	1994 年 12 月
土地管理法实施条例	1998 年 12 月
国务院办公厅关于加强土地转让管理严禁炒卖土地的通知	1999 年 5 月
农村土地承包法	2002 年 8 月
国务院关于深化改革严格土地管理的决定	2004 年 10 月
关于加强农村宅基地管理的意见(已失效)	2004 年 11 月
农村土地承包经营权流转管理办法(已失效)	2005 年 1 月
关于规范城镇建设用地增加与农村建设用地减少相挂钩试点工作的意见(已失效)	2005 年 10 月
中共中央、国务院关于推进社会主义新农村建设的若干意见	2005 年 12 月
中共中央、国务院关于全面推进集体林权制度改革的意见	2008 年 6 月
国土资源部关于严格耕地占补平衡管理的紧急通知(已失效)	2008 年 6 月

续表

文件	公布日期
城乡建设用地增减挂钩试点管理办法	2008 年 6 月
中共中央关于推进农村改革发展若干重大问题的决定	2008 年 10 月
全国主体功能区规划	2010 年 12 月
国务院办公厅关于加快林下经济发展的意见	2012 年 7 月
中国银行业监督管理委员会、国家林业局关于林权抵押贷款的实施意见	2013 年 7 月
中共中央关于全面深化改革若干重大问题的决定	2013 年 11 月
习近平:关于《中共中央关于全面深化改革若干重大问题的决定》的说明	2013 年 11 月
关于引导农村土地经营权有序流转发展农业适度规模经营的意见	2014 年 11 月
国务院办公厅关于引导农村产权流转交易市场健康发展的意见	2014 年 12 月
全国人民代表大会常务委员会关于授权国务院在北京市大兴区等三十三个试点县(市、区)行政区域暂时调整实施有关法律规定的决定	2015 年 2 月
国务院关于开展农村承包土地的经营权和农民住房财产权抵押贷款试点的指导意见	2015 年 8 月
国土资源部关于进一步加快宅基地和集体建设用地确权登记发证有关问题的通知	2016 年
关于建立城镇建设用地增加规模同吸纳农业转移人口落户数量挂钩机制的实施意见	2016 年 9 月
国务院办公厅关于完善集体林权制度的意见	2016 年 11 月
中共中央、国务院关于加强耕地保护和改进占补平衡的意见	2017 年 1 月
国务院关于农村土地征收、集体经营性建设用地入市、宅基地制度改革试点情况的总结报告	2018 年 12 月
2020 年新型城镇化建设和城乡融合发展重点任务	2020 年 4 月
中共中央、国务院关于新时代加快完善社会主义市场经济体制的意见	2020 年 5 月
中共中央关于制定国民经济和社会发展第十四个五年规划和二〇三五年远景目标的建议	2020 年 10 月
乡村振兴促进法	2021 年 4 月
自然资源部、农业农村部、国家林业和草原局关于严格耕地用途管制有关问题的通知	2021 年 11 月

第三章　劳动力要素改革创新试验的法治问题研究

改革开放以来,我国的经济建设取得了辉煌的成就,劳动力要素发挥了巨大的作用。在改革开放之初,我国的经济底子薄弱,既缺资金,又缺技术,还缺先进的管理经验。当时之所以能够吸引外资进入我国市场,除其他方面的原因之外,主要的原因是我国劳动力充足,有庞大且廉价的劳动力市场。直至20世纪80年代初,劳动力是否有价格、是否可以建劳动力市场等在当时话语体系中还不占据主要地位,但是这项资源价值在日益显现。我国顺势而为,在摸索中前进,适时而有效地建立了劳动力市场,利用庞大且廉价的劳动力,大力发展劳动密集型产业,使我国的经济得到了迅速发展,人民生活水平也显著提高,为综合国力的提升打下了坚实基础。最为关键的是,赢得了国际市场的尊重,我国经济开始拥抱世界,真正地与世界融为一体。尽管在今天看来,劳动密集型产业几乎成为低端产业的同义词,是当前发展所要极力摆脱的,但是不可否认在改革开放的前几十年,这种产业模式给我国经济发展带来了红利。在建立和规范劳动力市场,保护劳动者合法权益,促进经济社会和谐发展方面,法治与时俱进,发挥了积极作用。

一、劳动力要素市场化配置的制度创新

劳动力市场是一个现代经济术语。改革开放前,对于劳动力是否有价格、是否可以建劳动力市场等问题,在当时话语体系中不占据主要地位,我国的劳动力市场建设历经曲折。改革开放以前,在计划经济体制下,劳动力市场经历了由存在到衰落进而消亡的过程。具体而言,从1949

年到1952年,我国劳动力市场,为中华人民共和国成立初期的社会经济恢复和发展作出了不小的贡献。1953~1956年,我国进行了社会主义改造,劳动力市场开始衰落。随着社会主义改造的完成,我国的劳动力市场可以说是基本消失了。这一时期直到1966年以前,我国的社会主义建设虽然取得了不小的成果,但是,国民经济发展水平仍然处于较低的状况,人民群众的生活水平不高。1966~1976年,党和国家的工作重心在阶级斗争,而不是经济建设,大批劳动力资源没有受到良好的教育和培训,也得不到有效利用,严重影响了国民经济发展进程。这一时期生产劳动纪律涣散,生产事故频发,劳动者的合法权益得不到有效保障,严重影响了社会生产效率。

改革开放以后,我国以经济建设为中心,经济发展水平和人民生活水平迅速提高,与此同时,法治建设也取得了前所未有的成就。1992年,邓小平同志在武昌、深圳、珠海、上海等地的谈话中指出:“计划多一点还是市场多一点,不是社会主义与资本主义的本质区别。计划经济不等于社会主义,资本主义也有计划;市场经济不等于资本主义,社会主义也有市场。计划和市场都是经济手段。”[1]1992年10月12日,江泽民在党的十四大报告中明确提出:“我国经济体制改革的目标就是要建立社会主义市场经济体制。”[2]在这样的历史背景条件下,我国的劳动力市场迎来春天,中央和地方围绕劳动力市场的发展建设提出了一系列改革举措。“1993年,党的十四届三中全会通过《中共中央关于建立社会主义市场经济体制若干问题的决定》,提出‘改革劳动制度,逐步形成劳动力市场’。这是我国经济和社会发展中具有划时代意义的大事。1993年12月,原劳动部研究制定了《劳动部关于建立社会主义市场经济体制时期劳动体制改革总体设想》,首次对劳动力市场概念内容进行界定,劳动力市场建设已被正式提到议事日程上来。”[3]与此同时,以《劳动法》为核心,包括《劳

---

〔1〕《邓小平文选》(第3卷),人民出版社1993年版,第373页。

〔2〕《江泽民在中国共产党第十四次全国代表大会上的报告》,载中华人民共和国中央人民政府网,https://www.gov.cn/test/2008-07/04/content_1035850.htm。

〔3〕田永坡:《劳动力市场改革与发展历程》,载《中国人力资源社会保障》2019年第1期。

动保障监察条例》《劳动争议调解仲裁法》《女职工劳动保护特别规定》《劳动合同法》等一系列法律、行政法规、地方性法规、政府规章的劳动法律规范体系日臻完善。上述法律法规对于规范我国的劳动力市场,促进我国社会主义经济建设和发展起到了重要的作用。在从计划经济转向社会主义市场经济的几十年里,劳动力市场再次经历了从无到有的历程,没有上述法律制度的保障,保障数亿规模的劳动力市场转型是不可想象的。

20 世纪 90 年代,我国改革开放不断深入,产业结构不断调整,我国的经济体制进行重大的变革,而国有企业改革、城镇职工下岗潮与再就业是我国劳动力市场的一次重要转折。在此之前,我国实行以公有制为核心的劳动体制,劳动力与单位之间具有一定的人身依附性,单位不仅安排工作、发放薪资,也承担较多的社会保障功能,解决诸如医疗、养老、育儿、教育等一系列的职工需求,企业负担重,经济效益差,缺乏竞争力。在国有企业改革的大潮下,大量的劳动力不可能终生供职于固有的公有制单位,一方面,需要开通满足职工需求的社会化道路,如创设大量就业岗位,解决失业、医疗和养老保障等,以维护最低的生活要求,缓解改革的阵痛;另一方面,也要建立成熟的劳动力要素市场。原本的劳动力市场缺乏流动性,毕业包分配工作、一份工作干到老,无论是单位内部的岗位流动、不同单位之间的流动、行业间的流动乃至地理上的流动都较为罕见。随着改革开放的深入和发展,大量的人员流动促进了人力资源服务业的发展,涌现了人才服务公司和人才交流服务机构,也包括猎头、评测、外包等机构,劳动力要素市场逐步趋于成熟。

进入 21 世纪后,劳动力市场的健康发展也面临许多新的挑战。改革开放以来,我国城市化进程飞速发展,大量农村劳动力通过各种形式转移到城市,特别是东南沿海经济发达地区的大城市,在给城市发展带来新鲜活力的同时,也带来了一系列新的问题。比如在改革开放初期,大量农村人口进入大城市工作。当时的他们对于工资待遇的要求并不高,被国际市场称为“廉价劳动力”,但就是这些微薄的收入,对比他们在农村时的劳动所得,已有巨大的提升,所以这些人愿意留在城市,从事城市原住居民不愿意从事的工作,并不奢求高质量的生活品质。但是随着社会经济的发展,这些劳动力的视野更加宽阔,主观上也开始对城市的美好生活产生向往。但是当他们想真正扎根于城市时,才发现没有城市户口,这意味着他们不能享受优质的城市居民社会福利保障,他们的子女无法在大城市就读,大多数人只能成为留守儿童,跟随祖父母留在乡村学习。我国教育资源分布极不平衡,这些留守儿童与城市儿童所接受教育的质量存在较大差异,这使他们的未来很可能像父母辈一样,再次来到大城市,从事最辛苦、收入最少的工作。即便是一些青年人通过自身的努力考上大学,成为高学历人才,毕业时能够凭借自身的实力在大城市找到一份理想的工作,但是面对大城市高额的房价,一些人最终仍然不能留在大城市工作。即便勉强留下来,生活也可能较为拮据,生育成本较高,就业上升通道也可能比较狭窄。近年来,上海、北京等大城市因为这一因素流失了大量高素质人才。

除了上述问题,劳动力和人才的社会性流动也面临许多问题。比如身份歧视、性别歧视等。尽管中央有关部门多次呼吁要重视这些问题,不得在招聘时出台歧视措施。但在实践中,这些问题并没有被良好地解决。由于发展的不平衡不充分,我国高水平院校的分布并不均衡,例如,河北、河南等省份考生众多,但高水平院校数量稀少,这些省份的许多优秀考生,其高考分数在其他省份足够被重点高校录取,但是在本省却只能就读一般院校,这种情形下,就业的身份歧视显得很不合理,“英雄不问出处”的人才观并没有成为普遍共识。同时,性别歧视的问题也存在。人才是经济发展的重要支撑,缺乏人才,再高的投入也无法实现技术进步和经济社会发展。

为了促进劳动力市场的健康发展,2020 年 3 月 30 日,中共中央、国务院印发《要素市场化配置意见》围绕“深化户籍制度改革”“畅通劳动力和人才社会性流动渠道”“完善技术技能评价制度”“加大人才引进力度”四个方面作了要求,为下一步我国的劳动力要素市场发展指明了改革方向。其中,户籍制度改革显然是劳动力要素市场中最重要的环节,是畅通劳动力渠道、完善技术技能评价和人才引进的基础,户籍制度改革不成功,其他部分的改革就没有根基。因此,本章主要围绕户籍制度论述关于劳动力要素方面的制度创新。

二、我国劳动力要素市场的形成——以上海再就业工程为例

上海是我国最大的城市，工商业发达，就业人口众多，改革进入城市之后，各种深层次的矛盾凸显。上海劳动力要素市场的形成与发展，大体反映了我国这方面的改革历程。在20世纪90年代，随着经济体制、经济增长方式的转变和产业结构调整的过程，固定工制度被打破，产生了许多的下岗职工，单上海就有150多万名下岗职工。职工下岗是形势所迫，正如江泽民同志所说："这会给部分职工带来暂时的困难，但从根本上说，有利于整个国家的经济发展，符合工人阶级的长远利益。"[1] 1993年，随着我国入世谈判的实质性进展，纺织业与家电业的开放已经提上议事日程，而此时国内较落后的产能难以对抗开放后的大量进口商品。大量职工下岗后，如何减缓经济改革对社会民生的影响、如何保障市民家庭的基本温饱、如何安置下岗职工的劳动需求，成为一项迫在眉睫的工作。上海各级政府积极应对，探索形成和建立劳动力要素市场。当时的做法是，联手国有企业，设立再就业服务中心，让企业下岗人员进入劳动力市场，并推动临时社会保障体系、优先安置特困家庭、拓宽再就业门路，安置了国有企业中的大量劳动力。

通过市场配置劳动力，既推动了产业结构调整，也改变了人们"从一而终"的就业观，实现了劳动力自由流动，这种自由流动既发生在城乡之间、不同地区之间、不同行业之间，也发生在国企民企之间、企业与个体户之间、不同岗位之间。

再就业作为一项工程是依靠政府、企业、社会组织及劳动者个人四方面共同努力而开展的，以下岗待工失业人员为主要对象的就业安置工作，其涉及面（参与者、对象及行业门类）之大，法律、政策文件之多，都是前所

---

〔1〕《江泽民总书记参加上海代表团讨论时强调加快国有企业改革　大力实施再就业工程》，载《现代企业》1998年第3期。

未有的。[1] 2020年,中共中央、国务院印发《要素市场化配置意见》提出劳动力要素的市场化改革主要方向就是“合理畅通有序流动”,劳动力需要自由流动才能发挥其固有的市场价值。在上海再就业工程中,劳动法律法规、《关于事业单位转制为企业后实行劳动合同制若干问题的通知》(已失效)、《上海市人民政府办公厅转发关于推进本市再就业工程的四个政策意见的通知》等一系列的法律法规以及地方政策都发挥了举足轻重的作用。在推动劳动力要素市场化的同时,进一步规范劳动力管理体系。因此,通过解构当时上海再就业工程面临的历史问题,以及分析所采取的措施手段,可以对现在的劳动力要素市场法治有一些启示与帮助。

(一)上海再就业工程面临的问题

上海再就业工程所面临的本质问题是,要在完成产业结构变动、解决居民基本生活保障的同时,完成劳动力由固定工制度向市场聘用制的历史转换,这导致上海再就业工程需要考虑的因素非常多样。我国之前的长期就业制度与高度集中统一的管理制度相兼容,在这种管理制度中,工人的就业受到统一分配和调节制度的制约。员工的雇佣期限没有规定,长期受雇于生产和工作机构的工人通常不能脱离工作或被机构解雇;工资和劳动保险待遇按照国家统一规定发放。在这种制度下,雇佣关系只是行政关系的延伸,几乎没有独立的内容。劳动制度的改革始于对企业和政府行为之间关系的合理定义,以及对劳动关系和劳动管理之间的区别。[2]

上海落实再就业工程的核心目标是向劳动力市场化全面过渡,同时又要完成向劳动力释放、再就业的平稳过渡。从1990年到1997年,上海市累计下岗人员达到110万人。其中,工业系统中纺织、轻工和仪器仪表行业的下岗失业人数最多,仅纺织行业的下岗失业人数就有约20万人。[3] 在进行了大量深入调查研究和反复论证的基础上,上海再就业工

---

〔1〕 参见林喆:《权利补偿:现代法治社会的基本要求——析再就业工程中的权利救济现象》,载《中国法学》1997年第2期。

〔2〕 参见董保华:《劳动关系变形引起的法学思考》,载《法学》1997年第10期。

〔3〕 参见上海社会科学院再就业工程课题组:《有中国特色社会主义再就业理论的探索——上海再就业工程建设的实践与理论》,载《毛泽东邓小平理论研究》1997年第5期。

程以设立再就业服务中心作为主要的切入口，由政府、企业与社会合力，多方资助、共同负责，通过建立从下岗到再就业之间的“劳动力池”，既能保障下岗职工的基本生活，又同时完成对下岗职工的再就业培训。在此基础上，再就业工程，一方面，强调对于下岗职工的再教育与拓宽再就业渠道，通过“打开出水口”方式推动行业变革与劳动力改造，减少“劳动力池”的压力；另一方面，又将基础民生作为底线，初步建立临时社会保障体系，并对于特困家庭优先安置，完成了劳动力保障由企业负担向社会负担的全面转变，为后续建立规范的社会劳动保障体系提供了实践经验。

在此过程中，由于原本的固定工制度被打破，新的劳动法治环境尚未建立起来，中央政府与上海市政府都通过政策与立法的方式，初步进行了劳动力要素市场制度规范的探索。这些探索为后续的劳动力法治提供了大量宝贵的经验，是我国劳动力法治具有里程碑意义的一个转折，也彰显了我国劳动力法治化的全面转化。在劳动力要素市场的制度规范中，劳动关系占据了核心的制度地位，“劳动关系及其调整模式的现代化、法治化，即劳动法治，涉及分配公平、社会公正与经济发展模式等重大问题”[1]。1994 年出台的《劳动法》确定了我国劳动合同制度的目标模式，对劳动关系的合同、休假、工资、卫生安全、女性与未成年人特别保护等各事项进行了规范，并进一步规定了职业培训、社会保障与劳动争议化解等内容，这也构成了当时我国对劳动力法律制度的四项主要内容：劳动关系、职业培训、社会保障与劳动争议化解。

（二）再就业服务中心

不同国家在解决失业人员再就业问题上所采取的政策，存在很大差异。一般来说，发达国家更注重保护失业者的生活，提供基本的生活保障和宏观的就业控制，而发展中国家则更注重减贫和促进就业。上海解决再就业问题具有明显的自身特点。

上海市的下岗失业潮主要是由结构调整和渐进改革造成的，与周期性、自然性裁员，人口增长有关的裁员，以及裁减占总量相当比重的冗员

---

〔1〕 陈步雷：《劳动法治应注重保护劳动基本权利》，载《人民日报》2015 年 2 月 12 日，第 7 版。

有着本质区别。1996年下半年,经过广泛深入的调研和认真研究,上海市政府决定在面临产业结构调整和人员过剩等负担沉重的纺织、仪器仪表企业内试点建立再就业服务中心。

再就业服务中心是由政府支持、社会出资、行业创办的管理机构。纺织、仪器仪表企业下岗职工不直接进入社会。由该中心向他们提供发放基本生活补贴、缴纳社会保险费等行政服务,保障基本生活。同时,为他们提供培训、职业介绍、生产自救、劳务输出等专业服务,协助他们寻找新的就业机会。基本的做法是以产定人,富余人员下岗后进入本企业再就业服务中心,领取基本生活费,通过再就业服务中心逐步重新安置就业。亏损企业对下岗职工发放基本生活费有困难的,可以采取"三家抬"的办法,即地方政府补贴利息、银行发放特种贷款、社会提供保险和救济。[1]

再就业服务中心按照"稳进、快出、实进、实出"的原则,促进人员有序安置,确保平稳过渡。进入中心的下岗失业人员将按照现有扶持政策进行安置,剩余人员将获得"转岗证",并接受相应的教育培训,实现再就业或分步流向社会。同时,他们继续享受基本生活补贴、医疗和养老待遇。再就业服务中心本质上是将企业下岗人员集中管理起来的一种手段,而不是最终目的,因此,再就业服务中心建立起一整套与之相适应的管理制度和方法,使下岗员工获得对市场的适应能力,进而逐步进入市场。

再就业服务中心的资金来源由政府、企业和社会三方共同筹集,主要用于托管下岗职工的基本生活费、门诊医疗费和社会保险费,有效地保障了下岗职工的基本生活。[2] 1996年,纺织、仪器仪表两个再就业服务中心托管规模为10万人,半年预算为2.1亿元,由市财政、社会筹措再就业与企业三方共同承担。1997年扩大试点后,再就业服务中心托管规模为25万人,预算为8亿元,市财政和企业各承担3亿元,社会筹措再就业承担2亿元。再就业服务中心的主要工作内容包括五个方面,分别是解决企业人员安置问题、保障下岗职工基本生活、帮助下岗职工转变就业观

〔1〕 参见钱方:《国务院总理朱镕基谈:企业改革与再就业工程》,载《中外管理》1998年第5期。

〔2〕 参见徐匡迪:《努力建立新的再就业机制》,载《求是》1998年第9期。

念、下岗员工劳动技能再培训与下岗员工市场化就业指导。

1. 解决企业人员安置问题

在建立再就业服务中心过程中，上海市将再就业活动与企业清算结合起来，重点推动企业兼并破产、解决职工安置问题。纺织、仪器仪表行业再就业服务中心成立后，仅1996年就推动16家企业破产，工业系统共有43家企业完成破产程序，影响职工5万多人。1997年，共有29家公司完成破产程序，涉及员工2.9万人；110家公司进行兼并，影响员工1.1万人。上海地方国有企业从业人员从1995年的106万人减少到1997年的87万人，净减少19万人，其中纺织行业净减少6万人。[1]

1996年以来，在纺织、仪器仪表行业试点再就业服务中心的基础上，又在轻工、冶金、化工、机械、建材等7个行业增设了再就业服务中心。两年内，上海市国有、集体企业共安置下岗职工53万人。劳动力转移安置的主要方式有：通过市场招工18万人，占总数的34%；提前退休并享受承诺的福利14.8万人，占比为28%；协议保留劳动关系5万人，占比为9%；社会化自谋职业2万人，占比为3%；参加非正式就业和生产自救4.2万人，占比为8%；劳务输出9万人，占比为16%。截至1997年年底，全市仍有约20万名失业人员等待再就业。全市失业率约为2.8%，城镇失业人员14.9万人。

2. 保障下岗职工基本生活

再就业服务中心为下岗职工提供阶段性的社会保障。对部分有多年工龄的老职工实行提前退休，使他们享受应有的社会保障。此外，还通过协议保留劳动关系的办法，为从事社区事务、服务和生产工作的人员提供必要的养老、医疗保障，鼓励他们安心工作或个体经营。

协议保留劳动关系，具体来说是指，在设立再就业服务中心的企业和区县属企业，暂停对部分自谋职业的中年职工发放生活费用，但劳动关系不终止。政府和企业注入资金提供补偿，保留劳动关系与相关的养老、医疗保障，让他们继续自谋职业，到退休时仍由原单位办理退休手续实行特

---

〔1〕 参见徐匡迪：《努力建立新的再就业机制》，载《求是》1998年第9期。

殊形式的市场就业。这些政策的落实,更好地解决了下岗职工的保障问题,解除了他们主动再就业的后顾之忧,促进了劳动力资源向市场配置。[1]

3. 帮助下岗职工转变就业观念

对于失业工人来说,转变他们的就业观念至关重要。不少下岗职工当时仍存在"等、靠、要"的就业观念,这种观念源于长期以来的"统包统配"传统就业制度。这些陈旧就业观念会影响再就业的顺利实施。有一些下岗失业人员不愿意尝试新的再就业岗位,主要是因为他们深陷传统就业范式,缺乏适应能力。受"铁饭碗"观念的影响,他们不愿意考虑市场化的职位,即使这些职位的工资要高得多。他们既不参加劳动部门组织的劳务输出活动,也不参加组织转岗培训,也不愿意到私营或三资企业寻找就业机会。[2]

当时的一项问卷调查显示,约 23% 的受访者明确表示不愿意重新就业,约 42% 的受访者表示动力一般,只有 34% 的受访者迫切希望再就业。大部分下岗职工没有表现出再就业的迫切需要,这极大地影响了再就业计划的有效性。此外,还有许多下岗职工对其切身相关的保障政策不了解,当时的一项问卷调查表明,接受调查的 277 名下岗人员中,有 89 名表示不了解,有 145 名表示了解一些,只有 27 名表示了解,占比不到 10%。[3]因此,再就业中心通过报纸、杂志以及各种动员性广告媒体(如咨询、会议等)广泛宣传劳动制度改革政策、法律、法规,宣传劳动力市场发展的信息和前景,以及在竞争性劳动力市场中取得突出成就的典型案例。这一举措旨在转变下岗人员的观念,帮助他们走向市场化,通过劳动力市场解决就业。

4. 下岗员工劳动技能再培训

随着产业结构的演变,大批工人由于知识和技能的转变相对滞后,不

[1] 参见《上海再就业工程重点抓好四个环节》,载《领导决策信息》1998 年第 19 期。

[2] 参见崔志彬:《下岗失业人员要彻底改变陈旧的就业观念》,载《创业者》1997 年第 10 期。

[3] 参见孙斌、刘涛等:《上海市"再就业工程"调研报告》,载《复旦学报(社会科学版)》1997 年第 3 期。

适应新技能岗位需要而被淘汰。这些下岗人员再就业的首要障碍是他们的基本素质和专业技能不足，无法适应劳动力结构变化的需求。当时，上海劳动力市场80%的职位空缺无法吸引到合适的候选人，特别是在一些需要特定技能和素质要求的领域。[1] 求职者专业技能与市场需求的差距凸显了加强职业培训的重要性，这是劳动者适应劳动力市场的重要前提。提高劳动力技能和素质，可以显著增强劳动力市场适应能力。再就业中心对失业人员进行有针对性的职业培训，并积极开展在职人员的职业培训。

1997年，上海市建立了覆盖全市的职业培训网络，成为连接培训机构和劳动力市场供求信息的桥梁。这个网络不仅链接了劳动力市场的供需信息，而且为建立新的社会培训体系奠定了基础。在这个体系中，就业和培训两个网络相互支持、相互融合。通过预测劳动力需求，该网络可以了解供需情况并为培训提供指导。不断完善市场化的下岗就业建议，努力形成就业与培训两个网络相结合的社会培训新体系，实现社会培训资源效益最大化。

5. 下岗员工市场化就业指导

建立再就业服务中心，是针对特定历史阶段的具体矛盾而采取的过渡性措施，最终要建成劳动力市场，形成劳动力进入和退出机制，促进劳动力与其他生产要素的有效融合。市场建设首先要实现劳动力供需信息互通、资源互通，成为劳动力市场的有力支撑。同时，要加强劳动力市场监测，加快制定劳动力市场法规，努力让广大下岗失业人员通过市场实现就业。

在为劳动力市场建设提供资金支持的同时，政府还制定了相应的政策，通过政策引导推动再就业工程，使再就业服务中心的运作更有效。

(1)分年龄段制定引导下岗失业人员进入劳动力市场就业的政策。1984年以后实行劳动合同制就业的下岗职工，原则上应当直接进入劳动力市场。年龄较大的工人可以选择提前退休或承诺提前退休，而未到可

[1] 参见张小建、张永麟：《就业培训：再就业工程的重要措施——上海市再就业培训工作的调查》，载《中国劳动》1998年第4期。

以选择提前退休年龄的工人,可以协议保留劳动关系。允许并鼓励剩余劳动力进入劳动力市场或成为个体经营者,给予相应保障,并针对特定困难下岗职工群体,制定了特殊保障措施。

(2)制定扶持政策,鼓励市场化企业单位吸纳下岗人员。不同类型的经济组织吸纳一定比例的下岗失业人员,根据劳动服务企业政策可以享受不同程度的税收优惠。

(3)规范劳动力市场行为。自1996年以来,上海市还实施了适当限制已退休人员返聘的政策,以及限制低龄劳务输出的政策,同时为加强对最弱势群体的保护,尽量为下岗人员提供就业岗位。

(4)鼓励下岗人员自主创业。下岗后依靠经济援助和优惠待遇(维持两年劳动关系并在下岗后领取最低生活保障)自行就业的人员,以及从事社区服务业、家庭手工业等非正规就业的人员享受免税、优惠缴纳养老医疗保险等待遇。

上海结合城市实际和地方特色,逐步形成了以再就业服务中心为核心的劳动力市场模式。这些再就业服务中心以产业为导向,在构建符合市场经济改革目标、适应具体情况的再就业项目体系中发挥着重要作用。上海国有企业对行业和部门实行集约化管理,加之社会保障体系不完善,劳动者缺乏新技能,也缺乏通过市场寻找就业机会的意识等因素,致使一部分下岗人员缺乏再就业机会。通过再就业服务中心的多元化服务,对下岗人员实现了“暂存、保障、培训、转化”的基础目标。这一做法后来被全国各大城市解决再就业问题时普遍运用。

(三)加强就业培训,拓宽再就业门路

解决下岗人员问题的根本在于创造新的就业机会。造成下岗失业的另一原因是劳动力结构性调整,在技能水平和基本素质需求之间存在结构性错配。为此,上海加快制定劳动力市场法规,设法提高年轻下岗人员劳动技能和素质,鼓励其再就业或个体经营;对于年纪较大、技能相对固化、就业竞争能力较弱的下岗工人与特殊弱势群体,则联系行业、社会、社区共同创设基础岗位,或提前退休,以保障他们的基本生计。同时,拓宽下岗人员就业的门路。上海分流安置采用6项措施:向第三产业转移、发展商业市场、促进非正规就业(社区服务或家庭制造业)、控制外来劳动力的使用、促进个体私营经济发展、符合条件的提前退休。

1. 加强下岗人员再就业培训

克服劳动力结构性矛盾是再就业面临的重要挑战。企业面临经济结构转型调整的严峻形势,必须调整劳动力结构,根据企业生存和发展需要,实施合理裁员,形成高技能的员工队伍。高技能人才可以通过引进获得,而下岗人员必须通过培训掌握新技能才有更多再就业的机会。

上海市出台了一系列政策,积极扶持各类就业服务组织,促进生产的发展和劳动力资源的充分利用,如《上海市职业技能资格证书核发与管理的暂行规定》(沪劳技发[95]79 号)、《上海市职业技能鉴定实施办法(试行)》(沪劳技发〔1996〕76 号)等。此外,为增强富余劳动力的就业能力,满足就业结构的要求,各级企业和就业服务中介机构积极组织形式多样的下岗人员转岗和职业培训,开展短期就业培训,1 万多名下岗失业人员接受再就业培训。培训与就业有机结合,促进了上海再就业。

2. 多渠道拓宽再就业门路

上海市通过加强研究探索城市产业发展,鼓励多种形式的经济发展,吸纳更多社会劳动力。具体实施了四项举措,动员全社会力量,扩大就业机会。一是充分发挥当地综合优势,加强部门间合作。再就业服务中心和各区建立了流动安置活动定期联系制度。通过行业和区域结合,利用国有企业的人才和技术资源,共同建设区域再就业基地,发展城市产业,扩大就业机会。二是大力发展社区服务,依靠社区的积极引导和组织,安置富余劳动力。同时,对创造就业机会的企业给予综合支持,形成促进就业发展的机制。重点发展社区服务、社区物业管理、家庭制造业等,鼓励私营个体经济吸纳富余劳动力,提供直接就业机会。三是发挥群众组织的作用。上海再就业工程得到了工会、妇联、共青团、民主党派等社会各界的大力支持,利用各种资源,积极开展职业培训活动和就业指导,帮助下岗失业人员转变择业观念,并为他们提供再就业岗位。四是鼓励企业发挥自身潜力吸纳劳动力,通过多种渠道和形式,创造"三产"和企业的机会,实现劳动力转移,避免将过多劳动力推向社会。

1996年,上海市制定了支持非正规就业发展的政策,通过区、街道、居委会设立的专门载体,允许下岗人员从事各种有偿工作,同时免除各类地方税费。市政府有关部门制定了对从事非正规就业的下岗失业人员的养老、医疗等政策,鼓励他们从事社区服务。各区加强社区就业服务支撑建设,完善社区服务功能,将扩大社区服务与创造就业有机结合起来。截至1997年2月,上海市共设立区级就业服务机构14个,街道就业服务机构92个。市再就业工程领导小组办公室认定的非正规就业劳动组织401个,从业人员4000余人。

(四)临时社会保障体系

加快完善社会保障体系是实现劳动力资源市场高效配置的重要基础。在政府和各部门的帮助下,一些下岗职工离开了原来的企业,通过努力实现了就业,其中一部分人收入不菲,但他们都不愿与原单位解除劳动关系,担心与原单位解除劳动关系将导致失去获得医疗保健和退休福利的机会。为促进下岗职工顺利过渡到劳动力市场,缓解职工下岗后顾之忧,上海相关政府部门制定了协议保留劳动关系的过渡政策。[1]

该政策的要点是:在建立再就业中心的企业和县级企业内,停止向部分中年个体户(男40岁、女35岁以上)支付生活费,但不终止其劳动合同,而是通过政府和企业注入的资金向他们提供一定数额的补偿,保留其劳动关系,保障他们的养老、医疗等相关福利。此外,他们将被允许自谋职业,并继续在原来的单位退休。具体措施为:再就业服务中心、原用人单位、职工本人签订《保留劳动关系协议》。合同期限一般为5年或更长,期满后可以续签。与原用人单位签订固定期限劳动合同的,可以续订至合同终止。劳动关系协议规定,养老保险、健康保险优惠费率按上年全市职工平均工资的68%计算,分别为16%和5.5%。养老保险费全部记入合同职工个人养老保险账户,保险费用由双方协商确定。同样,通过协议维持雇佣关系的合同工的医疗费用责任也将通过协商确定。对持保留协议进入社会但暂时无法就业、经济困难的下岗失业人员,以失业保险基金

[1] 参见《上海市为再就业工程过渡到劳动力市场做准备——与部分下岗职工协议保留劳动关系》,载《中国劳动》1998年第6期。

补贴生活费。对特殊困难群体剩余劳动力的救助措施包括为他们提供社会救助,满足他们的基本生活需要。此外,还设立专项医疗基金,对大病医疗费和门诊医疗费进行部分补助。此外,还推出了物资援助制度、帮困粮油供应卡、“送温暖”等,以及由各级政府、各系统资助的帮困基金、社会帮困基金会和慈善基金会给予帮助。[1]

但协议保留劳动关系终究只是过渡性政策,市场化的劳动力要素需要市场化的社会保障制度,这也是劳动力要素市场法治建设的重要内容。在总结地方实践的基础上,国务院1995年发布了《关于深化企业职工养老保险制度改革的通知》(国发〔1995〕6号),1998年发布了《关于建立城镇职工基本医疗保险制度的决定》(国发〔1998〕44号),1999年发布了《失业保险条例》(国务院令第258号),这一系列的行动法规将过渡性的养老、医疗和失业保障加以完善并予以固定,扩大了养老保险、医疗保险和失业保险范围,覆盖到私营、个人等非公有制经济组织,建立起覆盖不同所有制、覆盖全体劳动者的社会保障体系,缩小了不同就业群体之间社会保障权利的差异,并兼顾下岗人员向不同所有制企业过渡的需要。同时,从完善个人账户入手,逐步建立更加合理的个人缴费制度,统一个人的权利和保障义务。根据就业形势发展需要,改革失业保障机制,引入职工个人缴费,实行政府、企业、职工共担失业保险费用机制,增强职工风险意识和自我保障能力,让失业保险在保障民生、促进就业方面发挥更加重要的作用。[2]

(五)特困家庭优先安置

再就业计划的“重中之重”在于优先安置特殊困难人员。在下岗工人中,有一群人面临独特的挑战:年龄偏大、缺乏技术特长、家庭困难。他们再就业的能力较低,迫切需要政府和社会的帮助。强调保障群众基本生活和再就业,既体现了党和政府关心人民福祉的优良传统,也有利于维护社会稳定。这是实施再就业工程必须优先考虑的重要任务。[3]

---

〔1〕 参见黄奇帆:《上海的再就业工程》,载《党政论坛》1998年第8期。

〔2〕 参见《上海再就业工程重点抓好四个环节》,载《领导决策信息》1998年第19期。

〔3〕 参见徐匡迪:《努力建立新的再就业机制》,载《求是》1998年第9期。

1997年年初,上海市组织7个再就业服务中心对有关行业和企业进行了深入的调研,概括出下岗失业人员具有以下特点:

(1)下岗失业人员中,女性占很大比例。下岗失业人员中,女性占比为58%,比男性多1万人。失业女性占劳动力总数的比例为10.3%,比失业男性高3~4个百分点。女职工再就业竞争力明显低于男职工。

(2)下岗失业人员以大龄员工为主。下岗失业人员中,69.3%的人年龄在36~45岁,区、县属企业中该年龄段的比例为77.4%。这个年龄段的个体大多数属于下过乡、插过队的"老三届""新三届"类别,在年龄和体力方面不再占优势。1995年,上海制定了《劳动合同规定》,明确规定,"劳动者在本单位工作满10年,距法定退休年龄3年以内的,劳动合同不能解除或终止"。对这批大龄员工予以特殊保护。

(3)很大一部分人的受教育水平较低。下岗失业人员中,初中及以下文化程度的占比为67.5%,职业学校、技校、高中、大专文化程度的占比为29.1%。只有3.4%的工人受过高等教育。文化水平低下,使他们在市场竞争中处于不利地位。

(4)大多数缺乏专业认证。下岗失业人员中,60.9%的人没有任何资格证书,73.4%的人没有任何技术、职业资格。下岗前,65.7%的人担任的是普通技术工人容易胜任的岗位。他们的收入相对较低,但长期以来形成了对企业和政府的依赖,相当一部分人没有强烈的立即再就业的愿望。[1]

根据调查,下岗职工中真正有困难、就业愿望迫切的只占30%,政府与社区紧盯这些最困难的人,帮助他们走上就业岗位。[2] 经过各行业机构、各地区的反复调查检查,初步制定了特困人员名单,共计10,238人。其中,7061人丧失劳动能力,3177人再就业特别困难。针对这些特殊困难群体,市劳动局会同有关部门制定政策建议,保障这些人员的基本生活,支持他们再就业,如《关于对本市两类特困人员进行重点帮助的暂行

〔1〕 参见杨宜勇:《关于上海市再就业工程的调研报告》,载《经济研究参考》1996年第12期。

〔2〕 参见孟建柱:《切实抓好最困难下岗职工的就业帮困——1997年6月12日在上海市社会保障暨再就业工程工作会议上的讲话》,载《上海经济》1997年第4期。

意见》（沪府办〔1997〕26号）、《关于对本市再就业特困人员进行重点帮助的实施办法》（沪再就办[98]第40号）等。

对丧失劳动能力的特困人员，政府采取措施为他们的生计提供必要的保障。对再就业特别困难的，实行责任制，由行业企业负责社会保险，地方政府协助就业，提供基本生计保障。例如，对于那些面临特殊困难、就业前景有限的家庭，上海市的百帮服务中心成立了"家庭工业服务部"，组织各种手工艺劳动，如手工编织、制作肖像、制作砚台和锦盒等，让下岗失业人员足不出户就能从事生产劳动。经过企业和政府的共同努力，1997年80%有就业条件的特困人员成功重新找到工作，完成再就业。通过缓解这两类特困人员的生活困难，上海市的救助制度得到明显完善。

（六）上海市再就业工程的制度价值

上海市再就业工程的首要目标，是实现计划经济的固定就业制度向劳动力市场化的彻底转变，同时，实现下岗失业人员再就业。劳动力由固定就业制度向市场化就业制度的转变，也是劳动力要素向法治化的转变。逐步建立与社会主义市场经济相适应的市场化就业制度，健全市场就业机制，发挥市场配置劳动力资源的基础性作用的过程，也是我国劳动法体系不断完善的过程。再就业工程在不同环节都体现了法律制度的价值。

建立再就业服务中心、及时落实保障政策只是解决劳动力"进口"问题，也就是实现再就业平稳过渡的劳动力"蓄水池"功能，真正解决劳动力"出口"问题，[1]是要建立相对健康的劳动力市场。没有稳定的劳动力市场，再就业工作就难以有序开展。在深化再就业工程过程中，要加强劳动力市场建设，坚持市场化方式，加快再就业服务中心从特定历史时期、特定行业的过渡性措施向市场化就业制度的全面转变。这不仅是建立市场经济的必要条件，也有利于形成劳动者进入和退出劳动力市场的机制，促进劳动力与其他要素合理有效结合，促进经济增长模式的根本性转变，最终实现全社会经济和社会效益的最大化。[2]

---

〔1〕 参见邹萍：《一个历史性的课题——记上海市再就业工程》，载《中国劳动科学》1997年第6期。

〔2〕 参见黄奇帆：《上海的再就业工程》，载《党政论坛》1998年第8期。

在再就业工程中，上海市高度重视法治建设，面对上百万人下岗失业的严峻局面，顺利平稳地完成了劳动力市场化的全面转型，主要表现在以下几个方面。

1. 结束了政府直接干预，对传统计划经济体制下形成的不合理劳动力结构进行了大规模调整。在特定历史阶段、特定时期以特定方式进行的劳动力调整也已基本完成，调整目标已经实现。再就业中心的功能实际上已经被劳动力市场的功能所取代。

2. 大规模的企业员工下岗失业现象得到有效消除。劳动者普遍接受和习惯通过劳动力市场解决就业问题，企业用工行为和劳动者求职行为已进入符合市场经济要求的良性循环。

3. 劳动力市场运行的必要条件基本具备。建立了覆盖全市、全面规范的就业网络，涵盖信息引导、职业导向、就业安置三大功能。培训体系有效对接市场需求。适应劳动力有序流动的综合社会保障体系全面建立。劳动力市场价格信号系统逐步形成。与劳动力市场相适应的政策和监管框架正在逐步建立。

4. 有利于劳动力市场正常运行的良好社会环境基本形成。通过企业、劳动者和社会观念的转变，劳动法律意识的增强，社会对劳动力市场的心理承受能力明显增强，劳资关系更加和谐稳定。政府将劳动力市场建设纳入经济社会发展总体规划，确保经常性、必要的资金投入。劳动力市场和社会保障体系一体化运行的领导机构已经建立并不断完善。[1]

此外，法治对于解决劳动争议也发挥着至关重要的作用。1986 年 7 月，国务院发布《国营企业实行劳动合同制暂行规定》(已失效)，恢复劳动仲裁制度，重申劳动争议仲裁制度。随后，国务院《关于促进科技人员合理流动的通知》、《国营企业劳动争议处理暂行规定》(已失效)、劳动部《关于加强劳动仲裁工作的通知》(已失效)相继出台，初步奠定了劳动人事仲裁的制度基础。自 20 世纪 90 年代以来，劳动仲裁制度建设逐步加快。1990 年 9 月 8 日，原人事部发布《全民所有制事业单位专业技术人员

[1] 参见黄奇帆:《上海的再就业工程》，载《党政论坛》1998 年第 8 期。

和管理人员辞职暂行规定》(已失效)。1993 年 7 月发布的《中华人民共和国企业劳动争议处理条例》(以下简称《企业劳动争议处理条例》,已失效)确立了劳动争议管理的法律框架。1997 年 8 月,原人事部颁布了《人事争议处理暂行规定》(已失效),系统规范了四类人事争议管理的组织机构、管辖、处理程序、执行与监督、法律责任等。[1]

上海市在推动再就业工程、落实劳动力市场化的过程中,也进一步落实劳动争议的市场化、法制化化解途径。1995 年发布了《上海市企业劳动争议调解委员会工作规则》(沪劳仲发[95]93 号),以解决企业内部劳动争议。

三、城乡二元户籍制度的形成与发展

在"五大要素"中,劳动力是生产要素中最具活力的一种,把土地、资本、技术和数据要素市场化必不可少地要依靠劳动力要素的组织实现。因此,提升劳动力的市场化配置水平,对于整体经济社会的发展极具重要性。[2] 在我国的劳动力市场中,户籍是影响劳动力生存与发展的重要因素,甚至可以说是一个最关键的因素。长期以来,我国采用的是城乡二元的户籍制度,[3]这种户籍管理制度对我国的社会经济发展产生了极为深远的影响。近年来,越来越多的学术研究者与政府部门实务工作者都开始认同这样一种观点,那就是要想使我国的经济取得更好的发展,必须打破僵化的城乡二元户籍管理制度格局,充分解放劳动力,以立法为中心的法治手段将是这一改革的必由之路。这种认知是建立在历史演进逻辑之

〔1〕 参见田永坡:《劳动力市场改革与发展历程》,载《中国人力资源社会保障》2019 年第 1 期。

〔2〕 参见朱玮、李律雁等:《无锡劳动力要素市场化配置改革的思考》,载《江南论坛》2021 年第 20 期。

〔3〕 所谓城乡二元户籍制度,"是指中华人民共和国成立后,在计划经济体制和高度集中的行政管理模式下,为适应人口管理的需要,在我国逐渐形成的以户籍区分与差别为主要标志的一整套系统的制度。它的内容主要包括户口登记,以及对各类户口的迁徙、居住、获取资源和福利的权利的规定等。这种城乡分割的二元户籍制度与二元经济制度一起构成了我国的二元社会结构。二元社会结构包括户籍、住宅、粮食供给、副食品供给、燃料供应、教育、医疗、就业、保险、劳动保护、婚姻、兵役等十余种差别性制度"。参见张谦元、柴晓宇等:《城乡二元户籍制度改革研究》,中国社会科学出版社 2012 年版,第 10 页。

上的。因为无论是传统社会还是近代中国,关于户籍制度的变革,几乎都是在庞大严密的法律制度框架内进行的。因此,要对这一现状进行改革,当然也要运用法律的手段进行,方能对症下药。为了分析城乡二元户籍制度的弊端,有必要对该制度的形成史进行简要梳理。

在长达两千多年的中国传统社会中,统治者建立起了一套严密的户籍管理制度。由于古代中国的政府财政税收与人口直接挂钩,所以历朝历代都十分重视对于户籍的管理,制定了数量庞大、内容繁杂的法律章程。在这一严密的法律制度框架内,严禁人口自由迁徙和流动,将中国固化为以小农经济为主体的社会。鸦片战争之后,西方文明对传统中国社会造成巨大的冲击,大量农民开始涌入城市,冰封千年的小农经济格局开始逐渐消融。随着戊戌变法的失败以及接下来更严重的八国联军侵华战争的战败,清王朝的统治风雨飘摇,不得不施行"新政",全面学习西方的法律制度改革。在清末法制改革中,户籍制度变革是一项重点内容。清政府认为,新政的实施都要以户籍为基础,户籍制度的制定又必须基于民法和习俗。[1] 在这样的认知下,清政府相继颁布了《户口编审法》和《调查户口章程》,开始在全国进行人口普查。随后在宣统三年(1911 年),清政府制定了《户籍法》,共 8 章、184 条。不过,这部法律还未来得及实施,清廷就被宣告覆灭。

民国时期,北洋政府依次颁布了《警察厅户口调查规则》(1915 年)、《县治户口编查规则》(1915 年)和《京兆各属户口编查单行细则》(1916 年)等相关条例。1931 年,南京国民政府发布了《户口登记条例》。这部法律由通则、籍别登记、身份登记、迁徙登记、变更登记、登记申请、罚则和附则八个章节组成,总共 61 个条文。[2] 综合来看,"《户籍法》虽未能得到实施,但这部法律抛弃了传统户籍的国家主义特征和身份标志,并废除了清朝中、后期流行的保甲户籍。通过建立一个统一的、平等的、保障私权的近代户口管理制度,来确保公民的户口管理权益。把户籍法从多元

---

〔1〕 参见公安部户政管理局编:《清末至中华民国户籍管理法规》,群众出版社 1996 年版,第 3 页。

〔2〕 参见姚秀兰:《中国近代户籍变革探析》,载《华东政法学院学报》2004 年第 4 期。

法律体系中脱离出来，作为一个单独的行政法规，为民国时期的户籍立法奠定了基础。清末对保甲户籍进行改革，以警察制度的方式实现了近代化户籍管理，是户籍改革的另一重要举措。南京国民政府的《户籍法》着重强调个人在社会中的独立身份，并强调以个人为本。这表明了户政的独立性、乡村的自治权，是历史的一次重大进展。南京国民政府实施的户籍制度采用了保甲连坐的方式来强化对民众和乡村的控制，与保甲户籍制度实际上是一致的。总体来看，在近代社会，户籍制度以个人为本位保障个人私权，与封建社会的户籍制度有本质的区别。但作为人口管制的一种手段，依然存在身份之差异，户籍仍然发挥着对人户控制和治安管理的强大功能”。[1] 总体而言，近代中国社会整体处于战乱动荡不安的状态，无论北洋政府还是南京国民政府，都从未对中国社会的基层进行过真正有效的统治，它们对于人口的控制力较弱，在多种因素的作用下，人民的迁徙反而比较自由。

1949 年，经过艰苦奋斗，中国共产党带领中国人民建立了中华人民共和国。广大的群众基础、强大的基层组织和动员能力，是中国共产党最终能够取得胜利的重要原因。这样的历史背景，很容易使人们误以为城乡二元户籍制度是在中华人民共和国成立之初就建立起来的。其实不然，中华人民共和国成立之初的几年，人口迁徙政策非常宽松。随着国内外局势不断变化，人口迁徙政策逐渐缩紧，在这个过程中，城市和乡村户籍开始被区分开来，城乡二元户籍格局逐渐形成。在这个过程中，中央政府通过一系列法律手段，完成了新中国城乡二元户籍管理制度的构建格局。尽管在改革开放前的很长一段时期内，中国的法治建设比较缓慢。特别是 1966～1976 年，大量的法律制度沦为具文，但是由法律制度构建起的城乡二元户籍管理制度却没有被废除，而且得到了很大程度的强化。城乡二元户籍管理制度对中国经济社会的发展产生了深远的影响。因此，有必要对这一部分历史进行简要回顾。

1949 年 9 月 29 日，中国人民政治协商会议第一届全体会议通过了

---

〔1〕 张谦元、柴晓宇等：《城乡二元户籍制度改革研究》，中国社会科学出版社 2012 年版，第 10 页。

《中国人民政治协商会议共同纲领》(已失效),其第5条规定,“中华人民共和国人民有思想、言论、出版、集会、结社、通讯、人身、居住、迁徙、宗教信仰及示威游行的自由权”。这是我国经济和社会发展中具有划时代意义的大事。《中国人民政治协商会议共同纲领》(已失效)具有临时宪法性质,中央政府从宪制上维护民众迁徙自由权。1954年9月,第一届全国人民代表大会在北京召开,通过了中华人民共和国历史上第一部《宪法》,即“五四宪法”。在该法“公民的基本权利和义务”部分,第90条第2款明确规定,“中华人民共和国公民有居住和迁徙的自由”。这一规定非常明确清晰地表明了迁徙自由是中华人民共和国公民的一项基本权利,它受到宪法这一最高位阶法律的保护,人民政府努力让人民实现迁徙自由的权利。

1950年11月,第一次全国治安工作会议召开,会议指出,“户口工作的任务是保证居民居住迁徙之自由,安心从事生产建设”,这次会议提出,城市要进行户籍制度管理工作。1951年7月,政务院批准,公安部颁布了《城市户口管理暂行条例》(已失效),这是我国有史以来第一个实施全国统一户口管理的法规,也是中华人民共和国成立以来最早出台的一部户籍法规。[1] 该法第1条规定,“为维护社会治安,保障人民之安全及居住、迁徙自由,特制定本条例”。这部法律一共12条,对户口的迁入、迁出程序,公民出生、死亡、婚姻等对户口产生影响的事作出详细规定。[2] 同《中国人民政治协商会议共同纲领》以及1954年《宪法》中有关人民迁徙自由的规定相比,这部政府规章具有可操作性。特别值得注意的是,这部规章对于人民户口迁移并未设定严苛的条件。《城市户口管理暂行条例》(已失效)第5条第1款、第2款对迁出迁入作出了规定。[3] 正是在这样

---

〔1〕 参见张谦元、柴晓宇等:《城乡二元户籍制度改革研究》,中国社会科学出版社2012年版,第16页。

〔2〕 参见王峰:《中国户籍制度改革研究》,中国政法大学出版社2018年版,第46页。

〔3〕 《城市户口管理暂行条例》第5条第1款、第2款对迁出迁入作出了规定:“户口变动时,户主须按照规定,持户口簿至当地人民公安机关,办理手续。一、迁出:凡迁出者,须于事前向当地人民公安机关申报迁移,注销户口,发给迁移证(同一公安派出所辖区内之迁移不发给迁移证)。二、迁入:(一)凡迁入者,须于到达住地三日内,向当地公安派出所申报入户。有迁移证者,应呈缴迁移证;无迁移证者,应补交其他适当证件……”

宽松的户口迁徙制度下,新中国成立初期的几年,大量的农村人口涌向城市。据统计,“1950～1952年,城镇年均人口增长7.5%,农村只增3%。大城市的人口增长更加迅速,1951年上海市一年净迁入人口达43万”[1]。与此同时,国家也有计划地大量把东部地区城市人口移民至边疆地区,从事工业生产以及农业垦荒,发展边疆地区的经济水平,同时也增强对边疆地区的控制力量。有资料统计显示,在1954～1956年,全国人口自由迁出、迁入总数达7700万人,其中1954年为2200万人,1955年为2500万人,1956年为3000万人(见图3－1)。[2] 正如有学者所言,这一时期“公民的居住和迁徙行为拥有自由,只要符合办理相关手续的要求,就不会受到任何限制,此类自由受到法律的保护”[3]。

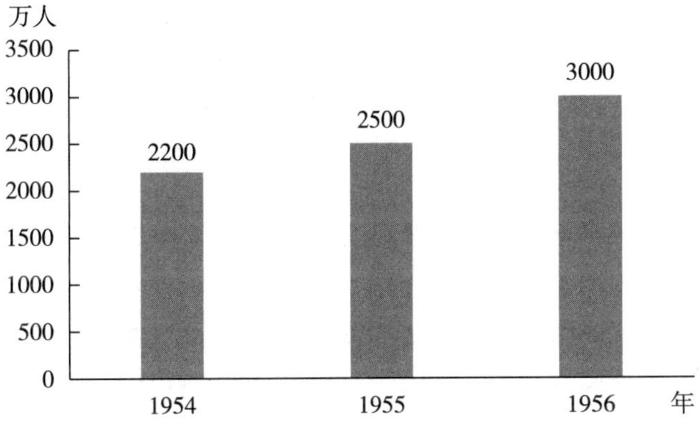

图3－1　1954～1956年全国人口自由迁出、迁入数量

法律的实施是需要一定社会条件的。由于各种条件的限制,中华人民共和国成立后出现户籍自由迁徙的状态并没有维持太久。尽管大量农民涌入城市,为城市的发展带来了大量的新鲜血液,提高了城市的活力,但是也给城市造成了一定的负担。当时我国经济社会发展还十分落后,城市的发展水平虽然要远高于农村,但是资源总量毕竟有限。很快,各大

[1] 《共和国辞典:二元户籍制度》。转引自王峰:《中国户籍制度改革研究》,中国政法大学出版社2018年版,第46页。

[2] 参见张雷:《当代中国户籍制度改革》,中国人民公安大学出版社2009年版,第20页。

[3] 张谦元、柴晓宇等:《城乡二元户籍制度改革研究》,中国社会科学出版社2012年版,第17页。

城市便面临住房、就业、升学、交通、主副食品供应、燃料供应等一系列城市治理的问题,矛盾十分尖锐。与此同时,社会主义改造运动如火如荼地开展,中华人民共和国第一个五年计划开始实施,计划经济体制完全确立。第一个五年计划以发展重工业为经济建设重点,当时的中国既缺资金又缺技术,重工业的发展必须大量依赖农业"输血",这就意味着农村必须保留充足的劳动力,为工业提供足够的生产资料。在这样的历史背景因素下,当时的中央政府出台一系列文件、法令,开始有计划地控制农村人口外流。

1953 年 4 月,原政务院发布了《关于劝止农民盲目流入城市的指示》(已失效),要求在未经劳动部门许可或介绍的情况下,不得擅自到农村招聘劳动力。1956 年 12 月,国务院发布了《关于防止农村人口盲目外流的指示》(已失效),除了要求各地阻止农民盲目进城谋生外,还呼吁全国各地加强对农民的宣传和引导,要求"各地对于已经流入的人们,应当分别不同情况处理:凡是有亲友可以依靠或者自己能找到生产门路的,应当允许他们居留;凡是本地可以安置的,应当设法予以安置。特别在人少地多的地区,可以把他们安置在农村,从事垦荒生产。凡是没有亲友可靠,没有生产门路可以安置的,应当同原籍政府联系,请其派遣干部前来领回原籍,或者由流入地区政府遣送回籍。灾民、农民、复员军人和乡、社干部返乡以后,必须帮助他们解决生产生活上的困难,使他们能够安心在家乡生产和工作"。从中不难看出,这份文件根据农民进城谋生的不同状况采取不同的处理方式,允许农村人口在一定条件下在城市生活。

这份指示发布实施后,工作有了一定进展。但是还有不少地区没有引起应有的注意,农村人口盲目外流的现象不仅没有得到制止,并且有些地区日趋严重。于是,1957 年 3 月,国务院发布《关于防止农村人口盲目外流的补充指示》(已失效),其中提出了更加严格的对人口流动的控制。该指示明确:在外出农民流经较多的交通中心(如徐州、郑州、西安、天津等地),应设立劝阻站。由当地政府、铁道部门和流出地区政府共同抽派干部,联合劝导外流农民返乡,并及时安排返乡事宜。应该在农民流入较多的城市设立专门机构,负责处理外流农民和解决他们的遣送问题。除少数确实已投靠亲友或已就业安家的可以留居当地外，其余流落外地的农民应一律遣返原籍。外流农民较多地区，应派遣干部，携带旅费，前往接领。1957 年 9 月，国务院再次发出《关于防止农民盲目流入城市的通知》（已失效）。在不到一年的时间内，国务院连续发布多道指令，可见这类矛盾的尖锐性。为了更有效解决农村人口流入城市的问题，1957 年 12 月，中共中央和国务院联合发布《关于制止农村人口盲目外流的指示》（已失效），强调"我国社会主义建设的方针，是在优先发展重工业的基础上，发展工业和发展农业同时并举。农业在我国社会主义的建设中占有很重要的地位。农村人口大量外流，不仅使农村劳动力减少，妨碍农业生产的发展和农业生产合作社的巩固，而且会使城市增加一些无业可就的人口，也给城市的各方面工作带来了不少困难。目前党和政府正在动员城市中大批干部和中小学毕业生下乡上山，投入农业生产，当然更不能允许农村人口盲目流入城市"。

之后，国家采取了更为严厉的管控措施。比如，按上述文件规定，"铁道交通部门，应当在车站、港口和车船中，加强检票制度，严禁无票乘车乘船或者买短途票强乘长途车船的现象；对无票或者欠票乘车乘船的农村外流人口，应当收容起来交就近的劝阻机构，经过劝说，迅速送回原籍"。"在城市和工矿区，对盲目流入的农村人口，必须动员他们返回原籍，并且严禁流浪乞讨。公安机关应当依照城市管理户口规则，进行严格户口管理。""应当加强城市粮食供应的控制，对没有户口或者虚报人口冒领粮食或者买卖粮票的行为，应当予以禁止，情节严重的应当加以处罚。对自由市场应当加强领导，严格控制其范围。应当取缔无照商贩营业和无照车辆运输，防止农民弃农经商，进城从事商业投机活动。"

1958 年 1 月 9 日，全国人民代表大会常务委员会第 91 次会议通过了《户口登记条例》，首次把城乡有别的户籍制度和限制迁徙制度用法律形式固定下来。其中第 10 条第 2 款规定：公民由农村迁往城市，必须持有劳动部门的录用证明、学校的录取证明，或者城市户口登记机关的准予迁入的证明，向常住地户口登记机关申请办理迁出手续。这些规定"实际改变了乡—城户口迁移和变动的程序”[1]。在国家严密控制城市生活的条件下,实现了国家对人口迁徙的主控权。《户口登记条例》是我国有史以来第一部正式的户口管理法规,宣告了我国户口管理正式迈入法制化时代,也标志着新中国建立的二元户籍制度得到了正式确认。《户口登记条例》以法律形式严格限制农民进入城市,限制城市间人口流动,在城市与农村之间构筑了一道壁垒,从此,我国步入了一个漫长的城乡分割二元体制时期。[2] 这一制度确立带来的最大影响就是各项权益在城市与农村之间分配的不平等性。《户口登记条例》颁行以后,城乡二元户籍格局制度正式形成。从客观方面讲,这一制度的确立对于广大农村地区的人民来说,他们的生活质量受到很大影响,特别是广大农村青年人,他们中的绝大部分只能留在农村从事农业生产劳动,其生活水平与同一时期的城市居民有着很大的差距。

在这样的社会背景下,继出台《户口登记条例》之后,国家又出台了一系列政策文件,继续加强对农村人口转移到城市的限制,户籍制度更加严格了。为了保障户籍制度的有效实施,“从 1961 年下半年开始,国家为支撑户籍制度而推出了一系列配套措施,其中包括:粮食供应、副食品和燃料供应、教育、就业、医疗、养老保险、劳动保护、兵役、婚姻生育等十项制度。1961 年 12 月,公安部下发了三局的《关于当前户口工作情况的报告》,要求对户口工作进行彻底审查整顿,完善户口管理制度。今年,公安部除了对农业户数和人口数的统计外,又新增了‘非农业人口户数和人数’的指标。从此,中国有了‘农业户口’和‘非农业户口’两种户口,‘农业人口’和‘非农业人口’‘两种身份’”[3]。“知识青年上山下乡”等政策的推行,将大量的城市人口,特别是城市青年人口向农村地区转移,更强化了既有的户籍制度。1975 年 1 月,第四届全国人民代表大会第一次会

---

〔1〕 陆益龙:《1949 年后的中国户籍制度:结构与变迁》,载《北京大学学报(哲学社会科学版)》2002 年第 2 期。

〔2〕 参见张谦元、柴晓宇等:《城乡二元户籍制度改革研究》,中国社会科学出版社 2012 年版,第 18 ~ 19 页。

〔3〕 张谦元、柴晓宇等:《城乡二元户籍制度改革研究》,中国社会科学出版社 2012 年版,第 20 页。

议通过的《宪法》废除了1954年《宪法》第90条第2款中的“中华人民共和国公民有居住和迁徙的自由”的规定。1982年,我国重新颁布《宪法》,但关于公民居住和迁徙的规定仍未恢复。

1977年11月,公安部出台了关于处理户口迁移的规定,维持了严格控制户籍迁移的方针。其总体政策是人口迁移由其他城市到北京、上海、天津三市的非农业人口应予以严格限制,而从农村迁往市镇的农业人口转变为非农业人口也需要加以控制。应该适当控制从镇迁往市、从小市迁往大市、从一般农村迁往市郊、镇郊农村或国营农场、蔬菜队、经济作物区的人口流动。从市镇向农村、从市向镇、从大城市向小城市,以及在同等地级市、县级市和农村之间的迁移,如果理由合法,应予以落户许可。应当允许男性到没有子女的家庭居住,以实现农村的婚姻社会化。

自此以后,“农转非”一词开始在中国社会上流行开来。从上述文件来看,虽然对于农村人口流向城市作出了严格规定,但是仅从法律文本考量,毕竟还是为一些群体由农村转入城市留下了宝贵的渠道。如果严格按照此文件中的规定允许这部分人口进入城市,那么它的绝对数量依然不少。

改革开放以后,我国的经济社会飞速发展,城镇化速度越来越快,城市发展需要补充大量的新鲜血液,大量的农村人口开始逐渐向城镇转移。在这样的历史背景条件下,严格限制农村人口流入城市的举措已经不合时宜,户籍制度改革也逐渐展开。1984年1月,《中共中央关于一九八四年农村工作的通知》发布,我国开始了小城镇户籍制度改革,允许务工、经商、办服务业的农民自理口粮到集镇落户。1985年7月,公安部决定对流动人口实行暂住证、寄住证制度,允许暂住人口在城镇居留。1985年9月,《居民身份证条例》(已失效)颁布实施,我国开始实行居民身份证制度,16岁以上的中华人民共和国公民,均须申领居民身份证。1992年8月,公安部颁布了《关于实施当地有效城镇居民户口制度的通知》,开启了“蓝印户口”制度的实施。2001年10月,公安部提出:只要拥有固定住所和合法收入,在全国小城镇中的外来人口均可以申请办理小城镇户口。[1] 应当承认,这一系列改革措施对于解放劳动力,促进我国的经济社会发展作出巨大贡献。但是这些改革措施并没有打破固有的城乡二元户籍格局,户籍制度改革也并未成为当时国家重点推进的工作。

直到2008年10月党的十七届三中全会提出,"推进户籍制度改革,放宽中小城市落户条件,使在城镇稳定就业和居住的农民有序转变为城镇居民"。其主要内容是:实行以具有稳定就业和住所为基本条件的户口迁移准入制。户籍制度涉及公民基本权利,因此,需要在推动地方创新的同时,也要从国家层面对其加以统筹考虑。应当在考虑农民工落户意愿的同时兼顾流入地区的人口承载能力。根据地域特点,制定适当政策,先试点再推广、逐步开放,针对不同情况,逐步放宽流动人口的落户条件和农民工的落户条件。中小城市和小城镇可以首先降低农民工落户的门槛。加强社会管理配套制度的改革,取消附着在户口上的不公平的福利制度,统一纳入本地社会管理,以推动农民工获得住房、医疗、子女教育、社会保障等基本公共服务均等待遇。从此,户籍制度改革进入一个崭新的阶段。此次户籍制度改革是基于促进我国城镇化发展的迫切需求、改变城乡二元格局的需求以及推动社会结构转型的需要。

2011年9月,为了保障已落户城镇的农村人口与当地城镇居民享有相同的权利,国务院办公厅提出要积极而审慎地推进户籍管理制度改革。2014年7月,国务院《关于进一步推进户籍制度改革的意见》,提出取消农业与非农业户口、蓝印户口,统一为居民户口,在大城市探索实行积分落户制度。此外,提出严格控制特大城市人口规模。2016年10月,国务院发布了《推动1亿非户籍人口在城市落户方案》(已失效),提出在"十三五"期间,加快破除城乡区域之间的户籍迁移壁垒,并进一步完善配套政策体系,使每年城镇化率提高1个百分点以上,年均转户达1300万人以上。总体上,城镇就业人员不断增加,乡村就业人员相应减少(见图3-2)。

---

〔1〕 参见陈钊:《改革开放的户籍制度:历史、当下与未来》,载张军、王永钦:《大转型:中国经济改革的过去、现在和未来》,格致出版社、上海人民出版社2019年版,第63~64页。

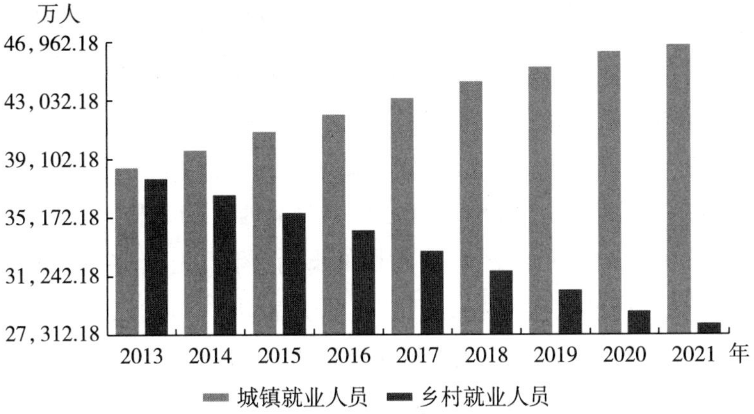

图 3-2　2013~2021 年我国城乡就业人员数量

资料来源:国家统计局网站。

2020 年,全国户籍人口城镇化率提高至45%,而与2013 年相比,各地区户籍人口城镇化率与常住人口城镇化率的差距至少减少 2 个百分点。此外,还提出了一系列相关政策,重点包括:建立保护进城落户农民土地承包经营权、宅基地使用权、集体收益分配权"三权"不变的制度和自愿有偿退出机制;让进城落户农民完全纳入城镇住房保障体系;落实进城落户农民参加城镇基本医疗保险政策;实施进城落户农民参加城镇养老保险政策等。

四、户籍制度改革的不足与路径

通过我国户籍法律制度的历史演变梳理可以发现,我国目前户籍制度中的二元格局是通过法律制度的不断变革而形成的。当前,这种户籍制度的不足日益显现,需要与时俱进,对其进行改革。这些不足必须通过法律制度的变革方能从根本上加以解决。户籍制度改革是真正建成劳动力市场的必要条件。户籍制度的变革并非像许多实体问题那样棘手。正如学者陆铭所言,"按道理来说,户籍制度带来的身份差异只是制度造成的,应该容易解决,而世界上其他地区存在的族群差异往往有着更为复杂的种族的、文化的和历史的原因。但是,如果户籍造成的身份差异持续得不到化解,那么,它对于社会和谐的负面影响同样是让人警醒的"[1]。这

〔1〕 陆铭:《大国大城:当代中国的统一、发展与平衡》,上海人民出版社 2016 年版,第 257 页。

一判断已经在学界形成了普遍共识。当前,我国面临极为复杂严峻的国内外形势。2020 年以来受疫情影响,我国迅猛增长的经济势头逐渐放缓。作为我国经济发展龙头的东部沿海地区,更是受到非常严重的影响,大量劳动力不得不离开生存多年的大城市返回故乡。劳动力人口的流出对于大城市的经济发展是一种损失,而返回中西部地区的人口,也蒙受了不少损失。为化解城乡二元户籍制度累积的旧有矛盾,为应对疫情带来的严重冲击,户籍制度的改革势在必行。有研究表明,"与我国户籍管理制度相结合,农业转移人口大致可以划分为两类:一是户籍仍在农村,但已经居住和劳动于城市,或者来往于城乡之间的农业人口;二是户籍已为城市户籍,但没完全适应角色转变的原农业人口。目前,中国的城镇化发展存在大量'半城市化'人口。根据统计数据,2011 年中国的城镇化率已经达到 51.27%。(见图 3 -3)然而统计数据中的城镇人口为常住人口,如果以完全享受城市公共服务的户籍人口来衡量,我国当时的城镇化程度还不到 40%。农业转移人口占比超过 10%,但他们没有得到和其他城市常住居民一样的公共服务待遇,只能是'半城市化'人口"[1]。此研究从城市化的角度证明我国的户籍制度改革仍有非常大的可作为空间。

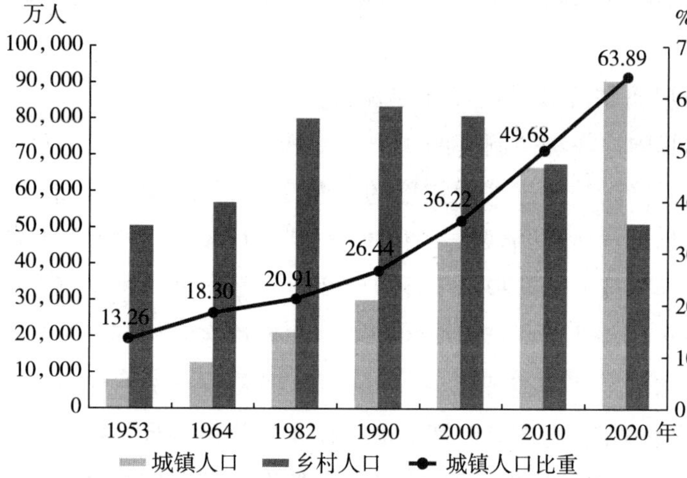

图 3 -3 历次人口普查城乡人口

资料来源:第七次全国人口普查公报(第七号)。

[1] 连玉明、武建忠:《新改革经济学》(修订版),社会科学文献出版社 2020 年版,第 370 页。

党的十八大以来,中央对户籍制度改革高度重视,连续出台了一系列法规和政策文件,户籍制度深化改革提上日程。2014 年 7 月,《国务院关于进一步推进户籍制度改革的意见》发布。该意见提出,建构梯度化户口迁移政策,统一城乡户口登记,建立居住证制度,保障农业转移人口的合法权益。该意见立足现实,推动农业转移人口进城落户,成为新时代户籍制度改革的基本取向。2015 年 10 月通过的《居住证暂行条例》,为进城人员享有基本公共服务提供了更便利的保障。2016 年 2 月,国务院发布的《关于深入推进新型城镇化建设的若干意见》提出,以人的城镇化为核心,加快落实户籍制度改革。2016 年 10 月,国务院办公厅发布了《推动 1 亿非户籍人口在城市落户方案》(已失效),提出了加大落户政策的开放度,放开放宽重点群体落户限制、放宽不同类型城市落户条件,推行"人地钱挂钩"、进城落户农民"三权"维护和自愿有偿退出等机制,推动非户籍人口在城市落户。2018 年、2019 年,国家发改委发布推进新型城镇化的重点任务,要求逐步放宽在Ⅱ型大城市、Ⅰ型大城市的落户条件,强调推进常住人口基本公共服务的全覆盖、深化实施"人地钱挂钩"等政策,来推动非户籍人口在城市落户。2020 年 3 月 30 日,中共中央、国务院印发《要素市场化配置意见》,提出了深化户籍制度改革的思路,放开放宽个别超大城市外城市落户限制和设置教育、就业和其他基本公共服务同常住人口挂钩机制,促进公共资源按常住人口规模分配。随后出台的相关配套政策也将对未来户籍改革产生深远影响。2020 年 4 月,国家发改委印发的《2020 年新型城镇化建设和城乡融合发展重点任务》提出,督促Ⅱ型大城市和中小城市全面取消城市的落户限制,督促除个别超大城市外的其他超大特大城市和Ⅰ型大城市基本取消重点人群的落户限制,推动超大特大城市和Ⅰ型大城市改进积分落户政策,促进农业转移人口等非户籍人口在城市的便捷落户。同时,该文件还强调推动基本公共服务覆盖未落户的城镇常住人口,通过职业技能培训来提高农业转移人口的就业能力,加大"人地钱挂钩"配套政策等的激励力度。2021 年 1 月,中办、国办印发的《建设高标准市场体系行动方案》提出,除超大、特大城市以外,在具备条件的都市圈或者城市群探索实行户籍准入年限的同城化累计互认,试行以经常居住地登记户口制度,有序引导外来人口落户。[1]

上述一系列重大政策举措与法规的出台,意味着我国新时代户籍制度的改革已经全面启动,新时代中国户籍制度的基本框架已经初见端倪。总体而言,新的户籍制度改革主要将从以下几个方面着手。第一,统一城乡户口登记,健全人口管理信息。取消原有农业与非农业的二元户籍划分,统一登记为居民户口,推动建立相应的人口统计及公共服务提供制度。同时,建立健全实有人口登记,完善以居民身份证号码为标识的国家人口基础信息库,逐步推动跨部门、跨地区间人口信息整合共享,为人口服务管理提供支撑。试行以经常居住地登记户口制度,表明户籍登记管理的基本功能回归。

第二,基于城市规模,放宽放开进城落户限制。2018 年取消中等城市(城区常住人口 50 万~100 万)落户限制。对Ⅱ型大城市(城区常住人口 100 万~300 万),2018 年取消其积分落户制,2019 年取消了落户条件限制。对Ⅰ型大城市(城区常住人口 300 万~500 万),2018 年鼓励取消积分落户的年度限量;2019 年要求取消重点群体落户限制,放宽落户条件;2020 年取消了Ⅰ型大城市的落户限制。目前,除了超大城市、特大城市外的城市落户限制基本取消。

第三,推动常住人口基本公共服务全覆盖。推动有意愿未落户常住人口申领居住证。以居住证为载体,为外来人口提供劳动就业、教育、医疗卫生、证照办理等基本公共服务。2019 年,国家发改委提出,为了让农民工随迁子女能够在流入地参加高考,应当对公办学校进行开放,实施完善的政策。加快建立城乡一体化的居民医疗保险体系,推动跨省异地就医的支出结算。推进城乡居民养老保险强基扩面,强化全方位公共就业服务,推动公租房和住房公积金制度向常住人口覆盖,合理发展城镇婴幼儿的照护服务机构等。伴随基本公共服务从户籍人口向常住人口的延展,服务的可及性大为提升。

第四,建立健全进城落户农民的城乡权益保障。推进农村土地确权

---

〔1〕 参见马福云:《新时代户籍管理制度改革与发展展望》,载龚维斌主编:《中国社会体制改革报告 No. 9(2021)》,社会科学文献出版社 2021 年版。

登记、集体资产确权到户及股份合作制改革，保障进城落户农民的农村原有权益，探索建立农户“三权”和自愿有偿退出机制。同时，保障农村转移人口以及其他常住人口的子女能够平等地受到教育，完善就业扶持及失业登记管理；把进城落户农民纳入城镇住房保障，落实参加城镇基本医疗保险、养老保险及其转移接续政策；加快实施统一的城乡医疗救助，推动城乡社会救助的统筹发展等。

第五，通过“人地钱挂钩”等配套措施，扶持农业转移人口市民化，加强地方基本公共服务供给财力保障，中央与省财政转移支付的安排，更多地考虑了农业转移人口的定居数量。随后出台的相关配套政策也对户籍改革产生深远影响。中央基建投资安排向吸纳农业转移人口定居较大的城镇倾斜，健全了财政性建设资金补助机制，加大吸纳农业转移人口和贫困人口多的城市基础设施投入。在推进户籍制度改革过程中，逐步取消农业户口迁移限制。实行城镇建设用地扩大规模和吸纳农业转移人口定居数量相挂钩的政策，在安排城镇新增建设用地时，提高农业转移人口定居数量的权重，对落户城镇农村贫困人口宅基地复垦腾退和建设用地指标输入地利用等事项进行探索。在新时代，我国户籍管理制度深化改革，尤其是统一城乡户籍登记管理、推动农业转移人口进城落户、基本公共服务全覆盖等，解决了户籍管理中存在的户籍利益连带等深层次问题，推进了人的城镇化。一方面，城乡居民统一户口登记，实现了城乡居民的身份统一，建构起城乡统筹的基本公共服务体系，逐步消解附加于户籍之上的权益不平等，弱化我国的城乡二元结构。另一方面，大中城市落户门槛放低，非户籍人口进城落户限制减少，促进了农业转移人口市民化，推动了我国的城镇化进程。在保障农业转移人口农村权益的同时，公共服务、社会福利等的平等化对促进农业转移人口进城落户发挥了积极作用。到2019年，我国的常住人口城镇化率达到了60.60%，户籍人口城镇化率则达到44.38%。[1]

〔1〕 参见马福云：《新时代户籍管理制度改革与发展展望》，载龚维斌主编：《中国社会体制改革报告 No.9(2021)》，社会科学文献出版社2021年版。

(一)超大、特大城市户籍制度存在的问题

在当前的户籍制度改革中,超大、特大城市的户籍制度改革是重中之重。根据新出台的户籍政策,除超大城市、特大城市外的城市落户限制基本取消。从地域覆盖面积上讲,这意味着困扰我国数十年的城乡二元户籍格局在绝大部分地区已经被打破,新时代我国的户籍制度改革迈出了非常关键的一步。但是,必须看到,虽然存在落户限制,超大城市、特大城市仍然是我国人口迁移最重要的流入地,因为这里可以提供各种最优质资源,可以提供薪酬满意的工作岗位。目前,我国的超大城市、特大城市并没有完全开放户籍落户,所以,外来人口想要在这些城市落户,仍面临非常严峻的挑战。随着城市等级的不断提升,对外来人口落户的限制就越高。比如北京,这座特大城市生活着超过1000万人的外来人口,目前他们想要获得北京的户籍难度极大,绝大部分人看不到在北京落户生根的希望。其他大城市的情况比北京稍好一些,但是想要通过积分制取得大城市户口并不容易。有研究表明,户籍限制对城市经济增长的直接影响为负,对省会及以上级别城市的经济增长具有显著的负面影响,且影响力度超过普通地级市的2倍。[1] 因此,超大、特大城市的户籍制度改革是目前我国户籍制度改革的重中之重。

对于大量的劳动力而言,无论是刚毕业走出校门的大学生,还是离开农村、乡镇渴望到外面世界谋生的年轻人、中年人,甚至是老年人,超大、特大城市是他们最向往的人口迁移地。当前,超大、特大城市仍然采用积分落户政策,相较于其他城市而言,对外来人口的落户还是有着比较多的限制性条件,这些限制性条件很有可能在制约劳动力在超大、特大城市的发展。外来人口对于城市发展的积极作用要远大于消极作用,户籍制度改革正在改变以往限制外来人口流入的思路。正如有学者所言,随着市场经济和城市化的发展,人口流动和聚集已经成为不可避免的经济社会趋势,自从实行严格的城乡二元户籍管理制度以来的50多年,尽管特大城市的人口控制政策一直未曾放松,但实际的城市人口数量却在不断增

---

〔1〕 参见白联磊:《人力资本与城市经济增长:户籍制度对中国城市经济增长影响研究》,吉林出版集团股份有限公司2016年版,第163页。

加,说明人口自发地流动和聚集的自然规律是无法阻止的;对于特大城市来说,没有大量流动人口的持续涌入,就不可能实现持久繁荣和健康发展。[1]

从客观上讲,超大、特大城市在短时间内完全开放户籍还存在一定难度,为顺应城市发展需求和人口流动规律,这些城市采取了居住证积分管理制度。"积分管理制度出台及实施是在我国人口发展态势和区域经济社会发展存在巨大差距,户籍制度改革难以全面放开,只能以渐进式改革为基调逐步推进城市户籍人口与外来人口利益协调的背景下展开的。意在为流动人口获得市民待遇提供一个合理途径,打破长期以来仅把户籍作为社会福利分配根据的制度安排。地方政府根据当地人才需求和财政承受能力,采用积分制度,对流动人口在当地的连续工作年限、文化程度、技能水平、投资规模、纳税额度、获奖等级、计划生育、遵纪守法等情况进行登记,累积达到一定积分额度的,可以申请享受相应档次的公共服务。这个新制度的实质意义是将户籍附有的福利和权利逐渐剥离,使户籍管理功能回归本位,即户籍管理从审核体制过渡到登记体制,将福利制度与平等的公民权利联系起来,而不是偏袒性的户籍制度"[2]。

也有学者指出,居住证改革是让同为城市建设者和服务者的非户籍流动人口能共享城市发展成果,其目的在于消除户籍差别,以使非户籍人口和户籍人口在教育、就业、医疗等方面能够获得同等的待遇。推行居住证制度的核心在于落实居住证作为社会福利和公共服务提供的瞄准机制。真正触及核心内容的改革举措是常住人口下的社会保障、社会救助和公共服务体系均等化,使不同人群之间的社会福利差异性最终消除。通过居住证制度的实施,流动人口可以享受社会福利,不仅可以维持我国人口红利的增长,而且也是对流动人口所付出的劳动价值的最公正、最好

---

〔1〕 参见张英洪:《推进北京市户籍制度改革的思考和政策建设》,载《农业工程》2013 年第 3 期。

〔2〕 黄苏萍、姚烨琳、张海东:《2014 年城市居住证积分制实施状况调查报告——以上海市为例》,载陈光金等主编:《2015 年中国社会形势分析与预测》,社会科学文献出版社 2014 年版。

的回报。[1] 可以说,居住证积分管理制度的立法初衷是良好的,它通过制度创新,为解决大城市户籍资源供需不平衡提出了一套可行的办法,从某种程度上延缓了城市矛盾的爆发,解决了许多人口对于户籍资源的渴求。居住证积分管理制度相较于此前的户籍管理办法,户籍迁入有了客观的量化标准。管理者可以根据既有设定条件对外来人口进行科学管理,而外来人口由于明晰了客观量化标准,对于自己未来的生活规划也越发清晰,不再盲目焦虑,而是朝着政府部门设立的客观标准提升自己的各项能力,为年轻人指明了奋斗方向,[2]对于劳动力素质的整体提高产生了较好的影响。从这个角度来看,居住证积分制是值得肯定的。

当然,居住证积分制并不是完美无瑕的,它自身也存在许多问题,特别是其中的某些因素,非但没有缓解既有户籍制度引发的矛盾纠纷,甚至还加剧了一些矛盾。比如,根据现有的居住证积分制度,高学历、高技能人才与低学历、从事简单劳动的普通劳动者之间的待遇差别较大,广大低学历普通劳动者很难通过现有积分制度获得理想的积分,从而实现在大城市落户的梦想。特别是对于那些年龄偏大、来自农村地区的劳动者,在现有居住积分制度下,他们通过积分获得大城市户口的概率几乎为零。而实际上,他们从事的往往是最辛苦、最劳累、收益最低、城市运行中不可或缺的工作,为大城市的正常运行和发展作出了贡献,却不能享受到自己所服务的城市对于市民的各项福利待遇,这是不公平的。正如有学者所言,"流动人口服务管理中存在着申办居住证条件不够的问题,有待进一步解决。居住证积分体系存在的对公平性保障的缺失,实质上是以效率为出发点来解决公平问题。如上所述,居住证积分制'欢迎'那些年轻、高学历、高技能、投资客、多纳税者和多缴社保金者等财力相对较强的人群,而不是老人、贫困者、低学历者和低技能者(自 2009 年以来,珠三角城市的积分入户制也有类似特征)。尽管后者更需要公共服务,但是当地政府

---

〔1〕 参见屈小博:《居住证制度改革与公共服务均等化》,载蔡昉、张车伟主编:《中国人口与劳动问题报告》,社会科学文献出版社 2016 年版,第 80 ~ 94 页。

〔2〕 参见唐任伍:《从积分落户政策看北京需要什么人才》,载《中国人力资源社会保障》2018 年第 8 期。

仍然给予前者更多的公共服务,这让人们不得不认识到这一阳光政策有其不太温暖的一面"〔1〕。我们必须清晰地认识到,"尽管政府在支持拔尖人才方面做出了努力,但是对于处于人才梯队中层和底部的技术类、职员类、就业型人才,福利供给仍然不足。人力资本的学历、职称等是有效的,但市场识别机制也应当受到重视,以便进行发现、评价和认可。在强调居住证积分制度的行政性机制识别作用时,应当更加注重企业和市场机制的评估与筛选作用"〔2〕。但是,现在的居住证积分制度,企业和市场机制的判断和筛选所起到的作用非常小,政府部门所设定的门槛反而成了筛选的标准,这种状况使政府部门的负担会越来越重,而整个劳动力市场缺乏活力。

居住证制度出台之后,提高了外来人口在大城市的生活品质,对于暂时不能取得城市户籍的广大外来人口,也给予了许多福利待遇,其中的许多内容,甚至和具有该大城市户籍的市民相同。这是值得肯定的,但是在具体实践运行中的一些问题,使外来劳动力及其家属逐渐对居住证制度丧失了兴趣。其中,最核心的问题就是教育问题。自古以来,我国家庭就极为重视子女的教育问题。许多外来劳动力之所以千里迢迢来到大城市打工生活,一方面是为了增加收入,提高自己家庭成员的生活水平;另一方面,是为了让子女有机会享受到大城市的优质教育资源。众所周知,我国的教育资源分布是不平均的。在广大农村甚至是中、西部的中、小城市,其教育水平与东部沿海地区学生所享受的教育资源差别很大,高考的矛盾很突出。许多大型城市的居住证管理法规、规章和规范性文件,对外来人口子女的教育问题所作出的规定,都让外来人口的子女共享教育资源,接受义务教育。但是实践中,仍然存在不少问题。

正如有学者指出,普通持证者享受居住证积分制的重要福利之一就是,其子女可以在当地便捷地接受义务教育。但是在未明确规定普通持

〔1〕 谢宝富:《居住证积分制:户籍改革的又一个"补丁"?——上海居住证积分制的特征、问题及对策研究》,载《人口研究》2014 年第 1 期。

〔2〕 刘刚、许维胜:《基于人才供给分析的居住证积分制度优化策略》,载《上海大学学报(自然科学版)》2019 年第 4 期。

证人子女可就地参加中考的情况下,有多少家长会勇于让孩子在上海接受安排的义务教育呢? 积分达标的家庭,可以让子女在上海获得更多更好的升学机会,这对于父母来说无疑是个福音。为了得到积分,一些人不择手段,不惜以欺骗和贿赂为手段,而当前居住证积分制度也难以有效遏制这种行为。[1] 正是由于这些原因,导致外来人口在大城市的家庭规模逐渐缩小。除了教育问题,居住证积分制覆盖不到的劳动力也有安居乐业的问题。以上海为例,“流动人口家庭大多被调控,他们占据流动人口的大部分,而居住证积分制政策并不涵盖这些家庭。由于家庭成员的部分回流,上海的家庭规模出现了缩小的现象,基本呈现‘夫妻家庭’或少数‘单人家庭’等‘不完整的家庭’结构形式,但他们依然坚定地在上海坚持生活。他们不再对上海市政府有任何服务需求,由于受到原有家庭社会服务需求的阻碍,处于沉默之中,也不希望政府来找自己的事。他们可以找到稳定的就业和市场需求,但他们拒绝被完全融入,也不愿长期安定下来”[2]。

前文所述的外来人口在大城市“不扎根”“不融合”其实是一个严重的社会问题。外来人口在大城市生活,需要与本地居民融为一体,才能够真正从长远上为大城市的社会发展作出贡献。否则,外来人口与本地原住居民可能会产生一系列矛盾,这对于大城市的发展是非常不利的。在发达国家,城市族群对立给城市发展带来的严重破坏令人触目惊心,这一矛盾解决之棘手也令人们印象深刻。根据在超大、特大城市进行的本地人口对于外来劳动力看法的社会调查,可以发现不少问题。“社会底层的普通劳务工作者被当地人认可,他们对城市发展的贡献被认定大于其带来的威胁,因此受到了热烈的欢迎。当地居民接受商业服务人员、具有营业许可证的合法有序的小商贩以及拥有专业技能的中高层白领。当地居民对没有营业执照的乱象商贩十分反感,他们担心这会助长违法犯罪行

---

〔1〕 参见谢宝富:《居住证积分制:户籍改革的又一个“补丁”? ——上海居住证积分制的特征、问题及对策研究》,载《人口研究》2014 年第 1 期。

〔2〕 潘鸿雁:《居住证积分制调控与流动人口家庭社会服务体系建设》,载《上海行政学院学报》2017 年第 1 期。

为的发生。普通白领、文员不仅没有专业技能,而且也不能大幅提高绩效,所以他们的存在很难被认可。外地人老板和投资者被视为一类较难评估的人群,虽然他们可能会带来贡献,但他们的竞争也会给企业带来不小的威胁。"[1]

上述研究表明,目前外来人口在融入大型城市生活中,不仅面临着硬件条件的制约,还面临着本地居民软性抗拒的困扰。这就提醒我们,政府部门在制定居住证积分政策时,不仅要考虑外来人口在大城市能够生活下来的硬件问题,同时通过政府部门出台的政策措施,让外来人口和本地居民能够很好地融合在一起,要充分运用情感治理的手段,来促进大城市社区的和谐发展。[2] 为了解决目前居住证积分制度实施中出现的问题,有学者提出,居住证积分入户制应当秉承四项原则:第一,加强流动人口归属地的服务实施;第二,加强流动人口属地化服务的原则;第三,渐进式推动大城市户籍改革的原则;第四,现实性、导向性和从简性原则。[3] 其实,更根本的是应当严格贯彻落实公平原则和法治原则,充分保障城市外来人口的基本权益。正如有学者所言,"居住证积分落户政策实施过程中,要处理好战略与战术、门槛高与底线公平、存量与增量、法治与德治、供给侧与需求侧几个关系"[4]。

目前,不同城市的户口含金量不同,所以各大城市入户门槛有差别,不可能彻底放开,否则会引发"洼地效应",一些城市会承受过重的财政负担。一线城市的户籍改革的关键难点仍然在于,子女教育、保障房等重要福利(特别是高考福利)很难从户籍制度中有效拆分出来。[5] 在经济社会没有发展到户籍可以完全放开的阶段,大城市本地居民对可能影响自身利益的政策或人群往往是排斥的。这一问题不解决,居住证积分制度

[1] 康岚:《新"土客"关系中的外群印象与差异化接纳——兼谈完善居住证积分制的民意基础》,载《城市发展研究》2015 年第 1 期。

[2] 参见孙璐:《社区情感治理:逻辑、着力维度与实践进路》,载《江淮论坛》2020 年第 6 期。

[3] 参见谢宝富:《论实行居住证积分入户制应遵循的原则》,载《理论与改革》2014 年第 5 期。

[4] 李晓壮:《居住证积分落户规模初步测度与分析——以北京市为例》,载《调研世界》2016 年第 7 期。

[5] 参见谢宝富:《论实行居住证积分入户制应遵循的原则》,载《理论与改革》2014 年第 5 期。

将很难吸引到足够的人才。如何既让本地居民感到自己的利益不受损害,甚至还能从改革中获得好处,同时满足了外来人口对住房、教育等资源的迫切需求,将是未来必须重点考虑的问题。考虑超大、特大城市自身的困难,已有学者指出这些地区可以"对不同落户区域设置有导向性的积分指标及分值"[1],这样可以适当缓解目前的压力。

当然,对于已经取得足够积分,可以在大城市进行落户的外来人口,并不意味着一切问题都解决了。他们虽然取得了户口,但是未必能够真的充分享受大城市户籍所带来的一切福利。比如,目前外来人口在大城市定居很大的问题是住房问题,子女教育问题在很大程度上附属于住房问题之上。大城市居高不下的房价,对于刚步入社会来到大城市生活的年轻人来说,是一道很难逾越的阻碍。没有稳定的住所,就意味着无法在城市里安定生活,用许多年轻人的话讲,感觉自己身处某个大城市,但是心却不属于这里,内心非常不安。目前,房地产业在我国国民经济中占据非常重要的位置,许多城市,特别是那些经济发达的超大城市、特大城市,房地产是支柱产业。虽然商业住宅价格水平与经济发展水平不协调,但是,运用过多的行政手段干预房价,很容易引发社会动荡,影响社会经济的发展。

制度创新为改革开放和释放劳动力要素带来了红利,解决目前存在的问题,仍然需要制度创新。政府提供高质量、低价格的公共租赁住房是解决问题的重要途径。正如有学者所言,"加强制度建设,确保流动人口及其子女能够享受公租房以及公平的义务教育机会。在北京和上海,人们都知道,户口的重要性最终体现在住房和子女教育上。如果将流动人口公租房及同住子女义务教育纳入行动,那么户口就不会具有太高的价值。政府必须有足够的决心和诚意来解决流动人口的公租房问题,要建立完善的公租房建设管理机构,保证充足的人力物力用于建设、分配和管理公租房,并且加强有关法律制度的建设,确保有限的公租房资源不被无谓浪费。还要牺牲土地出让金从村集体征集土地,用于公租房建设,并向

---

〔1〕 孙婕:《积分落户制度实施模式比较研究》,载《中国人民公安大学学报(社会科学版)》2018年第4期。

中低收入流动人口以优惠价出租”[1]。

（二）上海市居住证积分与落户制度检视

当前，北京和上海是我国最大的两个城市，常住人口都在2000多万人。这两座超大城市户籍制度改革的成功与否，关乎我国整个户籍制度改革之成败。目前，作为首都的北京市的户籍制度改革较为谨慎，政府对于每年落户人口有着较为严格的限制，积分落户的门槛远高于上海等城市。[2] 为便于分析，此处以上海市目前的居住证积分和落户制度为例，对其进行检视，分析其利弊得失，以利于下一步制度创新。

2017年，上海市政府制定和颁布了《上海市居住证管理办法》，这构筑了上海市居住证制度的法律基础，它是当前积分制度的基本依据。《上海市居住证管理办法》开篇的“立法目的”条款[3]指出，政府部门制定这一规章的目的在于维护来沪人员的合法权益，为他们提供服务。所以，这一制度的构建应当建立在“法治”“服务”的原则基础上，而不应当保持以往户籍制度对于外来人口高高在上的“管理”的态度。该办法最重要的内容就是明确了持证人所享有的基本权利。与此同时，该办法确立了上海市居住证制度积分管理制度，[4]设置了积分指标体系，该体系包括“年龄、教育背景、专业技术职称和技能等级、在本市工作及缴纳社会保险年限等基础指标，并根据本市经济社会发展状况和人口服务管理需要，设置加分指标、减分指标、一票否决指标。各指标项目中根据不同情况划分具体积分标准”。[5] 同时，确立了积分制度动态调整的原则。“《居住证》积分指标体系中的指标项目、积分标准以及标准分值，根据本市经济社会发

[1] 谢宝富：《居住证积分制：户籍改革的又一个“补丁”？——上海居住证积分制的特征、问题及对策研究》，载《人口研究》2014年第1期。

[2] 参见王红茹：《北京积分落户“门槛颇高”》，载《中国经济周刊》2015年第49期。

[3] 《上海市居住证管理办法》第1条规定：“为了保障境内来沪人员的合法权益，规范人口服务和管理，提高政府服务水平，促进本市经济、社会、资源、环境协调发展，根据《居住证暂行条例》，结合本市实际情况，制定本办法。”

[4] 《上海市居住证管理办法》第20条第2款规定：“《居住证》积分管理是通过设置积分指标体系，对在本市合法稳定居住和合法稳定就业的持证人进行积分，将其个人情况和实际贡献转化为相应分值；随着持证人在本市居住年限、工作年限、缴纳社会保险年限的增加和学历、职称等的提升，其分值相应累积。积分达到标准分值的，可以享受相应的公共服务待遇。”

[5] 《上海市居住证管理办法》第21条。

展状况和人口服务管理需要进行动态调整。”[1]除此之外，该办法还明确规定了居住证积分与城市落户挂钩，第24条规定，“持证人申请办理本市常住户口的，按照国家有关规定和《持有〈上海市居住证〉人员申办本市常住户口办法》执行”。当然，在制定这一办法时，为便于实际操作，第34条明确“市公安局、市人力资源社会保障局等相关部门应当根据本办法，制定相应的实施细则”。

居住证制度，其核心内容就在于积分管理，特别是其中的积分指标体系。因此，在该办法颁布的同年，上海市有关部门就起草并由市政府颁布了《上海市居住证积分管理办法》。根据《上海市居住证积分管理办法》，上海市的居住证积分管理指标体系主要由“基础指标、加分指标、减分指标和一票否决指标组成”[2]。

除了设立基本指标，为了激发法律的激励功能，促进外来劳动力素质的提高，《上海市居住证积分管理办法》还制定了加分指标和分值。

需要特别指出的是，上海市居住证积分满120分并不意味着可以直接落户，两者之间并没有直接的联系。长期以来，上海的积分落户制度只是针对高等院校的毕业生，针对毕业生毕业院校不同的等级、不同的专业以及其他条件进行打分，符合积分的毕业生可以落户上海。这一制度较之北京市，对于年轻的高校毕业生更为有利。但是总体而言，只让应届大学生拥有在上海落户的机会，影响到的总人数还比较有限。对于绝大部分外来人员而言，落户上海只有居转户、留学生落户、人才引进、投靠随迁落户、科创投资落户等几条渠道。

近年来，上海市在户籍管理方面出台了更为开放、宽松的政策，给大量的外来人口带来福音。为了促进上海市各地区均衡发展，提高落户人员的素质，《上海市居住证积分管理办法》也出台了激励措施，符合相关条件的居住证持有者可以优先转为上海市户口。

2020年11月13日，为了贯彻落实上海市委、市政府《关于新时代上海实施人才引领发展战略的若干意见》(沪委发〔2020〕22号)文件精神，

---

〔1〕《上海市居住证管理办法》第22条第2款。

〔2〕《上海市居住证积分管理办法》第5条。

进一步提升青年人才吸引集聚力度,上海市针对上海自贸区临港新片区、张江科学城区域的居转户出台更为宽松的政策。

在引进人才方面,上海市政府在 2020 年 11 月 5 日制定和颁布了《上海市引进人才申办本市常住户口办法》。在这份文件中,上海市政府对于引进人才给予直接落户的福利政策。其中的人才分为高层次人才、重点机构紧缺急需人才、高技能人才、市场化创新创业人才、专门人才和其他特殊人才。具体来说,高层次人才包括具有博士研究生学历并取得相应学位或具有高级专业技术职务任职资格的专业技术人员和管理人员;获得省部级及以上政府表彰的人员;列入省部级及以上人才培养计划的人选;国家重大科技专项项目、国家重点研发计划项目和本市重大科技项目负责人及其团队核心成员。重点机构紧缺急需人才包括,重点机构紧缺急需的具有硕士研究生学历并取得相应学位的人员;重点机构紧缺急需的具有本科及以上学历并取得相应学位的专业技术人员、管理人员和创新团队核心成员等核心业务骨干;重点机构紧缺急需的具有国家二级职业资格证书或技能等级认定证书(技师)的技能类高技能人才。重点机构是指本市重点产业、重点区域和基础研究领域经行业主管部门和重点区域推荐的用人单位,并实行名单管理和动态调整。高技能人才包括获得中华技能大奖、全国技术能手称号、国务院政府特殊津贴、世界技能大赛奖项等荣誉的高技能人才;取得国家一级职业资格证书或技能等级认定证书(高级技师)的技能类高技能人才;取得国家二级职业资格证书或技能等级认定证书(技师)且获得国家及省部级以上技能竞赛奖励的技能类高技能人才。市场化创新创业人才包括获得一定规模风险投资的创业人才及其团队核心成员;在本市取得经过市场检验的显著业绩的创新创业中介服务人才及其团队核心成员;在本市管理运营的风险投资资金达到一定规模且取得经过市场检验的显著业绩的创业投资管理运营人才及其团队核心成员;市场价值达到一定水平的企业科技和技能人才;取得显著经营业绩的企业家人才。专门人才和其他特殊人才包括本市航运、文化艺术、体育、传统医学、农业技术及其他特殊行业紧缺急需的专门人才;本市各区和重点区域自主审批的紧缺急需人才;其他紧缺急需、确有特殊才能的人才。市政府有关部门根据本市经济社会发展,及时调整人才引进重点支持范围。[1]

上海市近年来趋于开放,以宽松为取向的户籍管理制度改革与创新,充分体现了上海这座城市兼容并蓄、开放包容的优良传统。其结果是年轻人和高学历、高技能人才落户上海成为新上海人的数量有了明显上升(见图3-4)。上海市居住证积分制度对于暂时不符合落户条件的外来人口,也给予了较为便利的生活、发展条件。特别要指出,上海让持有居住证的外来人口子女分享教育资源,允许居住证积分达到120分人员的子女在上海参加高考,这是制度进步的体现。

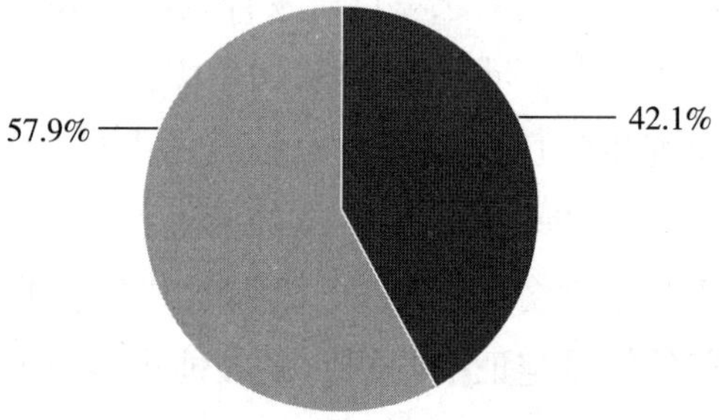

图3-4 外省市来上海常住人口比例

上海市居住证积分管理制度和户籍管理制度的改革创新,对城市人口规模和素质产生了显著影响。上海市第七次全国人口普查数据显示,2020年全市常住人口为24,870,895人,与2010年相比,10年共增加1,851,699人,增长约8.0%,年平均增长率约为0.8%;全市常住人口中,外省市来沪常住人口为10,479,652人,占比约为42.1%,与2010年第六次全国人口普查相比,10年共增加1,502,652人,增长约16.7%,年平均增长率约为1.6%。外省市来沪常住人口增长较快,对经济社会发展总体是有益的。目前,上海市的居住证积分和户籍管理制度对于广大低技能劳动人口不是很有利,他们距离120分的居住证积分往往差距较大。此

〔1〕参见《上海市引进人才申办本市常住户口办法》(沪府规〔2020〕25号)。

外，住房问题也是影响外来人口落户的问题。这些问题是发展带来的，也将随着进一步改革和发展得到解决。法律与制度创新仍将是解决这些问题的正确之道。

（三）超大、特大城市户籍改革法治化路径

目前，超大城市、特大城市的户籍制度改革已经到了深水区。超大城市、特大城市作为我国经济发展的龙头，必须要保持良好的发展势头，才能让整个国家的经济社会发展平稳有序。城市的经济发展必须充分发挥劳动力要素的作用，其中的关键就是户籍制度改革问题。未来的户籍制度改革，目标应是“建立一元化”户籍制度。[1] 鉴于我国目前的国情，户籍制度改革大概率仍然是渐进式的，不同地域户籍差别仍然会在较长时间内存在。2021 年，国务院办公厅颁布的《要素市场化配置综合改革试点总体方案》指出，未来的促进劳动力要素市场发展的户籍制度改革中，要“建设人口发展监测分析系统，为重大政策制定、公共资源配置、城市运行管理等提供支撑。建立健全与地区常住人口规模相适应的财政转移支付、住房供应、教师医生编制等保障机制”。其中，提到了与户籍制度改革密切相关的财政、住房、教育等问题。

为实现劳动力要素市场化配置，必须加强法治建设，重视制度创新，将城市户籍制度改革纳入法治轨道。

首先，完善相关法律制度。目前，我国的户籍制度改革呈现出碎片化的特征，[2]说明户籍制度还需进一步改革，要有完善、稳定的法律规范体系对其进行规制。从中央层面来看，1958 年制定的《户口登记条例》，已经不能适应现在国家社会经济发展。[3] 2015 年颁布的《居住证暂行条例》根据现状也需要进一步完善。制定统一的户籍法，可以“将流动人口享有社会服务的权利上升到法律的层面，以此来规范政府各部门的服务

---

〔1〕 参见别红暄：《城乡公平视域下的当代中国户籍制度研究》，中国社会科学出版社 2013 年版，第 160 页。

〔2〕 参见王清：《户籍改革中的政府行为逻辑：基于地方案例的比较研究》，中央编译出版社 2017 年版，第 76 页。

〔3〕 参见陈鹏：《新一轮户籍制度改革：进展、问题及对策》，载《行政管理改革》2018 年第 10 期。

行为"[1]。有学者已经对户籍法的立法形式、立法基本原则、制度功能和主要内容作了基础性研究。[2] 从法律位阶角度考量,直接由全国人大制定统一的户籍法最能够保护流动人口享有的合法权利。鉴于制定统一的户籍法的条件还未充分具备,因此,可以先解决我国有关户籍管理制度法律位阶过低的问题,以利于我国户籍制度改革。[3] 有关居住证制度、户籍管理制度主要还是依靠地方立法来规制,[4]而相关地方立法的主要形式是地方政府规章以及比规章更低的规范性文件。

根据法律规定,人民法院在司法审判时,对于地方性法规和政府规章的适用有区别。对地方性法规,可以直接引用;对政府规章,却只能参照。如果规制户籍制度的主要是地方政府规章和地方规范性文件,那么一旦发生诉讼,人民法院很难直接引用这些法律文件,会给矛盾的解决带来麻烦。况且,2015 年修正的《中华人民共和国立法法》(以下简称《立法法》)规定,"规章实施满两年需要继续实施规章所规定的行政措施的,应当提请本级人民代表大会或者其常务委员会制定地方性法规"。根据该规定,如果在规章实施满 2 年后没有提请本级人民代表大会或其常委会制定地方性法规,则会导致规章中所规定的影响公民、法人或其他组织权利与义务的行政措施失效。因此,各地应当充分运用地方立法权,制定有关居住证制度和户籍管理制度的地方性法规。事关国家经济发展和人民基本权利的事项,依赖地方政府规章和规范性文件进行治理,不能满足经济社会发展的需求。让法律制度满足经济社会发展的需要,必须坚持法律制度的完善和创新。完善和创新是为了让制度于现实中发生作用。积分管理制度不能因为得不到有效实施而变得形同虚设,[5]这在未来应当引起足

---

〔1〕 王春福:《公民身份与城市外来人口公共服务的供给——基于杭州市外来人口调查的分析》,载《浙江社会科学》2010 年第 11 期。

〔2〕 参见朱识义:《户籍制度与农村土地制度联动改革》,法律出版社 2015 年版,第 238 ~ 242 页。

〔3〕 参见唐琼、温魁潭:《国外城镇化过程中户籍制度改革经验借鉴》,载《科学发展》2021 年第 9 期。

〔4〕 参见王清:《利益分化与制度变迁:当代中国户籍制度改革研究》,北京大学出版社 2012 年版,第 87 页。

〔5〕 参见赵德余:《广东积分落户管理政策的经验及其对上海的启示》,载《科学发展》2013 年第 8 期。

够重视。

其次,应当更多关注社会基层劳动人口的合法权益。目前的户籍管理制度改革,对高学历、高素质人才倾斜较多,而对数量最多、生活在城市最基层的大量劳动人口关注不够。这些人大多数来自中、西部的农村地区,学历不高,也不具备太多的专项技能,在大城市从事辛苦、收入低的工作。虽然居住证制度为农民工享有城市基本公共服务建立了一个制度通道,但是,居住证制度框架内,农民工尚面临隐性的实际权利不完全平等,居住证的申领和居住证积分的获取都是有门槛的,从各城市出台的管理办法看,看似统一的门槛标准事实上对农民工构成了约束。农民工积分水平很低,只有标准水平的1/10,考虑农民工在职业生涯内进一步提升教育背景的可能性很小,相应地通过取得更高一级学历和学位来获得居住证积分的机会极低。同时,大量在城市从业的农民工事实上没有被纳入"职工社会保险"体系,相应地又未能获得积分。可以预见,在现行的居住证制度规则下,农民工想要凭借居住证通道享有与当地市民平等的基本公共服务权利,尚需要一个较长的过程。这种状况的改变,需要进一步发展,没有发展这个基础,农民工在大城市落户的问题不可能得到真正解决。基于现状,仍可以找出居住证积分管理制度进一步完善创新的空间。"居住证积分指标体系是整个居住证积分管理的核心,其设计原则是以个人'贡献'为主要衡量标准供给社会福利,对于长期务工的农民工群体,可适当考虑当地的产业发展需求、人口结构、政策衔接等相关因素,设计不同指标间的替代机制,为他们畅通公共服务资源通道,实现'积分赋权'的柔性管理。"[1]

再次,应当进一步保障流动人口子女的教育公平权。在我国的户籍制度改革中,教育资源分配涉及的是流动人口最核心的利益。基于历史和现实等因素,我国目前教育资源的分配不尽合理,没有充分体现教育公平。突出的表现是高考的地域不公平。当前,我国大量的青年劳动力涌入大城市,可是他们的子女却不能够进入大城市的高水平学校就读,享受

---

〔1〕 王春蕊:《普惠型市民化与落户型市民化:兼论居住证制度的完善》,载彭建强等编:《全面深化农村改革与小康社会建设》,社会科学文献出版社2016年版。

优质的教育资源。在一些特大城市,他们的子女到了初中、高中阶段,就不得不返回故乡就读。由于地区间教材和考试内容可能有较大差异,这些学生在就学、考试方面受到较大影响。流动人口的子女考取好大学的概率大打折扣,这意味着他们的子女未来也很可能继续从事他们父母辈的辛苦工作。这导致我国目前的农村劳动力基本处于“移而不迁”的状态,使农村劳动力承受了更多的成本。[1] 这就意味着,目前的户籍制度不利于社会阶层的纵向流动和新鲜血液更换。从历史和域外经验来看,阶层长期固化,会严重阻碍社会的进步和文明的发展,甚至可能引发社会动荡。

为此,一些大城市已经允许居住证积分符合一定要求的持证者子女就读本地学校,甚至可以在本地参加高考。但是,在一些特大城市,可能还没有充分给予外来务工人员的子女通过接受高等教育,改变自身命运的机会。一些地方正在积极探索,方向是“鼓励社会力量兴教办学。拓宽社会力量办学渠道,放宽民办学校办学市场准入,积极发展混合制学校,引进国内外名校来深合作办学。对于积分排序派位后没有公办学校学位、选择民办学校的学生的学位补贴额度可视各区财政预算和经济发展与消费水平适当提高。在管理方面,安排专项财政实施公办、民办学校结对帮扶。在师资方面,加强对民办学校教师的培训,让其在职称评定、表彰奖励等方面依法享有与公办学校教师同等的权利;建立优秀教师在公办学校之间、公办与民办学校之间的合理流动机制”[2]。

高考制度改革是“风向标”。如果地域间的高考制度趋于公平,现行户籍制度的不足也就革除了一大半。目前的户籍制度是在计划经济体制时期形成的、通过对人口流动的严格控制从而对人口和资源进行统一组织的国家政策,与就业制度、生产制度、教育制度等一同产生作用。“户籍制度的形成历史和变化过程表明户籍制度中户口的价值是不断变化的,而这种变化又依赖于相关制度和国家整体战略的变化。”[3] 随着国家户

---

〔1〕 参见赵海涛:《户籍制度下农村居民非劳动供给研究》,上海人民出版社、格致出版社 2018 年版,第 200 页。

〔2〕 深圳市社会科学院课题组:《深圳实施居住证梯度赋权策略研究》,载张骁儒、邹从兵主编:《深圳社会治理与发展报告(2017)》,社会科学文献出版社 2017 年版。

〔3〕 徐法寅:《劳动光荣:农民工群体及其结构化》,社会科学文献出版社 2020 年版,第 104 页。

籍制度的不断改革,户口对于就业、生产的影响力已经越来越小,但是对教育制度仍有较大影响。随着经济社会的发展和法治的健全,教育资源公平问题,户籍制度的最大问题应该能够得到解决。

最后,应当缓解住房压力,改善居住条件。在许多大城市,外来劳动力的居住条件非常差。虽然多数城市都有公共租赁住房,但是这些住房一般都是优先租给有户籍的人群,并且住房数量也非常有限,一般的基层劳动力很难租到公共租赁住房。在一些大城市,公共租赁住房的价格同市场租房价格相比,也缺乏足够的吸引力。对青年外来人口而言,住房让他们承受非常大的压力,许多有才华的青年人因为负担不起高额的房租而选择离开。为此,上海拿出222块地,拟建25万套保障性租赁房,不设收入线,不限本市户籍,为来沪新市民提供一张床、一间房或一套房,做到服务保障好、公共服务好,特别注意营造家的氛围,对环卫工人、物业管理人员、送外卖人员,租金控制在他们收入的15%以内。对外来人员尽量降低他们的居住成本,让他们有更多资金用于家庭生活的其他方面。这样的举措有利于改变目前"高价房源供应过剩,中低价房源供应不足"的状况。[1] 近年来,深圳市也在住房方面出台了许多优惠政策,使外来人口的住房问题得到了比较好的解决。[2]

(四)户籍准入年限同城化累计互认改革

2021年年初,中共中央办公厅、国务院办公厅印发《建设高标准市场体系行动方案》,在该计划中,户籍制度改革有新举措,即"推动户籍准入年限同城化累计互认"。根据这个计划,除超大、特大城市以外,有条件的都市圈或者城市群,探索户籍准入年限同城化累计互认,尝试在经常居住地办理户口登记,有序指导人口落户。为此,要建立和健全与新型城镇化相适应的体制机制,健全社会保险公共服务全国统一平台,推进社保转移接续,建立异地就医直接结算机制,确保实现户籍管理制度向社会保障管

---

〔1〕 参见《"一套房、一间房、一张床" 上海让"新市民"留得下、住得安》,载凤凰网2023年12月23日,https://news.ifeng.com/c/8VkDWjVZtLP。

〔2〕 参见《解决好新市民青年人住房问题 深圳住房保障加速提质》,载深圳市人民政府网2023年4月3日,https://www.sz.gov.cn/cn/xxgk/zfxxgj/zwdt/content/post_10520034.html? eqid=ed4f5a6c0000ec6c000000066448d847。

理制度转变的顺利推进。要在都市圈或者城市群的内部落实落户积分累积互认,将人口登记管理和户口迁移政策与户籍制度改革相挂钩,实现常住人口身份信息与城镇基本养老保险、失业保险、医疗保险待遇水平同步提高。在中共中央、国务院发布的《要素市场化配置意见》中要求,在长三角、珠三角及其他城市群先行先试。南方多个省份的实践已经打破原有的都市圈限制,实现了省际内部的互通,未来一定会拓展到更广阔的区域。

户籍准入年限同城化累计互认政策是一项过渡性政策,带有渐进式改革的明显特征,但对于我国劳动力市场发展和户籍制度改革会带来深远影响。"首先,它有利于通过户籍化促进流动人口的市民化,满足农民工尽快落户的要求。其次,它有利于通过户籍化促进基本公共服务的均等化,形成新发展阶段社会建设的新发展格局。再次,它有利于通过户籍化推进新型城镇化,加强市民化过程中农民工的社会保护与社会支持,提升农民工在就业地的社会融合度。最后,既有利于年富力强的农民工的市民化,也有助于降低区域内的人口老龄化水平,减少劳动力'候鸟式'迁移成本,缓解'民工荒'和'招工难'问题的周期影响,具有一举多赢作用。"[1]可以预计,未来各地会通过制定地方性法规对于户籍准入年限同城化累计互认作出详细规定,使广大人民群众的切身利益获得充分的法治保障。

附件:劳动力要素相关法律法规与政策文件

文件	发布日期
政务院关于劝止农民盲目流入城市的指示(已失效)	1953 年 4 月
国务院关于防止农村人口盲目外流的指示(已失效)	1956 年 12 月
国务院关于防止农村人口盲目外流的补充指示(已失效)	1957 年 3 月
国务院关于防止农民盲目流入城市的通知(已失效)	1957 年 9 月

〔1〕 张翼:《"户籍准入年限同城化累计互认"一举多赢》,载《光明日报》2021 年 2 月 9 日,第 2 版。

续表

文件	发布日期
中共中央　国务院关于制止农村人口盲目外流的指示(已失效)	1957 年 12 月
户口登记条例	1958 年 1 月
国务院批转《公安部关于处理户口迁移的规定》的通知	1977 年 11 月
中共中央关于一九八四年农村工作的通知	1984 年 1 月
国务院关于促进科技人员合理流动的通知	1986 年 7 月
国营企业劳动争议处理暂行规定(已失效)	1986 年 7 月
国营企业实行劳动合同制暂行规定(已失效)	1986 年 7 月
劳动部关于加强劳动仲裁工作的通知(已失效)	1989 年 5 月
全民所有制事业单位专业技术人员和管理人员辞职暂行规定(已失效)	1990 年 9 月
关于实施当地有效城镇居民户口制度的通知	1992 年 8 月
企业劳动争议处理条例(已失效)	1993 年 7 月
中共中央关于建立社会主义市场经济体制若干问题的决定	1993 年 11 月
劳动部关于建立社会主义市场经济体制时期劳动体制改革总体设想(已失效)	1993 年 12 月
中华人民共和国劳动法	1994 年 7 月
国务院关于深化企业职工养老保险制度改革的通知	1995 年 3 月
上海市职业技能资格证书核发与管理的暂行规定	1995 年 9 月
上海市企业劳动争议调解委员会工作规则	1995 年 11 月
城市户口管理暂行条例(已失效)	1995 年 11 月
上海市职业技能鉴定实施办法(试行)	1996 年 9 月
上海市人民政府办公厅转发关于推进本市再就业工程的四个政策意见的通知	1997 年 7 月
关于对本市两类特困人员进行重点帮助的暂行意见	1997 年 7 月
人事争议处理暂行规定(已失效)	1997 年 8 月
关于对本市再就业特困人员进行重点帮助的实施办法	1998 年 5 月
国务院关于建立城镇职工基本医疗保险制度的决定	1998 年 12 月

续表

文件	发布日期
失业保险条例	1999 年 1 月
关于事业单位转制为企业后实行劳动合同制若干问题的通知(已失效)	2000 年 3 月
劳动保障监察条例	2004 年 11 月
劳动合同法	2007 年 6 月
劳动争议调解仲裁法	2007 年 12 月
女职工劳动保护特别规定	2012 年 4 月
国务院关于深入推进新型城镇化建设的若干意见	2014 年 7 月
国务院关于进一步推进户籍制度改革的意见	2014 年 7 月
推动 1 亿非户籍人口在城市落户方案	2016 年 9 月
上海市居住证管理办法	2017 年 11 月
上海市居住证积分管理办法	2017 年 12 月
要素市场化配置意见	2020 年 3 月
2020 年新型城镇化建设和城乡融合发展重点任务	2020 年 4 月
关于新时代上海实施人才引领发展战略的若干意见	2020 年 11 月
上海市引进人才申办本市常住户口办法	2020 年 11 月
要素市场化配置综合改革试点总体方案	2021 年 12 月
建设高标准市场体系行动方案	2021 年 1 月

第四章　金融与资本市场改革创新与法治发展问题研究

改革开放以来，我国经济体制发生了深刻变革，社会主义市场经济体制初步建立。2010 年，我国的国内生产总值（GDP）为世界第二，综合国力跻身世界前列。在这一发展过程中，资本要素作为生产要素发挥了极大的作用。我国资本市场自 1978 年萌生，1992 年中国改革目标模式明确为社会主义市场经济之后，1993 年至 1998 年全国性资本市场形成并初步发展，至今已历时 40 多年。经过多年的探索和努力，我国的资本市场已经成长为在法律制度、交易规则、监管体系等各方面与国际通行原则不断接近、相互促进的不断完善、逐步成熟的市场。

一、金融在资本要素市场中的地位和作用

建立中国资本市场的动力，源自经济社会发展的内生需求。资本市场的建立立足社会现实，成长顺应国民经济发展；与经济体制改革同步，并推动了经济体制改革；与经济转型相连，也促进了经济和社会发展。我国的改革还在持续并走向深入，金融改革也是如此，因此，资本市场仍在不断健全和完善的过程中，没有褪去“新兴加转轨”的特征。围绕资本市场建设和发展的法治也在不断健全和完善中。

（一）关于资本要素

1. 资本要素和资本市场

资本要素是生产过程中投入的直接形式和非直接形式的物质条件的统称。资本要素中，金融性资产（包括货币、股票、债券或借款、商标、销售技能或渠道等）是非物质形态的资产形式，这些形式的投资从生产过程来

看并不是直接投入，而必须转化为特定产品生产所需要的生产原料和设备，甚至转变为其他生产要素。银行类金融机构将信用无限延展，通过借贷、股票、债券及其衍生工具融资，把分散在社会上的资金以积沙成塔的方式，汇成可以用于支持大工业发展的资本。

资本要素通过资本市场配置发挥作用，因此，通常将资本市场的发展，作为观察现代市场经济发达程度的一个重要标志。社会化大生产催生了资本市场，而资本市场的发展又推动了市场化资源配置机制的形成和完善。我国经济的快速发展助推了市场在资源配置中作用的提升，党的十八届三中全会确定要发挥市场在资源配置中的决定性作用，意味着资本市场将发挥更大作用。在经济全球化背景下，各国围绕资本市场和金融中心的竞争，已经成为国家实力竞争的重要组成部分。

我国资本市场是作为经济体制改革的重大举措而建立、发展起来的。我国资本市场的建立，有力地推动了改革进程，也推动了社会资源配置方式的变革。党的十一届三中全会开启了改革开放的大幕，国有企业改革的逐步深化和中国经济的持续发展，使通过市场进行资源配置的需求日益迫切。在计划经济条件下，资金通过行政手段逐级下拨到生产企业，实行经济体制改革以后，企业对资金的需求日益多样化，行政下拨资金的做法受到短缺、效率等方面的严重挑战。在行政下拨资金的手段日渐失灵的情况下，为满足企业对资金的需求，资本市场应运而生。资本市场的出现，顺应了以市场经济为价值取向的改革潮流，也满足了市场需求。

资本市场的出现，发挥了引领经济和社会诸多重要体制和机制变革的作用。资本市场的建立和发展，带来了资本这个重要资源配置方式的改革和金融制度的变化，推动了企业所有制的变革，以及现代企业制度的确立和发展，进而助推了我国逐渐从计划经济向市场经济的转型。在这过程中，资本市场自身的市场化、规范化、法治化和国际化程度也逐步得到了提高。

2. 对资本市场和资本要素管理的探索

如何发挥资本市场和资本要素在经济发展中的作用，以及对其施行有效的管理，我国经历了艰难的探索。中华人民共和国成立后，国家建立了集中统一的综合信贷计划管理体制，中国人民银行成为国家金融管理和货币发行的机构，其既是管理金融的国家机关，又是全面经营银行业务的国家银行，中国人民银行体制成为国家吸收、动员、集中和分配信贷资金的基本制度安排。银行信贷计划纳入国家经济计划，成为国家管理经济的重要手段。全国的信贷资金，无论何种资金来源以及资金运用，均由中国人民银行总行按照“统存统贷”的办法实行统一管理。高度集中的国家银行体制与财政的分工是长期资金归财政、短期资金归银行，无息贷款归财政、有偿贷款归银行，定额资金归财政、超定额资金归银行。工厂是政府的生产单位，有关人财物、产供销均由计划安排、由财政主导。并由此形成了对国营企业流动资金长期实行定额管理制度和财政、银行双口供应资金的体制。当时，虽然我国金融基础设施比较完整，但是银行的工作从属于财政，是财政主导下的核算工具，没有真正意义上的金融活动，因此，银行的工作是无须专门法律法规加以规范的。

党的十一届三中全会以后，中共中央和国务院领导对银行改革作了许多重要指示。1979 年 10 月，邓小平在中共中央召开的各省、市、自治区第一书记座谈会上谈到金融、外贸问题时指出：“是不是设想把银行作为发展经济、更新技术的杠杆。银行本来是要生利的，可是我们现在的银行是算账，当会计，没有真正起银行的作用。”[1]基于此，对于财政金融领域的经济体制改革，首先要将金融活动从财政活动中分离出来，建立独立于财政的金融体系，实现金融机构自主经营、自我发展。1979 年，我国对银行体制开始了相应的改革。这次改革标志着我国银行业开始了一个重要转折，第一次明确地把银行当作发展经济、革新技术的杠杆，在理论上突破了一些长期束缚我们思想的禁区，在实践中打破了某些长期的习惯做法，初步建立起了一个比较完整的、能够发挥发展经济、革新技术的杠杆，真正像金融机构的银行体系，在组织上为进一步深化金融体制改革打好了基础。经济体制改革以来，国营企业每年需要新增加的流动资金，大部分依靠银行贷款。为了把供应资金同管理资金的工作结合起来，加重银

---

〔1〕 中共中央文献研究室编：《邓小平思想年编：1975～1997》，中央文献出版社 2011 年版，第 266 页。

行的责任,加强流动资金管理,国务院在 1983 年 6 月 25 日批准中国人民银行的报告,决定自 1983 年 7 月 1 日起,国营企业的流动资金改由银行统一管理。也就是说,银行由过去主要供应和管理企业的超定额流动资金贷款,改为全面管理企业流动资金。

在改革的过程中,改革的目标逐步清晰起来。1990 年 12 月 24 日,邓小平在同几位中央负责同志的谈话中提道:“我们必须从理论上搞懂,资本主义与社会主义的区分不在于是计划还是市场这样的问题。社会主义也有市场经济,资本主义也有计划控制。资本主义就没有控制,就那么自由?最惠国待遇也是控制嘛!不要以为搞点市场经济就是资本主义道路,没有那么回事。”[1] 1992 年,邓小平在武昌、深圳、珠海、上海等地的谈话中提道:“计划多一点还是市场多一点,不是社会主义和资本主义的本质区别。计划经济不等于社会主义,资本主义也有计划;市场经济不等于资本主义,社会主义也有市场。计划和市场都是经济手段。”[2] 他明确赞成“社会主义市场经济体制”的提法。针对证券市场,邓小平指出:“证券、股市,这些东西究竟好不好,有没有危险,是不是资本主义独有的东西,社会主义能不能用?允许看,但要坚决地试。看对了,搞一两年对了,放开;错了,纠正,关了就是了。关,也可以快关,也可以慢关,也可以留一点尾巴。怕什么,坚持这种态度就不要紧,就不会犯大错误。”[3] 党的十四大于 1992 年 10 月明确指出,经济体制改革以建立社会主义市场经济为宗旨,党的十四届三中全会通过了《中共中央关于建立社会主义市场经济体制若干问题的决定》,这一决定是我国经济体制改革的一个重要纲领。同月,中国证监会成立,资本市场纳入统一监管,全国性资本市场开始形成并逐步发展。此后,资本市场的作用日益受到重视,法治建设进程也一直相伴而行。1993 年,国务院出台了《关于金融体制改革的决定》,明确要建立在国务院主导下,独立执行货币政策的中央银行宏观调控体系,确立政策性金融和商业性金融相分离的体制,国有商业银行占主导地位、各种

---

〔1〕《邓小平文选》(第 3 卷),人民出版社 1993 年版,第 364 页。
〔2〕《邓小平文选》(第 3 卷),人民出版社 1993 年版,第 373 页。
〔3〕《邓小平文选》(第 3 卷),人民出版社 1993 年版,第 373 页。

金融机构共存的金融组织体系,以及统一开放、有序竞争、严格监管的金融市场体系。此后,金融改革步伐加快,法治建设也日益受到重视。1994年之后,金融领域的法治建设得到了快速发展。

根据2003年党的十六届二中全会通过的《关于深化行政管理体制和机构改革的意见》以及十届全国人大一次会议通过的《国务院机构改革方案》,中国人民银行对商业银行、金融资产管理公司、信托投资公司等存款类金融机构的监管职能被分离,并与中央金融工作委员会有关职能合并,设立中国银监会等。这是我国金融界历史上第一次以政府名义行使对金融业全面监管的权力。随着金融监管职责的调整,中国人民银行新的职能正式表述为"制定和执行货币政策、维护金融稳定、提供金融服务"。同时,中国人民银行被明确界定为:"中国人民银行为国务院组成部门,是中华人民共和国的中央银行,是在国务院领导下制定和执行货币政策、维护金融稳定、提供金融服务的宏观调控部门。"

3. 资本市场法治化的起步

资本具有逐利性,资本市场是一个资金场、名利场。马克思指出:"如果有50%的利润,资本就会铤而走险;100%的利润,它就敢践踏一切人间法律;300%的利润,它就敢犯任何罪行。"但是,资本市场也是信息场,它对市场情况乃至社会情况变化的反应很快。为了充分发挥资本市场的积极作用、遏制资本的负面影响、建立健康的市场秩序,必须实施法治,以规则为基础,将资本市场建成规范、透明、开放、有活力、有韧性的法治化资本市场。

1993年4月22日,国务院颁布实施《股票发行与交易管理暂行条例》(以下简称《股票条例》),这是我国改革开放后资本市场诞生以来,国家制定、颁布的第一部调整和规范资本市场的行政法规。资本市场的发展历程,充分展示了法治对经济改革的引领和保驾护航作用,也展示了法治在实践中汲取成功经验和制度创新、不断完善的过程,充分体现了全面深化改革与全面依法治国的结合。

20世纪90年代至今的30多年间,我国资本市场差不多走过了西方国家上百年的发展历程,实现了跨越式发展。回顾发展历史,我国的资本市场发展与由计划经济体制向市场经济体制转轨的历史进程一致。因为我国资本市场存在结构和资源配置不平衡、发展不充分等问题。今后,我国的资本市场应当坚持以需求为导向、以竞争为基础、以创新为引领进行改革,金融法治建设要努力适应和满足市场和改革的需要,要进一步与国际通行原则相符。

党的十八大以来,全面建成小康社会,加快推进社会主义现代化强国建设,对资本市场的发展提出了新要求。资本市场需要满足经济持续中高速增长带来的融资要求。鉴于严峻的国际形势,我国应增强自主创新能力,创建创新型国家,资本市场要符合扶持创新型企业成长的需要,通过资本这一纽带,引导并扶持生产要素在创新型企业中聚集,推动科技发展成果转变为生产力。2002 年至 2017 年,金融体系对实体经济的融资贡献度在绝大多数年份保持在 50% ~60% ,个别年份甚至超过了 80% 。资本市场应当进一步发挥资源配置的作用,实现资源跨地区和跨产业的整合,促进产业结构优化升级。资本市场在财富管理方面的功能也要进一步发挥,要创造条件让更多群众拥有财产性收入,为广大居民提供投资于资本市场、分享我国经济增长成果的机会,并让养老金通过资本市场实现保值增值。我国社会主义法律体系已经形成,正在着力建设社会主义法治体系,该体系包括完备的法律规范体系、高效的法治实施体系、严密的法治监督体系、完善的党内法规体系,在这个过程中,法治也要为建设功能齐备、运作规范、规模扩大、效率提升的资本市场保驾护航,以使金融领域的法治日益完善,满足经济社会发展的要求。

4. 资本市场法治建设的深化

为了保证资本市场有法可依,有规则可遵循,让改革在法治的框架下进行,围绕金融的法治建设日益受到重视。改革开放起步阶段,我国的法律体系很不完善,部门法律严重缺失,即使存在一部分与金融相关的法律法规与规范性文件,也都是以计划经济为价值导向的,不能满足经济发展的需要。由计划经济向社会主义市场经济转型,历史上没有成功的经验,金融领域的改革面对着许多难题,克服难题唯有制度创新,也就是要突破既有法律法规,闯出新路,形成新的法律制度,以满足社会主义市场经济需要。

为市场经济发展探索新路,是改革初期法治建设肩负的重要任务。经过几十年的持续努力,2010年,我国与市场经济发展相适应的社会主义法律体系基本建成,法治建设由实现“有法可依、有法必依、执法必严、违法必究”为目标,发展到以实现“科学立法、严格执法、公正司法、全民守法”为目标,进入了新时代中国特色社会主义法治发展阶段。其中,金融法治建设不断加强,基本建立了既符合国情又与国际接轨的现代金融法律体系。

金融法治建设,既包括健全和完善法律,也包括发挥金融监管的作用。金融监管(financial regulations)是政府为了维护金融稳定,对金融市场进行监督、管理和必要时进行干预的一种制度安排,它既有别于政府的宏观调控,又有别于中央银行的货币政策,在自由市场与法律之间。此外,由于政府规制行为具有特殊性,金融监管有自己的具体内涵与特点,就是直接对金融机构微观活动作出限制的规定,其宗旨是防止金融危机。从世界各国的实践看,金融规制作为一个重要的经济手段被广泛应用于各个国家的金融监管之中,并发挥了积极作用。相当数量的政府规章、规范性文件,是在进行金融规制时制定的。

金融规制的作用表现在多个方面。一是政府通过对货币供给的有效调控与管理,营造经济发展的货币金融良好环境。二是增强商业银行生存能力,提高金融市场内在稳定性,维护债权人和存款人利益,约束债务人的行为,避免因银行破产而给有关企业或个人带来经济损失,继而造成挤兑、社会恐慌。三是提高金融市场资源配置效率,矫正市场失灵时金融市场资源配置低效率、分配不公平的现象,全面提高社会福利。四是通过采取必要的措施,减少金融体系中的信息不对称问题,防范金融领域的道德风险和出现逆向选择现象。

我国运用法律法规和法律规制,通过建章立制、强化执法、加大监管力度,坚决查处金融机构违法违规经营活动,对违法违规的金融机构依法严厉惩罚;坚决取缔各种非法金融机构和非法变相从事金融业务的活动;运用现代科技特别是信息手段,加强对资本、货币和外汇的监管;严格财经纪律，严肃查处金融渎职失职和随意干预金融工作造成重大损失的责任人；依法严惩金融犯罪分子，依法依规逐步建立健康的市场秩序。[1]

金融法治建设是在实践中探索，根据中国特色社会主义市场经济的要求，逐步走向完善的。金融牵一发动全身，是不容犯大错的领域，不可能事先设想场景，然后凭空制定规则。相反，是实践中遇到什么问题，如需要通过立法解决，便探索运用法治方式加以解决的路径。这种“试错”式的渐进改革，在实践中很成功，保证了我国的各项改革平稳进行，取得预期效果。随着渐进式改革的推进，我国也逐步建立起了较完备的法治规范体系，金融领域的法治在发挥资本要素功能和资本市场规范运作方面，满足了现实的需要。

（二）关于金融法治规范

金融是现代经济的核心，金融对于经济发展的作用是全方位的。经过几百年的运行，现代金融制度已经比较成熟和完善。现代金融体系是以金融市场包括资本市场为基础的，包括金融机构、金融产品、金融市场、支持金融运行的基础设施，以及法律法规和监管制度。

各国的金融体制都是由经济体制决定的。中国特色社会主义市场经济体制决定了我国的金融体制。我国的金融必须走自己的发展道路，这包含了三个方面的内容：一是我国需要金融市场，充分发挥市场在资源配置中的决定性作用，但是，政府的职能不可缺失，国家的宏观调控和管理必须发挥金融手段的作用，以实现对总供给和总需求的调控。二是我国的金融市场体系是社会主义市场体系的重要组成部分，发挥着资金积累、要素配置的主要渠道作用，并维持着经济生活的顺畅运转。三是金融法治是社会主义法治体系的重要组成部分，金融法治既要促进金融业的发展，建立健康的金融秩序，又要能够与国际通行规则相衔接、相适应，满足融入全球经济的要求。

改革开放以来，中国金融法治与时俱进，始终与金融业改革相伴而行，制度创新贯穿金融法治建设全过程，成绩斐然。我国经济总量从1978

---

〔1〕 参见《朱镕基讲话实录》（第4卷），人民出版社2011年版，第111～119页。

年的3.679亿元,发展到了2022年的121.02万亿元,金融业功不可没。实践中,每一部重要的法律法规都是为顺应现实需要而制定的,也都在保障金融健康发展、推进经济社会发展方面发挥了积极作用。我们不可能将金融业发展与法治发展这两者之间的关系完全量化,但是,法治与金融业发展之间的关系呈正相关则清晰可见。金融业发展不断对法治提出要求,推动法治的发展与进步,而法治推动和保障了金融业的发展与进步。在这个历史进程中,银行业、保险业、证券业和信托业等多个业类的法治建设都取得了很大的成就,每一个业类的法治规范都形成了较齐全的体系。为论述方便,本书主要着力于银行与证券两个业类的相关法治,在银行法治领域,选择以《中国人民银行法》和《商业银行法》这两部银行法,以及《银行业监督管理法》为主的监管法律制度作为论述对象,以期揭示法治在银行业制度创新中的作用。

1. 金融法治的发展历程

本节主要讨论《中国人民银行法》《商业银行法》这两部银行法的制度创新对金融发展的作用。

1979年,我国的银行体制开始改革。改革的主要任务是建立起独立于财政的金融体系,改革策略是"摸着石头过河"。银行开始被视作发展经济、革新技术的杠杆,随着认识的提高,具有金融机构性质的银行体系也建立了起来。其间,陆续有一些法规规章出台,以适应改革之后出现的变化。以贷款为例,1979年以前,国营企业所需的资金是由财政和银行统一供给的。改革开放之初,这种状况无法延续,充分发挥有限资金的使用效益,促进企业提高管理水平,成为现实的改革任务。1979年4月,中国人民银行提出了"区别对待,择优扶植"的信贷方针,即此后银行对企业的贷款要区别对待,择优扶植,对于完成国家计划良好、执行合同良好,经营管理到位、资信良好的公司,根据相对优惠条件,优先放贷;同时,要完善货币政策传导机制,使其对宏观经济产生积极影响。对经营管理混乱,没有按照国家计划、经济合同执行的企业,对生产、收购不适销商品和物资积压而未主动解决的企业,对计划外亏损,要协助它们提出改进的计划和措施,如期满仍不完善,银行有权收紧贷款,直到不再发放新贷,收回已占借款。从中可以看出,银行的职能发生了显著变化。

1993 年,国务院发布《关于金融体制改革的决定》之后,金融体制的改革有了实质性进展,中国人民银行和商业银行各自的职能趋于明确,政策性金融与商业性金融也实行了分离。

1994 年是中国金融体制改革的“分水岭”。按照《关于金融体制改革的决定》的要求,中国人民银行进一步强化企业调控、金融监管和金融服务职责,逐步强化和完善了现代中央银行制度。作为中央银行,中国人民银行不再是计划经济下从属于财政的核算工具,而具有了独立的多方面职能,与之相关的经济关系也增多了,调整与其他市场主体相互关系的制度性需求大大增加。1994 年 3 月至 11 月,国家相继组建国家开发银行、中国进出口银行、中国农业发展银行三家政策性银行,实现了商业性金融与政策性金融的剥离,由政策性银行承担原来由国家专业银行办理的政策性信贷业务,国家专业银行开始向国有商业银行转变。

上述改革,改变了原先的规则体系,革除了旧体制弊病,对建立与市场经济相适应的新的规则体系,提出了很高的要求。只有加强法治建设,金融才能有序、规范运作。

在这期间,法治建设得到加强。1994 年,中国人民银行颁布实施了《信贷资金管理暂行办法》(已失效),对政策性银行实行严格的指令性计划管理,对工商银行、农业银行、中国银行、建设银行实行贷款项下的资产负债比例管理,对交通银行和其他商业银行实行资产负债比例管理为基础的贷款规模管理,对非银行金融机构实行全面资产负债比例管理,以资本和负债制约资产结构,以存款总量制约贷款总量;总行和分支行的职能得以明确落实,货币政策的统一性和权威性得以保证。中国人民银行及其分支行的利润留成制被预算制替代,不仅强化了在分业经营基础上的金融监管力度,还加快了金融立法进度。

1995 年被称为中国的“金融立法年”。1995 年 3 月 18 日,第八届全国人民代表大会第三次会议通过的《中国人民银行法》,成为我国金融法律体系的核心。这部法律首次以国家立法的形式确立了中国人民银行作为中央银行的地位和主要职能以及具体职责。该法规定中国人民银行依法独立履行职责，不受地方政府和各级政府部门、社会团体和个人的干涉，为中国人民银行履行金融监管职责提供了法律保障。《中国人民银行法》完善了中国人民银行在国务院领导下的宏观调控体系，规定了中国货币政策目标，中国人民银行独立制定和实施货币政策、维护货币体系，不再对非金融部门发放贷款和财政融资。这些规定既符合国情，又体现了国际央行数百年发展的普遍规律，标志着我国中央银行体制进入了法治化、规范化的轨道，《中国人民银行法》的颁布是中央银行制度建设的重要里程碑。

1995 年 5 月 10 日，第八届全国人大常委会第十三次会议通过《商业银行法》，首次明确商业银行为拥有经营自主权、按照公司制原则规范运作的企业法人，享有独立民事主体的法律地位，为把商业银行建成真正的现代金融企业奠定了法律基础。该法还明确将工商银行、农业银行、中国银行、建设银行 4 家国有专业银行改革为国有独资商业银行，实行自主经营、自担风险、自负盈亏、自我约束的经营机制。

之后，在中国农业银行转变为商业银行后，国家出台政策鼓励信用社从农业银行中独立出来，组建农村合作银行。为化解城市信用合作社的风险，国家也出台政策，鼓励在清理整顿基础上，组建城市合作银行。

在《中国人民银行法》与《商业银行法》通过之后，全国人大相继出台了《保险法》、《票据法》和全国人大常委会《关于惩治破坏金融秩序犯罪的决定》，即通常所说的“四法一决定”，这些法律确定了我国金融体制分业经营的基本格局。之后还有《证券法》《保险法》等诸多法律出台，将金融市场的运行纳入法治的轨道。

中国金融体制 40 余年改革，未出现过重大失误、颠覆性错误，是与重视法治建设密切相关的。每当改革向纵深推进时，总有一些积累的问题和深层次矛盾会显现，金融领域风险因素也会增加。对此，我国通过法律法规和相关规制措施，及时对其予以消解。最典型的是，在 20 世纪 90 年代，经济改革快速推进，金融领域出现了一些乱象时，全国人民代表大会常务委员会 1995 年及时通过《关于惩治破坏金融秩序犯罪的决定》，严厉惩治伪造货币和金融票据诈骗、信用证诈骗、非法集资诈骗等破坏金融秩序的犯罪。1997 年,《刑法》修订时对金融犯罪予以专节规定,增设了非法吸收公众存款罪和集资诈骗罪,建立起了我国惩治非法集资犯罪的罪名体系。现在来看,《关于金融体制改革的决定》当时适应了社会主义市场经济的发展,并在新形势下进一步保障了国家金融秩序的需要,对维护金融秩序,保障金融体制改革和社会主义现代化建设的顺利进行,依法严惩破坏金融秩序的犯罪,发挥了十分重要的作用。

1998 年第九届全国人民代表大会常务委员会第六次会议通过的《关于惩治骗购外汇、逃汇和非法买卖外汇犯罪的决定》,针对惩治日益猖獗的骗购外汇、非法买卖外汇等外汇犯罪行为作出了规定。实践中,针对严重破坏外汇管理制度的逃汇、套汇案件频发之境况,1988 年 1 月 21 日全国人大常委会发布的《关于惩治走私罪的补充规定》(已失效)中增设了逃汇、套汇罪。随着外汇储备的增加,我国的外汇管理体制发生了深刻的变化。1994 年年初,我国实行银行结售汇制度时,政府逐渐放宽了对外汇的管制;1997 年则允许年进口总额和注册资本达到一定规模、财务状况良好的中资企业开设外汇账户,实行限额结汇制度。但又考虑在外汇准许自由兑换的国家套汇交易被视为一种正当的外汇交易方式,而人民币可自由兑换正是我国外汇体制改革的目标,似乎套汇行为社会危害性已降低,因而在 1997 年的刑法中只规定了逃汇罪,取消了套汇罪。但不久,亚洲金融危机爆发,一时间周边各国货币纷纷贬值,这无疑给人民币汇率的稳定造成了极大的冲击。而人民币汇率能否稳定关系到国际市场对亚洲的信心,是防止亚洲金融危机演变为世界经济大萧条的关键。于是,我国政府从长远的眼光出发,本着对国际社会负责的态度,明确宣布人民币不贬值。然而,客观的经济形势却使人民币在外汇黑市对美元的汇率不断攀升。为牟取非法利润,曾一度趋缓的逃汇、套汇、非法买卖外汇活动又猖獗起来。《关于惩治骗购外汇、逃汇和非法买卖外汇犯罪的决定》将骗购外汇、非国有单位逃汇等行为纳入其调整范畴,通过扩大逃汇罪调整范围,强化惩治骗购外汇、逃汇犯罪的力度,维护了国家外汇管理秩序,维护了正常的金融秩序,满足了经济和社会发展的现实需要。

1998 年,国务院发布了《非法金融机构和非法金融业务活动取缔办法》(以下简称《非法金融活动取缔办法》,已失效)。当时,我国非法金融机构和非法金融业务活动十分活跃。有的主管部门擅自批准成立金融机构;有的个人非法集资;有的犯罪分子则通过欺骗手段,或是承诺高额回报,或是编造虚假项目,或是以虚假宣传造势,或是利用亲情,诱骗聚集资金,然后任意挥霍、浪费、转移或者非法占有,而参与者很难收回资金,严重的则倾家荡产、血本无归。这种情况严重干扰了正常的经济秩序和金融秩序,随时可能引发社会风险。对此,《非法金融活动取缔办法》第2条规定,任何非法金融机构和非法金融业务活动,必须予以取缔。此外,该办法明确了非法金融机构的定义,即凡是未经中国人民银行批准,擅自设立从事或者主要从事吸收存款、发放贷款、办理结算、票据贴现、资金拆借、信托投资、金融租赁、融资担保、外汇买卖等金融业务活动的机构。同时,该办法还明确了非法金融业务活动的定义,即未经中国人民银行批准,擅自从事的吸收公众存款等金融业务活动。该办法从取缔非法金融机构、非法金融业务活动等方面对金融秩序、社会公众利益进行了强有力的维护。

1999年,国务院发布了《金融违法行为处罚办法》。该法规定,银行、信用合作社、财务公司、信托投资公司、金融租赁公司等金融机构及负责人违反国家有关金融管理规定的,由中国人民银行以及国家外汇管理机关分别依照有关法律、行政法规以及《金融违法行为处罚办法》给予处罚。《金融违法行为处罚办法》规定的违法行为比较具体,对相关主体权利和义务、权力与责任规定得也很明确,具有较强的可操作性,在惩处金融违法行为、保护市场主体合法权益、维护金融秩序、防范金融风险等方面,发挥了重要作用。

金融立法初始阶段的这些法律法规,在打击金融领域违法犯罪活动、保护市场各方合法权益、防范和化解金融风险、维护金融市场秩序等方面,均收到了明显效果。

目前,我国的金融法律法规体系已经基本健全。我国已经颁布实施的金融业法律主要还有:《票据法》、《中华人民共和国担保法》(以下简称《担保法》,已失效)、《证券法》、《中华人民共和国信托法》(以下简称《信托法》)、《银行业监督管理法》、《中华人民共和国证券投资基金法》(以下简称《证券投资基金法》)、《中华人民共和国企业破产法》(以下简称《破产法》)。2004 年全国人大常委会根据司法实践中遇到的情况，讨论了《刑法》(2002)第 196 条规定的“信用卡”的含义问题，作出了《关于〈中华人民共和国刑法〉有关信用卡规定的解释》;为了加强对银行业的监督管理，规范监督管理行为，防范和化解银行业风险，保护存款人和其他客户的合法权益，促进银行业健康发展，2006 年全国人大常委会修正了《银行业监督管理法》;为了预防洗钱活动，维护金融秩序，遏制洗钱及相关犯罪，2006 年，全国人大常委会制定了《中华人民共和国反洗钱法》(以下简称《反洗钱法》)。

除全国人大制定的法律之外，国务院颁布了一系列行政法规，使我国的社会主义法治规范体系日益完善。同时，也对金融秩序的建立和完善，以及金融业的健康发展产生了积极作用。2011 年，国务院修订《中华人民共和国金银管理条例》(以下简称《金银管理条例》);2020 年，为了统一组织国家财政收支，健全国家金库制度，国务院修订了《中华人民共和国国家金库条例》(以下简称《国家金库条例》);为了筹集社会资金，进行社会主义现代化建设，2011 年，国务院修订了《中华人民共和国国库券条例》(以下简称《国库券条例》);为了适应对外开放，发展经济，强化和改进外资银行监督管理，推动银行业稳健经营，国务院于 2019 年修订了《中华人民共和国外资银行管理条例》(以下简称《外资银行管理条例》),这意味着我国金融业全面开放。为了规范金融资产管理公司行为，依法处置国有银行不良贷款，推进国有银行、国有企业改革与发展，2000 年，国务院制定了《金融资产管理公司条例》;为了加强对人民币的管理，维护人民币的信誉，稳定金融秩序，2018 年，国务院修订了《中华人民共和国人民币管理条例》(以下简称《人民币管理条例》);为了改善现金管理，促进商品生产和流通，加强对社会经济活动的监督，2011 年，国务院修订了《现金管理暂行条例》(已失效);为了强化外汇管理，推动国际收支平衡，推动国民经济健康发展，2008 年，国务院修订了《中华人民共和国外汇管理条例》(以下简称《外汇管理条例》);为了保证个人存款账户的真实性，维护存款人的合法权益,2000 年,国务院制定了《个人存款账户实名制规定》;为了惩处金融违法行为,维护金融秩序,防范金融风险,1999 年,国务院制定了《金融违法行为处罚办法》;为了防范非法集资,加强行政机关对非法集资的处置,以化解金融风险,2021 年,国务院制定了《防范和处置非法集资条例》。在证券、期货、保险、票据、信托等其他金融领域,全国人大及其常委会制定了法律,国务院制定了大量行政法规,中国人民银行等行政部门出台了大量规范性文件,最高人民法院也出台了很多司法解释。这些法律、行政法规、规范性文件和司法解释,使金融领域有法可依,所进行的改革于法有据,不致出现大的失误,保证了金融业健康发展。

2001 年 12 月,我国加入世界贸易组织(WTO),金融业需进一步对外开放,并遵循相关国际规则。为此,我国加大了法律法规的修改与清理工作。国务院颁布了《中华人民共和国外资金融机构管理条例》(以下简称《外资金融机构管理条例》,已失效),强化和改进了对外金融机构的管理。这是我国金融业发展中具有里程碑意义的一件大事。党的十六大宣布了我国社会主义市场经济体系初步确立,改革已经进入了完善社会主义市场经济体制的新阶段。

2002 年 2 月,第二次全国金融工作会议提出加强金融监管与国有银行改革。2003 年 12 月,全国人大常委会修订《中国人民银行法》《商业银行法》,并通过了《银行业监督管理法》,将银行业监管职能与央行分设,将 1995 年《中国人民银行法》中的央行金融监管职能大幅度剥离,同时,明确由原中国银监会承接和发展原来由央行承担的金融监管职能。2003 年修正的《中国人民银行法》在关于职能的规定上,新增两项内容,一是防范和化解金融风险、维护金融稳定的职能,二是反洗钱的职责。2006 年,全国人大常委会通过《反洗钱法》,我国反洗钱监管体制已经建立,对金融业及特定非金融行业的反洗钱提出了明确要求。

为了完善金融监管制度,金融监管方面的立法进程加快。有关部门发布实施了《金融统计管理规定》《金融机构反洗钱规定》等多项部门规章。根据审慎监管的要求,参照国际监管标准,监管部门制订并发布了商业银行贷款风险分类、准备金计提、信息披露、内部控制等公司治理及其他监管规章指引及规范性文件,金融法规制度更加健全。我国金融业发展迅速,金融业对外开放程度不断提高,金融法治建设取得长足进展,金融领域发生的法律法规制定、修订、完善工作频繁。2004 年至 2009 年,《保险法》《票据法》《证券法》《外汇管理条例》等先后修改,《外资银行管理条例》《期货交易管理条例》先后颁布或者修订。我国金融业逐步走向市场化发展轨道,金融法治也逐步完善,金融法治建设取得显著成效。与此同时,分业监管体制之下,各个金融管理部门为了进行金融宏观调控、金融监管、推进金融改革,依据上位法,颁布了一大批部门规章及规范性文件,它们和基础法律法规共同组成了一个相对综合的金融监管法规体系。

为进一步理顺职责分工,中国人民银行与原中国银监会加快了规章清理工作。《银行业监督管理法》和修改后的《中国人民银行法》,原则上划清了中国人民银行和原中国银监会的职责范围。为了使原由中国人民银行发布的有关金融监管的规章和规范性文件与上位法的规定保持一致,中国人民银行会同原中国银监会加强了规章清理工作,对原由中国人民银行发布的 311 件有关金融监管的规章和规范性文件进行了清理。

2004 年 3 月 22 日,国务院印发《全面推进依法行政实施纲要》,2005 年 1 月 17 日中国人民银行发布了《关于贯彻〈全面推进依法行政实施纲要〉的意见》,明确了需要逐步建立健全的各项配套制度和机制,主要包括:依法行政工作领导责任制、行政决策制度、行政执法人员资格制度、行政执法案卷评查制度、行政执法责任制、执法过错责任追究制、行政执法监督制度、突发事件应急机制、系统性金融风险监测评估及预警机制、金融稳定协调机制、金融信息安全应急协调机制、依法行政的培训制度、该系统法治队伍建设等。

法治建设永远在路上。在 2014 年,银行业金融机构资产质量持续下降,银行业金融机构的不良贷款余额 1.43 万亿元,不良贷款率 1.6%。为此,中国人民银行采取一系列措施维护金融稳定。运用金融稳定评估系统,逐步建立了银行业、证券期货业、保险业的金融稳定基础数据库。出台《关于规范金融机构同业业务的通知》,规范开展同业业务、强化与完善同业业务的外部监管、推进资产和负债业务规范创新等。同时,加强督查,督促银行落实规范同业业务的有关要求,防范金融风险。此外,还进行了金融稳定压力测试和现场评估。加强了对突发风险事件的处置,完善了相应的机制。依法治理意识明显增强,取得了较好的效果。目前,金融风险防控已经从攻坚战转变为常态化。防范国内外金融风险,应对房企债务危机的持续蔓延和中概股的重创,运用市场化、法治化方式化解风险隐患,是稳定金融环境,健全有序的金融风险处置机制,织牢防范化解金融风险安全网的现实需要。为此,即将出台的《中华人民共和国金融稳定法》(以下简称《金融稳定法》)采取建立金融稳定保障基金等一系列措施,为国内金融体系的去杠杆防护战,以及国外资本市场中概股金融战提供有力武器,抵御各种危害我国金融稳定的攻击。

2. 关于《中国人民银行法》与制度创新

总体而言,《中国人民银行法》《商业银行法》这两部银行法,顺应了金融发展的一般规律,以清晰的条文明确了我国的金融体制,规定了中央银行与商业银行的定位与职责,体现了现代银行在资金供求关系之间的媒介作用,并且还具有帮助实现资源优化配置、分散风险和分享财富成长的功能,消除了人们长期以来对银行性质与职能的困惑和不同看法。这两部银行法实施之后,金融业得到了迅速发展。

确定中国人民银行的性质与职能。中国人民银行成立于 1948 年 12 月 1 日,1949 年 9 月中国人民政治协商会议通过的《中华人民共和国中央人民政府组织法》(以下简称《中央人民政府组织法》)规定,中国人民银行隶属于政务院,由财政经济委员会负责指导。此时,中国人民银行虽然承担着国家银行的职能,但它并不是真正意义上的中央银行,不仅听命于政府领导,附属于财政部,在货币发行、货币管理、吸收存款、发放贷款、经理国库、管理金银等方面没有决定权,而且,其还承担着商业银行的职能。1953 年 10 月 27 日,中央人民政府政务院公布《中国银行条例》,明确中国银行为政务院特许的外汇专业银行,受中国人民银行领导。1951 年,成立中国农业银行,主要负责农村中与农业生产相关的贷款,中国农业银行也归中国人民银行领导。1954 年,根据政务院决定,中国人民建设银行成立，主要负责关于建设投资事项，中国人民建设银行隶属于财政部。新中国成立时还存在私营银行，根据财政经济委员会《对私营金融业方针的指示》，自1952年下半年起，我国对商业金融业实行全面改造，中国人民银行逐步组织私营钱庄和银行联合放贷，联合经营业务。至1957年，公私合营银行最终被并入中国人民银行。这样便形成了高度集中的国有银行体系，核心是中国人民银行。

在高度集中的银行体制下，取消了商业信用，加强了国家计划管理，通过银行控制企业，以方便全国统一调配资金。此外，在该体制下还禁止国家货币出入国境。

1962年6月13日，中共中央、国务院发布《关于改变中国人民银行在国家组织中地位的通知》，规定中国人民银行总行由国务院直属机构改为与国务院所属部委居同样的地位；是国家管理金融的行政机关，是国家办理信用业务的经济组织，明确其具有双重职能的性质。1958年，因实行"存贷下放、计划包干、差额管理、统一调度"办法，出现了资金混乱，削弱了信贷和货币流通管理与调控，最终引发了通货膨胀。鉴于此，中国人民银行重新实行高度统一的信贷计划管理体制，收回了下放的一切权力，恢复集中统一管理的模式。1966～1976年，银行法治遭到严重破坏，中国人民银行设立军事代表，财政部、中国人民银行合署办公。

1978年年底召开的党的十一届三中全会，掀开了经济体制改革的大幕。随着改革的深入，原先大一统的中央银行制度已不能适应正在发生变化的经济制度的需要，我国的经济出现了多种经济成分、多种经营方式、多层次经济结构以及多样式流通渠道，计划经济逐渐在向有计划的商品经济转变，整个改革过程在不断加重市场经济的分量，最终在1992年明确以社会主义市场经济作为改革的目标模式。在这一过程中，作为国民经济的中枢，银行体制必须进行改革。1982年7月14日，国务院同意并批准中国人民银行《关于人民银行的中央银行职能及其与专业银行的关系问题请示》（已失效），该请示提出中国人民银行是我国的中央银行，是国务院领导下统一管理全国金融的国家机关。

1983年9月17日，国务院《关于中国人民银行专门行使中央银行职能的决定》明确规定,中国人民银行不再兼办工商信贷和储蓄业务,这些业务由新成立的中国工商银行办理。这表明了以中国人民银行为中心、专业银行为主体、多种金融组织并存的中国式社会主义金融体系的建立。

1993 年年末,国务院出台《关于金融体制改革的决定》,加速了以建立市场经济体制为目标的金融改革,银行法治也取得了重要进展。

1995 年 3 月 18 日,全国人大通过了《中国人民银行法》,这是中国金融法律体系中的一部支架性法律,它的内容之所以重要,是因为该法以法律的形式明确了中国人民银行的中央银行地位及其主要职能,以及其特定责任。我国实行国家统一管理的金融体系是由中国人民银行来执行的。2003 年 12 月 27 日公布的修改后的《中国人民银行法》,调整了银行的责任,使之具备货币政策的制定与实施、保持金融稳定和提供金融服务等三个主要方面的功能。此外,该法对中国人民银行分支机构的设置原则、人员配置标准以及中央银行监管范围进行了明确规范。中国人民银行制定和实施货币政策的责任得到加强;其过去以多种审批为主、审查高级管理人员的资格和日常监管的功能转变为行使金融业的宏观调控、预防和化解系统性风险等功能,也就是保持金融稳定等功能。此外,还增加了金融监管的内容。这些条款符合我国国情,也是几百年来国际央行发展普遍规律的反映,标志着中央银行体制进入了法治化、规范化的轨道,可以说,《中国人民银行法》的颁布,是中央银行制度建设的重要里程碑。目前,中央银行结合国家发展的实际情况,明确了服务实体经济、防控金融风险、深化金融改革三大任务,进一步发挥了《中国人民银行法》的作用,不断提升着中央银行的履职成效。

3. 关于《商业银行法》与制度创新

1995 年 5 月 10 日,第八届全国人大常委会第十三次会议通过《商业银行法》,这部法律与《中国人民银行法》分别明确了商业银行与中央银行的性质和职能,奠定了我国金融业发展的最基本的制度基础。

1986 年 1 月,国务院制定《中华人民共和国银行管理暂行条例》(以下简称《银行管理暂行条例》,已失效),作为行政法规,迈出了我国银行业法律规制的第一步。1993 年,国务院印发的《关于金融体制改革的决定》

中提出,要加快制定商业银行法,促进专业银行向商业银行转变。

1995年5月出台的《商业银行法》,是我国关于商业银行的基本法律,是我国金融法律体系的重要部分。《商业银行法》以单一的商业银行为规范对象。目前,我国银行业金融机构超过4000家,包括商业银行和数量众多的村镇银行、农村信用社以及非银行金融机构。针对银行业的发展趋势和潜在风险点,需要完善制度建设,包括补齐监管短板,提升银行自主经营能力。制定《商业银行法》的目的在于,保护商业银行、存款人和其他客户的合法权益,规范商业银行行为,提高信贷资产质量,加强监督管理,保障稳健运行,维护金融秩序。该法对商业银行法的设立条件、业务范围等基本内容作了规定,首次明确商业银行为拥有经营自主权、按照公司制原则规范运行的企业法人,享有独立民事主体的法律地位,为把商业银行建成真正的现代金融企业奠定了法律基础。该法还规定了商业银行的设立和组织机构,对存款人的保护、贷款和其他业务的基本规则、财务会计、监督管理、接管和终止、法律责任等作了规定。还明确将工商银行、农业银行、中国银行、建设银行4家国有专业银行改革为国有独资商业银行,实行自主经营、自担风险、自负盈亏、自我约束的经营机制。《商业银行法》的颁布实施标志着商业银行开始步入法制化、规范化轨道,具有重要意义。

《商业银行法》对股份制商业银行作了规范。马克思和恩格斯在100多年前就通过深刻分析认为,股份制和股份合作制是一种社会主义公有制的实现形式。股份制银行为社会主义公有制体制下的资本市场发展提供了实现形式。1995年6月,深圳市城市合作商业银行作为中国第一家地方性股份制银行正式开业。截至2000年年末,共有158个大中城市纳入组建城市商业银行计划,城市商业银行纷纷开业,共消化、合并城市信用社和城市信用联社2150家,涉及农村信用社及金融服务社100多家,资产总额为400多亿元。招商银行、中信银行、中国光大银行等企业法人持股的股份制商业银行,发挥了从体制外推动银行改革的作用。这些年来,股份制商业银行在资产规模、盈利水平、资产质量等方面实现了显著提升,在管理体制改革、公司治理建设、金融产品和技术创新、强化风险管理等方面取得了较快进展,竞争力日益增强。由于股份制商业银行依法规范运作,因此在1997年爆发的亚洲金融危机和2008年的国际金融危机中,其发展受到的影响有限,股份制商业银行实现资产规模、盈利水平、资产质量等方面的持续提升。商业银行公司治理建设和内部管理进一步加强,在金融产品和技术创新、强化风险管理等方面显现出相当的竞争力。

2003年12月和2015年8月,《商业银行法》进行了两次修改。2003年12月的修正,兑现了我国在加入世界贸易组织时的承诺,要求商业银行参照巴塞尔银行监管委员会制定的有效银行监管核心原则,建立健全风险管理和内部控制制度,不再强制发放政策性贷款;对市场准入的规制,主要针对银行和金融机构开业的审批和管理,删去了机构准入在设立时审查"经济测试"标准的规定,为商业银行与资本市场有机结合、协调发展提供了创新发展空间。同时,该次修正将主要监管部门由中国人民银行调整为国务院银行业监督管理机构,并且还加大了对违法行为的处罚力度。

2015年8月的修正主要针对存贷比指标,删除了贷款余额与存款余额比例不得超过75%的规定,将存贷比由法定监管指标转为流动性监测指标,从而完善了金融传导机制,增强了金融机构服务实体经济的能力。

《商业银行法》是调整规范我国银行业运行的主要法律之一,与《中国人民银行法》《银行业监督管理法》一起,发挥着推动银行业发展和实施监管的重要作用,为银行业健康可持续发展、防范化解金融风险,创造了适宜的法律环境,也推动了银行业更好地服务实体经济。十余年来,我国银行业飞速发展,参与主体数量急剧增加,规模持续壮大,至2020年6月末,我国已有4607家银行业金融机构,其中,商业银行达1655家,还有开发性/政策性银行、村镇银行、农村信用社等各类机构。随着外部环境的改变,互联网金融、交叉性金融业务不断涌现。

4. 关于《银行业监督管理法》与制度创新

2003年12月27日,第十届全国人民代表大会常务委员会第六次会议通过了《银行业监督管理法》,此后,在2006年10月31日,第十届全国人民代表大会常务委员会第二十四次会议又对该法进行了修正。这部法律在加强对银行业的监督管理,规范监督管理行为,防范和化解银行业风险，保护存款人和其他客户的合法权益，促进银行业健康发展方面发挥了重要作用，是银行业监督管理的基本遵循。该法对监督管理机构、监督管理职责、监督管理措施、法律责任等作了具体规定，明确国务院银行业监督管理机构负责对在中华人民共和国境内设立的商业银行、城市信用合作社、农村信用合作社等吸收公众存款的金融机构以及政策性银行的业务活动进行监督管理，以促进银行业的合法、稳健运行，维护公众对银行业的信心，保护银行业公平竞争，提高银行业竞争能力。

《银行业监督管理法》，是总结了银行监管工作 20 多年探索经验的结晶。1979 年，中国人民银行发布《信贷差额控制试行办法》，将改革开放前的“统收统支”信贷计划管理体制改为“统一计划，分级管理，存贷挂钩，差额控制”的体制。1984 年，发布《信贷资金管理试行办法》，改变了 1979 年确定的信贷体制。依照该办法，自 1985 年起实行“统一计划、划分资金、实贷实存、相互融通”的体制。同年，中国人民银行颁布《关于金融机构设置或撤并管理的暂行规定》，明确中国人民银行是我国金融机构管理的主管机关。1986 年、1988 年对该体制进行了完善，但仍重在对信贷规模的控制。1986 年 1 月 7 日，国务院发布《银行管理暂行条例》（已失效），禁止非金融机构经营金融业务，对专业银行、信托投资公司、境外合作社等其他金融组织的货币发行管理，信贷资金管理，利率管理，存款、贷款、结算管理等问题作出规定。

1998 年，我国建立了基于资产负债比率的管理体制，在此之前，银行业的监管重心是对银行信贷数量的控制。《银行业监督管理法》颁布实施后，银行业监管工作得到全面加强。2004 年，国务院原银行业监督管理委员会的各级派出机构全部组建到位，并全面履行职责。各级机构认真落实监管责任，进一步加大在严格准入监管、加强现场检查、改进非现场监管、加快风险处置等方面的工作力度，监管工作取得新成效。

根据《银行业监督管理法》的规定，金融监管的新思路是持续督促银行加强贷款准备分类、加大损失拨备及核对力度、提高利润真实性、制定并落实资本充足率达标计划，将监管的着眼点和着力点放在完善公司治理和内控机制上。同时，监管的方式和手段也发生了重大转变，如为实现国家宏观调控的目标,对商业银行经营开展积极检查。2004 年,全系统共派出现场检查组 16,700 次,检查各类各级机构 74,911 个;查处的银行业金融机构违规金额高达 5840 亿元,提出的整改意见有 58,247 项,处罚违规机构共计 2202 个,并处分了 4538 个相关责任人,取消了 244 个高管人员任职资格;发现涉嫌案件 274 起。现场检查机构覆盖率达到 36%,后续跟踪确认整改合格率达 87.3%。

党的十八大以来,我国金融业改革发展稳定取得了历史性的伟大成就,中国银行业总资产名列世界第一;成功避免了多次全面性危机,金融治理体系和治理能力现代化持续推进。2017 年 7 月,第五次全国金融工作会议宣布设立国务院金融稳定发展委员会,作为国务院统筹协调金融稳定和改革发展的议事协调机构。该委员会的主要职责是:落实党中央、国务院关于金融工作的决策部署;审议金融业改革发展重大规划;统筹金融发展与监管,协调货币政策与金融监管相关事项,统筹协调金融监管重大事项,协调金融政策与相关财政政策、产业政策等;分析研判国际国内金融形势,做好国际金融风险应对,研究系统性金融风险防范处置和维护金融稳定重大政策;指导地方金融改革发展与监管,对金融管理部门和地方政府进行业务监督和履职问责。

面对错综复杂的国内外金融形势,为应对国际金融危机挑战,我国着力构建市场化、国际化的现代金融体系。在基本完成对国有银行的股份制改造、完善金融市场发展的微观机制的同时,我国主动采取行动,推出的“一揽子”经济刺激计划,对于提升风险防范与应对能力,应对全球金融的挑战起到了重要作用,不仅成功应对了 2008 年国际金融危机,还顺势推进了与全球金融治理体系接轨的金融监管工作的开展,以全面构建市场化、国际化的现代金融体系。

为应对 2008 年国际金融危机给金融体系带来的重大挑战,这些年,我国金融监管着眼于消除引发金融危机的因素,依法对资本不充足、杠杆率过高、衍生产品交易过多等情况加以纠正,对相关金融市场进行改造,尤其重视对金融体系中自营交易部门杠杆率的监管,增加金融稳定措施。当前,国内外金融不稳定不确定不安全因素明显增加,金融风险诱因和形态更为复杂,各种“黑天鹅”“灰犀牛”事件随时可能发生。针对我国互联网开办金融业务中,一些平台企业占有数据、知识、技术等要素优势,并与资本相结合,可能带来无序扩张和野蛮生长,因此,数据安全、反垄断、金融基础设施稳健运行成为金融监管新的关注重点。而信用违约事件时有发生,一定数量的影子银行依然存在、涉众性金融犯罪多发,地方金融组织风险控制能力薄弱,都要求健全监管机制安排,实现监管的全链条全领域覆盖。总体而言,金融监管制度建设任重道远,而且监管资源总体上仍然偏紧。

为此,必须遵循宪法宗旨和法律精神,更好地发挥法治的作用,依靠法治固根本、稳预期、利长远。中央金融管理部门要依照法定职责承担监管主体责任,及时查处风险乱象背后的腐败问题,以强监督推动强监管、严监管。织密金融法网,补齐制度短板。充分发挥金融监管机构与公安机关的优势条件,使行政执法与刑事司法衔接,加强与纪检监察、审计监督等部门的协作。常态化打击恶意逃废债、非法集资、非法吸收公众存款和反洗钱、反恐怖融资等工作。通过金融监管,切实维护好金融消费者的合法权益。要完善金融安全网和风险处置长效机制,通过金融稳定法,健全金融稳定基金的职能,充分发挥市场化、法治化处置平台的作用。

金融市场开放和人民币国际化进程在加快,构建市场化、国际化的现代金融体系,对法治的要求日益提高。人民币国际化正式起步于 2008 年的国际金融危机,金融危机期间,西方国家金融市场非常疲软,货币不稳定,市场对美元信心不足,欧元、日元的波动也比较大。而我国经济仍然保持着稳定和较高速度的增长,与周边国家的贸易与投资也快速发展,人民币受到了各国的欢迎。金融业的市场化、国际化、多元化发展,要求市场在金融资源配置中起决定性作用,实现利率和汇率的市场化。经过多年的发展,我国的金融体系市场化程度逐步提高,金融运行健康稳定,为加快金融市场开放和国际化的步伐创造了有利条件。2014 年、2016 年和 2017 年先后推出了沪港通、深港通和债券通,实现了上海证券交易所和香港联合交易所的互联互通;人民币国际化势头加快、人民币资本项目可兑换加快推进、人民币离岸市场快速发展、金融机构国际化发展步伐加快。

2013年11月,人民币正式加入国际货币基金组织的特别提款权(SDR),成为国际主要储备货币之一。为了进一步支持人民币国际化,我国也开始加快资本项目改革。近年来,对资本项目方面的很多管理都已经逐步放开。国际社会对资本项目可兑换的概念也发生了改变,资本项目放开并不意味着完全不管,特别是在反洗钱、反恐融资和偷逃税等方面,如可在事中事后采取为稳定跨境资本流动而退出的宏观审慎管理措施。我国根据巴塞尔银行监管委员会和一些国家的金融监管机构的有关规则、制度规定,将与执法部门合作作为原则性要求加以明确。据此,原中国银保监会承担全国处置非法集资部际联席会议牵头职责,部分城市成立了专门的金融法院或金融法庭。公安部证券犯罪侦查局派驻中国证监会联合办公。这说明,我国金融正在成为具有现代金融功能特征的市场化金融,而金融法治积极回应现实需求,发挥着越来越大的作用。

综上所述,以《中国人民银行法》《商业银行法》《银行业监督管理法》等为代表的法治规范体系,与资本要素市场一同进步。法治促进了多层次资本市场体系建设,积极发展了多样化的投融资工具;培育起了多元化的投资者群体,切实加强了资本市场的诚信建设;坚决打击了金融领域各种违法违规行为。在实践中,相关法律中关于法律责任的规定日益明确,也更具有可操作性,体现了中国特色社会主义法治体系的精神气质与价值追求。

(三)金融法治创新对经济社会产生的影响

经过40多年改革开放和持续的建设,中国特色社会主义法律体系已经形成。这个过程是与社会主义市场经济体系建设的进程同步的。我国已经成为世界第二大经济体,市场在资源配置中发挥的作用越来越大,并且最终将在资源配置方面发挥决定性作用。与此过程同步,法治的价值取向由计划经济转向市场经济,法律法规等各项制度性资源不断加大市场的分量,对经济体制改革起到了引领和保驾护航的作用。

已有的研究普遍着力于对法治应然的研究,而对法治实然状态研究不足,因而没有充分揭示法治满足经济社会发展需求的机制,以及对于建立秩序、规范行为、引领方向所发挥的具体作用。本书进行的实证研究,试图弥补上述不足。

1. 金融法治创新推动了银行业健康发展

从改革开放起步至今的40多年,我国金融领域法治逐步健全,金融法律规制与政策一并发挥作用,促进了我国金融货币环境的长期基本稳定。“2008年国际金融危机发生以来,我国是少数几个实施正常货币政策的主要经济体之一。我国的利率水平在全世界居中,在主要发展中国家中较低,人民币汇率也在合理均衡水平上保持基本稳定,物价走势整体可控,有力地促进了我国经济稳定增长。”〔1〕

加入世界贸易组织后,我国按照承诺,出台了很多法律法规,对既有的法律法规根据要求进行了修改,使法治与相关国际规则相衔接,推动了经济发展。1978年,改革开放起步时,我国经济总量小,基础设施落后,对外开放程度低,消费、投资、净出口对经济增长拉动作用波动较大,需求结构很不稳定。1981年,甚至出现了资本形成总额对经济增长贡献率为-4.3%的局面,货物和服务净出口对经济增长的拉动也为负值。但是,改革开放后,我国的经济实力有所提高,融资方式趋于多样化,对外开放程度也不断提高,对法律法规的需求十分旺盛。为结束“无法可依”的状态,使我国的经济运行有法可依,并使法治与相关国际规则相衔接,我国制定了很多法律法规,对既有的法律法规也根据入世时的承诺进行了修改。在此背景下,我国的经济有了突飞猛进的发展,投资和净出口对经济拉动作用大幅提高,2007年消费、投资、净出口对经济增长贡献率分别达到39.6%、42.4%和18.0%,为2010年成为世界第二大经济体展示了光明前景。

这种良好的发展态势一直在持续,特别是在应对国际金融危机冲击中,国务院出台了一系列的行政法规,包括中国人民银行出台的规章,刺激和拉动了内需的强劲增长,有效弥补了外需的不足,对实现经济平稳较快发展起到了极为关键的作用。2012年,消费支出、资本形成总额、货物和服务净出口对经济增长贡献率分别为55.0%、47.1%和-2.1%。

---

〔1〕 易纲:《建设现代中央银行制度》,载《中国金融》2022年第24期。

2. 金融法治深化了金融体制改革，助推银行业发展

依照《商业银行法》的宗旨，针对国有商业银行经营管理不善、金融风险加剧的状况，我国重点对工商银行、中国银行、建设银行和交通银行进行股份制改造并成功上市，国有商业银行资产质量和盈利能力明显提高，银行业发生了重大变化。如图4－1所示，截至2022年6月末，我国银行业共有法人机构4600余家，从业人员409万人。我国银行业金融机构包括1家国家开发银行、2家政策性银行、6家大型商业银行、12家股份制商业银行、133家城市商业银行、1600家农村商业银行、19家民营银行、1649家村镇银行、641家农村信用社、1家邮政储蓄银行、5家金融资产管理公司、41家外资法人金融机构、1家住房储蓄银行、68家信托公司、256家企业集团财务公司、71家金融租赁公司、5家货币经纪公司、25家汽车金融公司、27家消费金融公司、13家贷款公司以及48家农村资金互助社。资本市场总值也持续增加，截至2017年年末，中国资本市场总市值超过50万亿元，上市公司总营业额超过百万亿元，利润3万多亿元，包括上市公司债务在内的总资产约100万亿元，资本市场在中国经济总量中占据半壁江山，并且举足轻重。资本市场的发展提升了经济总量和企业规模，成为我国经济发展的强大动力。根据英国《银行家》杂志公布的2016年全球1000家大银行排行榜，共有140家中资银行入围，中国工商银行、中国建设银行、中国农业银行、中国银行4家银行连续5年位居榜单前4名，加上排第10位的交通银行，进入前10名的中资银行占据前10名的一半名额。排第11位至第20位中也有5家中资银行：招商银行排第11位，中国邮政储蓄银行排第13位，兴业银行排第16位，浦发银行排第18位，中信银行排第19位。我国银行业规模持续扩大（见图4－2～图4－6）。

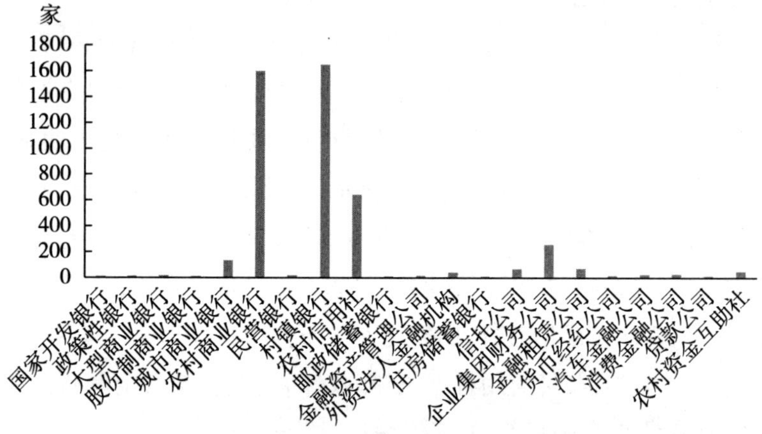

图 4-1　截至 2022 年 6 月末我国银行业金融机构数量统计

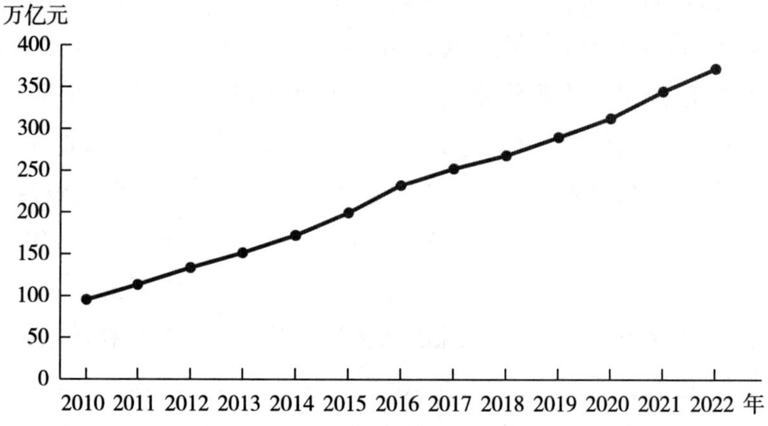

图 4-2　银行业金融机构总资产

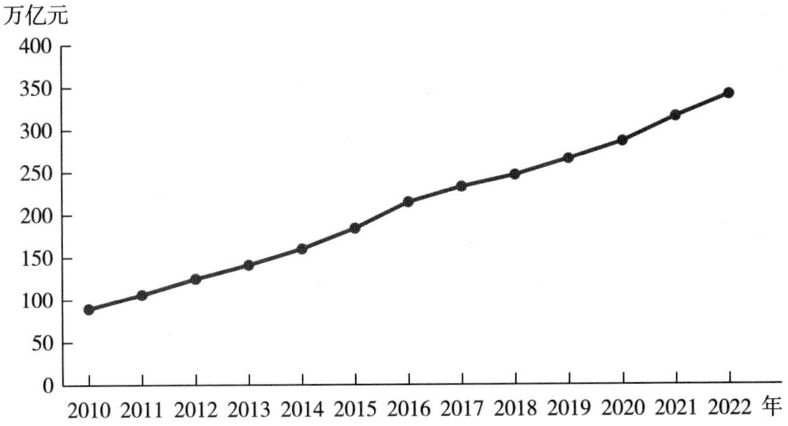

图 4－3　银行业金融机构总负债

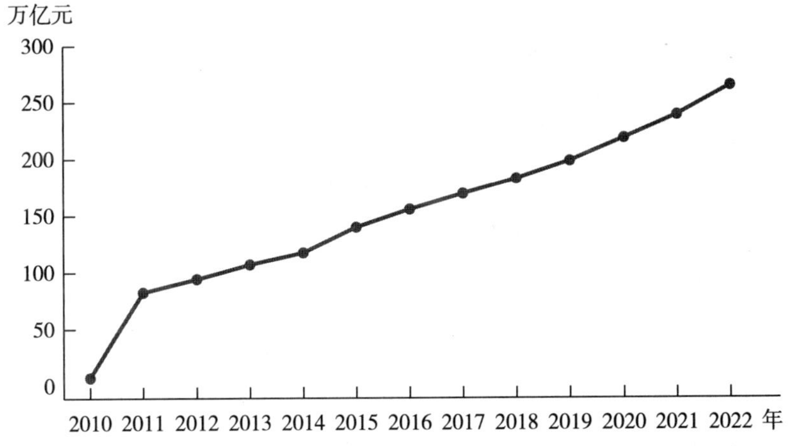

图 4－4　银行业金融机构各项存款

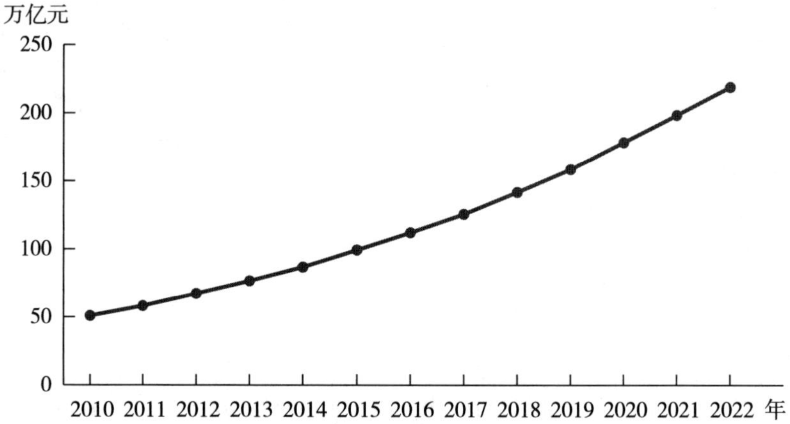

图 4－5　银行业金融机构各项贷款

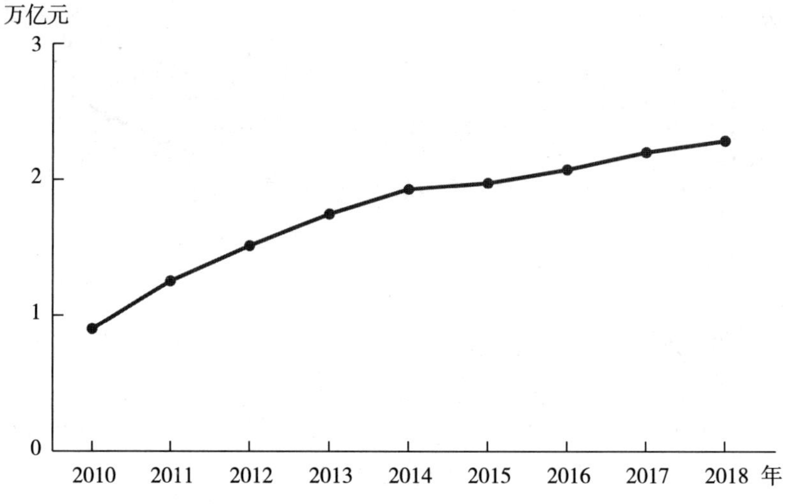

图 4－6　银行业金融机构税后利润

利率市场化改革取得了实质性进展。中央银行根据法定职责，遵循经济规律确定政策和利率，建立市场化利率形成和传导机制，实现均衡利率由资金市场供求关系决定。2005 年 7 月，我国宣布启动人民币汇率形成机制改革，人民币汇率不再盯住单一美元，而实行以市场供求为基础、参考一篮子货币进行调节、有管理的浮动汇率制度，人民币汇率弹性明显增加，有效管理和引导着市场预期。

金融法治助推了资源优化配置。法律与政策对许多新情况加以规制,合理分配了权利义务,如当年采取“区别对待,择优扶植”的信贷方针,以及目前资本市场的独角兽制度、风险资本投资机制、创新失败免责条款等,在促进企业科技创新、推动持续改革方面发挥了积极作用。

3. 健全了现代金融体系

现代金融体系,是指以资本市场为基础的金融体系,与传统金融体系有很大不同,传统金融体系是以商业银行为基础的。现代金融体系具有媒介资金供求关系的机制,还具有能够实现资源优化配置、分散风险和分享财富成长三大功能的机制。《中国人民银行法》《商业银行法》《银行业监督管理法》《证券法》《证券投资基金法》等法律法规的制度设计为建立健全现代金融体系提供了坚实的制度基础。为发展资本市场、实现国民经济的宏观调控、控制杠杆率过高,以及降低全社会融资中过高的债务比重,把储蓄转化为投资、债权转化为股权等发挥了积极作用。金融法治在解决民间融资不规范的问题,特别是打击非法集资、金融欺诈等犯罪上的作用更直接。目前,针对存在的中小企业融资难的问题,法治也在努力帮助解决,金融法治将进一步明确各方权力与责任、权利与义务,增进互信,防止道德风险。

4. 让广大公民分享改革开放、经济发展的成果

资本市场使社会财富尤其是金融资产得以快速增长,过去,无论城市居民还是农民,增加家庭财富主要靠增量,而改革开放之后,可以运用存量财富进行证券市场投资来增加财富。国际资本市场近 100 年历史表明,对股票、房地产、国债、黄金的投资中,收益最高的是股票,其次是房地产,再次是债券,最后是黄金。可见,存量财富通过投资可以增值,资本市场提供了人人可以参与的财富分享机制。但是,资本市场对法治的要求非常高,需要依靠法治建立基本规则。本书对证券领域有专门论述,此章不展开。

(四)法律对金融发展产生作用的机制

市场经济是法治经济。法律法规及政策对金融活动进行规范,主要体现在法律确认金融关系、规范金融行为、维护金融秩序、服务金融活动。

在这过程中，存在法律与政策互动、市场取向选择、维护金融秩序、金融监管等机制，这些机制反映了金融机构的内在组织和运行情况，助推着法律对金融发展产生作用。

1. 法律与政策互动

我国金融体制的改革，没有成功先例可循。改革初期的特征是“试错”，一切都得在实践中探索，可谓“摸着石头过河”。改革初期的金融改革包括银行体制改革，处处可见新旧体制的冲撞，很多新的社会关系刚刚出现，不可能马上通过立法加以调整。一般来说，法律是实践经验的总结，是在实践中明确了价值取向，积累了相当经验，待取得成功的做法变得相对成熟之后，才以法律的形式将其固化。所谓固化也是相对的，因为，在改革的大背景下，经济社会发展很快，新问题层出不穷，而认识问题需要过程，应对措施出台也需要过程，所以，法律不可能一步到位，也不会一劳永逸，就是说，改革是渐进的，法治也必定是渐进的；改革没有终点，法治也将与时俱进，不断进步。

法律与政策的互动，力求消除规则的空白。在改革过程中，法治追求全覆盖，但是做不到，因为经济社会与改革的进程发展非常快，于是，在社会运行上，政策起着规则的作用，不可或缺。政策与法律作为社会调整的两种基本形式，它们之间一个重要的区别在于制定的程序不同、稳定性不同。政策制定的程序相对简单、快捷，与法律相比较，稳定性弱，生命周期相对短暂，需要不断出台政策及时应对变化着的形势。在金融领域，政策所起的作用十分突出，政策为法律的制定提供宗旨、确定方向，法律依据政策确立基本规则，并尽可能使规则富有可操作性。因为金融是最活跃、最具不确定因素的领域，法律确立了基本规则之后，业内的具体操作需要及时出台行政法规和规章加以细化，但法律不是可以解决所有运行中的问题的，有的事项仍需要政策加以调整，像货币信贷政策、金融信息化、经理国库等，必须通过具体政策对法律基本原则作诠释和加以落实。

法律未覆盖领域的空白更需要运用政策工具，实施定向引导。以上海为例，2018 年，按照中国人民银行总行关于“加大支小再贷款、再贴现支持力度，引导金融机构增加小微企业和民营企业信贷投放”的工作部署，主动对接科创、先进制造业等重点领域，经过排摸需求并高效办理放贷，截至 2018 年年末，上海支小再贷款余额 77.85 亿元，同比增长 127.6%，直接惠及民营、小微企业近 2000 户。再贴现与金融机构直贴的杠杆率达到 1:6.7，即 1 元再贴现可撬动 6.7 元的企业票据直贴；民营、小微企业票据占再贴现总额的比例超过 95%，缓解了民营经济小微企业"融资难"的矛盾，政策工具的作用充分显现。

形成法律规范与政策相互作用的机制，是金融改革成功之道。改革中，由于立足点不同、利益不同、视角不同等原因，对同一事物看法迥异的情况并不鲜见，在分歧较多的情况下，没有经过充分博弈和论证，制定法律法规的可能性不大。而对规则的需求则是每时每刻的，缺少规则很容易市场失序。例如，1993 年曾发生过地方擅自提高利率、在金融业务中收取回扣、不经批准代理发行企业债券等问题。后由中央及时出台政策，要求任何金融机构都必须按照中央银行统一的货币信贷政策和规定的业务范围进行合法、稳健经营，不能乱提口号、乱定方针，各行其是。这样，有效防止了再发生片面追求小集团的利益或个人利益，损害银行和金融机构的信誉，造成国家信贷资金不应有的损失的情况。正确运用法律与政策这两种强制性、稳定性不同的规则，并注重金融领域政策与财政政策、产业政策等其他政策的配套和互动，为各类金融市场主体提供了运营规则和制度性保障，从而保证了金融改革在法治轨道上进行，有效避免了权力滥用和金融失序、"颠覆性错误"，以及"翻烧饼"和传统体制的回潮，也使市场主体对自己的行为有预期，能够做到趋利避害。

目前，法律法规与政策形成的规则系统日趋完善，科学性和前瞻性不断提高。但是，对改革中的相关问题，认识趋于一致需要过程，不可能一遇到问题就制定一部法律加以解决。因此，金融领域采用"结合国情、有效使用、区别对待、逐步递进"原则，针对不同地区和不同机构，妥善处理金融政策、规范性文件、规章、法规、法律之间的权威性、适用性关系是适当的。

2. 确定市场取向

过去 40 多年，通过法律法规以及相关政策的指引与规范，银行业经历了由计划经济向市场经济的转换,这是两种不同的经济运行机制。现行金融体制根据市场经济的要求,推动银行成为市场主体,由财政的附属转化为投资的角色,为中国经济较快增长并保持总体稳定发挥了重要作用。在经济转型中,改革经常会面临向何处去的抉择,回溯历史,金融改革最终都选择了市场经济的取向。

市场运行机制是市场经济的总体功能,是经济成长过程中最重要的驱动因素。金融改革始终坚持市场取向,采取了一些重大举措。经过改革,银行有了不同类型:中央银行、政策性银行、商业银行、投资银行等;还改革了在计划经济条件下实行的"统存统贷"信贷体制,即先是改为"差额控制"办法,后进一步改为"差额包干"办法,再后来改为"实贷实存"办法。将几种办法相比较,可以看出,市场的因素在不断增加,市场在资源配置中的作用日益发挥。利率改革也是以市场化为方向的。2004 年,国家按照"先贷款后存款、先大额后小额、先外币后本币"的思路,开启了利率市场化进程。至今,国内商业银行的贷款利率已经完全放开。债券、拆借、票据和外币存贷款利率等,完全放开得更早。2015 年,存款利率市场化改革后,国家对利率的管理已经完全放开,迈出了利率市场化的第一步。之后,金融市场进一步发展完善,央行通过对货币市场的操作和引导调控利率水平。汇率市场化改革也经历了较长时期。1994 年,进行了"双轨合一"的外汇体制改革。2003 年,党的十六届三中全会明确要建立健全由市场供求决定的利率形成机制,完善人民币汇率形成机制,要使人民币汇率在合理均衡的水平上保持基本稳定。根据这一要求,2005 年推进汇率体制改革,实行以市场供求为基础、参考一篮子货币进行调节、有管理的浮动汇率制度。新的汇率体制要求人民币汇率主要由外汇市场的供求关系决定。随着人民币加入特别提款权,成为国际储备货币,人民币的汇率也需要有更广泛的代表性,国家进一步改革人民币汇率形成机制,形成"收盘价 + 一揽子汇率 + 逆周期因子"的定价机制。这些重大改革的过程都是不断增加市场因素,最终实现由市场配置资源的过程。

商业信用恢复和被广泛应用的过程,也是市场因素不断增加的过程。1980 年左右,就有适当开放一些商业信用的建议提出。当时面临的抉择难处是,国家不可能直接控制商业信用的方向和数量,同时,还存在商业信用与银行信用的均衡问题。1982 年 12 月,国务院要求银行加强商业信用的引导和管理,对有利于发展生产、搞活经济、扩大商品销售的商业信用,对经过批准允许的商品赊销、分期付款和预收预付,各级银行都要予以支持。[1] 随着商业信用的发展,商业票据的承兑、贴现业务也发展起来。1984 年 12 月,中国人民银行制定了《商业汇票承兑、贴现暂行办法》,以便更好地发挥商业信用的积极作用,加强对商业信用的疏导和管理。1989 年,商业信用在很多场合成为企业用于填补自己资金缺口的手段,企业间产生了严重的"三角债",拖欠总额已超过 1000 亿元,相当于国营企业定额流动资金的约 1/5,占同期银行工业贷款的 43%。"三角债"的债务链,严重阻碍了效益好的企业的发展。为断绝前清后欠的债务链,国家制定了《票据法》,通过推广商业票据的使用和贴现,使商业信用真正走上了市场化、法治化道路。

为加大市场在资源配置中的作用,促进上海国际金融中心建设,改善营商环境,2013 年,全国人大常委会制定了《关于授权国务院在中国(上海)自由贸易试验区暂时调整有关法律规定的行政审批的决定》(已失效)后,上海自贸试验区大量精简行政审批,加快转变政府职能,发挥市场在资源配置中的作用,促进各项改革扎实推进。在金融领域,自由贸易账户服务功能进一步完善,我国的跨境人民币业务结算量大幅增长。

如图 4-7 所示,跨境人民币业务结算量:2013 年为 62,340 亿元,2014 年为 99,588 亿元,2015 年为 121,042 亿元,2016 年为 98,468 亿元,2017 年为 108,365 亿元,2018 年为 158,525 亿元。其中,2018 年,上海市跨境人民币结算量为 7.3 万亿元,同比增长 74%,占全国跨境人民币结算总额的约 46%,同比增长 8 个百分点。

---

〔1〕 参见段云:《财政金融论综》,中国财政经济出版社 1984 年版,第 76 页。

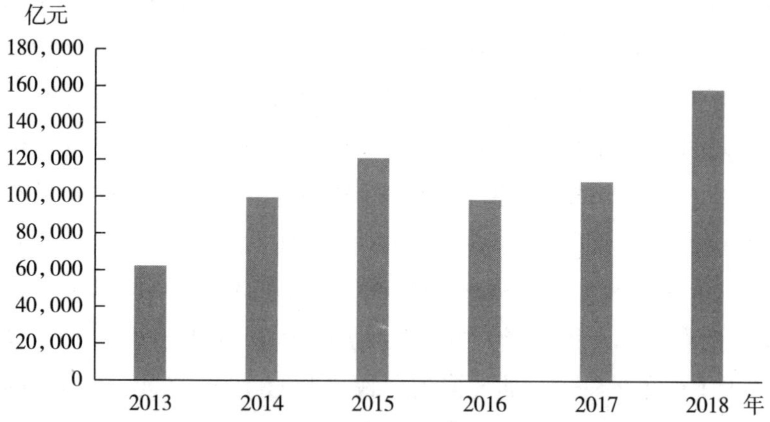

图 4-7　2013 年至 2018 年跨境人民币业务结算量

3. 建立和维护金融秩序

秩序是摆脱偶然性和任意性的基础和前提。因此,我国的金融法治建设抓得很紧,并且一直在着力建立和维护金融秩序。在市场经济条件下,金融秩序在保护财产所有权、规范金融主体、调控经济活动和保障公民金融权益方面,作用十分突出。如果我国金融领域失序,经济关系的稳定性就会受到冲击,经济结构之间的关系也会处于混乱状态,各市场主体各行其是、互不信任,向市场经济转型进程的连续性被打破,最终引发金融风险。1997 年下半年,东南亚国家爆发金融危机,并很快波及整个亚洲和世界其他地区,造成国际金融市场持续动荡,世界经济受到冲击。这场金融危机突发性强、波及面广、危害极大。因此,我国把防范和化解金融风险作为金融法治建设的一项重要任务,并于当年 11 月对防范和化解金融风险作出进一步部署。1998 年 3 月,在经济工作上,党中央作出扩大内需、积极扩大出口、适当增加进口、保持人民币汇率稳定等重大决策,金融秩序得以稳定。1998 年 7 月,党中央果断决定实施积极的财政政策和稳健的货币政策,由中央财政向商业银行增发长期建设国债,加强基础设施建设,从多方面拉动经济增长。以上重大决策部署很快取得成效。在许多国家出现经济衰退、货币大幅度贬值的情况下,我国兑现人民币不贬值的承诺,为缓解危机和促进亚洲国家经济恢复发展作出了贡献。

我国的金融秩序总体状况是好的,但还不够理想。2018 年,中共中央、国务院印发了关于打好防范化解重大风险攻坚战的思路和举措,以及攻坚战的行动方案。按照“稳定大局、统筹协调、分类施策、精准拆弹”的基本政策,有效稳住宏观杠杆率,控制重点领域信用风险;稳妥化解影子银行风险;有序处置各类高风险金融机构风险;全面清理整顿金融秩序;深化金融业改革开放,加强预期管理和舆论引导;切实防范金融市场异常波动和外部冲击风险;优先依法依规处置风险已经暴露、具有系统性影响的“安邦系”等重点机构风险;同时要不断健全风险监测与评估体系。持续加强银行、证券、保险业风险监测评估,撰写和发布《中国金融稳定报告》,加强金融风险提示和研判,积极引导市场预期。还要在运行机制、法律制度、诚信文化、参与主体和监督体系等方面,对资本市场继续加以培育和完善,推动银行业金融机构完善风险治理体系,推进表内外、境内外、本外币和母子公司的集团并表全面风险管理,建立覆盖非信贷资产和表外资产全口径分层次资本占用和风险拨备等制度,以使金融秩序满足资本发展的要求,形成市场主体自我约束和相互制衡机制。

4. 有效金融监管

银行属于经营高风险的特殊行业,必须加强金融监管。对银行业的监管,是守住不发生系统性风险底线的重要举措。我国金融业能够应对各种风险挑战,获得较快发展,与不断加强和完善现代金融监管密不可分。金融监管要素包括宏观审慎管理、微观审慎监管、保护消费者权益、打击金融犯罪、维护市场稳定、处置问题机构等。持续有效的金融监管,既要防止监管不足,又要防止监管过度,还要求监管本身具有较高的透明度,能够增强金融市场运行的有序性、金融机构经营的稳健性、金融风险的可控性,此外,还要推动银行业乃至金融业的发展。

法律法规和政策在加强和完善监管方面发挥了较大作用。这些法律法规与政策在改革过程中,不断汲取建立和完善金融秩序经验,趋向成熟,形成了实现有效金融监管的机制。

1978 年,随着金融体制改革,中国金融监管制度开始进入探索阶段。1982 年,中国人民银行设立了金融机构管理司,后又设立条法司、非银行金融机构管理司和保险司。其间,金融监管的措施主要采取报告制度、年检制度、评级制度等,并建立了现场检查和非现场检查相结合的制度。通过定期、不定期考核和检查,及时发现问题。

1992 年 10 月,国务院成立了国务院证券委员会(已撤销)和中国证监会。这标志着我国的金融分业监管体制开始起步。1993 年年底,国务院发布了《关于金融体制改革的决定》,奠定了金融分业监管体制和实施金融分业监管的基础。我国金融业实行分业经营、分业监管,中国人民银行、原中国银监会、中国证监会和原中国保监会分别监管银行业、证券业和保险业。2017 年,设立国务院金融稳定发展委员会,进一步加强对金融监管的统筹协调,加强风险防范,补齐监管短板。

金融监管的作用非常明显。1993 年上半年,出现了货币投放过多、金融秩序混乱的情况,全国非法集资额达 1000 亿元左右,国家银行向系统外净拆出资金达 1055 亿元,严重影响银行正常资金运用,直接扩大了全社会信用规模,助长了投资膨胀。当时,还出现了擅自提高利率,在金融业务中收取回扣,不经批准代理发行企业债券等问题,导致物价涨势居高不下、物价涨幅高于利息收益、储蓄存款增长趋缓,最终造成了专业银行的支付能力严重不足的结果。国家通过宏观调控和有效监管,依法整顿金融秩序,坚决制止了“储蓄大战”“利率大战”,并且大力组织存款,年末储蓄存款余额大幅增加。银行有了比较稳定的资金来源,增加了信贷投入,保证了建设和生产及生活的合理资金需要,缓解了企业流动资金紧张的状况。

有效的金融监管具有发现问题的能力。2000 年、2001 年,中国人民银行分别对金融机构的资产质量和盈亏真实情况、不良贷款进行现场检查,基本掌握了金融机构不良资产水平、财务状况、内部监控及高级管理人员任职资格管理方面的情况,违规业务情况以及商业银行信贷资金违规流入股市等问题,纠正了违规行为,查处了一批违规机构和责任人。[1]

金融监管制度在我国加入世贸组织后,进一步得到完善。我国全面清理了所有的法律法规和政府规章、金融领域的规章和规范性文件以及

---

〔1〕 参见中国金融学会编:《中国金融年鉴 2003》,中国金融年鉴编辑部 2003 年版,第 11 页。

行政许可项目。原中国银监会着力构建银行业审慎监管法规体系,并依法建立和完善了内控机制。[1]

中国人民银行坚持“支持发展,鼓励创新,防范风险,加强监管”的监管指导原则,会同有关部门研究改进审慎监管标准,颁发了一系列关于规范金融机构不良贷款剥离、不良贷款认定、表外业务风险管理、网上银行业务和金融机构高级管理人员任职资格等方面的法规,研究制定了《金融监管指南》。为了促使不良贷款比例下降和信贷资产质量改善,中国人民银行于2001年制定了《贷款风险分类指导原则》,试行贷款5级分类,将信贷资产分为正常、可疑、关注、次级、损失5类。2000年5月,中国银行业协会成立,该协会充分发挥行业自律管理的重要作用。此后,国有独资商业银行不良贷款比率逐年下降,新增贷款质量明显提高,清晰地显示了法律法规规章所发挥的直接作用。[2]

中国人民银行还加强了金融机构市场退出的监管。1997~2001年,中国人民银行采取撤销、解散、关闭、破产等办法,对400多家严重违法违规经营、资不抵债、不能支付到期债务的中小金融机构,以及2万多家农村基金会实施市场退出。2001年,国务院制定了《金融机构撤销条例》,对金融机构市场退出的监管进一步法治化。

为了完善信息披露制度,加强社会监督,中国人民银行于2002年制定了《商业银行信息披露暂行办法》(已失效),该办法对商业银行对外披露信息作出了规定,增强了市场约束。中国人民银行还确认了一批会计师(审计师)事务所和信用评级机构从事金融审计的资格,使其发挥社会中介机构的外部监督作用。自2001年起,我国逐步建立起了省际信贷业务登录和查询系统。

金融监管工作是问题导向的,重心也会根据实际情况发生改变。21世纪初,金融监管工作的重心由查处违规行为逐渐转向促进完善公司治理,提高内控有效性和坚持以风险为本的审慎监管。中国人民银行初步

---

〔1〕 参见中国金融学会编:《中国金融年鉴2002》,中国金融年鉴编辑部2002年版,第7~13页。

〔2〕 参见中国金融学会编:《中国金融年鉴2003》,中国金融年鉴编辑部2003年版,第10页。

建立了银行风险评价体系。

原中国银监会发布的《商业银行资本充足率管理办法》(已失效)和《资本充足率统计制度》(已失效)等规章,确立了强化商业银行资本约束的审慎监管框架。与中国人民银行共同发布的《商业银行次级债券发行管理办法》,加强了对商业银行内部控制的监管,形成了风险管理的长效机制。《中国银行、中国建设银行公司治理改革与监管指引》(已失效)初步奠定了两家银行的公司治理结构框架,以期实现风险控制为核心的机制转变。《股份制商业银行风险评级体系(暂行)》(已失效)和《农村合作金融机构风险评价和预警指标体系(试行)》(已失效)推动了对各类银行业机构风险的专业考核和综合评比。《商业银行房地产贷款风险管理指引》为商业银行的房贷业务提供了规范和标准。《商业银行不良资产监测和考核暂行办法》要求商业银行建立不良资产分析和考核报告制度。《商业银行市场风险管理指引》督促商业银行从实际出发,设计有效的市场风险识别、计量、监测和控制程序,加强内控制度,提高控制市场风险的能力。《金融机构衍生产品交易业务管理暂行办法》提高了银行业金融机构按照审慎监管的要求,规避经营风险、提高盈利水平的能力。

法治规范能否实现立法初衷,与执法密切相关。金融监管执法是金融监管工作的重要内容。为规范监管执法工作,原中国银监会发布的《中国银行业监督管理委员会监管职责分工和工作程序的暂行规定》,初步明确了原中国银监会系统各项监管职责的内部职责划分。对非现场监管和现场监管工作,原中国银监会分别制定了《股份制商业银行非现场监管规程》《中国银行业监督管理委员会现场检查规程》。《银行业监管统计管理暂行办法》(已失效)和《银监会统计信息披露暂行办法》,则为建立银行业监管统计制度,促进银行业的健康发展提供了制度保障。

总而言之,金融法治对于银行业的发展非常重要,实施效果也非常明显。我国改革开放40多年来,采用“试错”的方法,“摸着石头过河”,在探索中逐渐地建立和完善法治,逐渐形成了完备的法治规范体系,并将改革纳入了法治的轨道。这样的思路和实践成功地避免了社会动荡,也使整个经济转型得以顺利实施。这样的改革思路和方法,在金融领域表现得很充分。在探索中,金融法治建设积极发挥法律、规章、规范性文件和政策的作用,将这些规范结合运用得非常到位,取得了效益最大化,避免了各种风险挑战。在改革过程中,每次遇到转型难题时,我国都选择了市场取向,确保了改革不改变方向。金融法治注重建立规则、注重建立秩序,不追求短期效益,从而保证了金融改革与金融业发展不犯颠覆性错误,在面对 1998 年亚洲金融危机和 2008 年国际金融危机时,我国都能成功应对,并赢得了世界性的声誉。只要有规则,就一定会有挑战和破坏规则的事情发生,因此,在高风险的金融领域,金融监管是不可或缺的。我国在实践中,监管的制度日益完善,监管工作也日益成熟,许多违法违规行为被发现并加以处理,保证了我国金融业的健康发展。

党的二十大报告提出,建设中国式现代化,这对金融领域的法治建设提出了新的要求。可以预见,不管全球化进程是否顺利,人民币走向国际,成为国际货币都是不可逆转的趋势。为此,金融法治要坚持问题导向、目标导向、结果导向,进一步完善金融法治规范体系,注重法律效果、政治效果、社会效果相统一,为中国金融实现现代化,进而助推实现中国式现代化继续努力奋斗。

二、证券法治建设对证券市场发展的影响

我国现代证券市场在 20 世纪 80 年代初探索起步,沪深证券交易所的设立成为证券市场诞生的重要标志。证券市场是我国社会主义市场体系的重要组成部分。它萌芽于我国经济体制改革初期,从 1981 年在全国发行国库券,之后试点发行股票、股票转让,证券市场从无到有、从小到大。1978 年,中国的 GDP 仅 3778 亿元。到 2022 年年末,中国 GDP 达到 114 万亿元,股票总市值达 78.8 万亿元,证券投资基金规模达到 21 万亿份,目前已是全球第二大证券市场(见图 4 - 8)。证券市场的发展对中国经济发展起到了至关重要的作用。同时,我国证券市场法治建设与证券市场建设的探索、经济发展同步,取得了长足进步,证券法治建设既适应了经济发展的要求,也推动了证券市场发展。

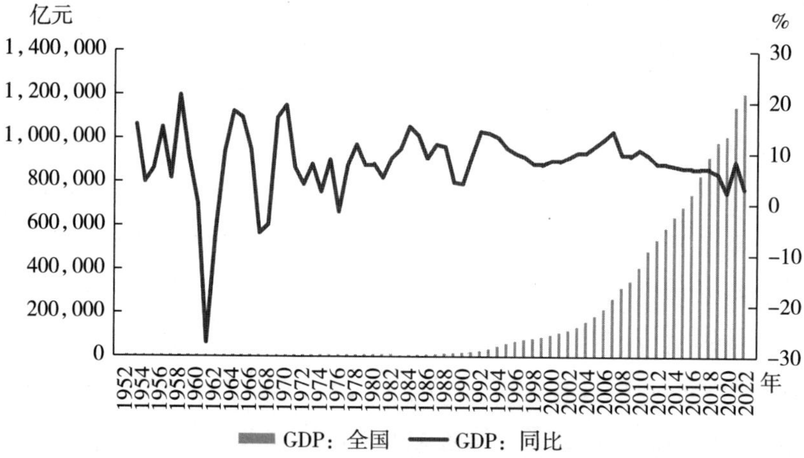

图4-8　历年国内生产总值趋势

(一)证券市场与法治建设关系的一般论述

我国证券市场的诞生,是在国家经济发展和投资需求的大背景下出现的。改革开放之初,我国经济规模处于十分弱小的状态,1978 年国内生产总值仅 3778 亿元,并且施行着完全的计划经济,发展经济面临的突出困难和问题:一是投资活动受制于资金规模弱小,投资活动由国家总体控制,虽然全社会都有发展经济的强烈需求,但面临发展经济与投资资金短缺的突出矛盾。二是占社会经济活动主体地位的国有企业,经营机制僵化,缺乏创新发展活力,迫切需要从经营机制上进行创新,使其获得发展壮大和生机。三是在意识形态方面,对证券市场存在"姓资姓社"的疑虑。在当时条件下,除经营责任制、价格机制改革、所有权与经营权两权分立改革等方面的内容外,股份制改革是重要探索。综观上海证券市场的发展,经历了初创发行市场、建立二级市场和规范市场交易等重要探索与步骤。回顾二十世纪三四十年代,上海市曾经是东亚的国际金融中心。作为这一中心的重要标志是资金与资本的高度集中,金融市场的大量交易与国内外广泛的金融联系。经历了中华人民共和国成立之初至 20 世纪 70 年代末证券与证券市场的销声匿迹后,在 1984 年,为了获取资金,上海的一些企业开始发行债券和股票,以筹集资金。当时,由于缺乏统一的法规和制度,致使许多企业盲目地进行债券、股票的发行。在 1984 年 8 月,经过上海市政府的批准，中国人民银行上海市分行发布了《关于发行股票的暂行管理办法》，从而初步确立了证券发行规则。

1986 年 9 月，为了适应市场发展的需要，工商银行上海市分行信托部试办全国第一个证券交易柜台静安证券业务部，办理股票和债券的转让与买卖。1988 年 4 月开放了国库券市场，由此初步形成了证券二级市场。在此发展经济的大背景下，上海、沈阳、四川等地陆续出现了实行股份制的摸索和探索。

1984 年 11 月 14 日，经中国人民银行上海市分行金融行政管理处批准，上海飞乐音响股份有限公司成为全国首家规范化向社会公开发行股票的股份制试点。公司股票于 1986 年 9 月 26 日在中国工商银行上海市分行静安证券业务部上柜交易。1990 年 12 月 19 日，公司股票转至上交所挂牌交易。这是我国现代证券市场的开端。

证券市场发端与探索初期，各项制度均处于认识的探索期。初期的制度建设与市场发育均处于探索中。经济发展、筹资需求、改制探索催生了证券市场和证券法治的萌芽。在市场发展初期，各项改革和探索都是在试点与探索中进行的。20 世纪 80 年代中后期，随着市场探索与对外学习研究的深入，证券市场进入在探索中发展、相关制度规则同步起草制定的新阶段。

（二）证券法治对证券市场诞生与发展的作用

1. 早期探索对市场和法治发展的作用

改革开放之初，我国开始探索发行股票时，证券法治一片空白。股票发行根植于上海历史上对股票市场的认识、国外的经验及人们对股票发行的探索。

根据曾担任中国人民银行上海分行副行长、上海银监局局长的王华庆博士在《上海证券年鉴 1992》中的介绍，上海股份制试点始于 1984 年，经过先由企业内部集资，到公开向社会发行股票；先集体小型企业，后大中型国营企业；先人民币股票，后人民币特种股票的发展过程。企业内部集资主要在 1984 年到 1986 年，从 1984 年 8 月中国人民银行上海市分行制定《关于发行股票的暂行管理办法》至 1986 年年底，全市发行内部股金券的企业有 800 余家，发行总额共计 1.02 亿元，到 1991 年已超过 1000

家。这类企业虽带有股份制因素,但还不能称为股份制企业。1984 年 11 月,上海飞乐音响股份公司首次向社会公开发行第一只股票 50 万元,次年 1 月,延中实业和爱使电子又分别发行了 500 万元和 40 万元的股票。我国证券市场开始了实际探索发展。

在制度探索方面,1984 年 8 月,经上海市政府批准,中国人民银行上海市分行颁布了全国第一个关于股票发行的制度《关于发行股票的暂行管理办法》。深圳市在 1992 年 2 月颁布了《深圳市股份有限公司暂行规定》,原国家经济体制改革委员会于 1992 年 5 月 15 日发布了《股份有限公司规范意见》。1992 年 5 月 18 日,上海市人民政府第 15 号令颁布了《上海市股份有限公司暂行规定》。这几份探索性文件出台,标志着证券法治探索迈出了重要步伐。总体上看,发展股份制的探索、股份公司的出现和证券法治建设是探索前行、相互促进的。

试点制度的出台进一步激发了各地股票发行的重视与热情。随着人们对发行股票重要性的认识日益明确,以及企业发展对资金的需要,发展证券市场成为越来越迫切的要求。中央政府对各地发行股票实施了额度管理的办法,即对各地方发行股票实行总量控制、额度管理。1993 年 4 月,国务院颁布实施了《股票条例》。各地开始积极推进股份公司发行股份并上市,1992 年年末全国上市公司数量为 53 家,1993 年至 1996 年年末分别达到 183 家、291 家、323 家、530 家,发展速度较快。到 2000 年年末,上市公司数达到 1088 家。其后,随着公司法、证券法及证券投资基金法的制定与不断修改完善,上市公司逐步成为我国国民经济的重要组成部分。上市公司数量持续增加,截至 2022 年 11 月 22 日,A 股上市公司数突破 5000 家。(见图 4 –9)

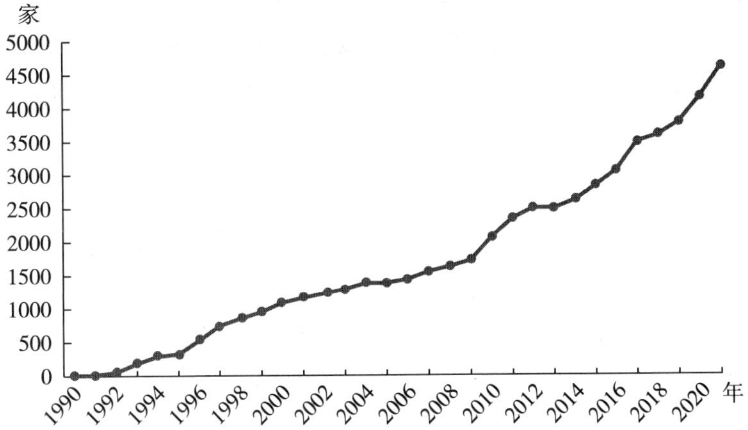

图 4－9　境内上市公司数(A、B 股)

2. 证券法治基础制度建设与完善

证券市场法治建设的发展主要体现在证券市场主要法律制度的颁布完善和具体操作规范制定完善两个方面。主要法律制度建设是市场的基础制度和框架,由全国人大及其常委会制定修改,主要包括公司法、证券法、证券投资基金法等。具体操作规范则包括证券发行、交易、信息披露、违规处理等各个方面。这些制度包括了行政法规、部门规章、行业规范(主要是交易所的业务规则)等。这些制度的颁布、修改、完善,在不同的时段适应了市场发展的需求,共同促进了市场发展与规范。

在主要法律制度建设方面:一是公司法的制定和修改完善。1993 年 12 月 29 日,第八届全国人民代表大会常务委员会第五次会议通过了《中华人民共和国公司法》(以下简称《公司法》),并于 1994 年 7 月 1 日起实施。在涉及证券市场的方面,1993 年《公司法》明确规定了股份有限公司的设立条件,包括发起设立和募集设立等多种方式;公司章程应当载明的事项;关于发起人出资的规定、股份有限公司设立和向社会公开募集股份的审批与申请文件等;公司股东大会、董事会、经理、监事会的职权、工作程序等的规定;公司法同时对股份发行、股份转让、上市公司、公司债券、公司财务会计、合并与分立、破产、解散和清算等作出规定。其后,1999 年 12 月、2004 年 8 月、2005 年 10 月、2018 年 10 月和 2023 年 12 月经全国人大常委会5次作出修改《公司法》的决定。修订涉及股份公司的内容主要包括:股份公司设立的审批事项,规定股份有限公司采取发起设立方式设立的,注册资本为在公司登记机关的全体发起人认购的股本总额;在发起人认购的股份缴足前,不得向他人募集股份等。

二是证券法的制定和修改完善。1998年12月,经过九届全国人大常委会第六次会议的审议,《证券法》获得通过,并于1999年7月1日正式开始实施。该法是我国证券市场发展史上具有里程碑意义的重要法律之一。根据《证券法》的规定,证券的发行和交易活动必须遵循公开、公正、公平的原则,以确保其合法性和公正性;证券业与银行业、信托业、保险业分业经营、分业管理。全国证券市场将接受国务院证券监督管理机构的集中统一监督管理,以确保市场秩序和规范。《证券法》以法律形式明确了国家对证券的监管权、监督程序及法律责任,是我国社会主义市场经济体制下的第一部专门立法。《证券法》详细规定了证券发行、证券交易、上市公司收购、证券交易所、证券公司、证券登记结算机构以及证券交易服务机构等方面的具体条款。1998年《证券法》比较重大的制度创新是规定了股票发行的核准制。公开发行股票,必须报经国务院证券监督管理机构核准。在证券交易方面,《证券法》规定证券在证券交易所挂牌交易,应当采用公开的集中竞价交易方式。证券交易的集中竞价实行价格优先、时间优先原则。在持续信息公开方面,《证券法》规定信息披露必须真实、准确、完整,不得有虚假记载、误导性陈述或者重大遗漏,并规定了重大事件的范围和披露要求。《证券法》规定了禁止的交易行为,禁止内幕交易、操纵市场,禁止编造、传播虚假信息,禁止各种欺诈行为。在上市公司收购方面,《证券法》规定了要约收购和协议收购方式,以及收购的报告义务,对收购中的程序性要求作出明确规定。

2004年,十届全国人大常委会第十一次会议对《证券法》作出修改,将第28条修改为:"股票发行采取溢价发行的,其发行价格由发行人与承销的证券公司协商确定。"在2005年10月,十届全国人大常委会第十八次会议通过了修订证券法的决议。该次修订的核心内容在于确立国家设立"证券投资者保护基金",以保障证券投资者的权益。此外,该次修订对于证券投资咨询机构误导投资者的行为,制定了相应的惩罚措施;为推进金融衍生品交易市场的多元化发展,允许积极探索融资融券和股指期货等金融工具的交易模式,以扩大市场份额;确立客户交易资金的所有权,严格禁止任何单位或个人以任何方式挪用客户的交易结算资金和证券,以确保资金使用的合法性和规范性;经过部分限制性规定的解除和有关规定的调整优化,2005 年修订的《证券法》在强调分业管理的同时,新增了"国家另有规定的除外"的表述,规定国有企业和国有资产控股的企业在买卖上市交易的股票时,必须遵守国家有关规定,"依法拓宽资金入市渠道,禁止任何违规资金流入股市"。这些修订内容对证券市场健康发展起到了重要作用,也进一步完善了我国证券监管体制,巩固了资本市场进一步深化改革、稳步发展的新形势、新成果。

2019 年 12 月 28 日,十三届全国人大常委会第十五次会议审议通过了修订后的《证券法》,该次修订的重点是推行注册制,此外还进行了一系列修订。一是全面推行证券发行注册制度。在总结上交所设立科创板并试点注册制的经验基础上,2019 年《证券法》贯彻落实了党的十八届三中全会关于注册制改革的有关要求和党的十九届四中全会完善资本市场基础制度的要求,并按照全面推行注册制的基本定位,对证券发行制度作了系统的修改完善,充分体现了注册制改革的决心与方向。同时,考虑注册制改革是一个渐进的过程,2019 年《证券法》也授权国务院对证券发行注册制的具体范围、实施步骤进行规定,为有关板块和证券品种分步实施注册制留出了必要的法律空间。二是显著提高证券违法违规成本。2019 年《证券法》大幅提高对证券违法行为的处罚力度。如对于欺诈发行行为,从原来最高可处募集资金 5% 的罚款,提高至募集资金的 1 倍;对于上市公司信息披露违法行为,从原来最高可处以 60 万元罚款,提高至 1000 万元;对于发行人的控股股东、实际控制人组织、指使从事虚假陈述行为,或者隐瞒相关事项导致虚假陈述的,规定最高可处以 1000 万元罚款等。同时,2019 年《证券法》对证券违法民事赔偿责任也作出完善。例如,规定了发行人等不履行公开承诺的民事赔偿责任,明确了发行人的控股股东、实际控制人在欺诈发行、信息披露违法中的过错推定、连带赔偿责任等。

三是完善投资者保护制度。2019 年《证券法》设专章规定投资者保护制度,作出了符合证券市场特点和实际的制度安排。其中包括:区分普通投资者和专业投资者,有针对性地作出投资者权益保护安排;建立上市公司股东权利代为行使征集制度;规定债券持有人会议和债券受托管理人制度;建立普通投资者与证券公司纠纷的强制调解制度;完善上市公司现金分红制度。为适应证券发行注册制改革的需要,2019 年《证券法》探索了适应我国国情的证券民事诉讼制度,规定投资者保护机构可以作为诉讼代表人,按照“明示退出”“默示加入”的诉讼原则,依法为受害投资者提起民事损害赔偿诉讼。四是进一步强化信息披露要求。2019 年《证券法》设专章规定信息披露制度,系统完善了信息披露制度。包括扩大信息披露义务人的范围;完善信息披露的内容;强调应当充分披露投资者作出价值判断和投资决策所必需的信息;规范信息披露义务人的自愿披露行为;明确上市公司收购人应当披露增持股份的资金来源;确立发行人及其控股股东、实际控制人、董事、监事、高级管理人员公开承诺的信息披露制度等。五是完善证券交易制度。包括优化有关上市条件和退市情形的规定;完善有关内幕交易、操纵市场、利用未公开信息的法律禁止性规定;强化证券交易实名制要求,任何单位和个人不得违反规定,出借证券账户或者借用他人证券账户从事证券交易;完善上市公司股东减持制度;规定证券交易停复牌制度和程序化交易制度;完善证券交易所防控市场风险、维护交易秩序的手段措施等。六是落实“放管服”要求取消相关行政许可。包括取消证券公司董事、监事、高级管理人员任职资格核准;调整会计师事务所等证券服务机构从事证券业务的监管方式,将资格审批改为备案;将协议收购下的要约收购义务豁免由经中国证监会免除,调整为按照中国证监会的规定免除发出要约等。七是压实中介机构市场“看门人”法律职责。规定证券公司不得允许他人以其名义直接参与证券的集中交易;明确保荐人、承销的证券公司及其直接责任人员未履行职责时对受害投资者所应承担的过错推定、连带赔偿责任;提高证券服务机构未履行勤勉尽责义务的违法处罚幅度,由原来最高可处以业务收入 5 倍的罚款,提高到 10 倍,情节严重的,并处暂停或者禁止从事证券服务业务等。八是建立健全多层次资本市场体系。将证券交易场所划分为证券交易所、国务院批准的其他全国性证券交易场所、按照国务院规定设立的区域性股权市场三个层次;规定证券交易所、国务院批准的其他全国性证券交易场所可以依法设立不同的市场层次;明确非公开发行的证券,可以在上述证券交易场所转让;授权国务院制定有关全国性证券交易场所、区域性股权市场的管理办法等。九是强化监管执法和风险防控。明确了中国证监会依法监测并防范、处置证券市场风险的职责;延长了中国证监会在执法中对违法资金、证券的冻结、查封期限;规定了证监会为防范市场风险、维护市场秩序采取监管措施的制度;增加了行政和解制度,证券市场诚信档案制度;完善了证券市场禁入制度,规定被市场禁入的主体,在一定期限内不得从事证券交易等。十是扩大证券法的适用范围。将存托凭证明确规定为法定证券;将资产支持证券和资产管理产品写入《证券法》,授权国务院按照《证券法》的原则规定资产支持证券、资产管理产品发行、交易的管理办法。同时,考虑证券领域跨境监管的现实需要,明确了在我国境外的证券发行和交易活动中,扰乱我国境内市场秩序、损害境内投资者合法权益的,依照《证券法》追究法律责任等。此外,该次《证券法》修订还对上市公司收购制度、证券公司业务管理制度、证券登记结算制度、跨境监管协作制度等进行完善。

随着这些制度的建立、发展和完善,我国证券市场不断发展壮大。首先,《证券法》关于国务院证券监督管理机构依法对全国证券市场实行集中统一监督管理的规定,促进了全国统一证券市场的建立和完善。其次,促进了分业经营、分业管理格局的形成,有利于有效管控风险和促进市场发展。再次,有利于市场主体的不断发展、市场规模不断扩大。最后,有利于证券市场运行和监管机制的完善,防范和化解市场风险。据统计,我国上市公司从 1990 年年末的 10 家,到 2000 年的 1000 家,2010 年的 2000 家,2016 年的 3000 家,2020 年的 4000 家,到 2022 年突破 5000 家,增长呈逐年加速之势。市值规模从 1992 年的 1048 亿元,到 1997 年的 17,500 亿元,2007 年突破 100,000 亿元,并达到 327,000 亿元,2021 年年末达到 916,000 亿元。(见图 4 – 10)

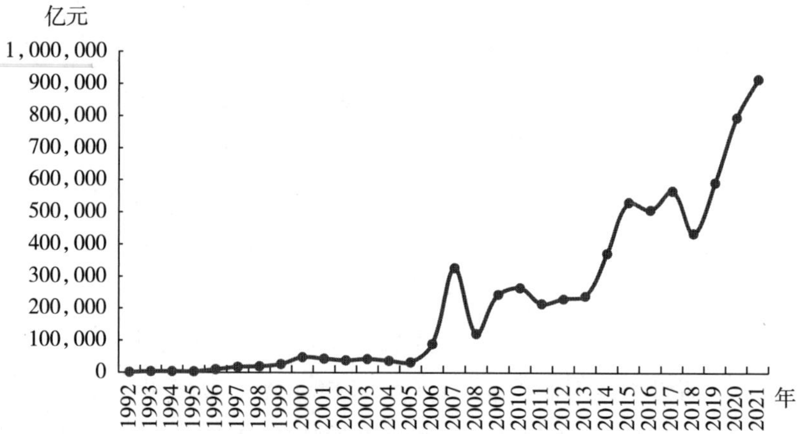

图 4-10　1992～2021 年股票市价总值趋势

1997 年 11 月,经国务院批准,国务院原证券委员会颁布实施了《证券投资基金管理暂行办法》(已失效)。十届全国人大常委会第五次会议于 2003 年 10 月 28 日通过了《证券投资基金法》,并于 2004 年 6 月 1 日起施行。《证券投资基金法》第 2 条规定,"在中华人民共和国境内,公开或者非公开募集资金设立证券投资基金(以下简称基金),由基金管理人管理,基金托管人托管,为基金份额持有人的利益,进行证券投资活动,适用本法"。《证券投资基金法》规定了基金管理人,基金托管人,基金的运作方式和组织,基金的公开募集,基金合同及其变更、终止与基金财产清算等内容。

2012 年 12 月 28 日、2015 年 4 月 24 日全国人大常委会对《证券投资基金法》进行了两次修改。2012 年的修订,一是将私募基金纳入监管。二是扩大公募基金的投资领域,允许公募基金投资货币市场和股指期货,同时允许专户投资商品期货和金融衍生品。三是基金的组织形式得到了扩展,其中包括"契约型"、"公司型"和"无限责任型"三种不同的形式。四是确立私募基金合格投资者制度。五是扩大基金公司股东的范围,规定仅需具备金融业务经营或金融机构管理经验并符合规定条件,这一重大变革为一些实力雄厚的大型国有企业提供了成为基金公司主要股东的基础。六是基金募集改为"注册制"。2015 年的修正,一是拓展基金风险管理工具,规定基金管理人可与托管人订立协议,可由托管人为公募基金提供短期融资支持。二是建立完善基金长期持有机制。三是完善基金份额持有人大会制度,另对一些创造性规定进行了完善。

基金法的修改及具体制度的发展、完善促进了基金市场的扩大和运作规范,基金规模从 1998 年试点时的 120 亿元的规模,2002 年年末突破千亿元,达到 1318 亿元,2007 年 22,300 亿元,2017 年突破 100,000 亿元,2019 年达 210,000 亿元,呈快速发展之势。(见图 4－11)

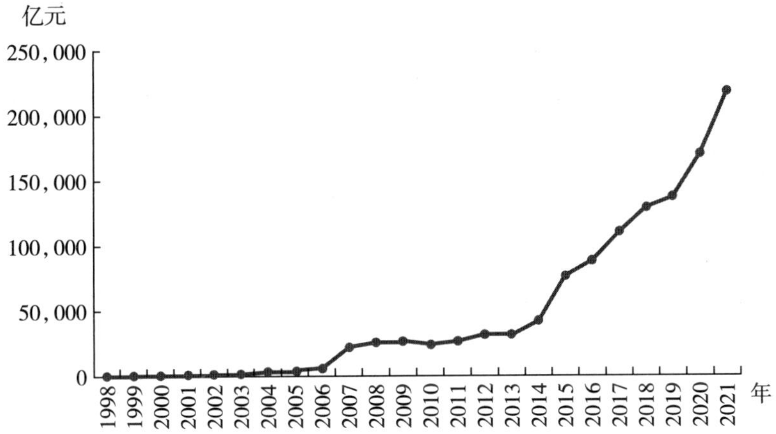

图 4－11　1998～2021 年证券投资基金规模

3. 证券市场具体操作规则的建立与完善

证券市场法治建设,不仅需要公司法、证券法、证券投资基金法这些规定市场的基本制度与框架、确立基础规范的法律规范,也需要与具体实践密切联系,指导市场参与各方具体的操作准则、操作规范、操作程序的制度规范。这些可操作性的制度规范,在层级上包括了行政法规、部门规章、行业规范(主要是交易所的业务规则),在内容上则包括了证券市场发行、交易、并购重组、基金、信息披露、违规处理等诸多方面的内容。这些制度的颁布、修改、完善,在不同的时段适应了市场发展的需求,共同促进了市场发展。

在行政法规方面,主要包括 1993 年 4 月,国务院颁布实施的《股票条例》;1997 年 11 月,经国务院批准,国务院证券委员会颁布实施的《证券投资基金管理暂行办法》(已失效);2008 年 4 月 23 日,国务院第 522 号令发布的《证券公司监督管理条例》,该条例于 2014 年 7 月进行修订。

在部门规章方面,中国证监会制定颁布了一系列部门规章,其中包括 1997 年《证券交易所管理办法》(已失效),2001 年 12 月 28 日发布的《证券公司管理办法》(已失效),2002 年 9 月 28 日颁布的《上市公司收购管理办法》(证监会令第 10 号)、《上市公司股东持股变动信息披露管理办法》(证监会令第 11 号,已失效),2004 年《证券投资基金运作管理办法》(已失效),2007 年 1 月 30 日颁布的《上市公司信息披露管理办法》等一系列规章。交易所的规范主要包括股票上市规则、交易规则、会员规则等,在市场的发展过程中,交易所也对这些规则不断作出修改完善。

(三)具体制度的建立完善对证券市场发展的推动与影响

1. 发行制度改革对市场发展的影响

我国的发行制度主要经历了审批制、核准制、注册制三个阶段。

(1)审批制与证券市场的启动

审批制是上市公司股票申请上市须经过审批的证券发行管理制度。早期股票的发行实行“额度控制”,股份公司发行股票需获得政府部门批准的额度,是完全计划发行的模式。随着时间的推移,该制度逐步演变为拟发行公司在申请公开发行股票时,需经过地方政府或中央企业主管部门向所属证券管理部门提出发行申请,并经过证券管理部门的受理、审核同意后,再向证券监管机构申请发行额度,并由中国证监会审核出具批准发行的相关文件,方可正式发行。从 1990 年至 2000 年,中国股票发行采取此种行政制度。

(2)核准制的实施与证券市场的发展

1998 年通过的《证券法》第 10 条规定:“公开发行证券,必须符合法律、行政法规规定的条件,并依法报经国务院证券监督管理机构或者国务院授权的部门核准或者审批;未经依法核准或者审批,任何单位和个人不得向社会公开发行证券。”该条明确规定了核准制的实施。1999 年,随着《证券法》于 7 月 1 日起正式实施,股票发行市场进行了前所未有的制度改革,在发行审核、发行方式、配售体系和融资手段上均有所体现,并相应地进行了制度创新,这对完善我国股票发行制度,促进证券市场的稳定和繁荣,并保证证券市场最大限度地服务于国企改革和社会主义市场经济,都起到了重要作用。

(3)股票发行核准制实施与发行制度改革

一是股票发行方式出现重大创新。1999 年,一级市场发行方式进行了重大改革,从而拓宽了一级市场的资金来源,改善了投资者队伍结构。中国证监会于 1999 年 7 月 28 日发布了《关于进一步完善股票发行方式的通知》(已失效),对我国新股发行方式进行了重大改革,规定总股本 4 亿元以上的公司可以采用网上发行和法人配售相结合的方式进行股票发行;根据规定,新股配售的参与者包括国有企业、国有控股公司、上市公司以及其他法人;发行公司和承销商可通过推广活动自主确定发行价格。

该通知拓宽了大盘股一级市场的融资渠道,从而缓解了大盘股发行所面临的困难。同时,在一定程度上抑制了新股发行中"圈钱"现象的出现,为上市公司创造出了一个良好的筹资环境。特大型企业的发行和上市进一步加强了证券市场与宏观经济的紧密联系,从而凸显了证券市场在宏观经济中的重要作用。

该通知改善了股票市场投资者结构、培育了战略投资者、维护了二级市场的繁荣稳定。战略投资者的配售,实质上是公司为其长远发展进行的投资,其目的并不在于获得一级、二级市场间的差价,而是将带动市场上形成一批以价值投资为目的的投资群体,有利于市场平稳发展。

该通知引进了国际上普遍采用的配售方式,逐渐向市场化、国际化方式靠拢。我国证券市场建立以来,对于配售的发行方式进行过许多尝试,但是全面向基金以外的机构投资者配售却是首次。新的发行方式在向机构投资者倾斜的同时也给市场输入了一大批新鲜血液。

1999 年 10 月末,国务院批准了保险公司购买证券投资基金的计划,该计划允许保险公司在二级市场进行已上市投资基金的买卖,并在一级市场配售新发行的证券投资基金,从而间接进入市场。

1999 年 11 月 22 日,中国证监会发布通知,对基金新股配售政策进行了部分调整,以提高基金的新股配售比例。基金可申请配售的新股,其公开发行量应不少于总公开发行量的20%，且该新股发行量应在5000万股以上；基金每年用于配售新股的资金总额不超过募集资金总额的30%，但是用于基金配售的总股本超过4亿元的新股的资金不计入这些资金。另外该通知还规定，基金可通过二级市场买卖股票，并将股票的市价作为申购条件之一。这一全新的举措，进一步拓展了一级市场的申购面，为大盘股的发行增添了资金来源。

二是一级市场定价方式进一步市场化。1998年年底，有关部门放开了对新股发行收益率的限制，不再规定收益率上限。1999年又实行了对法人配售新股发行价格在有限范围内采取竞价形式，新股发行价格由供需双方共同确定，由中国证监会核准新股定价区间，发行企业和主承销商通过推介活动自主定价的制度，使投资者在发行价格上更趋主动。由于配售股票的发行价由发行者、承销商和发行顾问根据对潜在投资者调查的结果协商决定，因而确定的价格更趋合理，同时，由于配售对象认购新股的价格是参照二级市场同行业股票流通价格制定的，新股发行价与二级市场加大了接轨的趋势。发行价格由定价向竞价过渡，加快了我国股票发行体制市场化和国际化的步伐，是我国证券市场更趋成熟和规范的一项重要举措。

三是进一步完善了股票发行的审核机制。根据1998年《证券法》第14条的规定，中国证监会于1999年9月16日颁布了《中国证券监督管理委员会股票发行审核委员会条例》（已失效），该条例详细规定了股票发行审核委员会的成员构成、人员任期和工作流程，并扩大了中国证监会会外委员的比例。委员构成的结构调整，有助于提高上市公司质量，增强透明度，充分体现了"三公"原则的精髓。该条例完善了股票发行审核制度，为证券市场发展提供了更趋规范的环境，进一步增强了投资者的信心。此外，既有利于增加市场资金总量，也有利于证券市场的长期稳定发展。

四是上市公司融资手段有了实质性创新。1998年以前，上市公司的主要融资手段只有新股发行和配股两种，自上海三毛等7家企业推出了"资产重组+定向配售+增发新股"全新的融资方式以后，增发新股这种与国际市场接轨的融资创新品种便有了长足发展。增发新股是上市公司获得资金支持的有效途径之一，它克服了配股必须在对过去的经营业绩达到一定标准的基础上才能获得再融资的硬性规定，使有发展前景的上市公司，不会因为暂时没有配股资格，缺乏融资能力，而失去发展机会。1999 年，允许证券投资基金参与增发新股，在价格形成过程中主要采取了市场化定价的办法，充分发挥了市场的价格发现功能，另外也引用了像“路演”这种行之有效的“询价”办法。有的甚至在一定的区间范围之内尝试使用了竞价发行，增发新股开辟了证券市场融资方式的新局面，有利于上市公司完成产业结构调整，提高上市公司的资产质量和盈利能力，改善企业的治理结构，为上市公司的再发展创造了有利的生存条件。

五是强化了主承销商的作用和责任。2000 年 12 月 13 日，中国证监会发布了两份通知，一份是关于建立证券发行内核小组的规定，另一份是关于建立证券发行申请材料主承销商核对制度，这两份通知进一步完善了证券发行制度，强化了主承销商的角色和责任。根据《公司法》《证券法》等相关法律法规的规定，该通知要求在具备主承销业务资格的证券公司内部设立证券发行内核小组，该小组是公司参与证券发行市场的内部控制机构，其职责在于审查拟提交给中国证监会的发行申请材料，以确保证券发行不存在重大法律和政策上的障碍；负责填制证券发行申请材料核对表，以确保发行申请材料的品质达到高标准；负责协调发行人和公司与中国证监会发行监管部门之间的工作关系，协调处理相关反馈意见等事宜，以确保信息传递的高效性和准确性。根据《证券法》及其他相关法律、法规和政策的规定，证券公司有责任进行尽职调查，仔细核对拟提交的证券发行申请材料和其他相关文件，并填写证券发行申请材料核对表，以确保申请材料的质量受到严格的监管。在审核过程中，公司有责任严格遵守证券发行业务相关核查规则及监管规定，认真核实相关资料，以确保所出具的报告具有高度的准确性和可靠性。同时，公司还应对其出具报告后可能存在的风险作出相应的防范与处理措施。公司应当直接承担填写核对表的责任，因此，证券发行人和相关中介机构应当积极配合公司的核查工作，及时提供必要的补充材料、解释或说明，以满足公司的要求。为确保符合相关标准和规范，该两份通知对其他相关议题进行了详尽而具体的规范,以确保其符合规范要求。

随着我国股票发行制度的日益完善,国有企业等各类企业在直接融资方面的占比不断攀升,同时,通过证券市场的培育,涌现出了一批具备国际影响力和竞争力的大型国有控股企业和企业集团,为推进国有企业改革和国民经济的进一步发展发挥了积极的促进作用。

(4)股票发行核准制的内涵

1998 年颁布的《证券法》,取消了股票发行“指标分配、行政推荐”的制度,实行证券公司推荐、发行审核委员会审核、市场确定价格、中国证监会核准的办法。这一规定从程序、各主体的职责、市场作用等方面体现了核准制的要求,使市场在资源配置方面的作用进一步提高。为此,中国证监会重新组建了发行审核委员会,审核委员由 34 人增加至 80 人,中国证监会以外的专家比例由 41% 增长至 77%,发行审核委员会的独立性大大增强。

核准制,是指上市公司股票申请上市须经过核准的证券发行管理制度。在进行股票发行申请时,发行人必须遵守相关法律和证券监管机构规定的必要条件,并公开真实情况,以确保信息的透明度。证券监管机构享有否决不符合规定条件的股票发行申请的权利,其审查范围包括但不限于申报文件的全面性、准确性、真实性和及时性,对发行人的营业性质、财务状况、经营能力、发展前景、发行数量和发行价格等条件进行实质性审查,并根据审查结果作出是否符合发行条件的价值判断和是否核准申请的决定。核准制的基本特点就是严格按照法定程序与条件审批发行申请。主承销商应在对发行人进行一年的辅导后,向中国证监会提出申请,符合核准制的规定的,就可以顺利地完成上市手续。

2001 年,国务院证券监督管理部门对证券发行工作进行改进。中国证监会在总结配股和增发工作的基础上,制定并发布了《上市公司新股发行管理办法》(已失效)、《关于做好上市公司新股发行工作的通知》(已失效)。上市公司向社会公开发行新股,是指向原股东配售股票(“配股”)和向全体社会公众发售股票(“增发”)。该办法及通知规定的新股发行条件与以前相比:一是改变了配股的净资产收益率要求,从原来的最近 3

个完整会计年度的净资产收益率平均在10%以上,改为公司最近3个会计年度加权平均净资产收益率不低于6%;扣除了非经常性损益后的净利润,以低者作为加权平均净资产收益率的计算依据。二是该办法取消了对增发的"四类企业"限制。《上市公司向社会公开募集股份暂行办法》(已失效)第3条规定申请公募增发的上市公司原则上限于以下范围:①符合上市公司重大资产重组有关规定的公司;②具有自主开发核心技术能力、在行业中具有竞争优势、未来发展有潜力的公司;③向社会公开发行股份的比例小于总股本25%或15%(总股本为4亿股以上时)的公司;④既发行境内上市内资股,又发行境内或境外上市外资股的公司。《上市公司新股发行管理办法》(已失效)、《关于做好上市公司新股发行工作的通知》(已失效)规定,上市公司申请增发,除应当符合《上市公司新股发行管理办法》(已失效)的规定外,还应当符合下列条件之一:①经注册会计师核验,公司最近3个会计年度加权平均净资产收益率平均不低于6%,且预测本次发行完成当年加权平均净资产收益率不低于6%;设立不满3个会计年度的,按设立后的会计年度计算。②经注册会计师核验,如公司最近3个会计年度加权平均净资产收益率平均低于6%,则应符合以下规定:a.公司及主承销商应当充分说明公司具有良好的经营能力和发展前景;新股发行时,主承销商应向投资者提供分析报告。b.公司发行完成当年加权平均净资产收益率应不低于发行前一年的水平,并应在招股文件中进行分析论证。c.公司在招股文件中应当认真做好管理层关于公司财务状况和经营成果的讨论与分析。三是该办法规定新股必须以现金认购的方式发行,改变了以前大股东可以用实物资产折抵认购股份的做法。四是该办法进一步完善了新股发行的条件及关注事项、发行程序与审核事项、信息披露的规定。

中国证监会还陆续发布了与上述规定配套的《证券公司从事股票发行主承销业务有关问题的指导意见》的内容与格式准则、《上市公司发行新股招股说明书》(已失效)内容与格式准则和《中国证监会股票发行审核委员会关于上市公司新股发行审核工作的指导意见》(已失效)等一系列配套文件,以规范新股发行的申报、审核和信息披露工作。

(5)证券发行注册制的实施

证券发行注册制,是指证券发行申请人依法公开所有与证券发行相关的信息和资料,形成法律文件,提交给主管机构进行审查;发行审核的主要内容是审核发行申请人所提供资料的真实性和完整性以及发行公司对投资者利益的保护等问题;主管机构只负责审查发行申请人所提供的信息和资料是否履行了信息披露的义务。强制信息公开实际是一种公开管理,这种公开管理首先需要财务公开,旨在确保发行公司的财务透明度,其次是强调事后的控制和监管。在注册制度下,证券发行审核机构仅对注册文件进行形式审查,而不进行实质判断。

注册制对于核准制来说,是一种新的更加符合市场发展要求的发行上市制度,也是众多发达国家和地区金融市场股票发行所采用的制度。注册制把决定权直接交给市场和投资者。2018 年 11 月 5 日,习近平总书记在首届中国国际进口博览会开幕式上的主旨演讲强调:"将在上海证券交易所设立科创板并试点注册制。支持上海国际金融中心和科技创新中心建设,不断完善资本市场基础制度。"[1] 2019 年 7 月 22 日,首批科创板公司上市交易。其后,深交所创业板改革并试点注册制,并于 2020 年 8 月 24 日正式落地。2021 年 11 月 15 日,北交所揭牌开市并同步试点注册制。注册制突出了把选择权交给市场这一改革的本质。与核准制相比,注册制实行交易所审核、中国证监会注册的基本框架,不仅涉及审核主体的变化,更重要的是充分贯彻以信息披露为核心的理念,发行上市全过程更加规范、透明、可预期。2023 年 2 月 1 日,全面实行股票发行注册制改革正式启动。

2. 交易制度

资本市场交易规则涉及公司股东的利益,也会对公司发展造成重要影响。交易制度主要涉及连续交易制度、涨跌停板制度、交易限制、交易结算规则等。现代交易制度已形成十分细致、涉及很多具体环节的规则体系。证券交易应遵循公开、公平、公正原则,保证交易的安全、有效、防

---

[1] 《习近平:共建创新包含的开放型世界经济——在首届中国国际进口博览会开幕式上的主旨演讲(2018 年 11 月 5 日,上海)》,载《人民日报》2018 年 11 月 6 日,第 3 版。

范风险。交易制度的修改完善都是针对市场的新情况、新问题进行的。我国股票交易制度历经多次调整和完善,早期股票交易没有涨跌停板制度,涨跌停板制度自 1996 年 12 月 13 日起公布,1996 年 12 月 16 日起生效,规定股票和基金类证券除上市首日外,其一个交易日交易价格与前一个交易日收市价格相比,其涨跌幅度不应大于 10% ,超出涨跌限价范围的委托无效。科创板开市及创业板注册制改革时,规定涨跌幅度不得超过 20% 。在熔断机制方面,我国于 2015 年 12 月颁布指数熔断机制,即指数涨跌幅度达到 5% 时短时间暂停交易,但实施后出现了激发熔断的异常情况,即几个交易日内多次熔断,该制度被停止实施。交易制度的修改显示,有的制度会对市场产生即时的影响,有的则需要经过一定时间才能显现,有的影响是正面的,有的也会产生负面影响。

随着市场规模的扩大和交易制度的修改完善,股票交易金额不断增长。1992 年,股票交易额为 683 亿元,1996 年交易额突破万亿元,增加到了 21,332 亿元,2000 年达到 60,800 亿元。随着 2005 年开始的股权分置改革在 2007 年基本完成、上市公司数量和规模急剧增长,2007 年成交额达到 460,000 亿元。2015 年,在大力发展证券投资基金等的背景下,交易额达到 2,550,000 亿元。(见图 4 – 12)

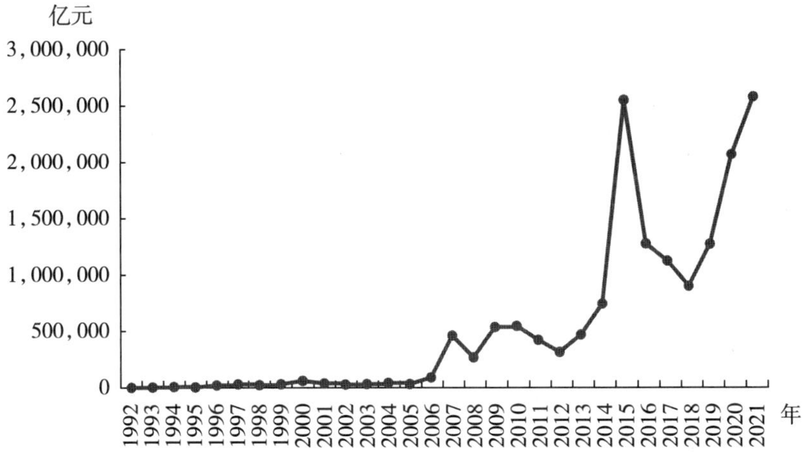

图 4 – 12　历年股票成交金额趋势

3. 信息披露制度对证券市场规范发展的作用

信息披露作为投资人了解证券发行人的基本情况、作出投资判断的依据,是证券市场重要的基础要求。为确保市场规范发展和保护投资人利益,信息披露制度规定上市公司及相关主体必须公开或公布其相关信息和资料,以接受社会公众的监督。“阳光是最好的防腐剂”,将信息真实、准确、完整地披露给投资人,供投资人作出投资决策,通过实施信息披露并接受投资人的监督,市场各方面的参与者都能够深入了解上市公司及相关主体的经营和财务状况,以及其未来的发展趋势,这也有助于证券主管机关更好地管理证券市场,促进市场健康、稳定地发展;有助于社会大众根据所获得的信息及时采取措施,作出相应的投资决策;有助于加强上市公司的股东和社会公众对其进行监管,从而提高其透明度和公正性。“信息披露的重要性无论怎么强调都不为过”,正是对信息披露重要性的最好描述和表达。

信息披露的规定与要求是伴随市场的产生而产生并不断发展完善的。与各类证券的发行相伴的是证券的招募与发行公告,以及各类定期公告和不定期的临时公告。信息披露制度可分为发行市场信息披露制度和流通市场信息披露制度。前者是指拟发行证券的主体向投资者公开自身经营情况和财务情况;后者是指上市公司及有关主体公布经营情况及某些重大事项。我国证券市场中信息披露制度的早期制度要求主要是关于招股说明书、上市公告书、上市公司的信息披露和公司合并与收购的规定,1993 年颁布的《公司法》第 88 条规定,发起人向社会公开募集股份,必须公告招股说明书。第 140 条规定,公司经国务院证券管理机构核准公开发行新股时,必须公告新股招股说明书和财务会计报告,并制作认股书。第 176 条规定,以募集设立方式成立的股份有限公司必须公告其财务会计报告。

1998 年 12 月 29 日颁布的《证券法》,在第三章第三节“持续信息公开”一整节中,规定了证券信息披露的基本要求和信息披露的主要类别。1998 年《证券法》第 59 条规定,发行人、上市公司依法披露的信息,必须真实、准确、完整,不得有虚假记载、误导性陈述或者重大遗漏。信息披露的主要类别则包括招股说明书、公司债券募集办法,定期报告与临时报告等。中国证监会于2007年1月30日正式发布的《上市公司信息披露管理办法》。该办法进一步细化规范了上市公司信息披露行为,以保护公众投资者利益为出发点对上市公司运营管理的透明度作出了一系列新的制度安排。

(1)加强上市公司大股东、管理层等相关责任人信息披露方面的责任,以确保信息的透明度和公正性,从而维护市场秩序、建立健全信息披露机制。该文件还明确规定了证券发行企业、证券公司、证券交易机构以及其他中介机构必须遵守的相关法律法规。为了实现"责任到人,守土有责"的目标,其确立了明确的监管措施和主要责任人,多项内容规定了上市公司的高级管理人员,包括董事、监事、经理、财务总监、董事会秘书等,在信息披露方面所承担的责任。这意味着上述主体应当确保信息披露的真实、准确、完整、及时和公平。若发行人、证券交易所及其从业人员在信息披露方面存在重大失实或严重违反有关法律、行政法规的行为,则应根据法律规定给予相应的行政处罚。如果上市公司的上述人员未能充分证明其勤勉责任,那么他们必须对公司信息披露的真实性、准确性、完整性、公平性和及时性承担责任。

(2)首次明确上市公司应建立内部信息披露事务管理制度,旨在确保信息公开的规范性,建立健全信息披露机制。随着全面流通环境的日益完善,二级市场的股价与大股东和管理层的利益息息相关,然而,我国上市公司信息披露存在信息披露制度不健全问题。因此,有必要对有关公司信息披露制度的规定进行修订和完善,以确保其符合法律法规和社会规范。《上市公司信息披露管理办法》在"信息披露事务管理"一章中,规定了上市公司必须确立信息披露事务管理制度,通过明确披露的信息范围和披露的标准,以确保信息公开透明;确立了一套流程,以确保未公开信息的报告、传递、审核和披露得以有效实施;确立了信息披露事务的主管部门和负责人在信息披露事务中所拥有的权力和职责,以确保信息披露的透明度和公正性。

(3)首次引入公平披露概念。公平披露,是指上市公司及其他信息披露义务人应当同时向所有投资者公开披露信息，以使所有投资者平等获得同一信息。具体要求包括：一是披露义务人公开披露的信息应当第一时间向全体投资人公布，不得提前向单个或者部分投资者披露、透露或泄露，不得以新闻发布会或者答记者问等任何形式代替其应当履行的报告和公告义务；二是上市公司通过业绩说明函、分析师会议、路演、接受投资者调研等形式就公司的经营情况、财务状况及其他事件与任何机构和个人进行沟通时，不得提供内幕信息；三是在境内、外市场均发行股票或衍生品种并上市的公司在境外市场披露的信息应当同时在境内披露。

（4）明确应披露信息的主要内容。2007 年《上市公司信息披露管理办法》明确规定了应披露的信息包括招股说明书、募集说明书、上市公告书、定期报告和临时报告 5 大类。其中临时报告应披露对证券交易价格可能产生影响的重大事件，2007 年《上市公司信息披露管理办法》第 22 条以列举方式规定了 20 种重大事件的类别和触发披露义务的标准。例如，公司发生重大亏损或重大损失，公司的董事、1/3 以上监事或者经理发生变动等。该管理办法还提高了临时报告披露监管的法律效力。

（5）强调股价异动时的信息披露行为。2007 年《上市公司信息披露管理办法》以列举方式规定了重大事件的类别和触发披露义务的标准。2007 年《上市公司信息披露管理办法》第 26 条规定，定期报告披露前出现业绩泄露，或者出现业绩传闻且公司证券及其衍生品种交易出现异常波动的，上市公司应当及时披露本报告期相关财务数据。上市公司应当关注本公司股票及衍生品种的交易异常情况及媒体关于本公司的报道。当股票及衍生品种交易发生异常波动或者在媒体中出现的消息可能对公司股票及衍生品种的交易产生重大影响时，上市公司应及时了解造成股票交易异常波动的影响因素，向各方了解情况，并及时披露。控股股东、实际控制人及其一致行动人应当配合上市公司做好信息披露。

为维护证券市场秩序，严厉打击内幕交易与市场操纵行为，维护投资者合法权益，中国证监会发布了《关于规范上市公司信息披露及相关各方行为的通知》（已失效），保证上市公司及其有关方面能向全体投资者公平披露可能会对上市公司股票交易价格造成较大影响的重要事项。在重大事项发生之前或之后的一段时间内，上市公司必须向市场提供充分的信息来满足投资者对该事件的知情权，并保证不违反法律法规。该通知详细规定了有关重大事件的保密要求，包括停牌、信息披露、违规处理等方面，以确保信息的机密性。

中国证监会制定发布的《公开发行股票公司信息披露实施细则（试行）》和《公开发行股票公司信息披露的内容与格式准则》，及交易所上市规则关于定期报告、临时公告的有关规定等，是关于上市公司信息披露的具体操作规定。这些规定有的源于《公司法》《证券法》颁布前就已开始实施的各类单项具体规定，有的则始于交易所成立时就开始执行的信息披露具体规定，并根据市场的发展不断修改完善。据统计，仅上交所的股票上市规则自 1998 年发布以来，至今共进行了 16 次修订。《证券法》规定，信息披露应当真实、准确、完整。交易所上市规则的修订，突出反映了对信息披露的具体要求。总体上，这些信息披露具体制度的修订完善，都是针对相应的市场情况，对发行与上市、公司治理、定期报告、应披露的交易及其他重大事项、停复牌制度的修订完善，都对披露内容详细程度、时限等作出了修改调整。信息披露制度的修改，对上市公司的规范运作、投资人的投资行为、证券交易额、收购兼并等都会发生相应的影响。

4. 上市公司收购制度和资产重组制度的建立、完善与市场影响

上市公司收购是发挥证券市场资源优化配置功能的重要手段。上市公司并购，是指购买方通过合法途径，获取上市公司一定比例的发行在外的股权，以实现对该上市公司的控股或合并。作为公司并购的一种重要形式，它不仅是实现公司兼并控制的关键手段，更是一种不可或缺的战略选择。我国《证券法》中上市公司收购包括要约收购和协议收购的方式，同时该法将上市公司的相关股票股份权益变动，如司法拍卖、继承、国有股权划拨等的信息披露纳入收购制度进行管理，以统一规范股份变动行为。

上市公司收购由于涉及上市公司控股股东或主要股东的变化，对收购后上市公司的经营产生较大影响，因此，规范上市公司收购及其信息披露行为，市场各方都非常重视。我国证券市场自 1993 年发生深圳宝安通过二级市场收购在上交所上市的延中实业开始，收购活动一直是市场关

注的热点。1994 年,恒通集团协议受让棱光实业原第一大股东控制的 35.5%股权,是第一例国有股权大宗转让案例,也是中国证券市场上第一个获豁免全面要约收购义务的案例,第一例典型的财务并购案例。1995 年,日本五十铃自动车株式会社和伊藤忠株式会社以协议一次性购买北旅公司国有法人股 4002 万股,占公司总股本的 25%,开创了第一例外资企业并购案。1997 年,党的十五大报告指出:要从战略上调整国有经济布局。对关系到国民经济命脉的重要行业和关键领域,国有经济必须占支配地位。在其他领域,可以通过资产重组和结构调整,以加强重点,提高国有资产的整体质量。据统计,1997 年,沪深两市有 211 家上市公司发生了 270 余起重组事件。1998 年,815 家 A 股上市公司中,394 家公告了并购重组方案。1999 年 7 月 1 日实施的《证券法》,明确规定了上市公司股权转让包括协议转让和二级市场收购两种形式,确立了协议收购的法律地位,也大大减少了二级市场的收购成本。在此阶段,中国证监会于 2000 年 6 月发布了《关于规范上市公司重大购买或出售资产行为的通知》(已失效),废止了 1998 年出台的《关于上市公司置换资产变更主营业务若干问题的通知》,放松了监管要求,简化了监管程序,由“审批制”调整为“事后备案制”,从而活跃了绩差公司的重组。

2001 年 12 月 10 日,中国证监会发布了《关于上市公司重大购买、出售、置换资产若干问题的通知》(已失效)。2002 年 9 月,中国证监会发布了第一份《上市公司收购管理办法》,细化了上市公司收购的规定,具体包括总则、协议收购规则、要约收购规则、要约收购义务的豁免等内容,同时发布了《上市公司股东持股变动信息披露管理办法》(已失效),后又陆续发布了《关于要约收购涉及的被收购公司股票上市交易条件有关问题的通知》(2003 年,已失效)和《关于规范上市公司实际控制权转移行为有关问题的通知》(2004 年,已失效)。2006 年 7 月,中国证监会颁布实施新修订的《上市公司收购管理办法》,并整合了前述后三份文件的内容,增加了财务顾问、持续监管的有关规定。2006 年,《上市公司收购管理办法》规定的上市公司收购,是指收购人通过在证券交易所的股份转让活动持有一定比例的上市公司股份,或通过证券交易所股份转让以外的其他合法途径控制一个上市公司的实际控制权。2006 年,《上市公司收购管理办法》适用于我国证券市场上已经上市的所有公司。该措施所确认的并购方式包括:购买方以协议收购、要约收购或证券交易所的集中竞价交易方式进行上市公司的收购,以获取对某一上市公司的实际控制权。2006 年,《上市公司收购管理办法》同时规定了收购行为应当遵循的基本原则和程序。根据 2006 年《上市公司收购管理办法》的规定,上市公司在进行收购时,可以采用现金、合法转让的证券以及其他符合法律行政法规规定的支付方式。2006 年,《上市公司收购管理办法》还指出,上市公司收购应当按照国家规定履行信息披露义务。被收购公司及其股东的合法权益不得因收购上市公司而受到损害,这是收购人必须严格遵守的规定。收购上市公司的收购人必须具备实际履约能力,被收购公司不得向收购人提供任何形式的财务支持。2006 年,《上市公司收购管理办法》还规定了协议收购规则、要约收购规则、要约收购义务的豁免、监管措施和法律责任。

2008 年、2012 年、2014 年、2020 年中国证监会 4 次修改该办法。这些规定有效遏制了虚假重组的发生,通过强化信息披露,提高了上市公司并购重组的透明度。

资产重组是提高上市公司质量的重要途径之一,也是优化资源配置、对上市公司存量进行结构调整的重要手段。2008 年,在股权分置改革基本完成,全流通市场环境下,中国证监会于 2008 年 4 月 16 日发布了《上市公司重大资产重组管理办法》(以下简称《重大资产重组办法》)。这些制度规定,一方面,通过完善交易决策和批准程序、引入必要的并购工具如股份支付、强化中介机构的作用和责任等,鼓励与支持并购重组创新,理顺并购重组的利益机制;另一方面,通过加强并购重组监管制度建设,从源头上杜绝并购重组中可能出现的各种问题,打击内幕交易和市场操纵行为,加强对违法违规行为的监管力度。

2008 年《重大资产重组办法》,作为规范上市公司重大资产重组的主导文件,对现行上市公司并购重组规则进行了多方位的调整和完善,并根据 2005 年《证券法》和 2006 年《上市公司收购管理办法》对相关问题进行了进一步的精细化:

（1）提高资产重组认定标准。相比2001年出台的《关于上市公司重大购买、出售、置换资产若干问题的通知》（已失效），2008年《重大资产重组办法》在重大资产重组的认定门槛上有所细化和提高，该办法第11条规定，购买、出售的资产总额占上市公司最近一个会计年度经审计的合并财务会计报告期末资产总额的比例达到50%以上；购买、出售的资产在最近一个会计年度所产生的营业收入占上市公司同期经审计的合并财务会计报告营业收入的比例达到50%以上；购买、出售的资产净额占上市公司最近一个会计年度经审计的合并财务会计报告期末资产净额的比例达到50%以上，并且超过5000万元的才认定为重大资产重组。针对现实中一些公司资产净额较小，金额不高的交易也容易达到重大资产重组的标准，降低了并购效果的问题，2008年《重大资产重组办法》细化和提高了重大资产重组的认定门槛，有利于集中重组审批资源，提高运作效率。

（2）丰富并购重组手段。“发行股份购买资产的特别规定”作为2008年《重大资产重组办法》中的新增章节，对原则、条件、股份定价方式、股份锁定期等都作出了具体规定。2008年《重大资产重组办法》第41条第2款规定，“特定对象以现金或者资产认购上市公司非公开发行的股份后，上市公司用同一次非公开发行所募集的资金向该特定对象购买资产的，视同上市公司发行股份购买资产”。该章节的设立，明确了上市公司以发行股份作为支付方式的合法性，进一步丰富了上市公司重组并购的手段，有利于推动上市公司做优做强。

（3）加强重组后续监管。为了切实保护上市公司和中小股东的利益，2008年《重大资产重组办法》依据审慎监管原则确立了主动监管机制，加强了对资产评估和盈利预测的后续监管，对重大资产重组实施情况的后续监管以及派出机构和交易所的协同监管机制作出了明确规定。

此外，中国证监会在完善上市公司并购重组实体性规则的同时，也及时地对既有的监管审核机制进行优化调整，并于2007年7月17日发布了《中国证券监督管理委员会上市公司并购重组审核委员会工作规程》（以下简称《并购重组工作规程》），进一步提高了并购重组审核工作的质量和透明度。2007年《并购重组工作规程》规定，上市公司并购重组审核委员会是设立于发行审核委员会中的审核机构,专门负责对上市公司并购重组申请事项提出审核意见,这些事项包括:①根据中国证监会的相关规定构成上市公司重大资产重组的;②上市公司以新增股份向特定对象购买资产的;③上市公司实施合并、分立的;④中国证监会规定的其他并购重组事项。

这些修订对收购的主体、收购的方式、财务顾问的责任、信息披露的具体要求等作了相应的调整、完善,使收购更规范、披露更简洁、责任更明确,总体上是要求收购更适应市场要求和实际。

2019 年,为适应新形势对收购制度的新要求,2019 年《证券法》相关修改完善内容主要包括:调整持股 5% 以上股东增减持股份的信息披露和操作要求,增加对前述股东持股变动达到 1% 时的信息披露要求,明确超比例增持股份不得行使表决权的期限,增加对增持资金来源的披露要求,取消要约收购义务豁免行政许可,延长上市公司收购中收购人所持被收购公司股份的锁定期限等。这些规定都使收购行为更加具有确定性、稳定性,增加了收购的成功率,减少了因收购的不透明、不确定导致的市场大幅波动。

我国并购市场在并购宗数数量和金额总量上,总体呈增长趋势。据统计,2010 年我国并购总宗数 5004 宗,金额 2262.7 亿美元,到 2016 年达到 6230 宗,金额达 4933 亿美元。(见图 4-13)

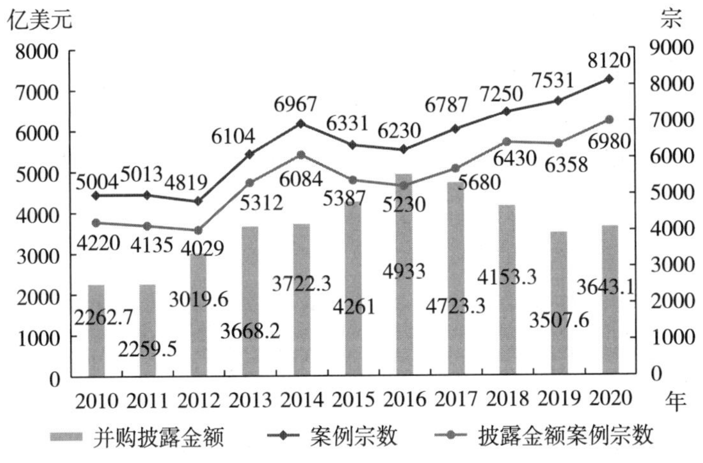

图 4-13 2010 年至 2020 年中国并购市场概况

5. 股权分置改革对市场发展的影响

股权分置,是指我国证券市场发展早期,上市公司股东所持向社会公开发行的股份在证券交易所上市交易,称为流通股;而公开发行前的股份暂不上市交易,称为非流通股。这种同一上市公司股份分为流通股和非流通股的情况,形成了流通权的差别,因此,被称为股权分置。股权分置改革,就是要消除非流通股和流通股的流通制度差异,解决A股市场相关股东之间的利益平衡问题。

股权分置改革,其本质是要把不可流通的股份变为可流通的股份,真正实现同股同权,这是资本市场基本制度建设的重要内容。此外,解决股权分置问题后,可流通的股份不一定就要实际进入流通,它与市场扩容没有必然联系。首先,股权分置问题的解决将促进证券市场制度和上市公司治理结构的改善,有助于市场的长期健康发展;其次,股权分置问题的解决,可实现证券市场真实的供求关系和定价机制,有利于改善投资环境,促使证券市场持续健康发展,利在长远;最后,保护投资者特别是公众投资者合法权益的原则使改革试点的成功成为可能,这将提高投资者信心,使我国证券市场摆脱困境,避免被边缘化。

2004年1月31日,国务院发布《关于推进资本市场改革开放和稳定发展的若干意见》(已失效)。该意见指出,要"提高上市公司质量","上市公司的质量是证券市场投资价值的源泉"。该意见在第3条"进一步完善相关政策,促进资本市场稳定发展"中明确指出:"积极稳妥解决股权分置问题。规范上市公司非流通股份的转让行为,防止国有资产流失。稳步解决目前上市公司股份中尚不能上市流通股份的流通问题。在解决这一问题时要尊重市场规律,有利于市场的稳定和发展,切实保护投资者特别是公众投资者的合法权益。"

在《关于推进资本市场改革开放和稳定发展的若干意见》(已失效)上述原则指导下,股权分置改革于2005年5月启动试点,多家公司通过试点非流通股股东向流通股股东赠送股份、送现金,非流通的大股东向上市公司注入优质资产,上市公司向大股东增发股份等多种改革形式取得经验后,2005年9月,中国证监会发布了《上市公司股权分置改革管理办法》,所有存在股权分置的上市公司依此执行。该办法总的原则是"股东协商、分类表决、分散执行"。股东协商,就是非流通股股东与流通股股东协商确定股权分置改革方案;分类表决,就是股改方案要分别由非流通股股东与流通股股东召开类别股东大会表决,获 2/3 以上该类股东表决通过方可实施;分散执行,就是监管部门和国资部门等不制定统一的股改方案,由各上市公司及其股东根据公司和股东的实际情况,分别制定适合各自情况的改革方案,在通过后实施。

由于股改制度比较贴合实际,各公司及其类别股东积极组织实施,到 2007 年年末,全国 1000 多家需股改的上市公司基本完成了股改。股改后,由于增加了公司既有股份的流动性,公司上市的热情增加,同时,投资人参与市场的热情增加,中国证监会也大力发展基金等机构投资者,市场交易量增长。由于市场机制的改善,一大批在国民经济中有重要地位的大公司、优质公司如工商银行、建设银行、中国石油等得以在证券市场上市,上市公司家数从 2004 年年末的 1377 家增加到 2007 年的 1550 家。股票市值从 2004 年年末的 3.7 万亿元,增加到 2007 年年末的 32.7 万亿元。在市场交易方面,股票交易额 2005 年为 3.1 万亿元,2006 年和 2007 年分别为 9 万亿元、46 万亿元。上市公司增加数、融资金额、股票市值的增长反映了股权分置改革对促进市场发展的积极作用。

6. 注册制改革

2015 年 12 月 27 日,第十二届全国人民代表大会常务委员会第十八次会议通过了《关于授权国务院在实施股票发行注册制改革中调整适用〈中华人民共和国证券法〉有关规定的决定》,为实施股票发行注册制改革确立了法律依据,随后中国证监会、上交所为试点注册制、设立科创板进行了一系列制度设计,以进一步发挥资本市场服务实体经济的基础功能。2019 年 7 月 22 日,上交所试点注册制,科创板正式开盘。2020 年 8 月 24 日,深交所创业板改革并试点注册制平稳落地,同步推进"增量"和"存量"改革,资本市场注册制改革迈出了承前启后的坚实一步。

据统计,上交所自 2020 年 7 月开市到 2022 年年末,科创板上市公司数量达到 500 家,首次公开募股(IPO)融资近 7600 亿元,再融资超 1000

亿元,总市值约60,000亿元。

2019年12月28日,十三届全国人大常委会第十五次会议审议通过了修订后的《证券法》。该法第9条规定,公开发行证券,必须符合法律、行政法规规定的条件,并依法报经国务院证券监督管理机构或者国务院授权的部门注册。正式确定了股票发行注册制度。2020年3月1日,修订后的《证券法》正式实施。除分步实施注册制之外,在上市公司退市、惩罚、信披、投资者保护、监管和风控等方面也均作出了改变,上交所和深交所也随之进行了多种政策衔接,以此在制度层面进一步完善。

随着注册制改革的全面实施,《证券法》基于注册制改革进行了一系列新的制度改革完善。一是全面推行证券发行注册制度。同时,基于注册制改革的渐进过程,2019年《证券法》授权国务院对证券发行注册制的具体范围、实施步骤进行规定,为分步实施注册制留出了必要的法律空间。二是显著提高证券违法违规成本。2019年《证券法》大幅提高了对证券违法行为的处罚力度。例如,对于欺诈发行行为,从原来最高可处募集资金5%的罚款,提高至募集资金的1倍;对于上市公司信息披露违法行为,从原来最高可处以60万元罚款,提高至1000万元;对于发行人的控股股东、实际控制人组织、指使从事虚假陈述行为,或者隐瞒相关事项导致虚假陈述的,最高可处以1000万元罚款等。同时,2019年《证券法》对证券违法民事赔偿责任也进行了完善。例如,规定了发行人等不履行公开承诺的民事赔偿责任,明确了发行人的控股股东、实际控制人在欺诈发行、信息披露违法中的过错推定、连带赔偿责任等。三是完善投资者保护制度。2019年《证券法》设专章规定投资者保护制度,并对此作出了一些新的安排,主要包括:区分普通投资者和专业投资者,有针对性地作出投资者权益保护安排;建立上市公司股东权利代为行使征集制度;规定债券持有人会议和债券受托管理人制度;建立普通投资者与证券公司纠纷的强制调解制度;完善上市公司现金分红制度。为适应证券发行注册制改革的需要,2019年《证券法》规定投资者保护机构可以作为诉讼代表人,按照“明示退出”“默示加入”的诉讼原则,依法为受害投资者提起民事损害赔偿诉讼。四是进一步强化信息披露要求。2019年《证券法》设专章规定信息披露制度,系统地完善了信息披露制度。包括扩大信息披露义务人的范围;完善信息披露的内容;强调应当充分披露投资者作出价值判断和投资决策所必需的信息;规范信息披露义务人的自愿披露行为;明确上市公司收购人应当披露增持股份的资金来源;确立发行人及其控股股东、实际控制人、董事、监事、高级管理人员公开承诺的信息披露制度等。五是完善证券交易制度。优化有关上市条件和退市情形的规定;完善有关内幕交易、操纵市场、利用未公开信息的法律禁止性规定;强化证券交易实名制要求,任何单位和个人不得违反规定,出借证券账户或者借用他人证券账户从事证券交易;完善上市公司股东减持制度;规定证券交易停复牌制度和程序化交易制度;完善证券交易所防控市场风险、维护交易秩序的手段措施等。

2023 年 2 月 17 日,中国证监会发布全面实行股票发行注册制相关制度规则,自公布之日起施行。证券交易所、全国股转公司、中国结算、中证金融、中国证券业协会配套制度规则同步发布实施。

7. 退市制度改革

作为资本市场的基础性制度,退市制度规定了一系列与上市公司暂停、终止上市、风险警示板、退市公司股份转让服务以及退市公司重新上市等退市配套机制相关的制度性安排。

2001 年年初,在全国证券期货监管工作会上,建立上市公司退市制度被列为中国证监会 2001 年度的工作重点之一,中国证监会起草并于 2 月 22 日发布了《关于发布〈亏损上市公司暂停上市和终止上市实施办法〉的通知》(已失效),该通知规定,上市公司出现连续 3 年亏损的情况,自其公布第 3 年年度报告之日起(如公司未公布年度报告,则自《证券法》规定的年度报告披露最后期限到期之日起),证券交易所应对其股票实施停牌,并在停牌后 5 个工作日内就该公司股票是否暂停上市作出决定。暂停上市的公司在宽限期内第一个会计年度继续亏损的,或者其财务报告被注册会计师出具否定意见或拒绝表示意见审计报告的,由中国证监会作出其股票终止上市的决定。公司有以下情形之一的,中国证监会决定其股票终止上市:(1)公司决定不提出宽限期申请的;(2)自暂停上市之日起

45日内未提出宽限期申请的或申请宽限期未获证券交易所批准的;(3)第17条所述公司至宽限期截止日未公布年度报告的;(4)申请恢复上市未获中国证监会核准的。例如,上海水仙电器股份有限公司由于连续4年亏损,向上交所提交了申请宽限期的申请,由于公司有关资产重组的方案未落实,上交所决定不给予上海水仙电器股份有限公司宽限期。中国证监会决定:根据1993年《公司法》第158条和《关于发布〈亏损上市公司暂停上市和终止上市实施办法〉的通知》(已失效)的规定,鉴于上海水仙电器股份有限公司已连续4年亏损,申请宽限期限未获上交所批准,决定该公司股票自2001年4月23日起终止上市。2001年6月和9月,PT粤金曼、PT中浩相继退市,市场和舆论多年来关注的上市公司退出机制终于建立起来。2001年下半年,根据全国人大证券执法检查的情况和市场反应,在总结上半年退市工作经验的基础上,2001年11月30日,中国证监会发布了《亏损上市公司暂停上市和终止上市实施办法(修订)》(已失效),该办法对暂停上市和终止上市的批准权限、批准程序以及股票交易等方面进行了重要的修改。

上海水仙电器股份有限公司于2001年开始试点,成为首家从证券市场退市的企业,开启了新的发展篇章。随后,在我国资本市场上出现了众多退市公司。自2001年4月PT水仙停止上市至2011年年末,沪深两市共有75家公司退出市场。在这些上市公司中,大部分是经营业绩不佳、资产质量低下等原因导致其退市的。有49家公司因业绩不佳而被迫退市,其余公司则因被吸纳合并而被迫退市。在全球范围内,退市问题已成为上市公司所面临的一大难题。在A股市场中,仅有1.8%的股票被挂牌上市,而纳斯达克公司每年的退市频率约为8%,纽约证券交易所则有6%的股票被退市,英国伦敦交易所另类投资市场(AIM)的退市率较高,约为12%。可见,我国的退市制度还存在一定问题。相对于美国等国家实行退市已成为常态,而优胜劣汰则是保障上市公司质量、保持市场活力的重要制度安排,因此,退市制度的常态化实施一直是市场所期待的。

2014年10月,中国证监会发布了《关于改革完善并严格实施上市公司退市制度的若干意见》(已失效),该意见对主板和中小企业板的退市标准进行了改进和整合,以进一步完善主板和中小企业板的退市标准体系。该意见还对于新增和变更退市标准作出具体规定,包括净资产亏损、营业收入不足1000万元、年度审计报告否定或无法表达意见、暂停上市后未在法定期限内披露年度报告、股票累计成交量过低、股票成交价格连续低于面值以及连续受到交易所公开谴责(不适用于主板上市公司)。

2020年,沪深交易所发布的退市新规中将强制退市分为交易类、财务类、规范类、重大违法类等4类。在新的退市规定下,尤其是随着注册制改革的深入推进,退市制度变得更加完善,退市效率显著提高,退市公司数量呈现出快速增长的趋势。随后,在我国资本市场上出现了众多退市公司。根据中国证监会的数据显示,截至2021年年底,退市板块挂牌公司已从2013年的45家增加至83家。与此同时,退市制度也逐渐走向成熟完善。退市一直是推行财务类退市机制的重要手段之一,这一做法备受关注。

退市制度的建立完善,在市场上树立了优胜劣汰的观念,对企业经营者和投资者均形成了一定的风险约束意识,提高了市场的有效性。

8. 证券执法制度

证券的发行、交易、并购重组及各种金融工具的创立,往往伴随各种违法违规行为。《证券法》规定了违法发行证券、欺诈发行、内幕交易、操纵市场、虚假信息披露或未按规定进行信息披露等多种违法违规行为。在具体执法实践中,证券法规定的绝大多数违规行为也都出现了执法案例。在证券执法制度的发展完善方面,中国证监会早期通过设立稽查一局、二局,分别调查一般证券违法案件和内幕交易、操纵市场等重大案件,并实行查审分离的执法制度,对调查部门的案件,由专门的审理部门进行审理,作出处罚决定。同时,中国证监会对包括内幕交易、操纵市场、违反信息披露规则等各类违法行为的认定、处理规则的不断修改完善,使执法不断法治化、规范化。2002年4月25日,中国证监会发布的《关于进一步完善中国证券监督管理委员会行政处罚体制的通知》明确证监会行政处罚工作改革的基本原则是,案件调查与处罚决定分开,建立调查权与处罚权相互协调、相互制约的机制。贯彻分工明确、职责清楚、程序规范、精简高效的办案原则,实施重大、复杂案件的集体讨论制度。中国证监会设立行政处罚委员会,对重大、复杂案件进行集体讨论、研究。行政处罚委员会分别举行审理会和听证会,履行中国证监会行政处罚工作中的审理、听证工作。法律部设审理执行处,负责行政处罚案件的审理、听证和行政处罚的监督执行工作。处罚工作在程序上分为案件调查阶段和案件审理、听证阶段。该通知还对听证、审理、处罚决定、送达等作出规定。

2007 年 11 月 16 日,中国证监会稽查总队成立,经历重大改革之后的中国证券执法体制初步形成。新的体制不仅实现了证券执法的集中高效管理,而且稽查力量得到了加强。这次改革主要包括 4 个方面的内容:一是设立中国证监会行政处罚委员会;二是合并稽查一局、二局为稽查局(首席稽查办公室);三是设立中国证监会稽查总队;四是增加中国证监会派出机构的稽查力量。

在上述新体制下,行政处罚委员会、首席稽查办公室负责统一协调、指挥全系统的稽查工作;稽查局主要负责组织、协调、指导、督促案件调查,负责立案、复核及行政处罚的执行,负责跨境执法合作及行业反洗钱工作;稽查总队主要负责调查内幕交易、市场操纵、虚假陈述等重大案件,以及涉及面广、影响大的要案、急案、敏感类案件;地方稽查局及各地方监管局的稽查力量,主要负责辖区内案件的调查,以及非正式调查和各类协查工作。

随着证券市场的快速发展,对外开放程度的逐步提高,证券违法违规行为呈现出新型化、多样化、网络化的特征,案发数量增多,恶性案件时有发生,严重扰乱市场秩序,给证券市场的规范发展带来了巨大挑战。执法体制的改革,就是为了优化执法资源,充实执法力量,加强组织管理,集中统一指挥,坚决查处各类违法违规行为,切实保护广大投资者的利益。

附件：资本市场要素相关法律法规与政策文件

文件	日期
关于改变中国人民银行在国家组织中地位的通知	1962 年 6 月
信贷差额控制试行办法	1979 年 7 月
关于人民银行的中央银行职能及其与专业银行的关系问题请示(已失效)	1982 年 7 月
金银管理条例(已修改)	1983 年 6 月
关于中国人民银行专门行使中央银行职能的决定	1983 年 9 月
关于发行股票的暂行管理办法	1984 年 8 月
中国人民银行信贷资金管理试行办法	1984 年 10 月
中国人民银行关于金融机构设置或撤并管理的暂行规定	1984 年 10 月
商业汇票承兑、贴现暂行办法	1984 年 12 月
国家金库条例(已修改)	1985 年 7 月
银行管理暂行条例(已失效)	1986 年 1 月
全国人民代表大会常务委员会关于惩治走私罪的补充规定(已失效)	1988 年 1 月
现金管理暂行条例(已失效)	1988 年 9 月
深圳市股份有限公司暂行规定	1992 年 2 月
国库券条例(已修改)	1992 年 3 月
股份有限公司规范意见	1992 年 5 月
上海市股份有限公司暂行规定	1992 年 5 月
股票条例	1993 年 4 月
公开发行股票公司信息披露实施细则(试行)	1993 年 6 月
中共中央关于建立社会主义市场经济体制若干问题的决定	1993 年 11 月
公司法(已修改)	1993 年 12 月
国务院关于金融体制改革的决定	1993 年 12 月
中国人民银行信贷资金管理暂行办法(已失效)	1994 年 2 月
中国人民银行法	1995 年 3 月

续表

文件	日期
商业银行法(已修改)	1995 年 5 月
票据法(已修改)	1995 年 5 月
担保法(已失效)	1995 年 6 月
全国人民代表大会常务委员会关于惩治破坏金融秩序犯罪的决定	1995 年 6 月
外汇管理条例(已修改)	1996 年 1 月
证券投资基金管理暂行办法(已失效)	1997 年 11 月
证券交易所管理办法(已失效)	1997 年 12 月
非法金融机构和非法金融业务活动取缔办法(已失效)	1998 年 7 月
证券法(已修改)	1998 年 12 月
全国人民代表大会常务委员会关于惩治骗购外汇、逃汇和非法买卖外汇犯罪的决定	1998 年 12 月
金融违法行为处罚办法	1999 年 2 月
关于进一步完善股票发行方式的通知(已失效)	1999 年 7 月
中国证券监督管理委员会股票发行审核委员会条例(已失效)	1999 年 9 月
人民币管理条例	2000 年 2 月
个人存款账户实名制规定	2000 年 3 月
上市公司向社会公开募集股份暂行办法(已失效)	2000 年 4 月
关于规范上市公司重大购买或出售资产行为的通知(已失效)	2000 年 6 月
金融资产管理公司条例	2000 年 11 月
关于发布《亏损上市公司暂停上市和终止上市实施办法》的通知(已失效)	2001 年 2 月
上市公司新股发行管理办法(已失效)	2001 年 3 月
中国证券监督管理委员会关于做好上市公司新股发行工作的通知(已失效)	2001 年 3 月
亏损上市公司暂停上市和终止上市实施办法(修订)(已失效)	2001 年 11 月
证券公司管理办法(已失效)	2001 年 12 月
关于上市公司重大购买、出售、置换资产若干问题的通知(已失效)	2001 年 12 月
外资金融机构管理条例(已失效)	2001 年 12 月

续表

文件	日期
公开发行股票公司信息披露的内容与格式准则第三号《中期报告的内容与格式》(2000 年修订稿)	2000 年 6 月
信托法	2001 年 4 月
关于进一步完善中国证券监督管理委员会行政处罚体制的通知	2002 年 4 月
上市公司收购管理办法(已修改)	2002 年 9 月
上市公司股东持股变动信息披露管理办法(已失效)	2002 年 9 月
中国证券监督管理委员会关于要约收购涉及的被收购公司股票上市交易条件有关问题的通知(已失效)	2003 年 5 月
证券投资基金法(已修改)	2003 年 10 月
中华人民共和国银行业监督管理法(已修改)	2003 年 12 月
中国证券监督管理委员会关于规范上市公司实际控制权转移行为有关问题的通知(已失效)	2004 年 1 月
关于推进资本市场改革开放和稳定发展的若干意见(已失效)	2004 年 1 月
证券投资基金运作管理办法(已失效)	2004 年 6 月
关于《中华人民共和国刑法》有关信用卡规定的解释	2004 年 12 月
上市公司股权分置改革管理办法	2005 年 9 月
企业破产法	2006 年 8 月
反洗钱法(已修改)	2006 年 10 月
外资银行管理条例(已修改)	2006 年 11 月
上市公司信息披露管理办法(已修改)	2007 年 1 月
并购重组工作规程(已修改)	2007 年 7 月
证券公司监督管理条例	2008 年 4 月
重大资产重组办法(已修改)	2008 年 4 月
中华人民共和国社会保险法	2010 年 10 月
关于改革完善并严格实施上市公司退市制度的若干意见(已失效)	2014 年 10 月
关于授权国务院在实施股票发行注册制改革中调整适用《中华人民共和国证券法》有关规定的决定	2015 年 12 月
防范和处置非法集资条例	2021 年 1 月

第五章　知识产权保护在技术要素市场中的地位及影响[1]

随着生产要素市场的发展壮大,技术要素的作用日益突出,相关法律制度也日益健全,法治对科学技术发展和进步的作用逐渐显现。改革开放40多年来,技术要素市场经历了从无到有,并向高标准发展的过程,在这一过程中,法治相伴而行。自加入世界贸易组织后,我国对知识产权领域的法律作了多次修改,大大增强了对知识产权的保护力度。目前,我国每年专利申请量已居世界第一;全社会研发投入年均增长11%,规模跃居世界第二;2018年,知识产权市值接近2万亿元,占GDP的比重达2.19%。这些成绩都与法治进步具有高度相关性。为了说明法律所发挥的具体作用,本章聚焦知识产权保护在技术要素市场中的地位和影响,通过厘清知识产权保护制度的历史演进脉络,探究知识产权制度建设对经济发展的现实影响,以及对技术要素市场、新技术研发投入、技术交易与技术服务平台运行、专利转化、科技发明人权益与创新动力、知识产权司法裁判等情况开展实证分析。知识产权本身是基于知识财产发生的权利义务关系。其是以知识及信息为载体的,体现为具体的权利义务,具有极高商业价值的工商标记和创造性成果。党的十七届五中全会明确提出,“十二五”时期要以科学发展为主题,以加快转变经济发展方式为主线,坚持把科技进步和创新作为加快转变经济发展方式的重要支撑。而知识产权保护正是为创新提供的屏障。作为尊重创造性劳动和激励创新的一项

〔1〕 由于是以知识产权和技术要素市场中的地位及影响为分析视角,故本章研究的知识产权主要集中于专利权领域。

基本制度,保护知识产权是建设法治国家和诚信社会的题中应有之义。要建设创新型国家,完善社会主义市场经济体制,就离不开知识产权保护制度,我国的知识产权保护制度在推进经济社会发展方面取得了显著成效。但是,还应当看到,我们在知识产权保护方面还存在一些问题,技术要素市场化改革长期被局限于科技成果转化环节,技术要素市场被矮化为科技成果转化甚至是技术转移的市场机制和交易场所,并表现为重技术商品化、货币化,轻要素权利化、资本化。未来,我国应当以健全升级市场化配置法治保障为突破口,破除制约市场体系与创新体系协同融合的观念、制度障碍和体制机制堵点,合力推动改革从解决科技成果转化"最后一公里",转向破解"谁来驱动创新"的体制机制难题,推动知识产权保护工作取得更大进步。

一、知识产权保护制度的历史演进

要探究知识产权保护制度在技术要素市场中的地位和作用,必须关注其在不同历史阶段中的发展脉络,梳理其历史演进的逻辑。对于知识产权的界定,其外延在不同时期有着显著的变化,既涉及知识产权概念本身的演变,也包括对知识财产的认定标准。在知识产权的行使与管理方面,我们需要考察相关法律关系的主体,以及知识产权在实践中的具体行使方式和管理机制。改革开放 40 多年来,不仅知识产权法律制度在不断演进,社会对知识产权的认知和理解也在不断深化,这些变迁也影响着制度的形成与变迁。

(一)知识产权界定上的发展

1. 知识产权在外延上的变化

"知识产权"作为一个专业术语,其使用始于 1967 年世界知识产权组织(WIPO)成立。到 20 世纪 90 年代,无论是术语使用的频度还是制度安排与执行的力度均越来越大。知识产权概念的提出主要是基于对知识资源的开发、利用与保护,目的在于激励创新,促进经济发展和社会进步。

知识产权的内涵与外延一直都处于动态发展之中。一般认为其包括版权和工业产权。在技术市场要素的语境中,知识产权主要涉及工业产权,即专利权。

1986 年,乌拉圭回合谈判讨论的重点内容之一是如何加强对传统知识产权的保护,但也涉及一部分有争议的知识产权保护问题,主要有:(1)药品的授予专利与受到特别限制的问题;(2)电脑程序受不受到保护的问题;(3)工程基因产品是否可取得专利的问题;(4)角色销售权保护问题;(5)对电脑的软件的保护权应限于制定的密码设计还是应该扩大到计算机程序的“外形和感觉”方面;(6)晶片分布图和半导体晶片产品的设计;(7)制止不正当竞争的内容范围等问题。这些问题的提出明显展示了知识产权保护与时俱进的特征。至 1994 年 1 月 1 日,形成了《与贸易有关的知识产权协定》(TRIPS),该协定使知识产权的保护范围得到进一步拓展,内容包括著作权、商标、地理标记、工业品外观设计、专利、集成电路布图设计、对未公开信息的保护权和对许可合同中限制竞争行为的控制等方面。

知识产权保护的趋势呈现出以下几个特点:第一,知识产权的保护范围扩大化。这种状况既是知识产权保护范围的发展趋势,同时,日益强化的国际知识产权保护立法,也使发展中国家与发达国家在知识产权上的差距日益增大。[1] 第二,知识产权审查地域国际化。欧美等发达国家或地区都在致力于专利审查国际化,建议破除专利审查地域界限,设立“世界专利”设想,也就是少数国家承担专利审查的任务,授予专利权并得到他国认可的审查结果。第三,知识产权管辖扩张化。即将知识产权保护纳入世界贸易组织管辖的范围,世界贸易组织将货物贸易的规则、争端解决机制引入知识产权领域。

在新技术、新知识日新月异的背景下,知识产权的保护范围已从传统的专利、商标、版权扩展到包括计算机软件、生物技术、医药技术等在内的多元类别。由于发达国家在高新技术方面占据绝对的优势,这些国家可以利用其话语权将电子、通信、网络、生物等领域纳入保护范围,美国甚至将网络营销模式等理念也列入了专利保护范围。这虽然对于技术创新有

[1] 资料来源:1998 年 12 月世界银行报告。

积极意义,但也给后发国家在相关领域的突破与利用带来了极大的挑战甚至发展障碍。

2. 知识财产的认定

知识产权本身是基于知识财产发生的权利义务关系,是以知识及信息为载体,体现为具体权利义务,具有极高商业价值的工商标记和创造性成果。

从外延上看,知识财产主要包括专利、文学艺术作品、商标、商业秘密等。作为一种受法律保护的权利,知识财产成立的法定形式要件为登记。

随着国家知识产权战略的制定和实施,以及财产观念和法律制度的演进,知识财产和知识产权在财产法上的地位日益凸显,并逐渐动摇了物的核心地位,成为主要的社会经济资源。[1]

知识产权法对创新科技的促进,实则就是通过赋予知识以财产权的方式来实现的,并主要是通过确认财产权和保护财产权两方面的机制来体现的,即知识产权法有二元性质:保护知识财产和促进知识财产的利用。从法律性质的角度来说,保护权利人的财产体现的是私益,促进知识财产的合理利用体现的则是公益。“知识产权来自公共知识,任何知识财产都包含了一定的公共领域的知识,因此,对知识财产的保护就与对物的保护不同,除了保护私有财产之外,知识产权法还有一个目的就是促进知识应用,刺激经济健康发展,保护公共利益。”[2]

(二)知识产权的行使与管理

1. 知识产权法律关系主体

知识产权法律关系的主体是一个相对复杂的问题。以专利权人为例。我国《专利法》第 6 条[3]、第 8 条规定了两个以上单位或者个人合作

---

[1] 参见齐爱民:《知识产权法总论》,北京大学出版社 2014 年版,第 104 页。

[2] 齐爱民:《知识产权法总论》,北京大学出版社 2014 年版,第 23 页。

[3] 《专利法》第 6 条规定:“执行本单位的任务或者主要是利用本单位的物质技术条件所完成的发明创造为职务发明创造。职务发明创造申请专利的权利属于该单位,申请被批准后,该单位为专利权人。……非职务发明创造,申请专利的权利属于发明人或者设计人;申请被批准后,该发明人或者设计人为专利权人。利用本单位的物质技术条件所完成的发明创造,单位与发明人或者设计人订有合同,对申请专利的权利和专利权的归属作出约定的,从其约定。”

完成的发明创造、一个单位或者个人接受其他单位或者个人委托所完成的发明创造,除另有协议的以外,申请专利的权利属于完成或者共同完成的单位或者个人;申请被批准后,申请的单位或者个人为专利权人。法律规则是清楚的,但在实践中,对于知识产权人的认定仍然存在分歧。具体问题留待后文相关部分作出分析。

在法律规定相对清晰的情况下,由于知识产权可以通过许可、转让、出资、担保、融资等形式使产权人以外的其他人获得相应的使用或收益权,甚至有限的处分权,故即便在产权人地位确定的情况下,知识产权法律关系主体仍然呈现多样性。这样的多样性为知识产权归属的认定的复杂性与困难性埋下了伏笔。

2. 知识产权的行使

知识产权行使的方式有两大类:一是以实现知识产权交换价值为目的的行使方式,包括知识产权转让、担保、出资与融资等;二是以实现知识产权使用价值为目的的行使方式,包括实施和许可他人实施两种。

如前所述,即便对知识产权人的资格作出了认定,问题仍然没有最终解决。因为知识产权的行使主体不限于知识产权人。故知识产权行使也远非认定了知识产权人就可以确定知识产权的行使是否妥当这么简单。

3. 知识产权的管理

知识产权的管理,是指有关企事业单位和组织依法进行的知识产权的计划、组织和协调活动,即通过建立知识产权工作制度,制定相关管理办法对本单位内部环节中涉及知识产权的活动进行管理,以实现知识产权的最大利益。[1]

随着社会的不断发展,特别是在专利领域,单打独斗的个人越来越不能胜任日益复杂化、精细化的知识与技术的凝练与转化。知识产权从实验室到市场,在与知识产权关联度最大的技术要素市场,知识产权的管理成了至关重要的内容。

(三)知识产权制度的形成与变迁

在知识产权法产生之前,知识并不是财产,而是一种公共资源。19 世

---

〔1〕 参见齐爱民:《知识产权法总论》,北京大学出版社 2014 年版,第 129 页。

纪 50 年代以后,经过对零散的著作权法、专利法、商标法的系统的逻辑整合,现代意义上的知识产权法才作为一个法律部门正式出现。而“知识产权”的概念则晚至 1967 年才由“经济与合作发展组织”(OECD)在《建立世界知识产权组织公约》中正式确立。

在成体系化的知识产权法诞生之前,为了保护知识财产,早在 1474 年 3 月 19 日,威尼斯共和国就颁布了世界上第一部具有里程碑意义的知识产权法律《发明人法规》。

1623 年,英国制定的《垄断法》被认为是资本主义国家专利法的起点,这是世界专利制度发展史上的第二个里程碑。

1710 年 4 月,英国制定了世界上第一部真正意义的版权法《安娜女王法令》;最早的商标法是法国于 1803 年制定的《关于工厂、制造场和作坊的法律》;1806 年,法国颁布了第一个工业品外观设计法。英国关于知识产权领域的法律,对于当时的工业革命具有重要的作用。

我国知识产权制度发展史,可以追溯到 1898 年清政府制定的《振兴工艺给奖章程》。这份章程虽然明确了“保护工业产权”的基本原则和要求,并规定了对专利、商标等知识产权的法律保护方式,但是却没有涉及知识产权的具体规则问题。这一章程,当然是清廷变法图强之结果,不过,清政府当时更多地是想从治外法权中解放出来,没有把知识产权作为一种发展之策。到了民国时期,随着社会经济的迅速增长和国家实力的增强,政府开始对知识产权进行保护。其后,国民政府还实行了知识产权立法,但是限于主客观原因,知识产权立法并没有起到其应有的效果。

新中国成立以后,政务院第四十五次政务会议于 1950 年批准了《保障发明权与专利权暂行条例》。这份章程虽然明确了“保护工业产权”的基本原则和要求,并规定了对专利、商标等知识产权的法律保护方式,但是却没有涉及知识产权的具体规则问题。《保障发明权与专利权暂行条例》明确规定“本条例所称之发明系指在生产上创造新的生产方法,确能提高生产效能,或产制新的生产品,确能增加使用价值者”,还要求发明需“以能直接在工业制造或农业生产中实现者为限”。这标志着我国保护发明创造的制度正式建立,也是我国第一次以法律形式确立了保护发明权的制度。《保障发明权与专利权暂行条例》把发明创造划分为发明权与专利权两大类，对于发明权与专利权在权属、行使方式等方面都有不同规定。在授予专利权方面，该条例明确把发明权界定为私权属性，而不是公权属性，这样的规定有利于鼓励自主创新。规定专利权具有私权属性，专利权人有使用的权利，转让自己的专利可作遗产继承，当专利权受到侵犯的时候，权利人享有要求侵权人损害赔偿的权利等。此外，该条例明确禁止以任何形式损害他人的专利权。《保障发明权与专利权暂行条例》为维护公共利益，对发明创造的权属作了特别规定，"关于国外机密，军事技术的发明或者军事制造工业"和"事关多数人的福利，具有快速普及的必要性"的发明创造不授予专利权证书。对发明者在本单位工作过程中，在其本职工作范围内所进行的发明和受到国家机关的保护作了明确的规定，企业、社会团体授权、受酬完成的发明创造，不予颁发专利证书。这是新中国成立以后颁布的第一部关于专利权保护的法律规范。1963 年，国务院以《发明奖励条例》(已失效)取代了《保障发明权与专利权暂行条例》，发明创造专利保护已经取消，只有一个发明奖励的图案被保存下来。

进入当代社会后，知识产权法发展极为迅速，1993 年，世界贸易组织乌拉圭回合知识产权谈判达成了《与贸易有关的知识产权协定》，将知识产权问题引入国际贸易机制。1995 年 1 月 1 日，世界贸易组织设立知识产权理事会，专职管辖国际贸易中的知识产权问题。1996 年，经济合作与发展组织通过《以知识为基础的经济》的专题报告对知识经济作出界定，即知识经济是建立在知识的生产、分配和使用之上的，一种以知识为基础资源的经济形式。由此，将知识产权直接与经济现象关联，世界经济进入了知识经济时代。

二、知识产权保护制度对经济发展的现实意义

梳理知识产权保护制度的历史演进脉络后，就应当进一步分析知识产权保护制度对经济发展的现实意义。在当今全球经济格局下，知识产权保护制度不仅是经济发展的基石，更是推动创新、促进竞争、维护公平

交易秩序的重要保障。首先,我们需要认识到知识产权保护在经济发展中的特殊地位与作用。它不仅鼓励企业进行技术创新和产品研发,还能提高技术的转化率和市场竞争力,从而推动经济高质量发展。其次,随着国家经济结构的不断优化和全球经济一体化进程的加快,知识产权保护已经成为国家战略的重要组成部分。各国纷纷制定了一系列法律法规和政策措施,加强知识产权保护力度,提升国家在全球知识产权体系中的地位和影响力。因此,深入探讨知识产权保护制度对经济发展的现实意义,不仅有助于加深对知识产权保护的理解,还能为制定和完善相关政策提供重要参考和指导。笔者将从知识产权保护在经济发展中的地位与作用展开论证,分析知识产权进入国家战略的重大意义。

(一)知识产权保护在经济发展中的地位与作用

知识产权是基于知识的开发利用而产生的权利。但知识产权保护具有相当的难度,因为知识本身是一种非排他性产品,很难避免"搭便车"行为。如果知识产权得不到有效保护,企业及相关主体所投入的研发投入与竞争对手的技术侵权的机会成本将呈正相关性,从而导致产出知识的成本和收益变得极不可靠,从而逐渐削弱企业及相关主体自主创新的动力。保护知识产权实际上意味着授予创新主体一种"暂时性垄断",以确保他们能够从知识的利用中获得收益,同时也释放出可靠的信号,以改善专利市场环境,激发研发投资的积极性。

在国际竞争中,经济实力的竞争聚焦在信息技术、生物技术和新材料技术等技术领域。而这些技术领域基本上都是创新型技术成果。作为创新成果,其从立项到研发再到市场化,其间的资金、人力、智力、精力、物质等诸多方面的投入几乎是不计成本的。有些甚至被确定为国家战略,尤其是在国家力量更为强大的国家,可以举国家之力加以支持和成就。成本如此巨大的投入,如果不加以严格保护,必然会直接影响其创新动力。而"知识产权法通过对技术成果的确认,并授予财产权,调整投资者、开发者和制造商之间的权利义务关系,赋予知识产权人一定期限的市场垄断权,确保企业获得有限的垄断市场和商机”[1]。严密的法律制度体系可以为创新创造提供最可靠的鼓励与保障。

现今社会已经达成共识,没有创新就没有发展,而保护知识产权就是在保护创新。知识产权制度是通过赋予知识产权主体以知识产品专有权来实现的,使其对知识创造与创新投资有信心,从而在体制上保证创新成果商业化。知识产权制度发挥了实施创新驱动发展战略的关键作用。知识产权保护制度是激发创新活力、促进高质量发展、维护公平竞争秩序的必然要求,保护知识产权可以最大限度地提升我国的竞争力。我国知识产权保护制度历经近 30 年的发展,法律法规不断完善,知识产权保护能力和保护水平全面提升。但是,在这一过程中,一些恶意利用知识产权制度损害他人合法权益、谋取不当利益的行为,给知识产权保护造成了严重不良影响,并成了制约知识产权保护事业健康发展不可忽视的问题。有效的知识产权保护制度有助于破解“创新找死,不创新等死”的两难局面。

在人类文明史中,科技始终扮演着十分重要的角色。虽然通过制度来保护科技成果的专属性不过 300 年的历史,但我们也能清楚地看到,自从科技成果获得法律的认定和保护以来,科技成果无论是在数量上还是在质量上都出现了几何级数的增长。

“十二五”期间,要把科学发展作为主题,以加快经济发展方式转变为主线,并且把科技进步与创新作为推动经济发展方式转变的主要依托。知识产权保护是为了促进创新活动,并为其提供了一道防护屏障。保护知识产权是尊重创造性劳动、激励创新、推动法治国家建设和社会诚信发展的重要基础制度。要实现建设创新型国家的目标,必须深入完善社会主义市场经济体制,加大对当前知识产权保护方面存在的突出问题的关注,加快推进知识产权保护工作,取得更大的进展。

(二)知识产权保护进入国家战略

随着新型经济模式的不断成熟,更多的国家认识到,国家实力与科技实力密不可分。而科技实力最终是以创新为基础的,创新的动力在于国

---

[1] 齐爱民:《知识产权法总论》,北京大学出版社 2014 年版,第 10 页。

家层面对于知识产权的严密保护。越来越多的国家将知识产权保护作为实现和保持国际竞争优势,在全球经济高度竞争的环境中取得优势的重要战略,并且制定和实施了本国的知识产权战略,特别是发达国家将知识产权保护提升到国家发展战略的高度。“建立一个以知识产权为导向、多种政策协调的制度结构,是让许多国家,尤其是发达国家,加强自主创新能力、提升国家竞争力的一般做法。”〔1〕

以日本为例。第二次世界大战之后,日本通过向欧美国家学习并引进、消化其先进技术,迅速崛起,形成了“日本模式”。但是,20 世纪 90 年代因为未能及时改造所谓的“日本模式”,故步自封因循守旧,日本经历了“失落的十年”。其间,许多国家的低成本生产能力正在迅速接近甚至超越日本,他们能够以较低的成本大量生产产品。但是,后发国家常常会因创新能力不足而面临困境。鉴于以往经验,日本提出了“信息创新时代,知识产权立国”的宗旨,并于 2002 年制定了《知识产权战略大纲》和《知识产权基本法》以达成目标。提出了创造、利用、保护三项战略,加强了人才基础和实施机制,以此来赢得市场竞争的优势。同年,日本内阁建立了“知识产权战略本部”,由首相本人任本部长,并且成立了“知识产权推进事务局”,定期出台“知识产权推进计划等”。该组织每年召开一次会议讨论制定年度工作规划。同样,有关的任务与目标是单独向国家主管部门提出的,教学科研单位和各企业都作了相应规定。此外,“知识产权战略本部”还制定出一系列具体制度,包括“专利许可法”“著作权法”等法律文件。2005 年,日本建立了“知识产权上诉法院”,统一受理知识产权领域民事、行政申诉案件,通过精简的手续,知识产权得到了较为有效的保护。

在这种示范效果下,韩国、新加坡、印度、俄罗斯等国家或地区先后采取了与日本相似的知识产权保护架构,走上了以国家力量保护知识产权的道路。

为了实现全面建设小康社会的目标,2008 年 6 月 5 日,国务院印发了

〔1〕 吴汉东:《试论知识产权制度建设的法治观和发展观》,载《知识产权》2019 年第 6 期。

《国家知识产权战略纲要》,明确将知识产权保护提升为国家战略,以提高我国知识产权的创造、运用、保护和管理能力,建设创新型国家。关于"纲要"的意义,国务院提出了4点:统筹推进"五位一体"总体布局,实施科学发展观,推进依法治国,建设社会主义和谐社会。

如此,一是有助于提升我国自主创新能力,推动国家建设创新型社会。通过实施知识产权战略,可以建立创新的体制环境和市场环境,促使大量的创新成果不断涌现并得到广泛的应用。二是有助于完善市场经济体制建设。通过弘扬知识产权文化,营造尊重知识、热爱创新、守法诚信的社会,有助于维护市场秩序和建设诚信社会。提升企业市场竞争力和提升国家的核心竞争力有利于促进国家经济发展。通过实施知识产权战略,将在创新过程中产生的原始创新能力、集成创新能力和引进消化吸收再创新能力转变为企业参与市场竞争的能力和国家的核心竞争力,促进自主创新成果的知识产权化,引导企业实现知识产权的市场价值,推动企业成为知识产权创造和运用的主体。三是开放是推动双方共同发展、达到互利共赢目的的重要方式。推行知识产权战略,可以加快推动我国外贸发展方式的转变,优化进出口结构,提升外向型经济的质量。有利于把握国际创新机遇,在开放的环境中合理利用国际创新资源。有利于我国创新成果走向世界;有利于世界各国共同开发智力资源,共享创新成果。[1]

2018年,党的十九届三中全会通过了《深化党和国家机构改革方案》,同年改组国家知识产权局,实现了专利、商标、原产地地理标志、集成电路布图设计等的集中统一管理。

2021年9月,中共中央、国务院发布了《知识产权强国建设纲要(2021—2035年)》,为我国知识产权制度的有效推行做出了全新战略布局。该建设纲要在战略背景和总体要求上,对以社会主义现代化为目标构建知识产权制度、构建支持国际一流营商环境知识产权保护制度、构建激励创新的知识产权市场运行机制、构建便民利民知识产权公共服务体

---

〔1〕 参见国务院《国家知识产权战略纲要》(2008)。

系建设、构建推动知识产权优质发展人文社会环境、深入参与全球知识产权治理和组织保障等 9 个方面作出了详细规划，这是我国从知识产权大国向知识产权强国转变[1]的总体蓝图和行动指南。

2021 年 12 月 27 日，国务院召开知识产权战略实施工作部际联席会议，发布了《知识产权强国建设纲要和"十四五"规划实施年度推进计划》。明确了完善知识产权制度、强化知识产权保护、完善知识产权市场运行机制、营造良好的知识产权人文社会环境、深度参与全球知识产权治理和加强组织保障等 6 个方面的重点任务与工作措施。

2023 年 7 月 21 日，国务院知识产权战略实施工作部际联席会议办公室印发了《2023 年知识产权强国建设纲要和"十四五"规划实施推进计划》，在 2021 年"推进计划"的基础上，补充了"提高知识产权公共服务水平"的内容，进一步细化明确了 7 个方面的 139 项重点任务和相关工作措施。

三、我国知识产权法治与技术要素市场发展相关性分析

改革开放 40 余年来，我国建立起了较为完善的知识产权制度。我国现行的与知识产权相关的法律法规主要包括《专利法》《专利法实施细则》《国防专利条例》《集成电路布图设计保护条例》《著作权法》《计算机软件保护条例》《植物新品种保护条例》《知识产权海关保护条例》《海关关于〈中华人民共和国知识产权海关保护条例〉的实施办法》《促进科技成果转化法》等，知识产权法律体系基本建成。2017 年，我国专利已相继实现了两个 100 万件的重大突破：一是年发明专利申请量突破了 100 万件，二是有效发明专利拥有量突破 100 万件，我国已成为一个名副其实的知识产权大国。

---

[1] 知识产权强国，是指在知识产权国际竞争中具有强大知识产权实力的国家，其以知识产权能力、知识产权绩效、知识产权环境为基础构建知识产权强国的评价指标体系。参见谢小勇、刘淑华等：《知识产权强国建设的理论思考》，载《知识产权》2015 年第 12 期。从"能力"评价标准来看，知识产权强国主要是指"知识产权创造能力强、运用能力强、保护能力强、管理能力强，以及服务能力强"。参见冯晓青：《我国知识产权制度实施的战略布局——关于〈知识产权强国建设纲要（2021—2035 年）〉的理论思考》，载《知识产权》2021 年第 10 期。

(一)《专利法》实施以前我国知识产权保护的状况回溯

中华人民共和国成立之初,国家对于对发明创造采取了一定的保护。政务院于 1950 年 8 月 16 日颁布了《关于奖励有关生产的发明、技术改进及合理化建议的决定》和《保障发明权与专利权暂行条例》,并于同年 10 月颁发了该条例的实施细则。

该条例对确保专利权,申请专利条件、手续和审批程序,异议制度,专利权人权利和义务,专利权保护期限和违法者法律责任等都有比较完备的规定,符合当时国际上保护专利权的基本准则。在实行《保障发明权与专利权暂行条例》期间,仅批准过 6 件发明权和 4 件专利权,反映出该条例对于专利及发明的推动作用相当有限。

该条例实施至 1963 年结束。1963 年 11 月,国务院颁布了《发明奖励条例》(已失效)和《技术改进奖励条例》(已失效),同时废止了《保障发明权与专利权暂行条例》,也就是废除专利制度,推行单一发明奖励和技术改进奖励。即发明人在取得发明人证书后,发明权归国家所有。同时,任何人不得出售这项发明或出售使用这项发明的许可权。因为这属于国家财产。此后,一直到 1978 年,我国的科技发明与创新几乎停滞,相关制度也处于空白状态。

(二)《专利法》实施以来我国知识产权法制的发展与实效

2019 年 9 月 27 日,中华人民共和国成立 70 周年前夕,国家知识产权局发布《中华人民共和国成立 70 年来知识产权事业发展历程与成就》,全文以叙事的方式全面回顾了中华人民共和国成立以来在知识产权保护方面的历程。

1. 知识产权法律体系的建立

知识产权法治化保护能够有效地抑制知识的溢出,保障原始创新的利益,同时可以最大限度地降低信息不对称的程度。自改革开放以来的 40 余年,我国知识产权法律体系基本建成。

在知识产权局官网上检索相关法律法规,可以看到,根据适用的种类不同,各类规范性文件被划分为 4 个部分:专利、商标、地理标志、集成电路布图设计。每一个特定种类下都有专门的法律、行政法规和部门规章。

从知识产权保护的角度来看，这种划分符合知识产权类型化的特点。但是随着科学技术的不断进步，创新成果的不断涌现，将有更多的新种类的知识产权成为值得关注的问题，预示着未来应该根据专业性进行新的制度配置或是在现有法律的基础上进行系统整合。

由于科学技术自身具有更新升级快的特点，加上对于专利保护意识的不断提高，以及与国际接轨的要求，相关法律法规修改修订的速度很快。以《专利法》为例，该法 1984 年制定，1992 年、2000 年、2008 年、2020 年进行了修改。在 2011 年至 2021 年 10 年间，几乎每年都会对《专利法》的修改进行商讨，相关配套司法解释及实施细则也在不断修改。2015 年，《专利法实施细则》《专利行政执法办法》《专利代理管理办法》《用于专利程序的生物材料保藏办法》等法规规章也同时出台，产生了积极影响。

追溯这一成果还得回到 20 世纪 80 年代。1980 年，中国专利局成立，这一年，我国也正式加入了世界知识产权组织。从此，我国进入了与国际接轨、依法保护知识产权的崭新时期。1982 年，五届全国人大常委会第二十四次会议审议通过了《中华人民共和国商标法》(以下简称《商标法》)，它标志着中国知识产权法制建设迈出了新的步伐。1984 年，邓小平同志明确指出“专利法以早通过为好”。同年 3 月 12 日，六届全国人大常委会第四次会议表决通过了《专利法》。从此，构建知识产权制度体系进入了“快车道”。[1] 自 1985 年《专利法》实施到 2011 年，我国在受理发明专利申请数量上超过了美国；自 2015 年起，在发明专利授权量上超越美国，成为全球发明专利申请量和授权量的第一大国。

2. 知识产权保护法治化的成效

国家知识产权局在《中华人民共和国成立 70 年来知识产权事业发展历程与成就》中称：1985 年 4 月 1 日标志着新中国实施专利法的开端，从那天起，北京、上海、沈阳、济南和长沙 5 个受理处开始接受来自五湖四海的专利申请。当天，中国专利局又创出历史新高，收到 3455 件国内外专

---

〔1〕 参见《中华人民共和国成立 70 年来知识产权事业发展历程与成就》，载国家知识产权局官网，https://www.cnipa.gov.cn/art/2019/9/27/art_499_134131.html。

利申请,打破了之前的专利日申请纪录。然而,这 3455 件专利申请的出现标志着中国专利事业开始启航,尽管当时并未引起多大的重视。2017 年,我国的专利取得了两个 100 万件的重大突破,一是年发明专利申请数量突破了 100 万件,二是有效发明专利拥有量也超过了 100 万件,让我国成为一个真正意义上的知识产权大国。这个信息说明,我国蕴藏着巨大的创新精神与创新能力,一旦有了制度的支撑,其爆发出的能量是惊人的。自 1985 年专利法实施以来,我国每 100 万件专利申请所花费的时间逐渐减少,最初的第一个 100 万件花了 15 年,其后的第二个 100 万件历时 4 年 2 个月,第三个 100 万件用了 2 年 3 个月,第四个 100 万件仅用 1 年 6 个月,第五个 100 万件只用了 1 年 4 个月。截至 2019 年 6 月底,我国国内(不含港澳台地区)发明专利拥有量达 174.0 万件,每万人口发明专利拥有量达到 12.5 件,我国在全球拥有发明专利量排名第二位。此外,每年通过《专利合作条约》途径提交的国际专利申请量也十分可观。近 5 年来,国外申请人在我国申请发明专利数量累计达 79.8 万件,而且呈现出年均增长 3.9% 的良好发展态势,这表明外商对我国市场充满信心。“九五”期间,我国受理的专利申请量比“八五”期间增长了 81%,年均增长 15.7%。

上述成就充分彰显了知识产权法治的巨大作用,以及我国法治建设的飞速进步。2005 年,国务院发布了《中国知识产权保护的新进展》白皮书,2008 年,出台了《国家知识产权战略纲要》。2018 年 7 月,国务院新闻办公室发布了《中国与世界贸易组织》白皮书。《中国与世界贸易组织》白皮书就我国履行知识产权保护承诺的情况进行了专门介绍。白皮书公布的数据显示,从 2001 年起,我国对外支付知识产权费年均增长 17%,2017 年达到 286 亿美元。2019 年 11 月,中共中央办公厅、国务院办公厅印发了《关于强化知识产权保护的意见》,将知识产权保护提升到了新高度。2021 年 9 月 22 日,中共中央、国务院联合印发的《知识产权强国建设纲要(2021—2035 年)》明确提出建设知识产权强国的战略目标和具体指南。[1]

2018 年国务院行政管理机构改革，中国国家知识产权局顺利完成了重组。2018 年 8 月，中国国家知识产权局的英文名称缩写由原来的 SIPO 变更为 CNIPA。重组后的国家知识产权局对专利、商标、地理标志、集成电路布图设计管理职能进行了整合，极大地提升了管理效能。当年，我国发明专利申请量增长了 11.6%，发明专利授权量增长了 2.9%，发明专利授权平均周期在 22.5 个月。[2]

(三)知识产权保护的例外条款与例证

我国《专利法》第 75 条对 5 种不视为侵犯专利权的情形作出规定。将这些规定与世贸组织的《关税及贸易总协定》(以下简称《关贸总协定》)第 20 条和《服务贸易总协定》第 14 条的一般例外，《关贸总协定》第 21 条和《服务贸易总协定》的第 14 条之“安全例外”，以及知识产权保护的例外相比较，有很大的契合度。以《专利法》第 69 条为例，该条规定：“有下列情形之一的，不视为侵犯专利权……(五)为提供行政审批所需要的信息，制造、使用、进口专利药品或者专利医疗器械的，以及专门为其制造、进口专利药品或者专利医疗器械的。”《关贸总协定》第 20 条可以免除成员义务的十种一般例外措施中的第二种规定：“为保障人民、动植物的生命或健康所必需的措施。”《服务贸易总协定》第 14 条第 2 项作出了同样的规定。这些规定的伦理价值不言而喻。

2022 年 6 月，在日内瓦举行了世贸组织第 12 届部长级会议，其中就新冠疫苗知识产权豁免达成了部长决定。“这个决定有望允许发展中国

---

〔1〕 在 2018 年国务院行政机构改革之前，我国知识产权保护较为分散，主要体现为，各部门仅在各自负责管理的领域内出台相应的部门规章、政策文件，各部门之间合作较少，甚至存在没有合作的情况，这种分散式保护的情况给知识产权保护执法带来了极大的困难。甚至连相关法律法规文件的落款有时也会出现多个部门联合发文的情况，但是，我们可以在知识产权保护白皮书中看到，在 2018 年国务院行政管理机构改革之后，除涉及司法部门的法律法规之外，政策文件和部门规章很多是按照知识产权的种类进行分类，而不是和早期白皮书中按照制定部门来进行分类。从数量上也可以看出，2018 年以后我国每年与知识产权有关的政策文件和法律法规数量也开始突破 30 个。2021 年数量有所下降，含司法解释共 26 个。

〔2〕 参见国家知识产权局战略规划司组织编译：《2018 年世界五大知识产权局统计报告》，载国家知识产权局网，https://www.cnipa.gov.cn/module/down.jsp? i_ID=40377&colID=90。

家豁免世界贸易组织《与贸易有关的知识产权协定》关于专利保护的部分义务,在未经专利权人许可的情况下授权生产新冠疫苗,并向其他符合条件的发展中国家出口。尤其是发展中国家允许在实施新冠疫苗知识产权授权方式、通报义务和向专利权人提供适当报酬等方面享有较大的灵活性。例如,发展中国家可通过立法、行政命令、紧急法令等各种方式进行授权,可在授权后向世界贸易组织进行通报,确定权利人报酬时可考虑人道主义和非营利目的等。在实现新冠疫苗生产的同时,发展中国家有望在未来将世界贸易组织的豁免决定扩大到治疗和诊断用品方面。"[1]

虽然对于知识产权保护的豁免有明确的制度安排,但是其中的一些事项如药品及医疗器械、医疗手段等"为保障人民、动植物的生命或健康所必需的措施"承载了太多的经济利益或其他因素的考量,有许多发展或获得相关措施的事项并不能进入专利"公共池"。在药品及医疗器械等事项上如何实现公共利益、个体利益与激励创新的平衡是非常困难的。"世界卫生组织、世界知识产权组织、世界贸易组织的联合报告强调,不能过度强调知识产权创造者的个体利益,需要确保知识产权创造者的利益与公众的广泛应用之间的充分平衡。这意味着技术创新和公共利益的实现,时常涉及市场主体对于自身权利的调整或让渡。"[2]关于该次新冠疫苗知识产权豁免的部长决定在知识产权制度领域具有标杆意义,它在进行知识产权保护的同时,注意到适当的保护会促进创新,但过度或过宽的保护会反向阻碍创新的社会效应,对于技术要素市场产生限制性影响。所以,知识产权的保护是严格的但同时又必须是合理的、符合伦理的。在这样的认识的支配下,新冠疫苗广为使用,为度过疫情发挥了作用。

---

〔1〕 周建军:《全球抗疫呼唤发展导向的药品专利制度》,载《光明日报》2022 年 7 月 28 日,第 14 版。

〔2〕 周建军:《全球抗疫呼唤发展导向的药品专利制度》,载《光明日报》2022 年 7 月 28 日,第 14 版。

(四)知识产权保护与技术创新的关系及未来完善制度的方向

1. 知识产权保护与技术创新的双向关系

严格保护知识产权的意义毋庸置疑,没有严格的知识产权保护制度,技术研发创新就不会有持续的动力。知识产权保护通过法定的信息公开途径提高了整个社会的技术发展水平。同时,又以制度安排为知识产权人提供了可靠的垄断利益的获得保障,最大限度地激发了相关主体的创新热情,并为资本的投入背书了投资安全。这些,是知识产权保护带来的显而易见的积极作用。

知识产权中的“知识”是一种极具市场价值的知识,与其他知识一样,具有天然的流动性与扩散性。同时,由于知识带有非竞争性和非排他性的公共产品的特征。因此,知识的外溢性是必然发生的。知识产权中的知识外溢分为两种:一种为租金外溢;另一种为纯知识外溢。一般情况下,只要制度完善,租金外溢可能为知识产权人带来相应的市场收益。但纯知识外溢则可能因为大量竞争者的涌入使创新者遭受较大的利益损失。如果没有健全的知识产权保护制度,会使知识及技术创新动力不足。在技术要素市场机制还不够成熟的情况下,对于两种外溢现象必须共同关注:既保护知识产权人对于知识本身的权利,又保证知识产权人对于转化利益的获取。

但是,这种保护的“度”的拿捏的确有着极高的制度智慧。实践证明,在一些产业和领域,知识产权的过度保护可能给创新带来掣肘。技术进步必然是一个积累的过程,过度的知识产权保护制度对技术创新的影响和制约会很大,特别是在诸如制药、集成电路、飞机制造等知识密集型产业,专利丛林、专利流氓、专利长青化等问题带来的不良影响更是明显,故专利保护与技术扩散的关系不是线性的,相互之间的关联性非常大,过度的知识产权保护也会阻碍创新的扩散。

2. 严格的知识产权保护下面临的挑战

我国的经济转型继经历了市场化之后,须根据经济全球化的要求,实现国际化。在这个过程中,尤其是加入世界贸易组织后,我国知识产权保护面临着巨大的压力和挑战。以《与贸易有关的知识产权协定》为代表的世界贸易组织知识产权制度构筑了知识产权保护范围最大、水平最高、力度最大、制约性最强的知识产权保护体系。我国加入世界贸易组织必然要受到相关规则的规制。加之国际化问题,知识产权的保护及利用也必然会受到其他国家相关制度的影响。例如,美国专利局颁发的基因专利,不仅包含了完整的生化、生物学、遗传学方面功能证据的新基因,而且还包括了功能尚不明确的脱氧核糖核酸序列。类似知识产权保护制度的发展客观上为后发国家的后续发展产生深刻的影响,特别是在知识经济的背景下,越来越严格的知识产权保护给我们带来了挑战,也带来创新机遇。

应当通过制度创新在高科技领域抢占专利权制高点,不轻易被"卡脖子";在民族优势产业领域,如中医药产业、稀土产业等取得知识产权的较强话语权;实现对引进技术的消化、吸收以及创新成果的专利保护。[1] 要真正解决这些问题,一方面,应切实加强知识产权保护工作,加大知识产权保护力度,使国家在知识资源上具有比较优势;另一方面,要打造良好的政策和法律环境,完善知识产权保护的方式和手段,健全知识产权工作体系,促进国家高新技术产业的良性发展。具体而言,要从笼统扶持科技成果转化到重点支持专利项目,利用知识产权制度科学合理地引导市场的走向。此外,政府应该建立专门的专利基金,重点支持具有广阔市场前景、高技术含量、高附加值的专利技术实施;形成激励机制,使科技人员有更大的动力创造出质高量多的知识产权成果,建立起独立自主的知识产权产业,推动经济的高质量、可持续发展。

从实践来看,虽然国家实行科技兴国战略,对知识产权的保护力度也前所未有。但是,国家的投入在实现知识产权的转化方面,还有很大的提升空间。

四、我国对于新技术研发投入情况分析

研发经费的投入,尤其是政府主导的投入,对于研发主体研发能力及

[1] 联合国工业发展组织编写的《发展中国家技术引进指南》中,将消化、吸收与创新作为引进技术必须遵循的一个基本原则。

研发积极性的提高极为重要。中央出台的政策,以及一系列相关的法律法规和政府规章,确保和加强了研发经费投入,促进了科技进步和经济发展。

(一)国家层面的投入

图5-1为我国自1995年5月6日颁布中共中央、国务院《关于加速科学技术进步的决定》以来至2020年全国科研经费(研发)支出情况。

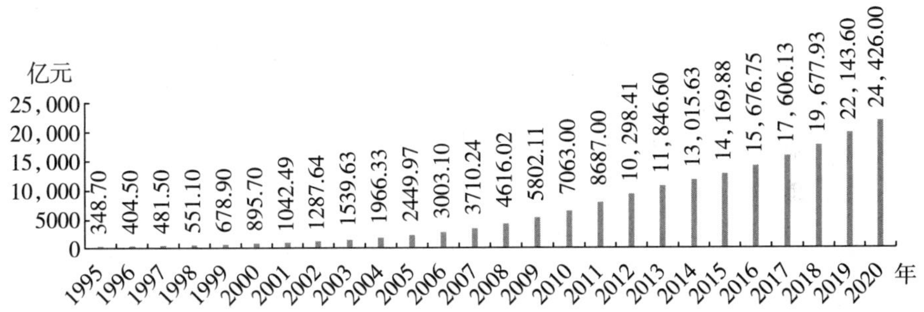

图5-1　我国自首次提出科教兴国战略后总体上每年的研发经费支出状况

资料来源:根据1995~2020年公布的《中国知识产权年鉴》数据整理。

从全国的研发经费投入状况来看,研发经费支出呈现持续上涨态势,每年研发经费相较于上一年的研发经费投入增长率平均在10%~20%,而这个增长速度已经持续近25年。2008年,在国际金融危机的情况下,我国的研发经费支出较2007年甚至还增长了24%。即使是在2020年全国经济因为疫情受到极大影响的情况下,研发经费支出仍然较2019年增长了10%。这表明国家越来越清楚地认识到,要保护经济的可持续发展,获得市场竞争力,只能靠科技创新。2021年,全国研究与试验发展(研发)经费支出达27,864亿元,较2020年增长14.2%,占GDP的比重达2.4%,这一数据在2022年2月28日由国家统计局发布的《2021年国民经济和社会发展统计公报》中体现。就经济学的角度而言,投入是否有效需要判断产出是否有价值。研发经费投入产出情况可以通过当年的专利申请授权数来进行判断,无论获得专利授权的成果能否顺利有效地转化为效益。全国专利申请授权数量与经费投入之间基本上呈现正相关,个别年份略有例外。(见图5-2)

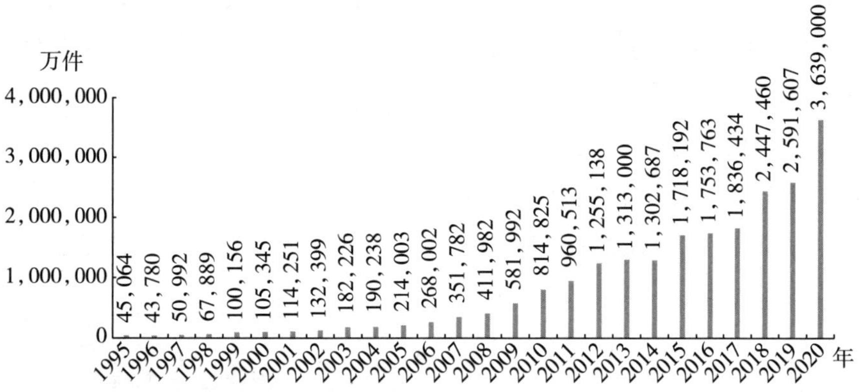

图 5-2　1995~2020 年专利申请授权数

资料来源:根据 1995~2020 年公布的《中国知识产权年鉴》数据整理。

从图 5-2 可以明显地看到,在 2014 年专利申请授权数出现下降态势,而 2018 年和 2020 年专利授权数量增长率较上一年达到 33% 和 40%。2021 年,我国发明专利申请量为 158.6 万件,同比增长 5.9%;授权发明专利 69.6 万件,同比增长 31.3%。[1]

自 1985 年《专利法》生效以来,30 年时间里,我国从零开始发展,并最终成为世界上第一专利大国,这背后涉及多方面的原因。毫无疑问,改革开放 40 多年来我国经济实力的迅猛发展为科学研究的不断投入提供了有力的资金支持。自 2014 年起,我国研发经费在 GDP 中的比重一直保持在 2% 以上,并且与经济合作与发展组织国家的平均水平日益接近。另外,为了鼓励专利申请,许多地方政府提供了补贴、奖金等形式的激励,大大促进了专利数量的增加。[2]

(二)地方政府的投入情况

除在国家层面的研发经费投入之外,地方的研发经费投入存在差异,而这些差异直接或间接地影响了地方经济的发展水平与发展质量。从 2000~2007 年每年各省份研发经费与各省份专利授权量的对比数据可以

---

〔1〕 参见《2021 年知识产权统计年报》。

〔2〕 应该指出的是,这些数据为自然指数,其关键指标是份额或数量。从技术要素市场的角度,更多或更有价值的是转化率及产出率的考量。

看出,发明专利授权主要集中在经济发达地区。北京市、广东省、江苏省、上海市、浙江省、山东省6个省市授权量合计分别占国内专利授权总量的六成。这6个省市也是2000～2007年研发经费投入始终占据前6名的省份,这与我国经济结构的特点也基本吻合。从东部不断向西推进,研发经费支出在不断减少,发明专利授权量也在不断减少。2007～2014年,全国几个省区出现了如下变化:[1]

北京市从第1名逐渐跌落出前三名。广东省继续保持其对科研的大量经费投入,在全国遥遥领先。广东省的高投入延续至今,2022年6月2日,广东省人民政府新闻办公室举办科技创新强省建设专场新闻发布会,会上宣布,2021年,广东省研发经费支出从2017年的2344亿元增加到2021年的3800多亿元,占地区生产总值比重从2.61%提高到3.14%;全省研发人员突破110万人;发明专利有效量、国际专利申请量等指标均居全国首位。[2] 江苏省和山东省后来居上,在2007～2014年7年间不断加大研发经费投入,从2014年开始,广东省、江苏省和山东省一直占据全国研发经费支出前三名,并且保持每年不断增长的态势。

最近10年内地方政府投入研发经费的前三名为广东省、江苏省、山东省3个省份。然而从每一年的发明专利授权量上看,发明专利授权量前三名与经费支出前三名并不完全吻合。发明专利授权量的前三名分别是广东省、江苏省、浙江省,其中浙江省的研发经费支出排在第4位,但是其发明专利产出量不亚于江苏省。而山东省在研发经费投入名次上靠前,但其发明专利授权量大体与排名第8位的四川省相近。

将以上情况结合起来可以发现,东部沿海地区由于其本身经济优势,有更多的经费可以投入研发中。尤其是我国加入世界贸易组织以后,东部地区的经营者们不断意识到知识产权的重要性,越来越重视新产品、新技术的研发与保护。而北京市由于其特殊的区位优势则可以获得较多的来自国家的经费投入。

---

〔1〕 根据各省每年公布的《知识产权年鉴》数据整理。

〔2〕 参见《广东:2021年研发经费支出超3800亿元,研发人员突破110万人》,载新浪财经网,https://finance.sina.com.cn/jjxw/2022-06-02/doc-imizirau6248969.shtml。

但是,以黄河为界,也可以看到,在黄河以南地区研发投入与产出成正比关系的情况并不当然适用于黄河以北地区。最典型的例子是北京市和山东省。北京市作为21世纪前10年中始终占据研发支出第1名的地区,其每年的发明专利授权量仅在全国排第4位或者第5位。山东省作为最近10年研发投入排名第2位的省份,其每年的发明专利授权量仅相当于中西部地区的数量。

对于这种现象,可能存在以下原因:第一,北京市由于其特殊的地理位置特别是政治上的区位优势,可以获得较多的国家科研经费。但是,北京市本地高校科研机构众多,即使经费投入较多,仍然没有办法保证每一个科研项目都能得到足够的经费来结项,即后续经费不足导致很多研究无法发展到可以申请发明专利的程度。第二,山东省则因其人口众多,研发研究经费的审批环节较多,效率受损,这种体制上的问题可能导致研发经费使用状况不尽理想。

(三)研发经费投入与专利产出之间的关系解析

专利成果建立在科学研究与技术开发的基础之上,研发经费的持续投入与力度的不断加大无疑会对专利成果的产出产生巨大的正向影响,两者之间的正相关关系毋庸置疑。

促进科技创新的国家战略,常常被分解量化为各地专利数量等政绩指标,受到政绩考核和实现国家政策目标的双重压力,地方政府竞相资助和奖励本地专利的产生。广西制定了《广西发明专利倍增计划》,对2012～2015年申请量、人均专利拥有量等进行了详细的目标定位,并制定了代理费资助标准及获得发明专利授权的奖励标准。后续于2015年发布的《发明专利双倍增计划》,规划了"十三五"期间(2016～2020年)的发明专利申请量和授权量,对累计拥有1000件专利的企事业单位奖励50万元。获得中国专利金奖的奖励100万元,获优秀奖的给予10万元的激励。其他地区也实行了类似的补助和奖励政策,如浙江省、安徽省、天津市等。除了提供奖励,政府还为获得专利授权的企业或个人提供税收返还、减免和专利研发费用在税前扣除等税收优惠,以资鼓励。除政府提供的奖励性补贴外,许多企业也采取措施来鼓励专利申请。虽然采取相应措施可以激发企业和个人申请专利的积极性,但也导致了大量低质量专利的申请,导致专利产出与研发创新的关联性有所减弱。从机理上讲,企业和个人进行创新研发及寻求专利保护,都是希望可以从中获利,即只有当未来的收益高于研发和寻求保护的成本时,才会有发明被保护的可能。但是,官方资助和奖励的介入会人为减少寻利行为的成本,从而削弱专利申请成本应有的过滤低价值专利的作用。从现状看,政策的导向对于专利申请的数量、质量乃至转化率都直接造成了影响。政府的资助与奖励政策的设计使企业更倾向于投入研发周期短、成本低的一般性甚至劣质专利,而不是投入长期研发、成本高的优质专利,以获得更多的资助或补贴。由于逆淘汰的发生,原本有能力进行高质量创新的企业失去了投资优质专利研发的动力。于是,从数量上看,专利的申请量大幅度提高,但是专利转化率却很低。因而我国在专利数据上自然指数排名靠前,甚至居世界前三位,成为真正的专利大国但又由于专利质量的问题,很难被称为专利强国。

当然促使专利数量激增还有一些法律制度性因素,比如,不少地方通过制定法规加强对专利权人的保护,提高个人对职务发明转化收益的分成比例,还有一些高校和科研机构将专利数量作为晋升和职称评审的标准之一,类似的法律制度性、准制度性的措施,都激励了专利申请的增长。虽然研发经费的投入,尤其是政府主导的投入,对于研发主体研发能力及研发积极性的提高有着重要的促进作用。但是,如果在此过程中不能更理性地进行相关制度的设计,有可能产生反向的效果。事实证明,无论是研发、申请、授予,还是转化,专利都应当走市场化的道路,政府干预更多的应当是宏观政策的支持、中观制度的引领和微观机制的保障。只有将专利产生、产出交给市场,知识产权才能在技术要素市场中产生无穷的能量。

五、技术交易与技术服务平台运行情况分析

自 1987 年 11 月 1 日起,《中华人民共和国技术合同法》(以下简称《技术合同法》,已失效)实施,我国法人之间、法人和公民之间、公民之间就技术开发、技术转让、技术咨询和技术服务等事务有了基本遵循。自

1999 年 10 月 1 日起,《合同法》实施,《技术合同法》同时废止,该法对技术合同的规定更规范也更完善。自 2021 年 1 月 1 日起,《民法典》实施,《合同法》废止,《民法典》基本吸收了《合同法》的规定,同时整合、新增了相关规定,进一步促进了知识产权的保护和科学技术的进步,以及科技成果的研发、转化、应用和推广。其中,政府及其主管部门对于专利技术交易平台的构建、扶持与促进是有规划、有节奏的。这对于我国技术交易平台的发展起到了很好的制度支持。随着知识产权价值的不断增长,加之在"放管服"背景下知识产权市场化程度的不断加深,近年来,我国知识产权公共服务机构及技术交易平台数量持续增长。

(一)技术交易平台政府扶持规范性文件概览

在 2006 年之前,我国的知识产权大部分都是在技术市场完成交易的,从 2006 年国家知识产权局发布《关于实施全国专利技术展示交易平台计划的通知》开始,政府一直致力于促进建设和发展知识产权交易平台。2020 年,科技部明确:2019 年,全国技术交易市场超过 1000 家,技术合同成交额首次迈向 2 万亿元台阶,是 2012 年的 3.5 倍。[1] 通过专门的技术交易平台,我国完成了大部分的技术交易。

从 2006 年至今,国务院及有关行政部门出台了一系列规范性文件,支持和促进技术市场交易平台的建立和发展,主要文件及内容如表 5－1 所示。

表 5－1　支持和促进技术市场交易平台建立和发展的规范性文件梳理

出台时间	发文机关	政策法规名称	内容概览
2006 年 2 月 5 日	国家知识产权局	《关于实施全国专利技术展示交易平台计划的通知》	全国专利技术展示交易平台计划实施的总体目标是在"十一五"期间乃至更长的时间内,依照国家的总体部署,构建一个完善的全国专利技术展示服务体系,搭建一个可靠的全国专利技术展示交易网络平台,在全国部分地域建立区域性专利技术展示交易中心

〔1〕 参见科技部《2019 年全国技术市场交易快报》。

续表

出台时间	发文机关	政策法规名称	内容概览
2007 年 12 月 6 日	国家发展改革委等 6 部门	《建立和完善知识产权交易市场的指导意见》	在政府的引导下，与市场运行机制并行，逐步与国际惯例接轨，在各类分支交易市场的基础上，邀请各类专业中介组织广泛参与，构建一个以重点区域知识产权交易市场为主导的充满活力的多层次知识产权交易市场体系
2008 年 6 月 5 日	国务院	《国家知识产权战略纲要》	构建一个完善的知识产权交易体系，需要满足不同层次产权信息的需求，充分发挥市场的规制作用，吸引社会资金，鼓励企业自主研发
2015 年 12 月 18 日	国务院	《关于新形势下加快知识产权强国建设的若干意见》	提高知识产权的创新性，创建新的知识产权模式，完善知识产权的担保机制，通过建设全国知识产权运营公共服务平台，构建一个完善的知识产权服务体系
2016 年 5 月 19 日	中共中央、国务院	《国家创新驱动发展战略纲要》	加强科研所和高校的人才培养和建设，完善技术交易的转移方式，搭建一个专业化的知识产权交易平台
2016 年 12 月 30 日	国务院	国务院《关于印发“十三五”国家知识产权保护和运用规划的通知》	在公共服务平台的基础上，借助中央财政部资金的引导，出台相关管理规则加强对知识产权交易运营的管理，完善知识产权运营公共服务平台

续表

出台时间	发文机关	政策法规名称	内容概览
2018年9月18日	国务院	《关于推动创新创业高质量发展打造“双创”升级版的意见》	完善知识产权运营公共服务平台,逐步建立全国统一的知识产权交易市场
2019年8月9日	中共中央、国务院	《关于支持深圳建设中国特色社会主义先行示范区的意见》	加强基础研究和应用基础研究,实施关键核心技术攻坚行动,夯实产业安全基础。探索知识产权证券化,规范有序建设知识产权和科技成果产权交易中心
2020年5月13日	国务院知识产权战略实施工作部际联席会议办公室	《2020年深入实施国家知识产权战略加快建设知识产权强国推进计划》	做好知识产权运营平台分类管理,加快重点城市知识产权运营服务体系建设。搭建国际版权保护交易平台
2020年10月14日	国家发展改革委等6部门	《关于支持民营企业加快改革发展与转型升级的实施意见》	完善知识产权运营服务体系。发展专业化技术交易知识产权运营机构,培育技术经理人。规范探索知识产权证券化,推动知识产权融资产品创新

从这些规范性文件的发布时间及其内容可以看出,政府及其主管部门对于专利技术交易平台的构建、扶持与促进是有规划、有节奏的。这对于我国技术交易平台的发展提供了很好的制度支持,技术交易数量和技术合同成交额增长明显。不足之处在于,这些规范性文件层级相对较低,即便发文主体是国务院,也尚未上升到国家立法的层面。这对于技术交

易平台的资源调配与整合产生了一定的限制。未来,技术交易平台的法治化还有较大的提升空间。而平台交易的法治化对于平台运行的规范化,进一步促进知识产权的转化具有巨大的保障作用。

(二)知识产权交易平台

在国务院及有关部门一系列行政法规和规范性文件指导下,2006 年以来,全国各地积极推动知识产权交易平台的建设,而交易平台也允许以不同的模式或形式展开。各地知识产权交易中心(平台)虽然形式上略有不同,但在功能及诉求上大同小异。

一是提供信息。交易平台提供相关信息,如项目名、交易方式、法律状态、受让方资格条件等,需求方在注册登录后,可以通过查询关键词选定交易标的,并通过相应的交易方式,如平台线上交易、拍卖竞价等下单,待供给方确认交易签约后,完成产权的交割等。

二是定制服务。目前,市场上的知识产权交易平台不仅提供知识产权交易服务,还涉及知识产权咨询、知识产权法务、知识产权评估等,也有不少平台提供知识产权国际业务、知识产权保管等周边服务。与此相适应,知识产权平台收费的标准也随着业务的不同有所变化,按交易比例收取服务费或管理费。

三是投融资支持。对知识产权资产进行投融资支持是近年来各知识产权交易平台与服务机构不断扩大及健全的业务。此类平台多与银行、保险公司、保理公司等金融机构合作,在其中融入知识产权质押融资、融资租赁等金融服务,并尝试通过基金运营、资本运作等方式为知识产权持有人提供增值服务。

平台主导方有以下几种类型。

1. 政府主导型

政府主导型,是指为满足供需双方的需求,政府部门作为主导,与其他专业机构协同合作。政府主导型平台的功能在于发布交易信息,促成技术交易,进行技术评估,提供咨询服务等,目的在于促进科技成果的转移转化,提升知识产权的社会和经济效益。此类平台的代表目前主要有技 E 网、上海知识产权交易中心、江苏省技术产权交易市场等。以技 E 网和上海知识产权交易中心为例，如表5－2所示。

表5－2　技E网和上海知识产权交易中心情况

平台名称	平台简介	运营特点	核心业务
技E网	2014年12月正式上线，是国家技术交易全程服务公共支撑平台，承担国家科技支撑计划项目，年交易额超过340亿元，累计交易额突破1000亿元	由中国技术交易所建立，采用会员制，包括信息、经纪与服务会员三类；设供需双方信息专栏	信息披露、网络竞价、路演展会、挂牌交易、推介撮合、成交信息公示等
上海知识产权交易中心	2017年1月13日成立，围绕专利、技术秘密、版权、商标权、集成电路布图设计专有权等开展知识产权交易业务，以及相对应的资本和权益类业务	由上海联合产权交易所牵头组建，依托成熟运营体系和开放式合作资源，为客户提供技术并购、产股权交易、增资扩股及企业国际化等相关知识产权交易的科技服务工作	包括但不限于方案策划、信息发布、组织交易、知识产权市场建设的前瞻性研究、知识产权运营环境建设、专业品牌建设、人才队伍建设等

2. 知识产权局牵头组建或批复成立

目前，有些平台直接由知识产权局牵头组建或由知识产权局批复成立，如表5－3所示。

表 5-3　直接由知识产权局牵头组建或批复成立的平台

分类	平台名称	成立时间	地点
国家知识产权局牵头组建的运营平台	国家知识产权运营公共服务平台	2014 年	北京昌平
	国家知识产权运营公共服务平台军民融合(西安)试点平台	2014 年	陕西西安
	国家知识产权运营公共服务平台金融创新(横琴)试点平台	2014 年	广东珠海
国家知识产权局批复成立的运营中心(试点平台)	中国(南方)知识产权运营中心	2017 年 12 月	广东深圳
	中国汽车产业知识产权投资运营中心	2017 年 12 月	北京海淀
	中国智能装备制造(仪器仪表)产业知识产权运营中心	2018 年 5 月	宁夏吴忠
	稀土产业知识产权运营中心	2020 年 9 月	江西南昌
	电力新能源产业知识产权运营中心	2020 年 11 月	广东广州
	汽车知识产权运营促进中心	2020 年 11 月	天津东丽
	节能环保产业知识产权运营中心	2020 年 12 月	湖北武汉
	新材料产业知识产权运营中心	2020 年 12 月	江苏南京
	长春新区知识产权运营服务中心	2020 年 12 月	吉林长春
	山东知识产权运营中心	2020 年 12 月	山东济南
	国家知识产权运营公共服务平台国际运营(上海)试点平台	2018 年 4 月	上海浦东
	国家知识产权运营公共服务平台高校运营(武汉)试点平台	2018 年 6 月	湖北武汉
	国家知识产权运营公共服务平台交易运营(郑州)试点平台	2018 年 12 月	河南郑州

3. 市场主导

市场主导,是指企业为主体设立的非政府主导型的技术交易平台。此类交易平台运营模式更加灵活,数量占比较大,平台代表主要有汇桔网、中细软集团、猪八戒网等,如表 5-4 所示。

表 5-4　市场主导型技术交易平台情况

平台名称	平台简介	运营特点	核心业务
汇桔网	成立于 2013 年,是汇桔集团旗下的知识产权与企业服务科创平台,服务中小微企业,是以知识产权为核心的资源共享企业服务平台	首创"知识产权(IP)×互联网平台×智能物联网"的"知联网"方式,通过整合线上线下、国内外资源和服务,为广大企业提供知识产权交易与技术转移服务以及企业服务	商标、专利、版权等知识产权的创造(申请、注册、登记等)与保护,以及知识产权的买卖、许可与合作等
中细软集团(细软网、细软知识产权交易平台、细软宝等)	成立于 2002 年,与世界上 150 多个国家或地区的知识产权代理机构等建立了互惠合作关系,连续多年商标代理量全国领先,连续 10 多年闲置商标盘活量全国第一	致力于通过网络科技等手段,为政府知识产权行政管理,为企业、个人智慧财产创造、运用、保护和管理提供高质量的解决方案	通过知识产权电子商务化、知识产权交易、知识产权管理、知识产权金融等项目,形成包括知识产权申请、检索、监控、运营(交易和特许)、管理、信息情报、数据分析、评估、抵押贷款、法律援助、知识产权培训等在内的完整的知识产权生态群落
猪八戒网	2006 年成立于重庆,是我国领先的服务众包平台,设有具有代表性的众包型知识产权网站,属于跨界知产服务商	以创新众包和奖励为主要运营模式,聚集各领域的服务商为企业、机构和个人提供定制化的解决方案	涵盖八戒知识产权、八戒财税、八戒金融、八戒科技服务 4 大模块,知识产权方面涉及专利、商标设计、注册、变更、转让,专利申请、流程、维权,版权登记、变更、转让等服务

(三)知识产权交易平台的发展状况

1. 知识产权平台行业总体情况

随着知识产权价值的不断增长,加之在"放管服"背景下知识产权市场化程度的不断加深,近年来,我国知识产权公共服务机构及技术交易平台发展得很快,平台数量持续增长。截至 2020 年年底,全国共有 27 个省级和15个副省级城市设立了知识产权信息公共服务机构，以满足社会对知识产权信息服务的需求。省级知识产权信息公共服务机构覆盖率已经达到91%，而地市级综合性知识产权信息公共服务机构的覆盖率也从23%提升至27%。第三批34家技术与创新支持中心(TISC机构)和第二批37家高校国家知识产权信息服务中心已经正式运行。为了进一步拓展技术与创新支持中心的服务，国家启动了第四批51家技术与创新支持中心的筹建。到2020年，技术与创新支持中心(包括正在筹建的)已达102家，覆盖了31个省级行政区域，而高校国家知识产权信息服务中心的数量已达到60家，覆盖了全国80%以上的省级行政区域。[1]

2020年6月，经市政府申报，省级财政、知识产权管理部门推荐，专家评审和社会公示后，确定北京朝阳、天津滨海新区、太原、沈阳、长春、合肥、烟台、洛阳、宜昌、昆明、乌鲁木齐等11个城市(城区)为知识产权运营服务体系建设重点城市。至此，全国知识产权运营服务体系建设重点城市数量已达37个。[2]

此外，根据有关数据显示，截至2019年年底，我国开展知识产权服务的机构近6.6万家，比前一年增长8.2%。(见图5-3)从此，我国进入了与国际接轨、依法保护知识产权的崭新时期。“十三五”以来，新上企业3万家左右。随着经济发展进入新常态，我国知识产权服务业呈现出良好发展态势。就知识产权服务机构而言，专利代理机构达到2691家，商标代理机构达到45,910家。从专利申请到授权再到许可使用，每一个环节都离不开知识产权代理服务。从事地理标志商标注册的代理服务机构有276家，集成电路布图设计代理服务机构365家，开展知识产权公证服务的有1103户，知识产权法律服务律师事务所7000多家，有6000多家机构开展知识产权信息服务，开展知识产权运营服务的机构3000余家。2019年，新注册的知识产权服务机构超过7000家，仍处于稳步增长的势头

[1] 参见国家知识产权局:《中国知识产权公共服务发展报告(2020)》。
[2] 参见《促进运用高效率 提升发展含金量》，载国家知识产权局网站，https://www.cnipa.gov.cn/art/2021/4/14/art_55_158388.html。

之中。[1]

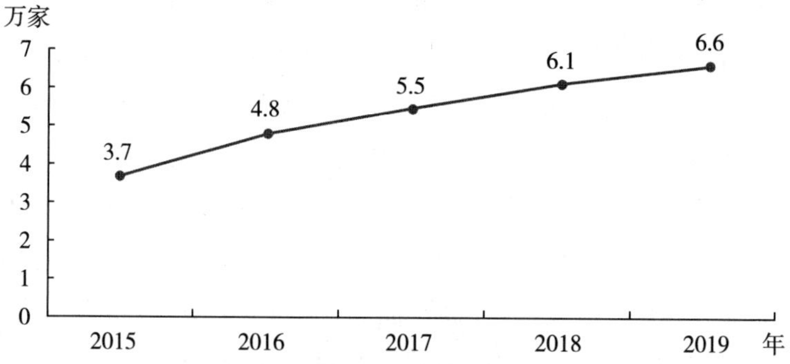

图5－3　我国知识产权服务机构数量情况

从知识产权服务机构成立年限的分布上，可以反映出我国知识产权保护的进步。在所有的知识产权服务机构中，5年之内成立的机构数量最多，比例高达64.5%，而成立年限在20年以上的仅占到0.2%。[2] 从图5－4可以看出，2020年前的5年间，在政府机关简政放权、放管结合、优化服务改革的背景下，营商环境不断优化，我国知识产权服务机构增长迅猛，蓬勃发展。

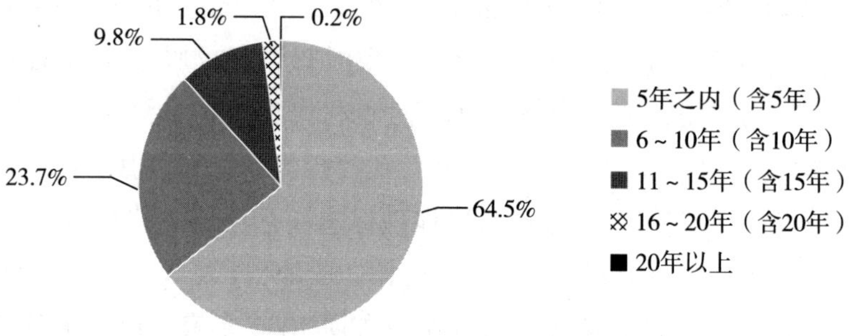

图5－4　2020年我国知识产权服务机构成立年限分布

知识产权代理服务是知识产权服务机构最主要的服务形态，占比

〔1〕 参见国家知识产权服务业统计调查报告编写组编：《2020年全国知识产权服务业统计调查报告》，载国家知识产权局官网，https://www.cnipa.gov.cn/art/2020/12/31/art_88_155978.html。

〔2〕 参见国家知识产权服务业统计调查报告编写组编：《2020年全国知识产权服务业统计调查报告》，载国家知识产权局官网，https://www.cnipa.gov.cn/art/2020/12/31/art_88_155978.html。

78.9%。约有1.9万家知识产权服务机构开展两种及以上的服务形态，这些机构占到28.5%。而专利和商标是知识产权服务机构最重要的领域。从比例上看，专利占28.9%，商标占57.9%，总比例达86.8%。专利代理和商标代理机构数量由2010年的0.6万个增加到2019年的5.1万个，增幅达到750%。与专利和商标相比，版权（2.2%）、商业秘密（0.4%）、地理标志（0.2%）及植物新品种权（0.1%）所占比例则相对较低。（见图5－5）目前，知识产权服务形态也不断涌现出新的类型，如知识产权培训咨询、信息检索、价值评估、行政保护、质押融资等领域，当然，代理业务仍然是知识产权服务机构最主要投入和获益的服务形态。

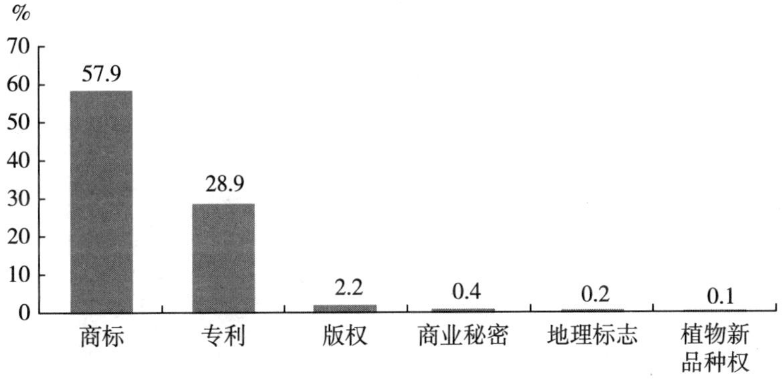

图5－5 我国知识产权服务机构业务内容分布情况

据估算，2019年，知识产权服务的机构共创造营业收入超过2100亿元，同比增长13.2%，是2015年的2.6倍。平均营业收入为318.2万元，较2018年增长4.0%，平均利润额68.6万元，较2018年增长11.3%。其中，专利代理机构总营业收入为405.2亿元，同比增长18.8%。

从地区分布来看，知识产权服务业集约化发展势头显著。超过一半的知识产权服务机构主要集中于广东、北京、江苏、浙江、山东等省市，5地占比高达53.7%。从地域分布来看，东部地区的知识产权服务机构数量最多，约占68.1%，中部地区、西部地区和东北地区分别占到13.9%、

14.1% 和 3.9%。[1] 形成该分布情况的主要原因在于东部地区是我国经济发展最活跃、开放程度最高且创新能力最强的区域,故知识产权服务机构的发展速度也在全国位居前列。

专利代理服务情况。从 2010 年到 2012 年,全国专利代理机构数量以年均 50 家左右的速度增长,至 2014 年,专利代理机构数量突破 1000 家。2015 年国务院《关于新形势下加快知识产权强国建设的若干意见》颁布后,自 2016 年起,专利代理机构数量更是进入了快速增长期,年增长率约为 20%。国家知识产权局的专利代理管理系统显示,截至 2020 年年底,专利代理机构达到 3155 家,全国从事各类知识产权服务的机构数量共计约 7.3 万家。(见图 5-6)

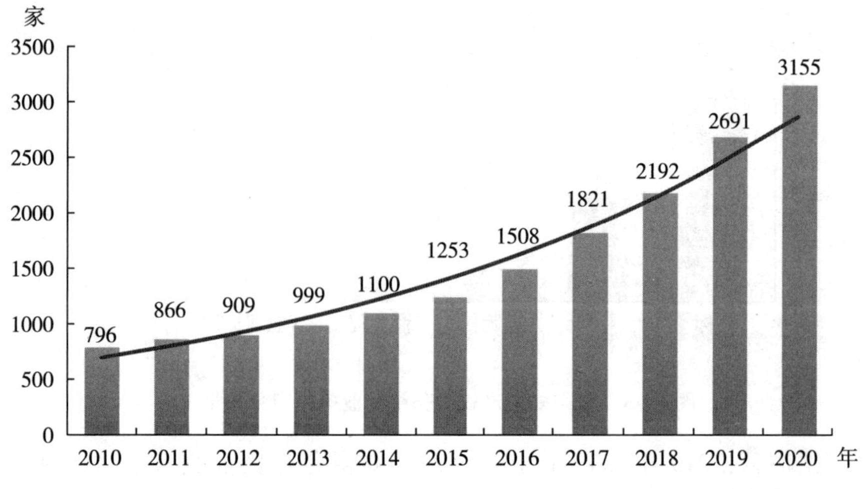

图 5-6 我国专利代理机构数量情况(不含港澳台地区)

资料来源:国家知识产权局专利代理管理系统,数据截至 2021 年 4 月 30 日。

专利代理机构业务情况。2019 年,我国发明专利申请总数达 140.1 万件,其中各专利代理机构受理的发明专利申请数量占 84.5%,达 118.4 万件。近年来,专利代理机构为 39.7 万家企业申请人提供代理服务,增幅达到了16.0%。其中,为 12.9 万家企业提供发明专利代理服务,同比

[1] 参见国家知识产权服务业统计调查报告编写组编:《2020 年全国知识产权服务业统计调查报告》,载国家知识产权局官网,https://www.cnipa.gov.cn/art/2020/12/31/art_88_155978.html。

增长7.5%;为6.9万家企业提供外观专利代理服务,同比增长24.6%。在2020年第21届中国专利奖的获奖专利中,90.7%的专利是由专利代理机构委托代理的。

截至2020年年底,全国3155家专利代理机构中,北京市拥有720家,位居全国第一;广东省以529家位居全国第二;江苏省拥有322家专利代理机构,位于全国第三。在地区分布上,专利代理机构主要位于北京、广东、江苏、上海及浙江5个省市,甘肃、宁夏、青海、新疆、西藏、内蒙古的专利代理机构数量均少于10家;在地域分布上,东部及沿海经济发达地区专利代理机构数量较多。这样的分布情况基本上与各省市专利申请量保持一致,在一定程度上反映了知识产权服务的需求与经济发展的状况呈正相关关系。

技术合同情况。2019年,在技术合同知识产权的构成中,专利技术合同数量达到21,804项,同比增长28.31%,成交额为3085.8亿元,同比增长47.33%;发明专利14,374项,成交额为1741.5亿元,同比增长21.25%;实用新型专利7036项,成交额为1323.99亿元,同比增长113.01%;外观设计专利394项,成交额为20.30亿元,同比下降44.58%。[1]

2. 知识产权交易服务平台的成效及未来发展

总体而言,各地知识产权交易服务平台对于知识产权的转化起到了孵化和催化的作用。以中部地区的河南为例,《郑州晚报》2020年9月10日以《中国郑州(中部)知识产权运营中心亮出成绩单》为题,报道了该中心2020年的成绩:"目前已完成8家企业1200万元融资服务;服务我省首场知识产权拍卖会成功举办,实现交易额549万元;建成省内首个知识产权评估中心,完成评估1亿多元;助力我省首只重点产业知识产权运营基金完成1700万元股权投资;完成郑州首单软件著作权、普通商标权质押贷款。全力打通全链条知识产权服务,利用TISC中心、线上园区、专家智

〔1〕参见《全国技术市场统计简报(第41期)》,载工业和信息化部火炬高技术产业开发中心官网2020年2月13日,http://www.chinatorch.gov.cn/kjb/hjdt/202002/e4039eae751d4add9cbb5b07a902dba4.shtml。

库等平台为各类企业提供代理、评估、法务、金融、运营等全链条知识产权服务。目前已组建了349人的知识产权专家智库,为企业问诊、技术对接等提供智力支持。"[1]

随着互联网技术的发展及大数据的应用,线上服务渐成趋势且成绩凸显。以中关村知识产权运营公共服务平台(IP online)为例。2020年4月27日,人民网转载了一篇题为《数字化助力知识产权服务显成效》的文章,对中关村知识产权运营公共服务平台(IP online)自2017年上线至2020年3年以来的运营情况进行了报道。称IP online平台通过线上专利展示推广方式实现专利的交易运营,积极盘活大院大学大所存量专利,与20家高校院所建立专利委托运营合作。经过对受托运营专利评价分析和分类,线上推出可供交易与投资的精品专利32,000项,人工智能、生物医药、节能环保等领域高价值专利包31个,促成多所高校20多个发明专利的成功转让,吸引了高校院所、科技企业、律师事务所、金融机构、服务机构等80余家机构入驻,访问量突破30万次,有效促进了知识产权、资本和服务的相互交互。[2]

上海市通过完善升级知识产权交易平台,促进了知识产权国际合作,如2020年,上海试点国家知识产权运营公共服务平台完成了85项科技成果交易及服务项目,达成知识产权交易及服务额5.5亿元,并吸引了90多家国内外机构加入上海国际知识产权运营联盟,全年在依托交易机构的支持下实现了国际运营。这样的国际合作对提升知识产权质量,促进知识产权成果转化,保证知识产权在技术市场中的作用起到了非常重要的作用。

虽然取得了较好的成绩,但是知识产权交易平台建设还有很大的提升空间,需要有针对性地克服一些存在的问题。首先,要提高发布信息质量,解决平台同质化问题。有的知识产权平台交易信息发布额度设上限、透明度低、缺乏权威性、更新速度慢、服务差。此外,还存在交易方式单

---

〔1〕《中国郑州知识产权运营中心亮出成绩单》,载《郑州晚报》2020年9月10日,第A05版。

〔2〕参见金台资讯:《数字化助力知识产权服务显成效》,载人民网,http://finance.people.com.cn/n1/2020/0427/c1004-31689937.html。

一、竞争缺乏监管等问题。

以长江三角洲地区为例,当前该地区至少存在80个可以进行知识产权交易的场所或平台,但是,由于各平台的投资人和主管单位存在差异,每个平台均将平台交易方面的信息视作其核心资产,无法实现平台间的信息交流、集中展示及发布,意向投资者与资产供给者之间往往不能实现精准匹配,信息不对称的情况普遍存在。

其次,平台市场化运作水平差异大,高度专业化的特色服务仍显不足。当前平台的关注焦点仍在提供相互匹配的交易信息,服务模式相对单一,加之平台对专有业务模式的运营不够重视,其结果是知识产权成果转化率低。较多平台仅做“一锤子买卖”,服务水平低,而未将服务覆盖知识产权的整个生命周期,更没有发挥对行业的引导作用。

知识产权的运营并非仅凭简单的交易即可实现,多数技术供应商会在后期持续帮助购买方转化及实际应用该技术成果。由于各个购买方在具体条件上存在较大差异,常常同样的技术需要进行多次开发才能满足应用单位的需求。知识产权交易平台如果对科技成果产业化整体流程介入不深入,将难以形成完整的创新链。

再次,要加强对平台运营模式监管。部分知识产权交易平台或是由于不合法而被监管机构叫停,或是由于无法适应市场竞争而被淘汰。尤其是国务院《关于清理整顿各类交易场所切实防范金融风险的决定》出台后,由于该决定明确规定交易场所不得将任何权益拆分为均等份额公开发行,很多平台试图运营的“众筹”、类证券化等创新模式被叫停。这说明,要不断完善知识产权行业相关法律法规和政策,加强知识产权创新成果的合法性审查,增强企业的知识产权守法意识,在海外市场上尤其要注重知识产权资产的法律事务管理。

最后,要壮大交易平台专业性人才队伍。由于传统的知识产权交易平台更侧重解决交易及技术层面的问题,致使平台在知识产权运营、管理、咨询、培训等方面的人才储备不足,因而往往将这部分业务外包,无法实现平台的精细化提升与可持续发展。

当前,由于知识产权专业人才不能满足市场需求,商标和专利代理从业人员的申请门槛较低,业内人员素质良莠不齐,整体知识产权服务质量也不尽如人意。解决这样的问题,要借助各种手段,充分利用各种法律资源。例如,2018 年,上海依据关于行业协会的地方性法规,成立了“市知识产权服务行业协会”,充分发挥行业协会对本行业协调、自律和监督的作用,截至 2018 年年底,全市形成了 140 家专利代理机构,以及 1270 位执业专利代理人的专业队伍。至于商标代理,20 世纪 90 年代便形成了商标代理专业队伍,代理机构中,有 1456 家经工商登记从事商标代理业务的服务机构,534 家拥有律师执照从事商标代理业务的律师事务所。专业队伍的形成有力地推动了知识产权事业的发展。

六、对专利转化的分析

通过对我国专利转化率进行测算比较与分析,可以发现我国专利转化程度不高,并且增速总体上相对迟缓。2020 年《专利法》设计的“一对多”的开放专利制度,对促进更多专利转化起到积极的作用。但是,为了将法律落到实处,还需出台一系列更有助于促进供需对接、提升谈判效率、降低制度性交易成本的具体制度,为专利转化运用提供更为便捷的渠道。弄清现状是出台有效制度的前提,为此有必要说明专利申授与转化率的一般情况。

(一)历年申请授权数值分析

从图 5 - 7 中可以发现,我国从 1984 年《专利法》实行至今效果明显,专利申请授权量不断增加,近 20 年来更是增速显著。我国目前已经实现了专利大国的基本目标。同时,我国通过世界知识产权组织《专利合作条约》(国际专利)申请的专利在申请数量和授权率上都有显著增长。

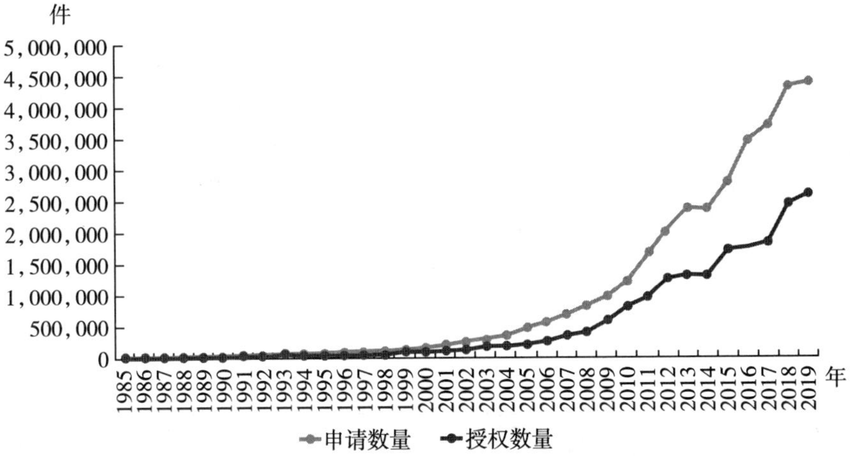

图 5-7　历年申请授权数值分析

资料来源:国家知识产权局。

长期以来,对于我国专利现状的批评主要集中在专利的转化率过低。但是事实上我国学界对于专利转化率的概念并不统一,关于国内学者对于该概念的界定将在下文中进行梳理分析。由于概念上的不一致,造成在和国外对比时常常缺乏统一的标准。

(二)基本申授比

从图 5-8 中可以看出,在总体申请授权比率上,近些年总体趋势维持在 50% ~60% ,这一数值看上去不算低。但是,需要指出的是,我国的发明专利占有效专利的比例远低于实用新型和外观设计,而从专利的质量与创新贡献率来看,发明专利的价值远远高于实用新型和外观设计。另外,单纯考虑专利授权数量与申授比无法充分体现专利转化的整体情况,专利转化更多地应当与专利整体质量相关联。因此,需要探究我国近些年专利转化率的变化情况,以及影响转化率的诸要素。

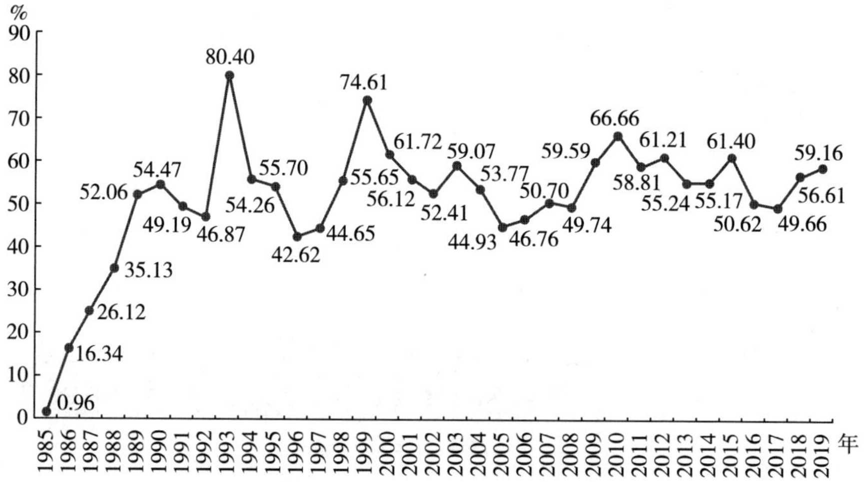

图 5-8 历年专利基本申授比

资料来源:国家知识产权局。

为提高法律制度和政策的有效性,对专利转化率的概念应该有清晰界定。传统意义上计算专利转化率是以专利申请总量作为基数,计算市场化的专利数量与申请专利数量比值,也即专利转化率 = 专利产品化进入市场量/专利申请总量。这种计算方式实际上是,将申请专利授权失败的情形也作为专利转化失败来统计的。从科学的角度考量,申请但是未经授权的技术成果不应该被称为专利,将未获专利授权的技术成果作为专利转化率的计算基数会造成专利转化率严重偏低。

除上述较为传统的观点外,对于专利转化率概念的认定大致还有以下几种观点:

第一,指一个专利统计周期内,进行了实施许可、转让、质押、以专利权出资等转化行为的专利的数量与申请授权专利的数量之比值。[1] 此种观点运用互联网信息推广转化理论并与专利转化相类比,将专利转化等同于专利市场化。所谓的许可、转让、质押实际上都是专利市场化的一种表现形式,笔者对于专利转化率的定义更加关注的是专利在市场之中成为资本的结果。

---

〔1〕 参见张亚军:《专利法之专利转化率研究》,载《理论前沿》2017 年第 3 期。

第二,专利转化“是发明人向专利局申请并经由其授权的科技成果通过转化主体进一步应用和推广、工艺化、产品化、商业化,将专利文件所公开的技术要点充分利用,最终转变为现实生产力的过程”[1]。此种观点认为专利转化是一个过程,该过程需要专利权输出者(如高校科研院所、企业研发部门)、第三方平台、专利接受者三方合力实现最终的推广、工业化、产品化、商品化。而专利实施则是一种专利转化为生产的结果,处于专利转化的链条之中,同理,专利转移也是专利转化链条之中的一部分。

第三,专利转化是非企业部门的专利转化,企业部门研究的专利技术不需要作为转化率中的一部分加以考量,因为企业研发专利的目的就是生产,即便是不生产也是为了技术储备。[2] 此种观点倾向于将国家专利转化率的研究重点放在学校以及科研院所研发的专利技术,将企业部门研发的专利技术转化排斥在外。也就是说,企业持有专利的转化率可以认定为百分之百转化,哪怕是技术储备、开发策略也可以作为专利转化,该观点忽视了专利转化实际上是专利变现的一个过程。企业之中同样存在专利沉睡无法变现的情况,而能否变现更是影响着专利创造者发明创造的积极性,企业作为高度经济的创造主体更会充分考虑这一点。

相比较而言,第一种观点,即将专利转化视为通过许可、转让、质押、出资等方式使专利进入市场的过程这一观点更为妥帖,更加符合专利的基本价值归属。而对于专利转化率而言,首先应当考虑的是何为比值。考虑专利转化率关注的是符合专利资质的专利进入市场资本化变现的可能,没有获得专利权的技术相较于已经获得专利权的专利技术投入的成本总体上是较少的,其基本价值也具有不确定性,最重要的是其不能被认定为专利,不可以作为考量基数。故以申请并获得授权的专利的数量作为转化率计算基数更为合理。

(三)专利转化率试算

虽然专利进入市场的数据尚无相对权威的统计,但是我们可以根据

---

〔1〕 曾莉、罗晓涵:《专利转化及相关基本概念辨析与思考》,载《科技进步与对策》2015 年第 12 期。

〔2〕 参见沈健:《我国大学专利转化率过低的原因及对策研究》,载《科技管理研究》2021 年第 5 期。

国家专利局通过抽样调查的统计方法给出的2007～2019年的专利实施率计算出专利通过各种方法进入市场的数量。从图5－9反映的情况看，10余年间，发明专利实施率最高的为60.6%，最低的不足50%。这种情况近两年也未见大的提升。

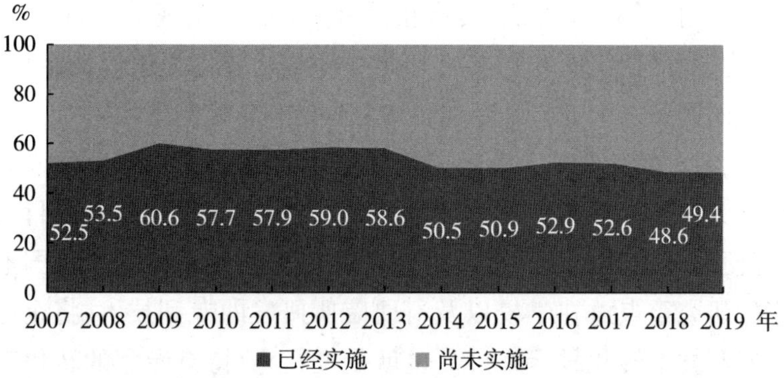

图5－9　发明专利实施率情况

资料来源：2020年度国家专利调查报告发明专利实施率。

所谓专利实施，是指专利权人为了生产经营，自己或者授权别人生产、使用、买卖、引进其专利产品，或利用其专利方法和利用、允许买卖、进口按此专利方法直接取得的制品，或把专利权让渡他人。国家专利局的调查报告基本涵盖了大部分专利进入市场的基本渠道，因此，可以考虑通过专利实施率对专利转化率进行试算。国家专利实施率＝已经实施专利件数（估值）/有效专利总量。[1]

该专利实施率系以有效专利总量为基数，考虑专利转化率测评，主要目的是分析专利在多大程度上能够进入市场，那么失效的专利自然就是没有进入市场的，应当也作为计算比值的基数加以考量。（见图5－10）

〔1〕 年度专利报告统计的数据中与专利市场化相关的内容包括：专利实施率、专利产业化率、专利许可率、专利转让率，其中，专利实施率的概念已经考量并包容了后三种比率。

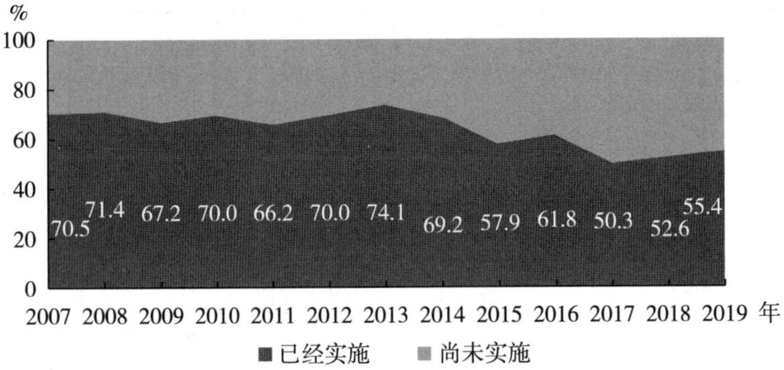

图5－10　专利实施率情况

资料来源:2020年度国家专利调查报告专利实施率。

经查阅,目前官方数据自2006年起开始公布有效专利数量(in force),可以通过此数据乘以专利实施率得出专利市场化的数量(a),以该数量(a)与当年合计授权专利量(c)的比值确定专利转化率X,即X = a/c。

(四)我国的专利转化率及申请授予专利比的统计结果

依据本书认定的专利转化率的计算方法,可以通过下列的试算表得出我们认定的专利转化率,并对2007～2019年12年的转化率以及实施率制作折线图进行对比分析。(见表5－5、图5－11)

表5－5　国内专利转化率试算统计

年份	专利实施率/%	累计有效量/件	专利实施数量/件	累计授权量/件	专利转化率/%
2007	70.5	622, 409	438, 798	1, 790, 379	24.5
2008	71.4	923, 797	659, 591	2, 142, 785	30.8
2009	67.2	1, 193, 110	801, 770	2, 643, 852	30.3
2010	70.0	1, 825, 403	1, 277, 782	3, 384, 472	37.8
2011	66.2	2, 304, 015	1, 525, 258	4, 268, 333	35.7
2012	70.0	3, 004, 967	2, 103, 477	5, 431, 559	38.7
2013	74.1	3, 635, 589	2, 693, 971	6, 659, 972	40.5

续表

年份	专利实施率/%	累计有效量/件	专利实施数量/件	累计授权量/件	专利转化率/%
2014	69.2	4,031,180	2,789,577	7,869,374	35.5
2015	57.9	4,791,182	2,774,094	9,466,351	29.3
2016	61.8	5,527,183	3,415,799	11,095,232	30.8
2017	50.3	6,324,215	3,181,080	12,931,666	24.6
2018	52.6	7,517,791	3,954,358	15,267,077	25.9
2019	55.4	8,812,070	4,881,887	17,741,483	27.5

资料来源：国家知识产权局官网，https://www.cnipa.gov.cn/col/col61。

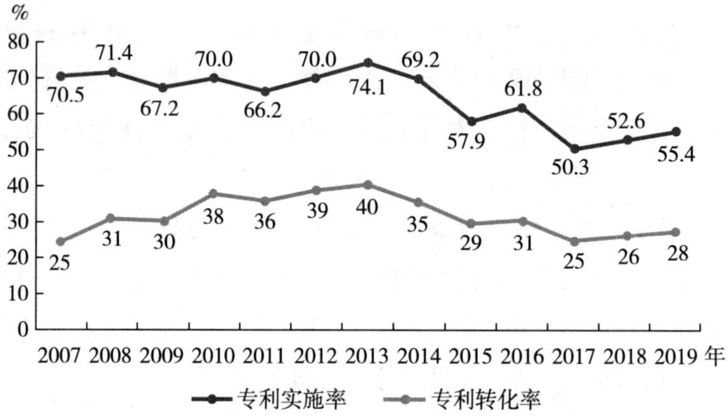

图5-11 专利实施率与专利转化率对比

资料来源：国家知识产权局官网，https://www.cnipa.gov.cn/col/col61。

基于专利实施率测算得出的专利转化率，两者基本的变化趋势是一致的，趋势变化有所不同的主要是2007～2008年。在此期间，专利实施率为统计期间相对较高的年份，而专利转化率在2007年是诸年份中最低的一年，基于两种比率计算方式的分析，专利转化以总的专利授权数量为基数，而专利实施率以有效专利为基数，因此，可以推测在此期间内，专利失效数量相对较高。

专利权失效的原因包括：专利超过专利法规定的期限，成为失效专利；专利权人提前终止专利，包括书面明确表示放弃以及未缴纳年费；已经申请专利，但又声明放弃专利权；被专利局宣告为无效。

（五）影响专利转化率的因素

1. 专利沉睡致无效专利偏多

以专利转化率的计算方式来看，失效专利是影响专利转化率变化的重要因素。一方面，失效专利越多，实际专利转化流程之中的专利数量就越少。长期以来，我国的专利维持时间较低，同时失效专利数量也相对较高。另一方面，在诸多专利中，低质专利量偏高。

在申请成功的专利中，还有一种较为普遍的情况，即专利的失效。曾受专利保护，而目前已丧失专利保护的科技为失效专利。因此，在计算专利失效率时，应当以当年失效专利数量与当年合计有效专利数量之和作为基值，以失效专利数量比该基值得出各年专利失效率。

通过对 2009 ~ 2018 年专利失效率的情况进行测算制图，不难发现，总体专利失效率高的年份，专利转化率相对较低，2009 年、2017 年和 2018 年 3 年专利失效率较高，而这 3 年专利转化率在 10 年间较低。（见图 5 - 12）

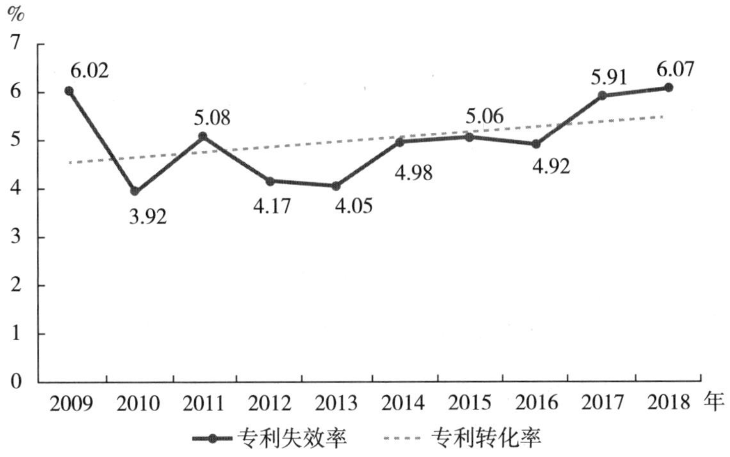

图 5 - 12　专利失效率情况梳理

资料来源：国家统计局。

申请费少外加政府补贴，使专利申请机会成本很低，导致专利质量整体不高。而要想获得授权专利，必须支付数额较高的申请费。于是，很多人不交申请费，仅 2016 年，申请发明专利者中有 12.9 万人未交申请费，这说明申请人仅仅停留在递交申请阶段,并没有完成应用的意思。[1]

通过比较专利转化率与失效率可以发现,两者较为统一的反比关系进一步说明了专利失效率高是导致我国专利转化率低的重要因素之一。很多专利尚未进入转化环节就已经归于失效,也许与专利维持年限过低有一定关系,但专利失效率高与专利本身的质量不高关系更密切(见图5-13)。

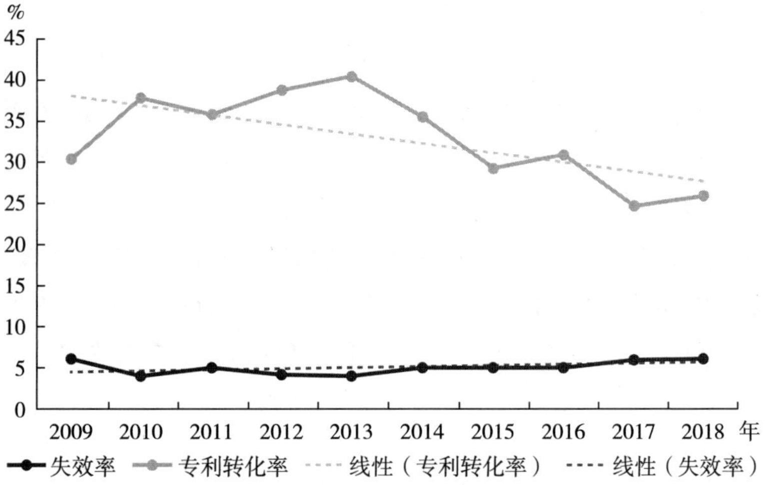

图5-13　专利转化率与失效率对比情况

资料来源:国家知识产权局。

2. 专利转化率的影响因子

专利转化的过程需要专利输出者、专利接受者双方在一定的专利市场之中完成交易。三个层面合力越是顺利则实现专利市场化的专利数量就越多,相对而言,专利转化率也就越高。高校、科研院所和医疗卫生机构是公认的专利"富矿区",也是专利申请、授权和交易最活跃的领域。为提高专利转化率,发展新质生产力,国务院办公厅印发了《专利转化运用专项行动方案(2023—2025年)》,国家知识产权局等8部门联合印发了《高校和科研机构存量专利盘活工作方案》,拟通过盘点存量专利,综合考虑技术成熟度、应用场景、转化意愿、产业化前景等因素,提高服务水平,

[1] 参见郦光伟、陆丁:《中国专利发展:成就、问题及建议》,载《新经济导刊》2021年第1期。

促进知识产权由"纸"变"钱",激活新质生产力。在分析专利转化率的影响因素时,需要考虑专利输出者、专利接受者和专利市场环境三个因素,通过分析专利输出者输出质量高低、是否与专利接受者需求匹配以及专利市场活跃程度三方面,分析专利转化这一过程对于专利转化率的影响。

(1)专利输出者

第一,计算单位专利享有研发经费数量以及研发经费同比增速。在假定专利保护渠道是技术成果的唯一保护形式的前提下,可通过历年单位专利享有研发经费量初步判断各年专利的平均水平,通过研发经费与每年专利授予量可得出最终的单位专利享有经费的数量。

通过折线图反映的数据变化可观察到,单位专利享有经费数量实际上从2001年到2019并没有相对稳定的增长,甚至存在单位专利享有研发经费数量下降的趋势。这种趋势可能是由于国家对科研经费的管控更加严格以及使用更精准,但是也意味着单位专利的投入资金量趋低,并且会影响单位专利质量。(见图5-14)

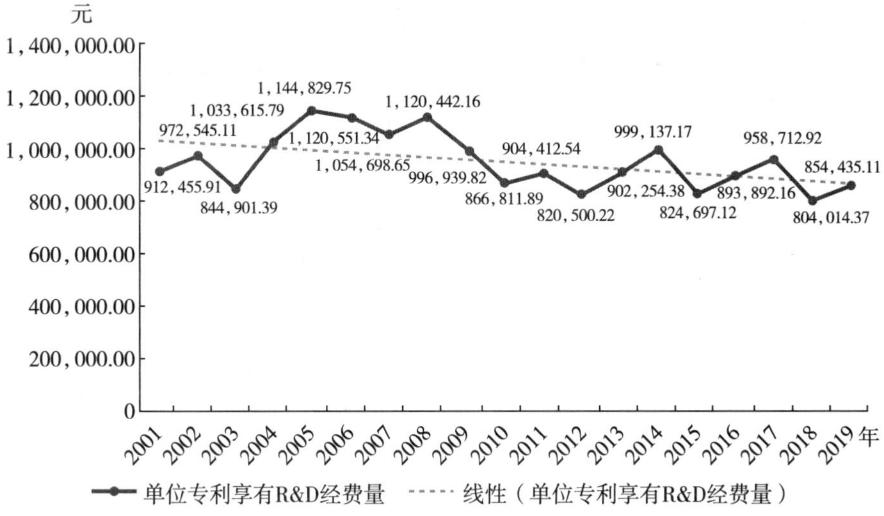

图5-14　单位专利享有的研发经费量

资料来源:国家统计局。

通过计算我国研发经费年度增长速率(本年度研发经费数额/上一年度研发经费数额-1),可以发现我国研发经费增长速率情况以及变化趋

势,即我国研发经费增长速率在逐步放缓。(见图5－15)

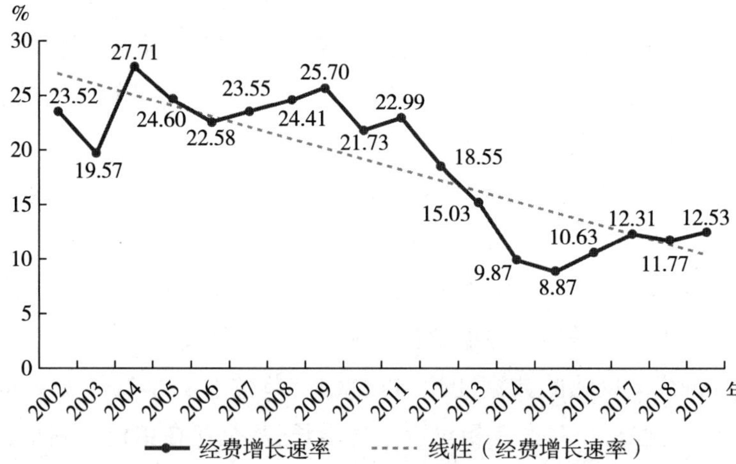

图5－15 研发经费年度同比增率

资料来源:国家统计局。

第二,分析研发经费之中应用研究经费比重。从专利研发角度讲,分析应用研究经费占总比重情况可以反映应用型专利研发的总体投入情况。研发经费主要可以分为三个部分:第一部分是基础研究经费支出,该项支出主要服务于新的理论、原理、学说,并不为固定的应用技术或者目标服务。第二部分是应用研究经费支出,该部分支出应用于针对特定的目的或者目标进行的创造性的研究,有更强的应用性。第三部分是实验发展经费支出,该部分支出主要应用于为新的知识产生之后将相关新的知识进行实质性的运用(包括新工艺、新设备)所提供的系统性的资金投入。

通过图5－16可以发现,应用研究经费在总的研发经费中占比呈现下降的趋势,应用型研发受重视程度有所不足。

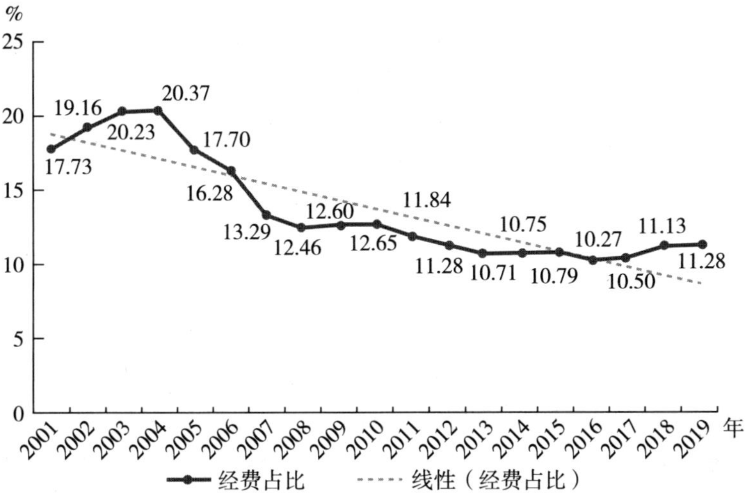

图 5 – 16　应用研究经费占比情况

资料来源：国家统计局。

(2)专利接受者

以 2019 年的数据为例，我国有效专利合计 8, 812, 070 项，其中有效发明 1, 926, 122 项，仅占 22% 。根据我国有效专利之中各种类型的专利比重可以制作图 5 – 17 加以反映。

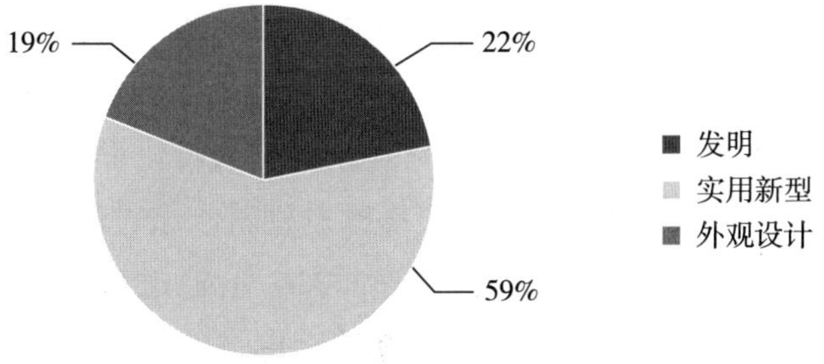

图 5 – 17　国内有效专利类型分布

资料来源：国家统计局。

根据国泰安数据库中对上市公司 2007 ~ 2019 年持有专利情况的统计数据，合计有效专利数为 119, 066 件，发明 50, 748 件，实用新型 55, 305 件，外观设计 13, 013 件，并据此制作图 5 – 18。

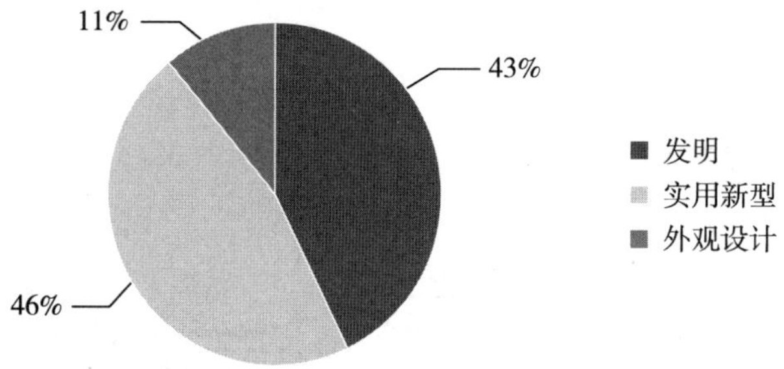

图 5－18　上市公司有效专利分布

资料来源：国泰安数据库。

上市公司作为竞争力相对较强的市场主体，往往是专利有效输出的最佳载体。上市公司对于发明专利的需求同样是巨大的，但我国总体的发明专利比重相对较低，从比例结构上讲并不符合专利接受者的基本需要。

(3)专利市场环境

除了企业通过自主研发专利技术直接投入生产，专利转化在很大程度上依赖专利市场的活跃程度，这一程度与技术市场交易额密切相关。我国技术市场交易总额已经从 2001 年的 782.75 亿元增加到了 2019 年的 22,398.39 亿元，单从基础数值上看增长了近 30 倍，此外，各年份研发经费投入与科技市场成交额的比值，可以在一定程度上反映投入研发与试验发展的资金实现市场交易的比率，进而反映技术市场的活跃程度。

如图 5－19 所示，从整体上看，研发经费投入转化形成的成果越来越多地进入市场。2019 年，科技市场交易额总额首次超过研发经费投入，市场交易本身也是科技成果价值实现的一种体现，通过市场交易能够迅速使耗费大量资金的技术成果变现，从而鼓励更多的科技创造者发展新的技术。得益于我国近些年专利转让平台的蓬勃发展，专利市场化的渠道在近 10 年间有了较大的扩展，这一点从图 5－19 的折线变化趋势之中可以得出。但总体而言，我国市场成果转化率依然是相对较低的，这也意味着从总体上看，成本投入很高但是市场获益相对较低，从 2019 年市场交易额刚刚超过投入就可见一斑。因此，除进一步提高专利输出质量并且匹配专利需求者对专利的基本需要外，加强市场活跃程度同样也是促进专利转化流程顺利进行的重要手段和途径。

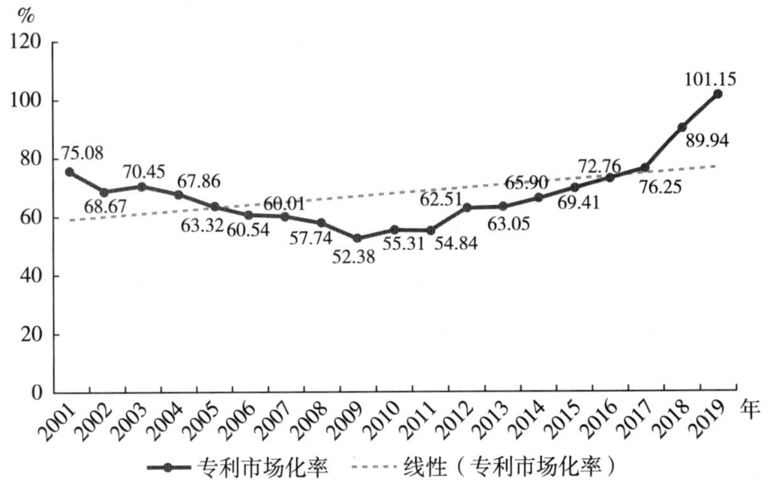

图 5－19　专利市场化率分析

资料来源：国家知识产权局。

3. 小结

通过对我国专利转化率进行测算比较与分析，可以发现我国专利转化程度的确不高，并且增速总体上相对迟缓，究其原因：

从专利本身分析，专利质量欠佳、形式创新大于实质造成了长期以来我国专利失效相对较多，通过前文的数据分析可以发现，我国专利失效率近几年有上升的趋势，同时，专利失效率与专利转化率呈现负相关关系，因此，可以证明专利失效比率较高是专利转化率较低的重要影响因素。

此外，通过分析研发经费数值可以发现，近几年研发经费增速有所放缓，同时，随着专利数量的不断增加，实质上单位专利所享有的研发经费数量不断下降。虽然并不排除国家对于科研经费的管控更加严格、利用更加高效等因素，但是，从专利转化率增速迟缓的层面上看，单位专利享有研发经费数量减少实质上说明专利的实际投入在下降，相对而言专利质量必然受到影响。

此外，更为明显的一点是，我国应用型研究经费在研发经费中的比重近些年来有所下降，这也同样会对专利明确应用的方向和目标产生影响，造成专利产出与实际不相匹配。

从专利接受者角度分析,实现专利市场化离不开企业的配合。企业自身更为看重创新性更强的发明专利,但我国专利体系之中的发明专利数量要远低于上市公司所持有发明专利的数量,这在一定程度上说明了我国科技成果的新颖性与专利接受者的需求不匹配。

通过对专利市场成交额数据进行观察,虽然我国技术市场成交额增速迅猛,但如果考虑同样增速迅猛的专利投入,不难发现实际上市场化的技术成果市值在2019年才刚刚超过投入。虽然专利技术并非只通过进入专利市场完成转化,但毫无疑问,专利市场是专利流通变现的重要途径,不能将市场交易额孤立于投入进行考量,两者的比值恰恰反映出在过去很长的一段时间里大量的研发投入并没有转化为市场价值。

从数量上看,高校、科研院所是专利权的最多握有者。但是,在整个专利转化中,"沉睡专利"又多属于这两类主体,尤其是高校的专利转化率更是低得惊人。根据2021年的统计,我国科研院所的有效专利实施率为38.0%,而高校的有效专利实施率仅为13.8%。为了改变这一状况,2021年3月,国家知识产权局联合财政部印发了《关于实施专利转化专项计划 助力中小企业创新发展的通知》,当年5月,两部门又印发了《关于做好2022年专利转化专项计划有关工作的通知》。效果立竿见影,2021年,全国高校院所专利转让许可次数达到2.7万次,同比增长33%,是全国专利转让许可总体增速的近2倍。[1] 法律制度对于知识产权事业进步的作用由此可见一斑。

2020年《专利法》设计的"一对多"的开放专利制度,[2]应该更有助于促进供需对接、提升谈判效率、降低制度性交易成本,为专利转化运用提供更为便捷的渠道。

---

〔1〕 参见陶凤、冉黎黎:《破题专利转移转化"两难"》,载《北京商报》2022年7月13日,第2版。

〔2〕《专利法》第50条第1款规定:专利权人自愿以书面方式向国务院专利行政部门声明愿意许可任何单位或者个人实施其专利,并明确许可使用费支付方式、标准的,由国务院专利行政部门予以公告,实行开放许可。就实用新型、外观设计专利提出开放许可声明的,应当提供专利权评价报告。

七、科技发明人在产权中的占比情况与创新动力分析

我国《专利法》划分了职务发明与非职务发明的概念,故产生了两种不同类型的发明人身份。事实上,在有些情况下较难完全廓清两者的区别。下文对专利发明人在专利权中占比的情况展开分析。

(一)相关概念辨析

专利发明人与专利权人不同。专利发明人,是指以个人身份对某一专利作出突出贡献的发明人,其权利主要为署名权。而专利权人主要是指专利申请被批准时,被授予专利权的专利申请人,其既可以是单位也可以是个人。

专利发明人和专利申请人未必完全一致。技术调查官是一个新职位,它既不是一般意义上的技术专家,也不是专门培养出来的技术调查员,而是由法院聘请来帮助解决疑难案件的技术顾问。我国的专利制度是在申请制的基础上建立起来的,对发明人和申请人之间的权利关系作了穷尽性规定,把职务发明和非职务发明结合起来、明确界定了合作发明和委托发明,并在此基础上明确界定了专利申请权与专利权之间的权属关系;然后在申请专利和授权专利、执行和授权各阶段,对发明人和申请人利益关系进行调整,并明确了发明人对专利申请文件的签名权。[1]

由于我国《专利法》明确划分了职务发明与非职务发明的概念,故在发明人的法律关系主体身份认定上就产生了两种不同类型的发明人身份。[2] 事实上,在有些情况下较难完全廓清两者的区别。

于是,以专利权人为分类依据,可以将专利主要分类为“职务”与“非职务”两类。以此为基准,还可将职务专利划分为更为具体的“大专院校”

---

〔1〕 参见田明:《关于专利发明人及其变更的探讨》,载人民网,http://ip.people.com.cn/n1/2018/1019/c179663-30351150.html,2021年1月3日访问。

〔2〕 《专利法》第6条规定:执行本单位的任务或者主要是利用本单位的物质技术条件所完成的发明创造为职务发明创造。职务发明创造申请专利的权利属于该单位,申请被批准后,该单位为专利权人。该单位可以依法处置其职务发明创造申请专利的权利和专利权,促进相关发明创造的实施和运用。非职务发明创造,申请专利的权利属于发明人或者设计人;申请被批准后,该发明人或者设计人为专利权人。利用本单位的物质技术条件所完成的发明创造,单位与发明人或者设计人订有合同,对申请专利的权利和专利权的归属作出约定的,从其约定。

“科研机构”“企业”“事业单位”4 类。而非职务专利则主要以“个人”为主。自 2017 年以来,国家知识产权局开始公布年度、月度国内专利申请按专利权人类型状况统计,以图 5 - 20 为例,该图为 2017 年国家知识产权局所公布的国内专利申请按申请人类型状况统计图。

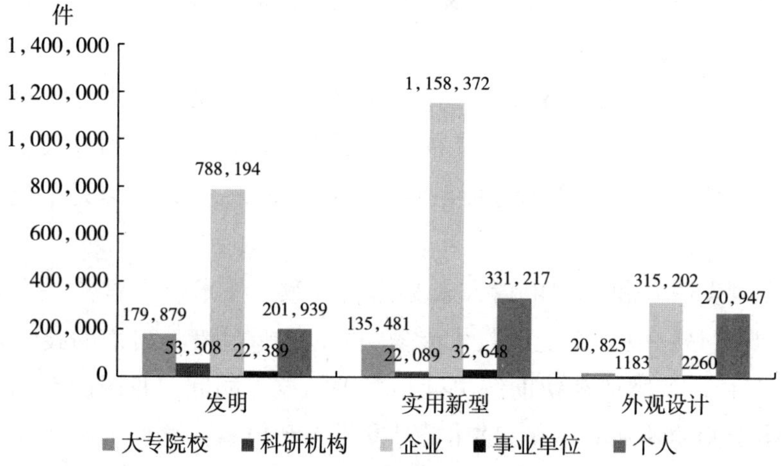

图 5 - 20　2017 年国内专利申请(按申请人类型状况)统计

资料来源:2017 年《国家知识产权局审查注册登记月度报告》(12 月),载国家知识产权局官网,https://www.cnipa.gov.cn/,2021 年 1 月 3 日访问。

研究专利发明人在专利权中的占比的主要目的在于,确认作为专利发明的主要成就者,专利发明人在拥有署名权的同时能否通过申请专利来获得收益权,或者在已成功申请的专利中能否获得更大的利益。为此,本书将“非职务”发明中的“个人”专利权人作为主要研究对象,通过对“非职务”专利权人即个人发明人与“职务”专利权人即企业、高校、科研院所等发明人的研究,对其中的专利申请量、专利授权量、有效专利量、专利转化率、专利产业化率进行数据分析,研究专利权人的类型对于专利发明、专利转化的影响,从中推导出专利当事人在专利权中应有的占比。

由于未了解具体专利发明人在专利产权之中的占比,故只能通过研究专利权人中职务发明与非职务发明的比率,以及专利权人为个人与专利权人为企业、高校及科研院校等参数,假设“专利权人为个人”的非职务发明即为专利发明人自有专利产权,以国家知识产权局官网公布的“国家知识产权局审查注册登记月度报告”“国家知识产权局统计年报”为数据基础，结合国家知识产权局通过抽样调查所得“专利调查报告”，本书通过以上数据及调查报告结果进行分析，推论出专利发明人在专利产权中的占比。

(二)职务专利与非职务专利总体分析

1. 以职务专利申请量与非职务专利申请量为视角的对比分析

由图 5－21 可知，随着专利法律法规的日臻完善，从 1986 年到 2018 年，30 多年来国内专利申请量总体呈逐步上升趋势。其中，国内职务专利申请量和非职务专利申请量都呈增长趋势。由于我国加入世贸组织，知识产权领域法治与国际接轨，进入 21 世纪后，专利申请量年增速加快。职务专利申请量增长越来越快，并且增速逐渐超过非职务专利申请量。

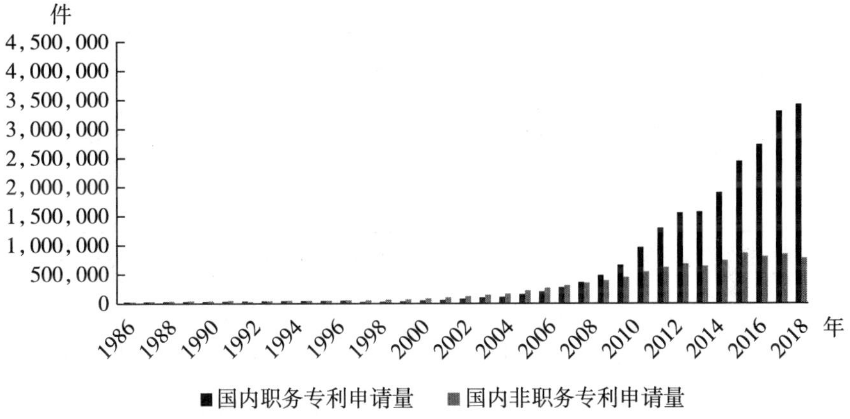

图 5－21 国内职务与非职务专利申请量对比

资料来源：1986～2018 年《国家知识产权局统计年报》，载国家知识产权局官网，https://www.cnipa.gov.cn/，2021 年 1 月 3 日访问。

这主要是由于随着市场经济体系的不断完善，科研资金的投入不断增加、科研人员的培养逐步强化，这些都有利于专利制度的发展。同时，越来越多专业人士、科研院所及单位认识到知识产权的重要性，意识到运用专利制度保护自己的科研成果的必要性。这些主客观因素促进了我国专利申请量的增加。相应的，大专院校、企业、科研机构和事业单位，相对于个人更具有进行重大科研项目的能力，因此，职务专利申请量越来越多并且增长速度明显高于非职务专利申请量。

图 5－22 在将国内职务与非职务专利申请量在当年总体专利申请量中的占比作对比后,可见国内职务专利申请量的占比呈波动上升趋势,非职务专利申请量比例总体上呈现逐渐减少的变化趋势。1986 年,国内职务专利申请量和非职务专利申请量所占总体专利申请量的比例大致相同,但从 2008 年起,国内职务专利申请量在总体专利申请量中的占比超过了非职务专利,并且占比越来越高,发展到 2018 年国内职务专利申请量在总体专利申请量中的占比已超过 80% ,非职务专利申请量占比不足 20% 。可见,我国现在专利申请主要以职务专利申请为主。

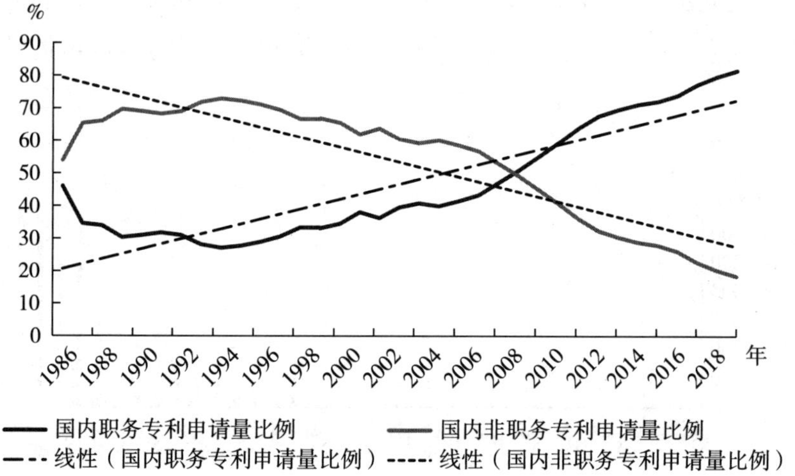

图 5－22　国内职务专利申请量与国内非职务专利申请量占比趋势

资料来源:1986～2018 年《国家知识产权局统计年报》,载国家知识产权局官网,https://www.cnipa.gov.cn/,2021 年 1 月 3 日访问。

究其原因,主要是随着科学技术的进步和水平的日益提高,对发明专利的技术有了越来越高的要求,这需要更高的科技研发能力,更多的科技资金和设备以及更高水平的专业知识,而高等院校、企业、科研机构和事业单位更具备专业化的研发条件。而非职务发明人受科研资金和设备的局限,并且在没有技术团队支持的情况下进行相对独立的研究,处于劣势地位,因此,非职务发明专利申请量占比越来越低。

2. 以职务与非职务专利有效量占比为视角的对比分析

由于国家知识产权局官网缺少 2006 年以前的数据，图 5－23 仅比较了 2006 年之后国内职务与非职务专利有效量占比的发展趋势，其中，非职务专利有效量占比呈逐年下降趋势，职务专利有效量占比呈逐年上升趋势。在 2008 年前后职务与非职务专利有效量占比大约为 50%，职务专利有效量占比在 2019 年已接近 90%。出现这种情况的主要原因是，在专利有效量总体呈增长趋势的情况下，职务专利申请量逐年增多，在总专利量中占较大比重，非职务专利申请量在总专利量中的占比越来越小，因此，非职务专利有效量占比也越来越小。

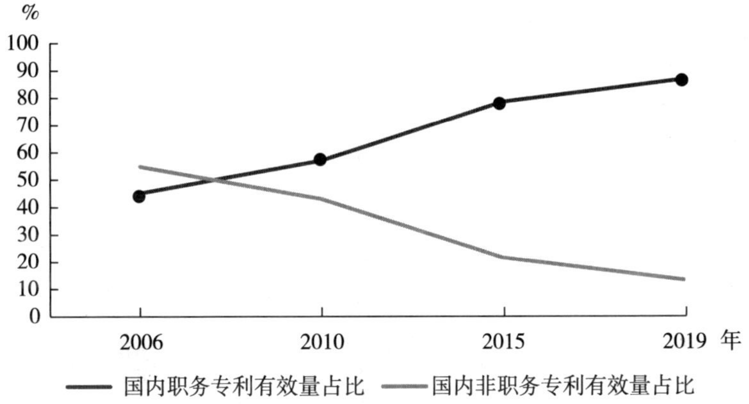

图 5－23　国内职务与非职务专利有效量占比

资料来源：2006～2019 年《国家知识产权局统计年报》，载国家知识产权局官网，https://www.cnipa.gov.cn/，2021 年 1 月 3 日访问。

3. 以具体专利权人类型为视角的对比分析

由于国家知识产权局仅在 2013 年才开始公布以具体专利权人类型为分类的专利统计，且 2013 年至 2016 年仅存在有效发明专利状况统计，无申请量、授权量等具体数据，所以这里在承接前文的基础上，以能够查询到的官方统计数据为基础，对“个人”“大专院校”“企业”“科研机构”“事业单位”5 类主体的专利相关活动进行数据分析与比对。

国家知识产权局自 2014 年起对于各类专利权人进行了抽样调查，其调查结果汇总为年度专利调查报告，但由于年度报告并非每年都有，且不同年度存在名称不一致的情况，本部分引用该报告时将注明具体报告名称、报告年度。

4. 以专利申请为视角的对比分析

专利申请量是成果进入专利体系评判的第一步，通过分析其数据在一定程度能看出群体专利活跃程度。

由于2020年未公布此项数据，以2017年、2018年、2019年国家知识产权局审查注册登记月度报告中的“国内专利申请按申请人类型统计表”中所涉数据为统计对象，图5－24侧重对于5类申请人在4年统计时间内的专利申请数量进行直观比对。

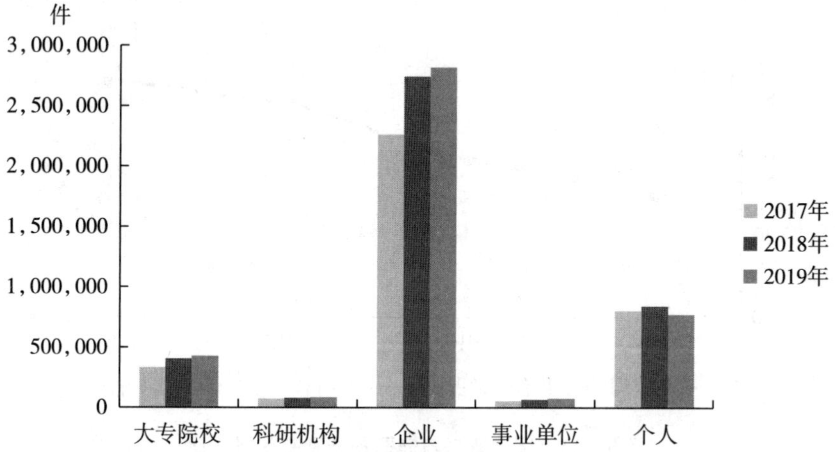

图5－24　国内专利申请按申请人类型统计

资料来源：2017年《国家知识产权局审查注册登记月度报告》（12月）、2018年《国家知识产权局审查注册登记月度报告》（12月）、2019年《国家知识产权局审查注册登记月度报告》（12月），载国家知识产权局官网，https://www.cnipa.gov.cn/，2021年1月3日访问。

从图5－24可以看到，5类申请人每年度的专利申请量较为稳定，其人群所占年度总申请量的比率变化较小，申请量总体呈现增加的趋势。

其中，个人非职务专利申请占年度专利申请总量比率维持在20%左右，年度变化较小；事业单位及科研机构整体申请体量较小，其合计占比约为每年度5%；大专院校申请量占比约10%；企业专利权人的专利申请量遥遥领先，每年约占总申请量的65%，其2019年度申请量达到峰值，年累计为2,820,665件，申请量占据当年度67.2%，其增长率也高于其他4

类申请人。

5. 以专利授权为视角的对比分析

专利授权量作为可以体现专利质量的指标,通过研究其年度变化趋势,有助于把握当年专利质量及专利活跃度。

以2017年、2018年、2019年、2020年国家知识产权局审查注册登记月度报告中的“国内专利授权按专利权人类型统计表”中所涉数据为统计对象,图5-25侧重对于5类申请人在4年统计时间内的专利授权数量进行直观比对。

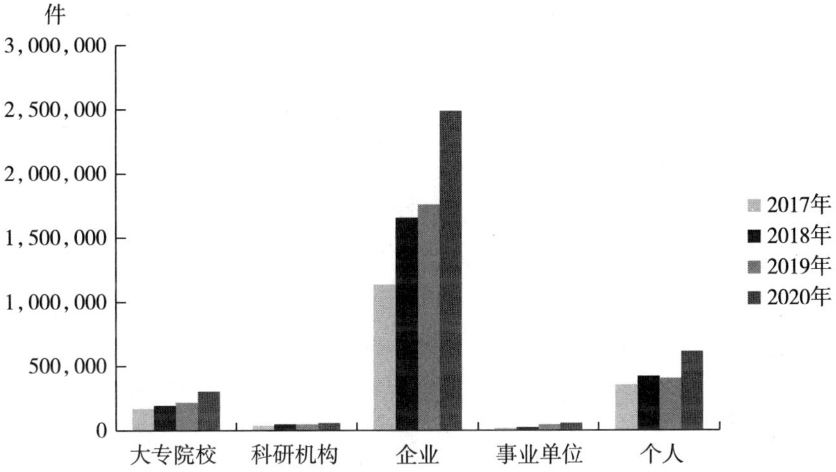

图5-25 国内专利授权按专利权人类型统计

资料来源:2017年《国家知识产权局审查注册登记月度报告》(12月)、2018年《国家知识产权局审查注册登记月度报告》(12月)、2019年《国家知识产权局审查注册登记月度报告》(12月)、2020年《国家知识产权局审查注册登记月度报告》(12月),载国家知识产权局官网,https://www.cnipa.gov.cn/,2021年1月3日访问。

从图5-25中可以看出,专利授权量的数据走向基本同专利申请量一致,呈逐年上涨趋势,其中,2018年较2017年有较大涨幅,从2018年到2019年的增长速度较为平稳,2020年达到高点,增速提升。企业专利权人申请量基数最大,其授权量也最高,2020年的授权量达到2,487,181件;科研机构、事业单位、大专院校3类增速较平稳;而个人专利权人申请专利的授权情况存在幅度波动,2019年度较2018年度授权量略有下降,但2020年度再次回升,增长幅度较常年同期较大。

可见,企业作为国民经济增长的重要力量,专利授权量作为科技创新、技术进步方面的重要指标,几年来企业专利权人表现突出;而非职务专利授权的主体,即个人申请人则增速相对减缓,在2019年度出现了申请量、授权量均下降的情况。

6. 以申请量与授权量之比为视角的对比分析

为了更明显地看出以专利权人类型为分类标准的申请量、授权量趋势,图5-26以2017~2019年的统计数据为基础,着重比较了各类专利权人的专利授权率。

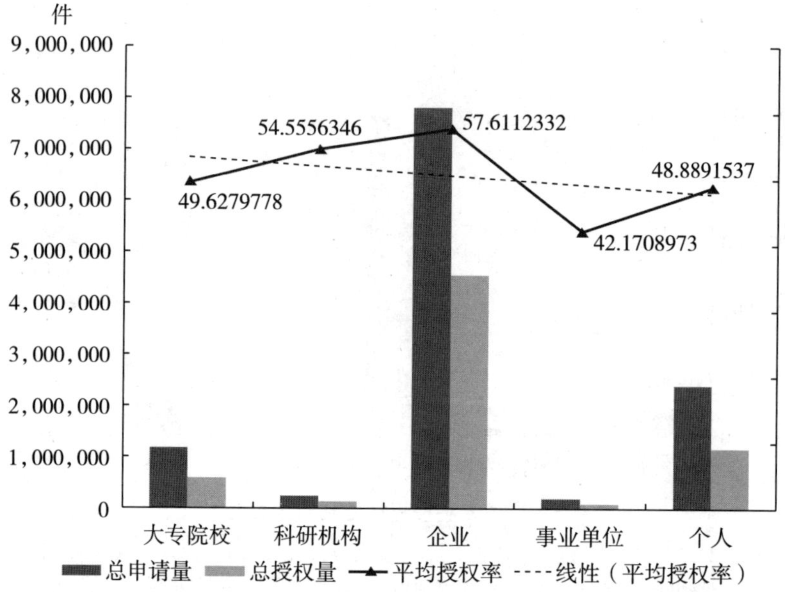

图5-26 2017~2019年度专利权人授权率比较

资料来源:2017年《国家知识产权局审查注册登记月度报告》(12月)、2018年《国家知识产权局审查注册登记月度报告》(12月)、2019年《国家知识产权局审查注册登记月度报告》(12月),载国家知识产权局官网,载https://www.cnipa.gov.cn/,2021年1月3日访问。

通过图5-26可以直观看到,企业专利权人的平均授权率最高,达到57.6%;科研机构专利权人的授权率次之,但平均值也过半数,达54.6%;个人专利权人与大专院校专利权人的授权率十分接近,个人专利权人的平均授权率为48.9%,大专院校平均授权率为49.6%;而事业单位专利权人的平均授权率最低,为42.2%。

7. 以有效发明专利的比率为视角的对比分析

申请人获得专利授权仅仅是获取使用专利权的资格，要达到专利权的有效利用和维护，必须进一步努力。图 5－27 为 2006～2020 年（2015 年度、2016 年度数据缺少）国内有效发明专利专利权人类型分布状况，以专利类别“发明”“实用新型”“外观设计”中“发明”一项为研究对象，选取 2006～2020 年间共计 13 年的数据，就有效发明专利专利权人变化趋势予以展现。可以看到，个人专利权人所持有的专利在有效发明专利统计中所占比重逐年大幅度降低，2006 年占比 29.3% 为最高值，之后逐年下降，直至 2020 年，仅占比 4.2%；与之相反，企业持有的有效发明专利则呈逐年上升趋势，上涨速度较其他类型明显较快，其所占比重自 2009 年起已达半数；科研机构、事业单位由于其自身研发、持有的专利数量体量小，其持有有效专利发明数量占比并无明显变化；大专院校专利权人则出现了占比升高又回落的趋势。

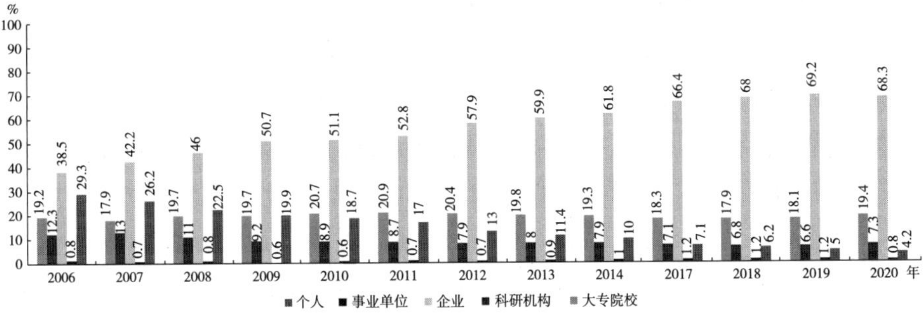

图 5－27　2006～2020 年（2015 年度、2016 年度数据缺少）

国内有效发明专利专利权人类型分布

资料来源：2014 年《中国有效专利年度报告》第 6 页、2017 年《国家知识产权局审查注册登记月度报告》（12 月）、2018 年《国家知识产权局审查注册登记月度报告》（12 月）、2019 年《国家知识产权局审查注册登记月度报告》（12 月）、2020 年《国家知识产权局审查注册登记月度报告》（12 月），载国家知识产权局官网，https://www.cnipa.gov.cn/，2021 年 1 月 3 日访问。

出现此类现象的原因是多重的，如个人专利权人作为专利发明人，既要兼顾发明创造的科研压力，还要完成如专利申报、年费缴纳等系列行政工作，若全部由个人完成这些较为琐碎的工作则需要花费大量的时间，而选择代理机构代为办理同样有较高的成本，这对于专利发明人即专利权人有较大的压力。而职务发明则大部分在机构内部内设专利代理部门，由专门人员处理相关事务，科研人员仅负责科研事项，这大大减轻了个人负担。所以，基于上述分析可以预测，个人专利权人其持有的有效发明专利数量占总体有效发明专利的比值在未来仍会在当前比率左右保持稳定，长期来看呈下降趋势。

（三）结论

现阶段并没有较为翔实的统计数据来证明专利发明人对科技创新的影响到底有多大。因为就现阶段情况而言，非职务发明创造专利在总专利量中占比较大且持续上升，专利权人更多的是以高等院校、企业、科研机构和事业单位等单位形式出现，导致现有统计数据及研究更倾向于研究这些以单位形式出现的专利权人，而忽视了专利发明人在专利发明中的作用以及对科技创新的影响。

根据近年来国家知识产权局网站上的中国专利调查报告显示（见图5－28），大多数专利权人都认为技术研发水平是影响专利质量的主要因素，这说明了技术研发水平的重要性。而专利的技术水平可以看成发明人的知识水平和投入水平的结合，因此，发明人对专利的技术水平起着决定性的作用。此外，非职务发明专利的专利权人主要为大专院校、企业、科研机构和事业单位，在这些单位中，发明人大多数具有知识水平高、对专利研发的投入大等特点，可见专利发明人的知识水平和投入水平对专利质量具有重要影响。专利质量水平越来越高，我国的科技创新水平就越来越高，因此，专利发明人对科技创新具有极其重要的影响。随着国家经济的持续高速发展和改革开放的不断深入推进，权利人及市场主体对于技术价值的认识和期待也不断提升，这在专利案件尤其是专利侵权纠纷的诉讼标的额中体现明显。这样的因果关系是显而易见的，所以，应当在法律上进一步提高专利发明人在专利权益中的权重，赋予发明人发明创新的动力。

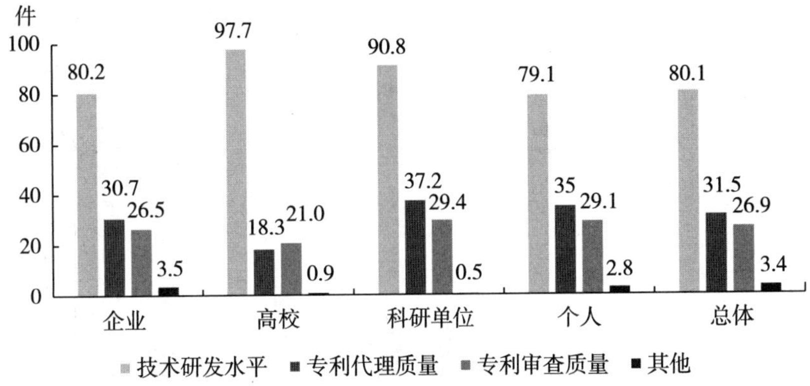

图 5－28　不同专利权人认为影响专利质量的主要因素

资料来源:《2019 年中国专利调查报告》,载国家知识产权局官网,https://www.cnipa.gov.cn/module/download/down.jsp? i_ID = 40213&colID = 88,2021 年 1 月 3 日访问。

八、知识产权司法裁判实证分析

2014 年 11 月 6 日,全国首家知识产权审判专业机构——北京知识产权法院挂牌并正式履职。截至 2022 年 7 月,全国共有 14 个高级人民法院、30 个中级人民法院、4 个基层人民法院设立了知识产权审判庭。北京、上海、广州、海南等 4 个省市成立了专门的知识产权法院。

成立知识产权专门法院或法庭的意义,以 2019 年 1 月最高人民法院设立知识产权庭时的阐述为代表:最高人民法院设立知识产权法庭,加强知识产权侵权损害赔偿制度的完善,切实执行惩罚性赔偿措施,加大对侵犯知识产权行为的惩治力度。该法庭通过公正裁判激励科技创新,激发各类主体创新活力,优化科技创新及成果转化法治环境;深入研究当前科技创新和市场竞争的新特点,充分发挥知识产权作为国家发展战略性资源和国际竞争力核心要素的关键作用,增强我国经济创新力和竞争力。[1] 至今,各知识产权法院(庭)受理的涉知识产权案件数量不断增加,2014 年各地法院共审结知识产权案件 11 万件,到 2021 年,该数字陡增至 60 余

〔1〕 参见《最高人民法院知识产权法庭在京揭牌成立》,载《光明日报》2019 年 1 月 2 日,第 4 版。

万件。[1]（见图5－29、表5－6）

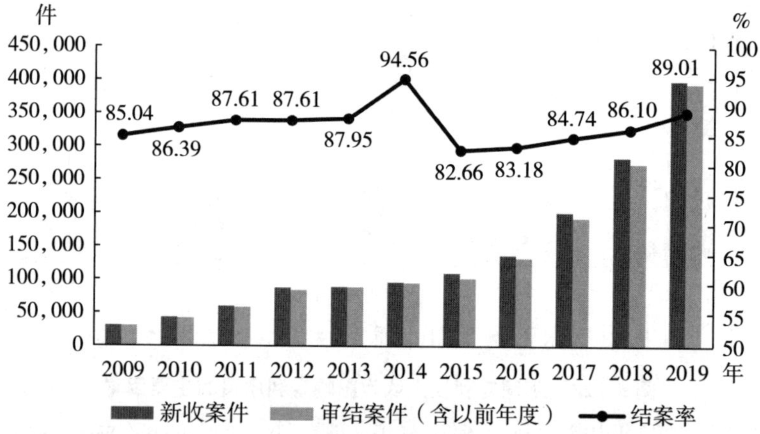

图5－29　2009～2019年全国知识产权案件审结情况

表5－6　2009～2019年全国知识产权案件审结情况

年份	新收案件/件	审结案件/件(含以前年度)	结案率/%
2009	30,626	30,509	85.04
2010	42,931	41,718	86.39
2011	59,612	58,201	87.61
2012	87,419	83,850	87.61
2013	88,583	88,286	87.95
2014	95,522	94,501	94.56
2015	109,386	101,324	82.66
2016	136,534	131,813	83.18
2017	201,039	192,938	84.74
2018	283,414	273,945	86.10
2019	399,031	394,521	89.01

资料来源：2009～2019年最高人民法院知识产权案件年度报告。

---

〔1〕参见《2014年全国各级法院审结一审知识产权案11万件》，载国家知识产权战略网2015年3月13日，http://www.nipso.cn/onews.asp?id=25171；《瞭望·治国理政纪事|走出中国特色知识产权发展之路》，载微信公众号"瞭望"2022年8月13日，https://mp.weixin.qq.com/s/weqcYXJCaenTMH fisqxWyg。

我国知识产权司法审理采用“三审合一”模式,即知识产权民事、刑事、行政案件统一集中审理。最初出现在上海市浦东新区人民法院,故一度被称为“浦东模式”。因被实践反复证明具有科学性与较高效率,故成为今天知识产权案件的审理模式。2024 年起实施的《专利法实施细则》将专利侵权纠纷行政裁决权赋予直辖市的区知识产权局,预示着对知识产权实行的“严保护”将进一步加码。随着制度创新和不断优化,知识产权司法裁判实践日益丰富,将有力地促进我国创新能力和竞争力的提高。

(一)知识产权民事诉讼

2009 ~ 2019 年,知识产权案件的新收案件和审结案件数不断增长,2019 年已经达到了 2009 年的 10 倍多。该时期全国知识产权民事一审案件的审结比率均高于 80%,知识产权的案件审理能力保持着相对稳定的水平。

因知识产权案件裁判需建立在特殊专业性判断之上,目前在北京市、南京市、上海市和其他地方,知识产权法院已设立“技术调查官”等,帮助法官明确知识产权案件办理中的技术性问题。技术调查官是一个新职位,它既不是一般意义上的技术专家,也不是专门培养出来的技术调查员,而是由法院聘请来帮助解决疑难案件的技术顾问。由于处于尝试阶段,故各地对技术调查官的选任标准存在较大的差异,如北京任命技术调查官时,要求他们进行过 5 年以上专利审查、代理等技术工作,南京则需要技术调查官“接受过有关技术教育及训练,具备该领域的中级以上职称”。之所以如此,是因为法院很清楚,审理知识产权案件不同于其他类型的纠纷,需要更强的专业判断作为支撑。

2019 年,知识产权一审案件中,民事诉讼的占比较高,达到 90% 以上。其中,民事案件中主要包括专利、商标、著作权、技术合同、竞争关系和其他案件。但是从 2009 年至 2019 年,涉及专利权纠纷的案件的占比表现出不断下降的趋势。(见图 5 - 30)

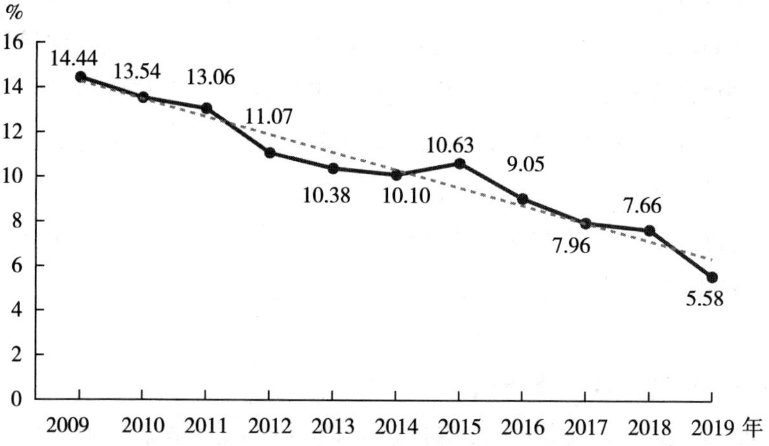

图 5－30　2009～2019 年专利纠纷案件比重

资料来源:2009～2019 年《最高人民法院知识产权案件年度报告》。

虽然数据存在缺失,但是基本可以推导 2009～2017 年的发改率都维持在 5% 左右,该情况从一个方面反映出了我国知识产权裁判的一审质量。2008～2012 年我国知识产权民事一审案件的上诉率表现为下降趋势,这也说明我国知识产权一审案件的审理质量较高。(见表 5－7、图 5－31)

表 5－7　2009～2017 年知识产权案件发改率情况

年份	发改率/%	年份	发改率/%	年份	发改率/%
2009	6.00	2012		2015	
2010	4.57	2013	5.84	2016	5.94
2011	3.66	2014	4.56	2017	5.33

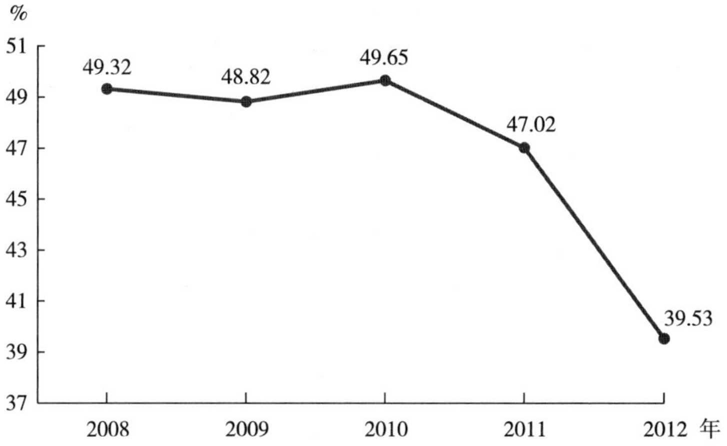

图 5－31　2008～2012 年知识产权民事一审案件的上诉率

资料来源:2008～2012 年《最高人民法院知识产权案件年度报告》。

(二)知识产权行政诉讼

1. 总体情况

2014 年,知识产权行政诉讼的新收案件数量和审结案件数量都得到了较大幅度的增长,新收案件数量较 2013 年增长 243.66%。究其原因,主要在于随着 2013 年《商标法》的施行,商标授权确权行政案件明显上升,2014 年达 9305 起,占全国知识产权行政一审收案量的 94.41%。但是,审结比率表现为波动下降,直至 2018 年以后开始上升,说明知识产权行政案件审判能力逐步提升。(见表 5－8、图 5－32)

表 5－8　2009～2019 年知识产权行政一审审结情况

年份	新收案件/件	审结/件(含以前年份)	审结比率/%
2009	2072	1971	88.51
2010	2590	2391	84.01
2011	2433	2470	85.53
2012	2928	2899	86.64
2013	2886	2901	87.04

续表

年份	新收案件/件	审结/件(含以前年份)	审结比率/%
2014	9918	4887	47.22
2015	9839	10,926	70.50
2016	7186	6250	53.16
2017	8820	6390	44.60
2018	13,545	9786	45.64
2019	16,134	17,938	64.56

资料来源:2009~2019 年《最高人民法院知识产权案件年度报告》。

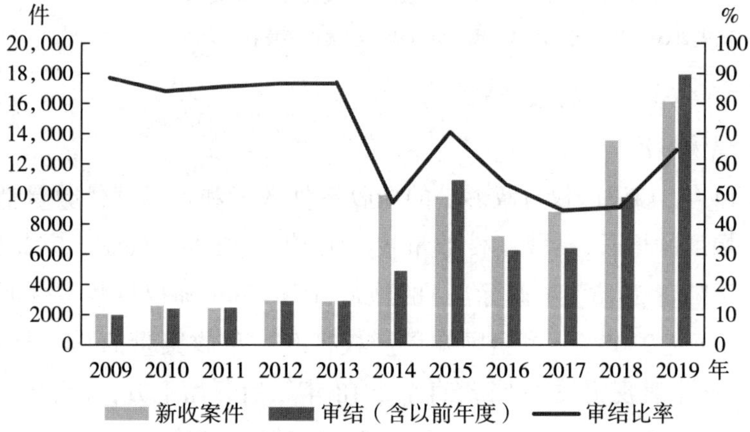

图 5-32　2009~2019 年知识产权行政一审审结情况

2012~2019 年,知识产权行政一审的商标行政案件所占的比重相对较大,2015 年以后,随着专利权法律的完善与司法对知识产权保护水平的提高,以及各地政府依法行政水平的提高,专利权行政纠纷案件数量相对稳定。(见图 5-33、表 5-9)

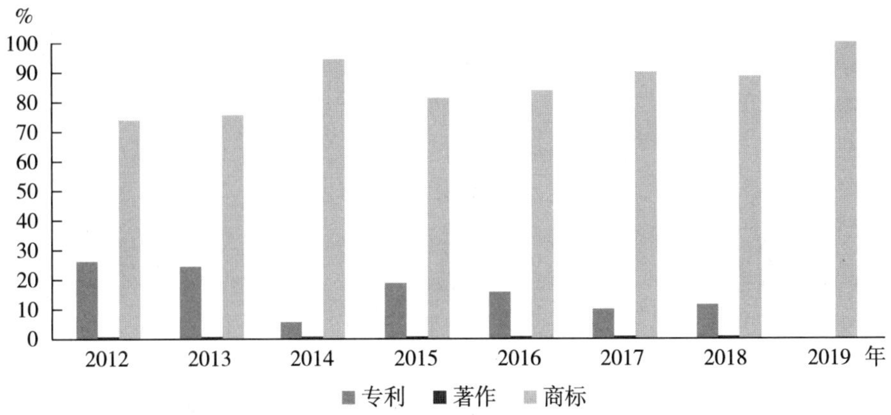

图 5-33 2012~2019 年知识产权行政一审案件类型分布

资料来源:2009~2019 年《最高人民法院知识产权案件年度报告》。

表 5-9 2012~2019 年知识产权行政一审案件类型分布情况

年份	专利/件	著作/件	商标/件
2012	760	3	2150
2013	697	3	2161
2014	539	12	9305
2015	1721	10	7477
2016	1123	37	5990
2017	872	17	7931
2018	1536	17	11,992
2019	1661	16	14,457

2. 地方法院知识产权保护——以上海为例

(1)上海知识产权法院受案情况概述

2015~2019 年,上海知识产权法院共受理知识产权案件 10,111 起,案件受理数量呈现逐年增加态势,年平均增长率 11.28%,特别是 2019 年收案数比上年增长 20.75%。其中,民事一审和二审的实体案件占比较高,行政一审、二审的案件较少。(见图 5-34)

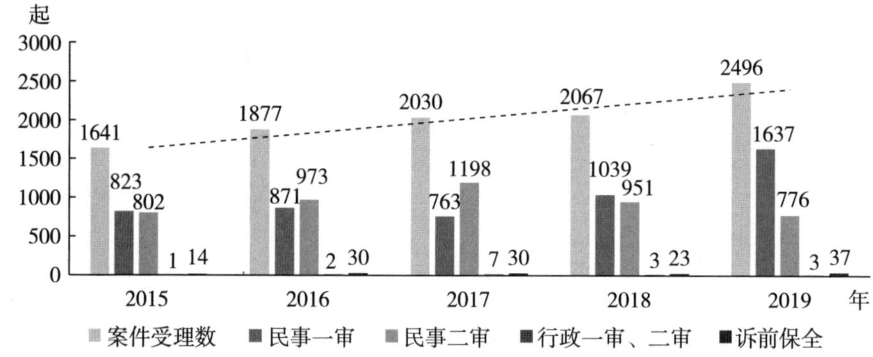

图 5－34　2015～2019 年上海知识产权案件受理情况

资料来源:2015～2019 年《上海知识产权法院知识产权司法保护状况》。

2015～2019 年新收的知识产权案件主要包括著作权、专利权、计算机软件著作权、商标权、不正当竞争纠纷、特许经营合同、技术合同以及垄断纠纷等案件,其中占比相对较高是著作权纠纷、专利权纠纷以及计算机软件著作权纠纷,分别占比 31. 56%、31. 31% 和 17. 31%。(见图 5－35、表 5－10)

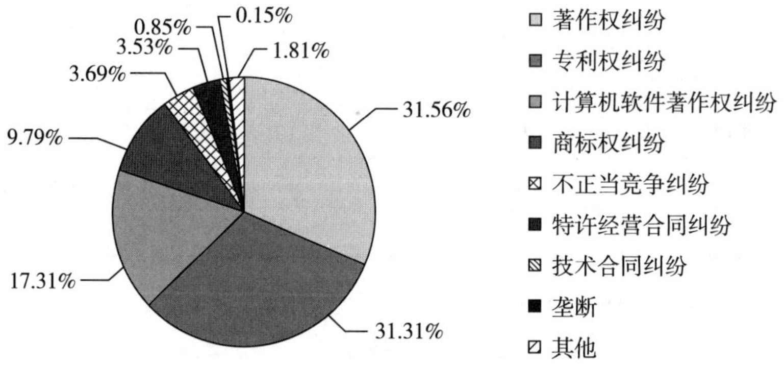

图 5－35　2015～2019 年新收民事一审案件类型情况

表 5-10　2015~2019 年新收民事一审案件类型情况

案件类型	案件数量/件	案件占比/%
著作权	3191	31.56
专利权	3166	31.31
计算机软件著作权	1750	17.31
商标权	990	9.79
不正当竞争	373	3.69
特许经营合同	357	3.53
技术合同	86	0.85
垄断	15	0.15
其他	183	1.81

资料来源：国务院：《国家知识产权战略纲要》（2008）。

2015~2019 年，上海知识产权法院共审结各类案件 9177 件基本实现案件收结良性循环。在审结的案件中，以调解、撤诉方式结案的案件共 3398 件，占结案总数的 37.03%，有效化解了知识产权纠纷，同时，通过调解和促成当事人和解，促进了知识产权市场价值的充分实现。（见图 5-36）

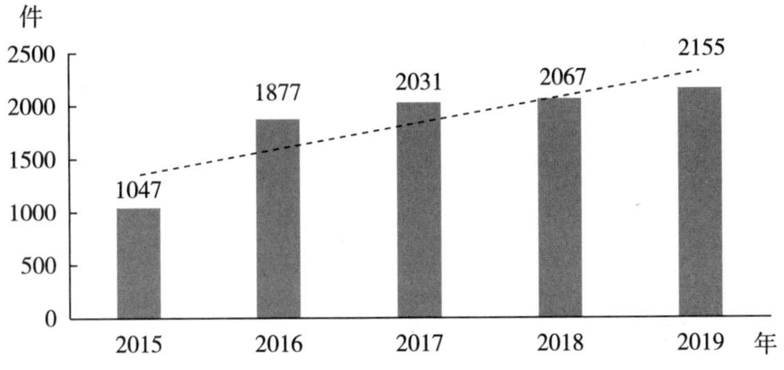

图 5-36　2015~2019 年上海知识产权法院结案情况

资料来源：《上海知识产权法院知识产权司法保护状况（2015—2019）》。

自2014年年底上海知识产权法院成立以来,主要受理的案件类型为专利、商标、著作权和计算机软件纠纷4类,其中专利权纠纷占比较大,且保持在相对稳定的状态,在2018年表现为上升的态势。上海知识产权法院审理知识产权案件的同期审结比率相对较高,维持在90%左右的水平,处在相对稳定的良性循环之中。(见图5-37)

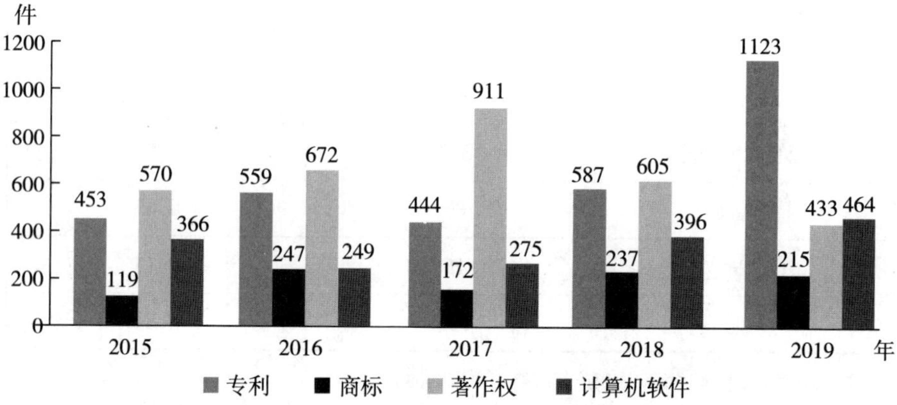

图5-37 2015~2019年知识产权新收案件类型分布

资料来源:《上海知识产权法院知识产权司法保护状况(2015—2019)》。

2017~2019年,上海知识产权法院统计了技术类知识产权案件的类型,其中涉及专利类的侵害专利权、专利权权属以及专利合同的案件占比较高,均超过50%,说明在此期间,专利权纠纷的案件不断增多。(见图5-38)

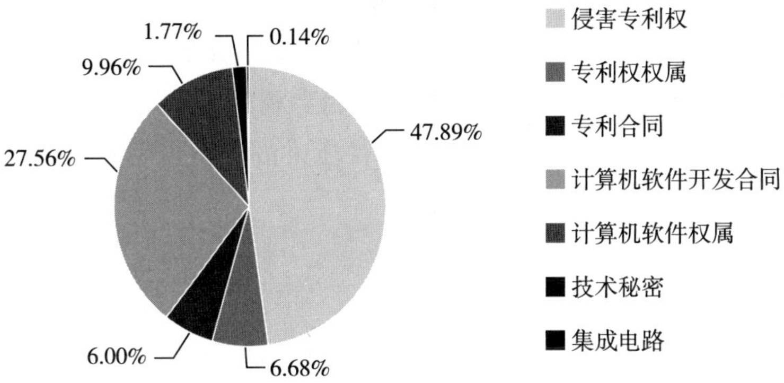

（a）2017年

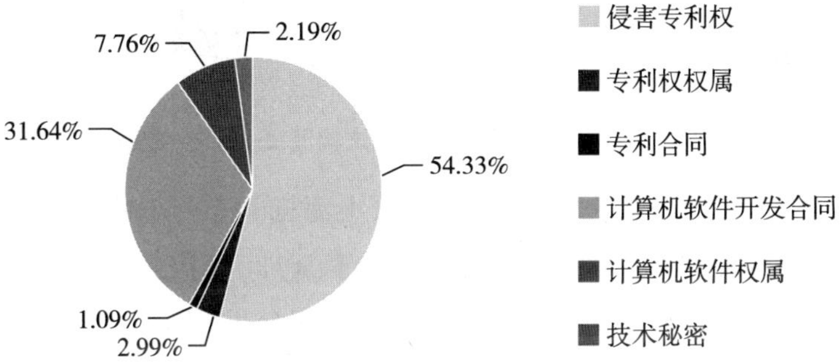

（b）2018年

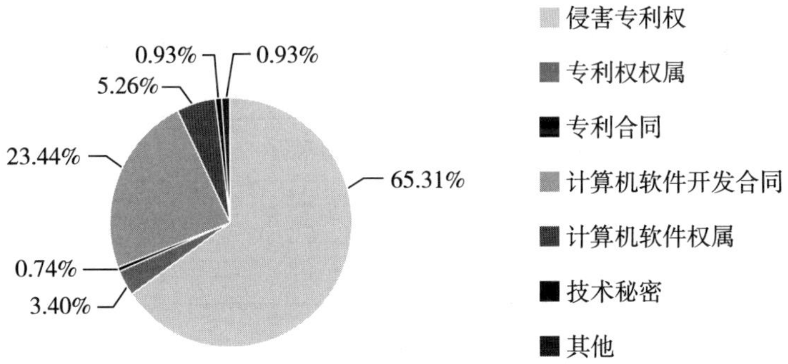

（c）2019年

图 5－38　2017 年、2018 年和 2019 年技术类知识纠纷类型分布

资料来源:2017 年、2018 年和 2019 年《上海知识产权法院知识产权司法保护状况》,以及 2017 年、2018 年和 2019 年《上海知识产权法院专利案件审判情况》。

2017～2019 年,上海知识产权法院对民事一审的专利案件类型进行总结,专利侵权案件占比 87.7%,说明目前在专利领域,侵犯专利权仍为案件审理的主要案由。其中,侵害外观设计占比44.3%,侵害实用新型占比31.8%,侵害发明专利占比23.9%,相对来说,发明专利的创新性和新颖性比较强,存在一定的技术壁垒,且发明专利的授权数量远低于外观设计和实用新型,因此,发明专利侵权案件所占的比例也相对较小。(见图5-39)

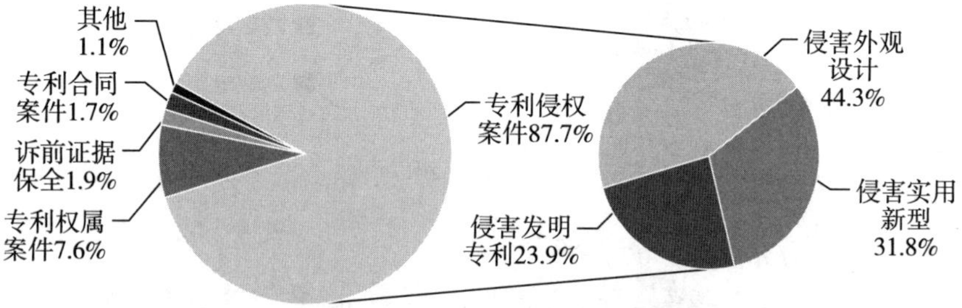

图5-39　2017~2019年上海知识产权法院民事一审专利案件类型分布

从2015~2018年的整体数据来看,上海知识产权法院以调解或者撤诉处理的专利权纠纷案件所占比重均高于50%,判决的比重整体上呈现下降的趋势,在专利权纠纷的解决上,法院充分发挥了调解的作用。(见表5-11)

表5-11　上海知识产权法院受理专利权纠纷案件的处理情况占比

单位:%

年度	调解或撤诉	驳回起诉	判决	其他
2015~2016	56.3	5.2	34.2	4.3
2017~2018	61.0	6.0	29.0	4.0

(2)上海法院的专利权案件审理情况

1986年,上海法院开始受理专利案件,此后3年每年受理的一审专利纠纷案都不超过10件。随着专利保护需求的快速增长,上海法院受理的一审专利纠纷案件总体上呈现逐年递增的态势。2000年,上海法院一审专利案件受理数量首次突破100件,此后10年间每年的收案量均保持在100~200件。2010~2019年,上海法院共受理一审专利案件4836件,年均增长幅度22.86%,每年受理的案件量稳步增长。这表明权利人和市场

主体的专利权利意识不断增强，也体现出司法保护专利权、解决专利纠纷成为专利权人的主要选择。（见图 5 - 40）

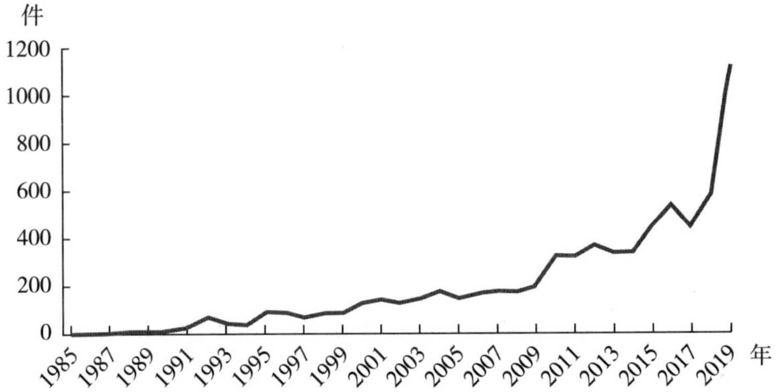

图 5 - 40　上海法院一审专利案件年收案情况

资料来源：《专利法施行 35 年，上海法院交出一份“全景白皮书”》，载微信公众号“上海高院”2020 年 4 月 23 日，https://mp. weixin. qq. com/s/OTKiUEf0IL4uCedx8Gy PPQ。

1985 年以来，上海法院受理专利案件数不断上升，但专利案件在知识产权民事纠纷案件中所占比例总体上呈现下降的趋势。在 1995 年以前，专利一审案件年收案数约占全部知识产权一审案件总数的 40%。2002 年以后，专利案件占知识产权案件总量比例下降至第 2 位，次于著作权案件；2008 年该比例下降到第 3 位，位于著作权和商标权案件之后。2010 年以来，著作权纠纷、商标权纠纷等其他知识产权案件的井喷式增长，各种新类型知识产权纠纷的不断涌现，上海法院一审专利案件的收案比例逐年下降，到 2018 年仅占知识产权案件总体比例的 2.78%。2019 年，该比重虽有所反弹，但总体仍处于历史低位。（见图 5 - 41）

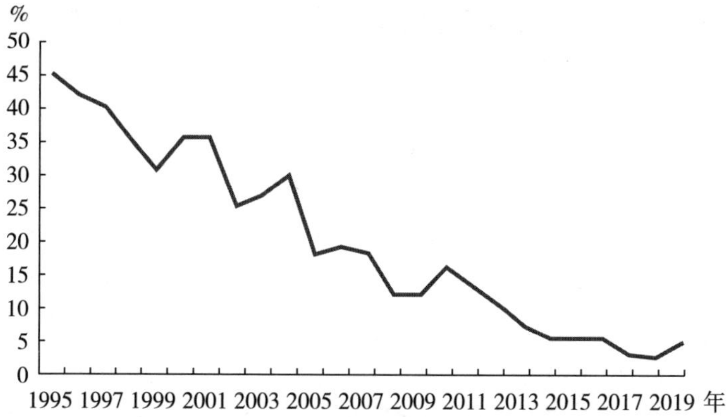

图 5-41　1995 年以来上海法院一审专利案件收案占一审专利案件收案比重情况

资料来源:《专利法施行 35 年,上海法院交出一份"全景白皮书"》,载微信公众号"上海高院"2020 年 4 月 23 日,https://mp. weixin. qq. com/s/OTKiUEf0IL4uCedx8Gy PPQ。

上海法院受理的一审专利侵权案件中,侵害外观设计专利权纠纷案件占比较高,且长期保持在专利侵权案件的 50% 左右,其原因在于外观设计专利授权及维权的门槛都相对较低。该类案件的特点表现为:第一,由于外观设计专利授权无须经过实质性审查,故较多外观设计专利的权利状态并不稳定,存在被认定为无效的可能;第二,外观设计专利案件审理遵循"整体观察、综合判断"的比对原则,在侵权认定和责任判定上相对具有一定主观性并进而产生差异,这在相关法律规定明确前尤为明显;第三,相当一部分作为产品销售商的被告系个体工商户,批量维权现象比较突出。(见图 5-42)

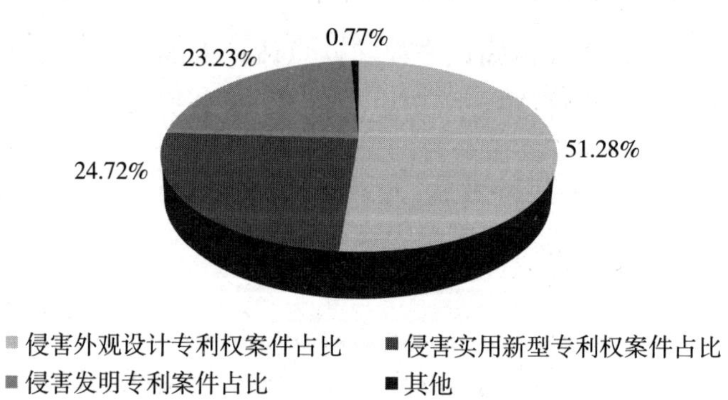

图 5-42　2010～2019 年上海法院一审受理的不同专利侵权案件占比情况

资料来源:《专利法施行 35 年,上海法院交出一份"全景白皮书"》,载微信公众号"上海高院"2020 年 4 月 23 日,https://mp. weixin. qq. com/s/OTKiUEf0IL4uCedx8Gy PPQ。

2021 年,上海知识产权法院共受理各类知识产权案件 5432 件,同比增长 2.9%。其中,民事一审案件 4177 件,民事二审案件 1186 件,行政一审案件 3 件,诉前保全案件 13 件,其他案件 53 件。在受理的全部案件中,收案数位居榜首的是专利案件,共 3550 件,占 65.35%,同比增长 79.93%。

2010 年至 2014 年,上海法院审理的发明专利案件年均增幅仅为 0.6%。2015 年,上海正式启动科创中心建设,当年上海法院一审发明专利侵权纠纷案件受理数量较上一年增长 52.1%,此后的年均增长为 25.9%。这充分表明随着上海科创中心建设的深入推进,发明技术类纠纷大幅增加,权利人保护技术创新的意识也日益增强。

随着国家经济的持续高速发展和改革开放的不断深入推进,权利人及市场主体对于技术价值的认识和期待也不断提升,这在专利案件尤其是专利侵权纠纷的诉讼标的额中体现明显。一方面,专利案件标的额总体持续增长,大标的额专利案件在知识产权案件中的占比越来越高;另一方面,专利案件最大标的额不断提高。例如,1996 年,沈某法诉上海铁路局侵犯火车自动停车器发明专利权案中,权利人请求赔偿已达 5000 万元。2002 年,上海迪比特实业有限公司起诉摩托罗拉(中国)电子有限公司及其他侵犯专利权纠纷案,诉讼标的额为 0.99 亿元。此案是国内首例涉及发明专利法的知识产权侵权案件,也是全国首例涉及专利侵权的商业纠纷。2012 年,浙江龙盛集团股份有限公司诉上海典翘实业发展有限公司、浙江闰土股份有限公司侵犯发明专利权纠纷案,2013 年,比利时索尔维公司诉江苏扬农化工集团有限公司侵害发明专利权纠纷案,2015 年,张某胜诉上海东浩兰生国际服务贸易(集团)有限公司侵害发明专利权纠纷案,诉讼标的额均超过 1 亿元。2015 年,亨斯迈先进材料(瑞士)有限公司诉浙江龙盛集团股份有限公司等侵害发明专利权纠纷案以及 2018 年上海思立微电子科技有限公司诉深圳市汇顶科技股份有限公司、上海魅之族数码科技有限公司侵害发明专利权纠纷案,诉请标的额分别达到了 2.31 亿元和 2.4 亿余元。

上海法院一审专利案件的判决率始终稳定保持在一个相对合理的区

间。2002～2019年，上海法院审结的一审专利纠纷案件中，判决所占比例为30.3%，且呈现较为平稳的态势。而同期上海法院审结的一审知识产权案件的判决比例仅为11.79%。这充分表明，上海法院在坚持依法促进调解、推动知识产权纠纷实质化解的同时，专利纠纷因其专业性较强、技术事实较为复杂，许多案件当事人更希望法院通过判决明晰包括权利保护范围、侵权成立与否等相关技术事实和专业问题。（见图5－43）

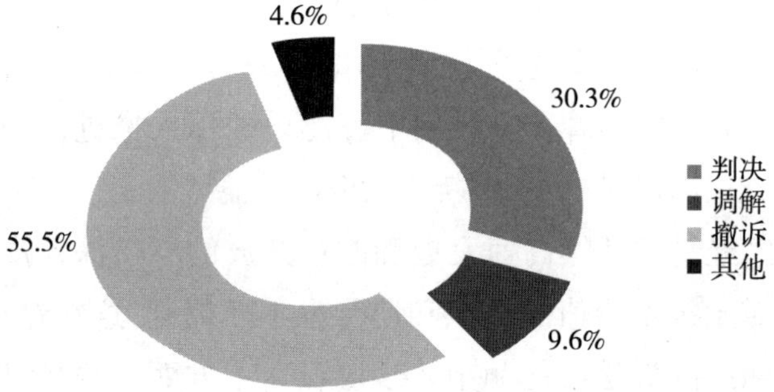

图5－43　2002～2019年上海法院一审专利案件结案方式情况

（3）知识产权司法保护对经济发展及促进技术市场良性循环的作用

2021年，上海知识产权法院推出《上海知识产权法院知识产权司法保护状况（2021年）》白皮书，对2021年及此前几年该法院审理知识产权案件的基本情况进行了归纳总结，并将其在服务保障经济社会发展大局中所做的工作提炼为三个方面的内容：一是主动服务科创中心建设；二是主动服务法治化营商环境建设；三是主动服务长三角一体化发展，如与合肥市中级人民法院（合肥知产法庭）签订知识产权司法保护协作备忘录，围绕多元解纷协作、司法程序互助、技术认定协作、适法统一协作、审判改革交流、信息资源共享、法治宣传合作、人才培养交流等提出具体措施，探索建立全方位的知识产权司法保护协作机制，助力长三角区域科技创新共同体建设。

附件：知识产权要素相关法律法规与政策文件

文件	日期
保障发明权与专利权暂行条例	1950 年 8 月
关于奖励有关生产的发明、技术改进及合理化建议的决定	1950 年 8 月
发明奖励条例(已失效)	1963 年 11 月
技术改进奖励条例(已失效)	1963 年 11 月
商标法	1982 年 8 月
专利法	1984 年 3 月
著作权法	1990 年 9 月
海关关于知识产权保护的实施办法	1995 年 9 月
促进科技成果转化法	1996 年 5 月
植物新品种保护条例	1997 年 3 月
集成电路布图设计保护条例	2001 年 4 月
专利法实施细则	2001 年 6 月
计算机软件保护条例	2001 年 12 月
知识产权海关保护条例	2003 年 12 月
国防专利条例	2004 年 9 月
关于实施全国专利技术展示交易平台计划的通知	2006 年 2 月
建立和完善知识产权交易市场指导意见	2007 年 12 月
国家知识产权战略纲要	2008 年 6 月
国务院关于新形势下加快知识产权强国建设的若干意见	2015 年 12 月
国家创新驱动发展战略纲要	2016 年 5 月
国务院关于印发“十三五”国家知识产权保护和运用规划的通知	2016 年 12 月
深化党和国家机构改革方案	2018 年 3 月
国务院关于推动创新创业高质量发展打造“双创”升级版的意见	2018 年 9 月
中共中央、国务院关于支持深圳建设中国特色社会主义先行示范区的意见	2019 年 8 月
关于强化知识产权保护的意见	2019 年 11 月

续表

文件	日期
2020 年深入实施国家知识产权战略加快建设知识产权强国推进计划	2020 年 5 月
关于支持民营企业加快改革发展与转型升级的实施意见	2020 年 10 月
关于实施专利转化专项计划　助力中小企业创新发展的通知	2021 年 3 月
关于做好 2022 年专利转化专项计划有关工作的通知	2021 年 5 月
知识产权强国建设纲要(2021—2035 年)	2021 年 9 月
知识产权强国建设纲要和“十四五”规划实施年度推进计划	2021 年 12 月
2023 年知识产权强国建设纲要和“十四五”规划实施推进计划	2023 年 7 月

第六章　法治改革促进数据要素市场发展

随着数字技术的发展，数据作为信息载体在大量记录与存储后具有了独立的财产价值，也催生着人工智能时代的财产秩序的变革。近年来，我国高度重视数字经济的发展，不断推进数字产业化和产业数字化，致力于打造具有国际竞争力的数字产业集群。最新数据充分证明了中国数字经济的迅猛发展，展现出了强劲的发展势头。中国信息通信研究院数据显示，2022 年，中国数字经济规模达到 50.2 万亿元，同比增长 10.3%，数字经济占 GDP 比重相当于第二产业占国民经济的比重，达到 41.5%。如图 6－1 所示，我国数据要素市场规模自 2016 年起逐年增长，预计 2025 年中国数字要素规模将达 1749 亿元。同时，以数字技术为代表的新技术应用，促进了千行百业加快转型升级，数字经济对我国经济发展的放大、叠加、倍增作用凸显，为我国经济高质量发展注入新动能。截至 2023 年 9 月，经营范围涉及云计算、大数据、人工智能等数字技术的企业超过 53 万家。[1]

中共中央、国务院《要素市场化配置意见》明确指出，除了土地、劳动力、资本、技术，数据作为第 5 大生产要素也要得到充分发挥。自此，数据成为新兴生产要素，被广泛应用于社会生产经营活动。作为最新的生产要素，数据与传统生产要素相较，其发展与壮大呈现出较强的技术驱动与法治驱动性，并发挥着凝合与激发其他生产要素的作用。针对数据要素的创新属性，有效更新的法律制度为数据要素市场的发展营造了良好的制度环境与制度支撑，推动着数据要素市场的建设与规范化发展，考验着

〔1〕 参见《数字经济激活中国经济，赋能效应持续爆发》，载微信公众号"数字幸福产业园"2024 年 4 月 18 日，https://mp.weixin.qq.com/s/VUIH6raMhJ6fuR12SJBLcA。

法律的秩序供给能力。[1] 法律是数据要素及其市场建设、数字经济发展的基础。

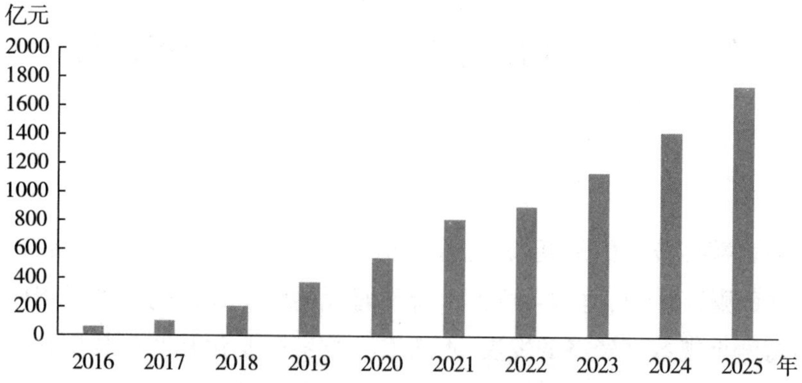

图 6-1　我国数据要素市场规模统计及预测

资料来源：笔者根据国家工业信息安全发展研究中心统计并结合最新数据调整形成。

数据要素市场建设的基本法律关系是各类数据主体围绕数据价值的生产、流通与利用产生的权利义务关系。[2]《民法典》第 127 条规定："法律对数据、网络虚拟财产的保护有规定的，依照其规定。"数据由此成为民事法律关系的客体，私主体可以获得、移转其在数据上的权益。但数据的产生、存储、整合、清洗、共享交易等具有很强的技术特征，导致其上之利益结构复杂、权益构造较难确定。与此同时，由于数据分析技术的进展与应用，政务数据、企业商业秘密和个人数据泄露时有发生，无序的数据跨境流动为国家主权安全埋下隐忧，部分企业、平台甚至利用数据侵害公民合法权益，由此带来了数据要素市场建设的另一面——数据安全挑战，为此，我国颁布了《网络安全法》《数据安全法》《个人信息保护法》等规范，形成了数据安全规范体系，为数据权益保障提供了有力的保障和规范，从而为数据要素市场的建设与可持续发展奠定了基础。本章将从数据政策、立法的背景、基本制度与发展演变，以及其与数字经济作用的关系出

〔1〕 参见姚佳：《数据要素市场化的法律制度配置》，载《郑州大学学报（哲学社会科学版）》2022 年第 6 期。

〔2〕 参见陈吉栋主编：《上海市数据条例理解与适用》，中国法制出版社 2023 年版，第 241 ~ 278 页。

发，展现法治改革促进数据基础制度建设的生动实践，总结我国数据法律制度在数据权利体系、数据交易制度、数据跨境制度、数据安全制度等方面上的基本经验。

一、从《网络安全法》到《个人信息保护法》：守住数据安全与个人信息保护底线

实践是各种法律规则、制度的先导，而数字经济与法治改革之间存在着密切的互动关系。随着数字经济的兴起，尤其是在其初期阶段，往往缺乏专门的法律规则和制度对其加以规制，相关的民事、行政和刑事纠纷也不断涌现，[1]促使法治改革必须不断适应新形势、新挑战。司法实践在一定程度上创制了数字经济规则，也催生了相关的法律规定。而不同层级的制度创新促进了数字经济的快速发展。司法实践的反馈作用也推动了法治改革的深化和完善，促进了相关法律体系的不断创新和完善。不同层级的制度创新也在一定程度上促进了数字经济的快速发展。这些制度创新不仅为数字经济的健康发展提供了有力支撑，也为法治建设提供了新的实践范例和借鉴经验。

（一）《网络安全法》：首倡数据法律保护

随着互联网技术的飞速发展以及其在各行各业被广泛应用，网络安全问题日益突显。个人信息泄露、网络诈骗、电子商务欺诈等问题层出不穷，网络空间治理问题成为全球共同关注和面临的巨大挑战。在数字化加速、网络安全威胁日益严重的背景下，2016 年 11 月 7 日，第十二届全国人民代表大会常务委员会第二十四次会议通过了《网络安全法》。

1. 制度内容

网络安全与国家安全、经济社会发展和人民群众利益密切相关。在大数据、云计算和物联网等技术的推动下，海量数据的收集、存储与处理成为常态。这些技术的应用大大提高了生产效率和经济效益，同时也带

---

〔1〕 在中国裁判文书网和北大法宝司法案例数据库中选取"数据""个人信息""隐私""数字资产""网络虚拟财产""数字财产""爬虫""算法""数据产品"作为关键词，进行全文检索，取得自 2014 年 1 月 1 日至 2023 年 5 月 11 日数据要素有关联的案件，其总量为 660，190 件。

来了新的风险与挑战。个人隐私和信息安全问题的日益凸显也是网络安全法提出的重要背景。互联网的便捷让人们在享受服务的同时,也无形中产生了大量的个人信息和数据。在缺乏有效法律监管的情况下,这些信息容易被非法收集、利用甚至买卖,对个人隐私权产生严重威胁。随着网络技术的发展,网络犯罪形式也在不断演化更新,传统的法律法规已经不能完全契合新的网络环境。不仅是技术层面的细节,连带的法律、道德和社会问题均需要新的法律来规范和制衡。

因此,网络安全法的制定,旨在通过立法手段,建构符合网络环境特点的法律体系,确保网络空间的安全、稳定和可靠,保护国家安全、社会秩序和公民合法权益。《网络安全法》于 2017 年 6 月 1 日实施。作为我国关于网络空间管辖的第一部法律,它是网络安全法治体系的重要基础。这部基本法首次明确提出了有关国家网络空间安全战略和重要领域安全规划等问题的法律要求,规范了网络空间多元主体的责任义务,为我国维护网络主权、国家安全提供了最主要的法律依据。此外,互联网的全球性和跨界性特征决定了网络安全的问题不可能仅仅由单一国家或地区解决。这要求各国立法时不仅要考虑自身的国家安全,还要顾及国际协同合作和相互尊重。

在《网络安全法》中,"数据"是一个至关重要的核心概念。该法第 76 条第 4 项首次明确提出了"数据"的概念,〔1〕并对数据的收集、存储、利用、处理和传输等各个环节作出详细规定,〔2〕旨在确立数据安全的法律地位,并保障数据流通的合法性和安全性。数据不仅与个人隐私、个人信息密切相关,而且数据的流通对于经济社会发展发挥着重要作用。因此,在

〔1〕《网络安全法》第 76 条规定:"本法下列用语的含义……(四)网络数据,是指通过网络收集、存储、传输、处理和产生的各种电子数据。……"

〔2〕《网络安全法》第 10 条规定,"维护网络数据的完整性、保密性和可用性";第 21 条规定,"防止网络数据泄露或者被窃取、篡改";第 27 条规定,"不得提供专门用于……窃取网络数据等危害网络安全活动的程序、工具";第 31 条规定,"一旦遭到破坏丧失功能或者数据泄露,可能严重危害国家安全、国计民生、公共利益的关键信息基础设施";第 37 条规定,"关键信息基础设施的运营者在中华人民共和国境内运营中收集和产生的个人信息和重要数据应当在境内存储";第 51 条规定,"国家网信部门应当统筹协调有关部门加强网络安全信息收集、分析和通讯工作";第 52 条规定,"负责关键信息基础设施安全保护工作的部门,应当……按照规定报送网络安全监测预警信息"等。

保护数据的同时，法律也需要为数据的合理利用提供法律依据和支持。《网络安全法》首次提到“数据”，意味着正式确认了数据作为一种关键资产的法律地位，同时也体现了立法者对数据驱动经济和促进社会发展重要性的认识。这一法律概念的确立对于实现数据的价值、保护个人隐私以及促进信息产业的健康发展都具有重要意义。

《网络安全法》第 76 条第 5 项对“个人信息”也作出了规定，[1]并提出了更高的保护标准。根据《网络安全法》的规定，所有网络运营商在收集和使用个人信息时都必须遵循合法、正当、必要的原则，并且明确取得用户的同意。同时，网络运营商需要明确告知数据处理的目的、方式和范围，并采取科学有效的措施保护用户信息的安全。此外，《网络安全法》还涉及国家关键信息基础设施的数据保护。该法规定，关键信息基础设施的运营商应当对其收集、存储的数据负有更高程度的安全保护责任，并对可能产生的安全风险承担法律责任。

《网络安全法》确立了维护网络安全的核心制度。这些制度包括网络运营安全、个人信息保护、关键信息基础设施保护、网络空间监测预警和应急处理、网络安全信息共享等。这些制度共同构成了中国网络安全法的框架，并为保障网络空间的安全提供了法律支撑。网络运营安全制度要求网络运营商建立健全网络安全管理体系，采取技术措施防御网络攻击、网络入侵等违法活动，强化网络数据的保护。数据作为网络的内容，相关网络运营商需定期备份和测试，确保数据的可靠性和完整性。个人信息保护制度是《网络安全法》的一大亮点，该制度明确了个人信息的定义、网络运营商的责任以及用户的权利。它强调了个人信息的合法合规收集和使用，要求建立个人信息保护的多层防护体系，并对用户信息的收集和使用提出了明确的同意原则。关键信息基础设施保护制度对国家安全至关重要，该法中对于基础设施的运营商提出了更高的安全保障要求，以确保在网络安全事件发生时基础设施的稳定运行不受影响。网络空间

---

〔1〕《网络安全法》第 76 条规定：“本法下列用语的含义……（五）个人信息，是指以电子或者其他方式记录的能够单独或者与其他信息结合识别自然人个人身份的各种信息，包括但不限于自然人的姓名、出生日期、身份证件号码、个人生物识别信息、住址、电话号码等。”

监测预警和应急处理的相关制度形成了网络安全事件的监测、报告、信息共享和应急响应机制，加快了对网络安全事件的响应速度，并有力地预防和减少了损害。网络安全信息共享制度鼓励各方面积极分享安全相关信息，建立了网络安全信息共享平台，增强了各参与方在资讯、技术和资源等方面的交流合作，共同提升了整个社会的网络安全防护能力。这些核心制度共同构成了《网络安全法》的骨干，不仅以法律形式确立了网络安全的基本原则，而且为处理现实生活中的网络安全问题提供了切实可行的措施。《网络安全法》的颁布和实施对于维护国家安全、推动社会经济发展以及保护公民权益都具有重大意义。

2. 经济影响

《网络安全法》作为我国维护网络安全的基石性法律，自 2017 年 6 月 1 日实施以来，对我国乃至全球的经济生态产生了深远的影响。2023 年度，随着各有关部门加大执法力度，我国网络安全等领域的执法行动亦呈现新态势。从涉及网络安全的行政处罚来看，2023 年度处罚 2962 起，排名前三的处罚情形为“未履行网络安全保护义务”、“从事危害网络安全的活动或者提供专门用于从事危害网络安全活动的程序、工具等帮助”与“以非法方式获取个人信息或者非法向他人提供个人信息”。其中因“未履行网络安全保护义务”而作出的行政处罚约 1634 件；因“从事危害网络安全的活动或者提供专门用于从事危害网络安全活动的程序、工具等帮助”而作出的行政处罚约 797 件；因“以非法方式获取个人信息或者非法向他人提供个人信息”而作出的行政处罚约 370 件。其他违法行为包括“网络产品、服务的提供者未履行网络产品和服务安全义务”、“网络运营者违法收集、使用个人信息”、“网络运营者泄露、篡改、毁损个人信息”、“设立用于实施违法犯罪活动的网站、通讯群组，或者利用网络发布涉及实施违法犯罪活动的信息”以及“网络运营者未履行网络信息管理义务”。整体来看，约有 95% 的案例属于前三类违法行为。（见图 6－2）

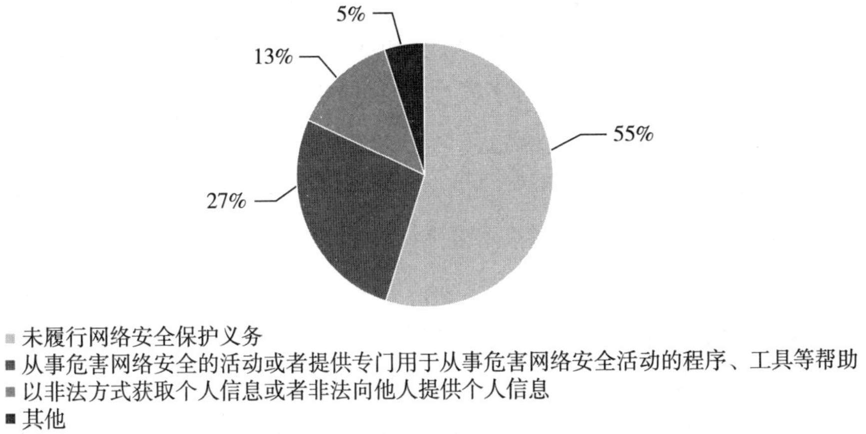

图 6-2　《网络安全法》违法行为统计

资料来源:参见吴月琴团队:《〈网络安全法〉执法情况年度盘点》,载微信公众号"C 位数据谈"2023 年 12 月 22 日,https://mp. weixin. qq. com/s/ +1D - bCvUMyAcCL27UQ1JySQ。

《网络安全法》的实施,不仅为网络经济活动提供了规范和引导,还为网络经济的发展创造了稳定可靠的环境。该法律明确了网络运营商的安全义务,要求企业在进行网络产品和服务设计时,要遵循法律法规的要求。这一点对于预防和降低网络风险有着至关重要的作用。同时,对于消费者而言,法律的实施提高了他们对网络产品和服务的信任度,从而鼓励消费者更加积极地参与网络消费,推动电子商务等网络经济领域的快速成长。然而,《网络安全法》的实施也给企业增加了不同程度的经营成本。由于法律强制性的数据本地化存储要求和关键信息基础设施的保护措施,许多企业需要重新评估并升级他们的网络安全措施,这无疑增加了企业的运营成本。对外资企业而言,数据本地化的要求可能会影响其全球数据管理和运营效率,因此,一些企业可能会重新考虑其在我国的业务策略。此外,《网络安全法》的实施对我国的跨境数据传输和国际贸易也有一定的影响。由于《网络安全法》对跨境数据传输设有较为严格的限制,这使国际数据交流和合作受到了一定程度的限制。尽管长期来看,这可能有助于增强我国经济的自主性和安全性,但短期内可能会对国际数据交流和电子商务带来不利影响。与此同时,《网络安全法》对经济的影响还体现在对技术创新的推动上。[1] 法律要求的安全标准和数据保护措施使企业加大了在网络安全技术研究和应用方面的投入，提高了技术创新能力。长期来看，我国的网络安全产业和相关服务市场将因此得到发展，形成新的经济增长点。最后，《网络安全法》还影响着企业的国际合作方式。它促使企业在开展国际业务时更加重视风险管理，推动了中国企业参与制定全球网络安全标准和规则，加强了我国在国际网络空间治理中的话语权。

综上所述，《网络安全法》不仅在维护网络安全方面发挥了积极作用，同时也对经济社会的各个方面产生了深刻的影响。它既为网络经济的发展提供了一个更安全、更可信的法治环境，也推动了网络安全技术的进步和产业的升级，尽管带来了转型的成本和挑战。在全球化的背景下，如何在保障网络安全和促进经济发展之间寻找平衡，将是一个长期且综合的议题。

（二）《个人信息保护法》：奠定数字经济的基础规则

随着移动终端的普及，社交媒体、在线购物、智能手机及其应用程序等新兴技术的兴起，个人信息的收集、处理和传播变得前所未有地普遍和便捷。这也使个人信息如同新的货币般在互联网上流通，引发了一系列关于个人隐私过度收集、安全和数据保护的担忧。个人信息被滥用的案例不断出现，不仅威胁到个人隐私的安全，也影响消费者对于数字经济的信心，增添了社会不安全因素。在这种情况下，公众对个人信息保护的呼声愈演愈烈。在全球范围内，欧盟的《通用数据保护条例》、美国的《加州消费者隐私法案》等陆续出台，以给予个人更多的控制权并规范信息的处理行为。面对国内外日益严峻的个人信息保护形势，以及国际上对数据交往中对于个人信息保护法规的要求，制定一部综合性、系统性强的个人信息保护法成为我国立法工作中的必然和迫切任务。这样的法律不仅需要照顾国内对个人信息保护的实际需求，同时也须与国际数据保护标准形成对接。由此，我国的《个人信息保护法》应运而生。

---

〔1〕 参见曹博：《跨境数据传输的立法模式与完善路径——从〈网络安全法〉第37条切入》，载《西南民族大学学报（人文社科版）》2018年第9期。

1. 制度内容

《个人信息保护法》自 2021 年 11 月 1 日起实施，该法确立了个人信息保护的核心制度。首先，关于个人信息处理的基本原则，该法规定了合法性、正当性、必要性原则，以及最小化、目的明确和透明度原则；其次，关于数据主体权利，即赋予个人作为信息主体的一系列权利，该法规定了查询权、更正权、删除权和撤回同意权；再次，关于个人信息处理者的义务，该法制定了对于信息处理者的法律责任，包括数据保护、安全防护措施以及在发生数据泄露时的通报义务；复次，对于个人信息跨境传输的规制，该法确立了数据出境的条件和程序，以维护国家安全和公共利益；最后，该法还明确了监管机制，规定了相关监管部门的职能，以及对违法行为的行政处罚等。

《个人信息保护法》对于个人数据的处理也作出了相应规定。在《网络安全法》第 76 条中，处理是与收集、存储、传输、交换平行的概念，但在《个人信息保护法》第 4 条中，处理成为上位概念，而收集、存储、使用、加工、传输、提供、公开、删除则是信息处理的具体方式。《个人信息保护法》在处理规则方面，有以下内容值得关注。

第一，不得过度收集个人信息。《个人信息保护法》关于处理个人信息应当具有明确、合理的目的，并应当与处理目的直接相关，采取对个人权益影响最小的方式的基础上，在第 6 条增加了不得过度收集个人信息的规定。这一规定，与近年来有关部委打击 App 及其他应用过度收集个人信息的大背景有关。将其纳入法律规定，有利于规范个人信息的收集活动。

第二，告知同意与例外情形。在《个人信息保护法》之前，告知同意原则已经体现在《中华人民共和国消费者权益保护法》《网络安全法》《民法典》中。其中，《民法典》明确列明了存在的例外情形——“但是法律、行政法规另有规定的除外”，体现了处理者在处理前的告知义务以及取得同意的前提条件，也给予了一些例外的空间。但目前在法律、行政法规层面，例外情形散见在不同规定中。在这种情况下，报告义务与取得个人同意义务构成竞合，可以理解为是一种例外情形，但是对于适用者来说仍然不够明确。《个人信息保护法》第 13 条将合同必需、处理人力资源事项、法定责任、紧急情况、合理处理已公开信息、公共利益的报道与监督等情况列入告知同意的例外情形。〔1〕

第三,数据许可、授权与个人同意的区分。个人信息的有效流通利用是构成数字经济的重要部分,个人信息有效利用需要合理的法律途径——授权许可。〔2〕 就个人数据许可而言,“许可”(license)与“授权”(authorization)均内含当事人同意的意思表示,我国法中的“许可”与“授权”在不同规则中具有不同的法律效果,二者的划分争议不大。〔3〕 但就“数据许可授权与个人同意的法律效果是否重合”这一问题存在争议。狭义的个人同意无法发生数据许可的法律效力,许可意味着数据主体授予他人积极的数据使用权,而狭义的个人同意仅可以产生排除处理行为违法性的效力。然而,个人数据授权的意思表示能够产生个人同意、形成数据许可合同、个人数据上财产权益让与(物权行为)的三重法律效力。〔4〕

《个人信息保护法》的制定和实施,具有深远的社会影响和法律意义。首先,《个人信息保护法》对构建社会信任体系起到了基础性作用。在数字化社会,个人信息的安全直接关系到公共利益和社会治安稳定。通过严格规范信息处理活动,《个人信息保护法》有助于增强公众对于信息安全保护措施的信心,从而促进信息经济的健康发展。其次,《个人信息保护法》有助于激发技术创新。在明确法律框架和规则的基础上,企业在开发新技术和新业务时,将更加注重隐私保护,倒逼技术创新,从而以增加更具有责任感的方式使用个人信息。这种以人为本的创新路径有望推动产业升级,助力经济高质量发展。最后,《个人信息保护法》提升了国家对数据治理的控制能力。在全球化的时代背景下,数据流动跨越国界,对数据的治理不仅仅是一国之事。

《个人信息保护法》与《网络安全法》相辅相成,两者在法律层次上互

---

〔1〕 参见程啸、王苑:《个人信息保护法教程》,中国人民大学出版社 2023 年版,第 65 页。

〔2〕 参见陈吉栋:《公私交融的人工智能法》,载《东方法学》2024 年第 2 期。

〔3〕 参见高富平:《同意≠授权——个人信息处理的核心问题辨析》,载《探索与争鸣》2021 年第 4 期。

〔4〕 参见程啸:《个人数据授权机制的民法阐释》,载《政法论坛》2023 年第 6 期。

为支撑。《网络安全法》侧重于维护网络空间的安全稳定和国家安全,《个人信息保护法》则着重保护个人信息不被滥用,保障数据主体的合法权益。《个人信息保护法》对信息的获取、存储、使用、传输、提供和公开等活动提出了明确的法律要求,这些要求也是维护网络安全的重要措施。因此,两者相互促进,共同维护了网络及信息环境的整洁。《个人信息保护法》是我国在大数据时代背景下,为了更好地保护消费者权益和隐私安全,顺应国际发展趋势而制定的一部重要法律。它不仅补充了现行网络安全法律体系的不足,也标志着我国个人信息保护立法水平的一个重要进步。

2. 经济影响

《个人信息保护法》实施对经济的影响广泛而复杂。它加强了个人信息的保护,在提升个人信息保护标准的同时,也对企业经营模式、产业发展以及国际合作等带来了挑战与机遇。如何在保护隐私和促进经济发展之间取得平衡,是所有利益相关方需要共同思考的议题。

首先,《个人信息保护法》的实施有效加强了对个人信息的保护,提升了公民对数字化服务的信心,从而促进了数字经济的健康发展。它明确了个人信息处理的法律责任和义务,使公民在互联网上的各种活动更加安全,增强了消费者对于网络服务的信任,扩大了网络消费市场,间接提升了电子商务、云计算、人工智能等数字产业的发展。尤其是在电子支付、智慧医疗、在线教育等领域,对用户数据的安全性和隐私保护要求尤为严格,法律的加持无疑将推动这些领域的优化与进步,有利于数字化服务向纵深发展。

其次,《个人信息保护法》的实施同样对企业经济活动产生了一定的限制作用。法律要求企业必须获得用户同意,并且遵循最小必要性原则来收集和使用个人信息。这在客观上增加了企业进行个人信息处理的成本,并可能会对特定的商业模式产生重大影响,如对于依赖用户数据来提供个性化服务和广告投放的互联网企业而言,其商业模式面临着重大调整。企业必须探索更加符合规定的数据运营策略,重新构建用户数据收集与利用的流程,以适应新的法律环境,这对于尚在探索期的中小企业而言,无疑是一大挑战。

再次,《个人信息保护法》实施也增加了数据跨境的难度。《个人信息保护法》进一步完善了关于个人信息出境的管理规定,在《网络安全法》基础之上,增加了专业机构的个人信息保护认证、国家网信部门的标准合同等方式:一是安全评估。根据《个人信息保护法》的规定,关键信息基础设施运营者和处理个人信息达到国家网信部门规定数量的个人信息处理者,应当将在中华人民共和国境内收集和产生的个人信息存储在境内。确需向境外提供的,应当通过国家互联网信息部门组织的安全评估。[1] 二是保护认证。根据《个人信息保护法》的规定,个人信息处理者因业务等需要,确需向中华人民共和国境外提供个人信息的,可以按照国家互联网信息部门的规定经专业机构进行个人信息保护认证之后,将个人信息跨境提供到境外。专业机构的个人信息保护认证是在国家互联网信息部门的统筹协调下开展的第三方认证,同时兼具专业性和中立性,能够有效确保个人信息出境之后获得足够的保护。同时,通过认证方式跨境提供个人信息的情况还有很多要素需要后续的配套制度规定进行明确,如专业认证需要考虑的要素、认证有效期限、认证之后是否需要在监管部门处进行登记等内容。[2] 三是标准合同。根据《个人信息保护法》的规定,个人信息处理者因业务等需要,确需向中华人民共和国境外提供个人信息的,可以按照国家网信部门制定的标准合同与境外接收方订立合同,约定双方的权利和义务之后,将个人信息跨境提供到境外。[3] 《个人信息保护法》中还规定了个人信息可以跨境提供的特殊方式,如法律、行政法规或者国家互联网信息部门规定了其他的条件的,以及我国缔结或者参加的国际条约、协定向境外提供个人信息的条件等有规定的,可以适用其他的规定。根据《个人信息保护法》的相关规定,跨国公司的运营效率以及

---

〔1〕 参见张凌寒:《论数据出境安全评估的法律性质与救济路径》,载《行政法学研究》2023 年第 1 期。

〔2〕 参见邢会强、李泽荟:《我国个人数据跨境流动认证制度及其完善》,载《郑州大学学报(哲学社会科学版)》2023 年第 6 期。

〔3〕 参见赵精武:《论数据出境评估、合同与认证规则的体系化》,载《行政法学研究》2023 年第 1 期。

国际贸易的便捷性受到了一定影响。为了实现数据互通，企业需要在跨国运营中遵守各国的规定，这在某种程度上提高了国际合作的复杂性，但同时也促进了在数据治理方面的国际交流和协作。

最后，法律的实施也影响了劳动力市场。随着《个人信息保护法》等法律法规的实施，企业组织在处理个人信息时必须遵守更严格的规范，这增加了对法律顾问、网络安全专家和数据分析师等专业人才的需求。这为劳动力市场带来了新的发展方向和就业机会，推动了相关教育培训行业的进步，并将有助于提升整体社会的信息保护意识。

法律的落地实施也推动了个人信息保护相关产业的发展。随着企业为了追求守法而加大在信息安全方面的投入，相关的网络安全、数据加密、隐私保护技术等领域将迎来新的增长机遇。数据审核、安全加密服务、隐私保护技术等领域预计会有更多创新型企业和解决方案涌现，为信息安全产业注入新的活力。[1]《个人信息保护法》对我国的数字经济及相关行业产生了广泛的影响，在推动个人信息保护标准提升的同时，也给企业经营模式、产业发展以及国际合作等带来了多层面的挑战与机遇。如何在保护隐私和促进经济发展之间取得平衡，将是所有利益相关方需要共同思考的议题。

二、《数据安全法》：从安全到安全与发展并重

随着数字中国战略的深入实施，我国数字经济发展迅猛。根据国家税务总局公布的数据，2023 年我国数字经济核心产业销售收入同比增长 8.7%，较 2022 年增长 2.1 个百分点。数字经济正在迈向实体产业之间双融合的高质量发展阶段。这就要求数据要素加速共享与流通，有效发挥数据价值，实现从数据资源到数据要素，再到数据资产，最后到数据资本的转变。但是，数据权属关系、估值定价机制、流通规则、数据安全等问题形成了数据流通的技术壁垒与区域壁垒。因此，完善数据安全治理、保障数据安全是筑牢数字安全屏障的重要内容，是促进数字经济健康发展的

---

〔1〕 参见陈吉栋：《公私交融的人工智能法》，载《东方法学》2024 年第 2 期。

重要保障。然而,数据安全与数据交易是一体两翼。《数据安全法》的颁布实施,使数据安全性得到了有效的保障,数据交易能够顺利进行,为个人和组织的权益保护、国家主权安全和发展利益的维护提供了有力的支撑。《数据安全法》确定了数据和数据安全的基础概念,确立了数据分类分级保护制度,并设立了数据安全风险监测预警、数据安全应急处置、数据安全审查等制度,为数据安全提供了有力的法律保障。与此同时,《数据安全法》第一次规定了数据交易制度,为数字经济的有序进行提供了有力支撑,同时也进一步促进了数据法治规则的深化和完善,为构建数字中国、数字世界营造了良好的法治环境。

(一)制度内容

1. 严格界定数据安全的边界

《数据安全法》第 3 条第 3 款明确了“数据安全”的具体内涵。[1] 数据安全,是指数据控制者必须严格遵守相关规定,妥善保存自身信息,并采用必要的保护措施来避免数据的流失、泄露、篡改、滥用或损坏等。为了保障数据安全,不仅需要限制数据的使用和公开,还应采用适当的安全措施。严格界定的数据安全,为妥善平衡数字经济发展与数据安全提供了基础。

《国家安全法》《网络安全法》等法律规范虽早于《数据安全法》出台,并也规定了相关的网络安全和数据安全的条文,但《数据安全法》立法目的更明确,即“规范数据处理活动,保障数据安全,促进数据开发利用,保护个人、组织的合法权益,维护国家主权、安全和发展利益”,该法有效地整合了分散的数据安全规定和政策标准,使数据安全保护得以法治化,为我国的网络安全和数据安全提供了强有力的保证,并通过不断改进和提高我国的数据安全管理能力促进经济发展。

为了更好地理解数据安全的概念,有必要深入探究数据安全的层次

---

〔1〕“安全”是《数据安全法》的立法之基,从解释论上观察,“数据的安全”一词源于我国《国家安全法》第 25 条。该条规定,国家建设网络与信息安全保障体系,提升网络与信息安全保护能力,加强网络和信息技术的创新研究和开发应用,实现网络和信息核心技术、关键基础设施和重要领域信息系统及数据的安全可控;加强网络管理,防范、制止和依法惩治网络攻击、网络入侵、网络窃密、散布违法有害信息等网络违法犯罪行为,维护国家网络空间主权、安全和发展利益。

结构,“自身安全”“自主可控”“宏观安全”是数据安全的三个层次。[1]第一,“数据自身安全”,是指在采用先进的大数据平台安全技术,如身份验证的情况下,实施有效的数据保护措施,如数据防泄露、业务数据风险管理、结构化和非结构化数据保护等,来保证数据的安全、完整和可利用。保密性即数据不被其他没有权限的人获取,完整性即数据的传输和存储过程中未经授权不能被修改,或者即便被修改也能够及时改正,可用性即数据满足一致、精准、完整、及时和实体同一的所有条件。第二,“数据自主可控”明确指出国家拥有对重要数据的实际控制权,并且严格禁止任何组织非法获取国家数据。第三,“数据宏观安全”,即控制和管理因数据处理和使用而导致的对于国家主权、公共利益和群体安全造成的危害。

2. 更新安全观念与分级管理风险评估制度

《数据安全法》明确规定,为了维护国家安全、公共利益和个人、组织的合法权益,我国设立数据分类分级保护机制,以确保数据在经济社会发展中的重要性,并且严格防范数据被篡改、破坏、泄露或者非法获取、非法利用,以确保数据的安全性和完整性。在《数据安全法》的规定解释中,全国人大常委会法制工作委员会将数据分类分级管理作为我国数据安全管理的核心,以确保数据安全的有效性和可持续性。

(1)由自下而上到自上而下

《数据安全法》第 21 条规定,我国应当设立数据分类分级保护制度。同时为了维护我国数据安全、国民经济、民生问题以及重大公共利益,我国数据安全机构将统筹协同相关政府部门,编制重要数据名录,并实施更严密的管理,以确保国家的核心数据安全。《数据安全法》以对“国家安全”造成的影响程度,将数据分为两类:一类是泄露、破坏或非法利用可能导致国家安全受到严重威胁的重要数据,另一类是一般数据。《数据安全法》重点关注“重要数据”的风险防范和控制,并在立法中将重点放在“关键(重点)数据信息”上,这不仅有助于与《网络安全法》《个人信息保护法》等法律保持一致,而且还可以从域外经验中获益,为后续的执法工作

---

〔1〕 参见许可:《数据安全法:定位、立场与制度构造》,载《经贸法律评论》2019 年第 3 期。

提供有力的支持。

数据分类分级的主体是国家。“自下而上”的数据分类分级模式旨在从组织内部出发,以确保组织的资产和权益不受损害。然而,存在三个问题:第一,由组织自行决定数据保护水平,则安全事件一出现就会给国家、社会及个人带来巨大伤害,甚至会超越企业利益。第二,当前所提数据分类分级路径只针对单一行业,单一组织内,无法满足统筹各个组织和行业的需求,也无法实现相互操作。第三,由于各组织采用不同的分类分级管理,数据安全主管监管部门无法实施统一的管理和监督,更无法对不同组织的不同分类分级作出准确的评估。

《数据安全法》提出了一种由国家而非组织来实施的“自上而下”数据分类分级的机制,旨在根据数据对国家和社会的价值,以及可能造成的安全事件后果,对数据进行分类分级工作,以确保数据的安全和合法。除此之外,国家采取了多种安全保护措施以确保组织能够充分理解和吸收“外部性”效应。这些措施表明了国家正在加强对数据资源的管理,以便更好地发挥数据作为基础性战略资源的作用。

(2)分级的具体展开

《数据安全法》明确“自上而下”将数据分为个人信息和重要数据两类,以确保数据的安全性和完整性。

重要数据及其认定。根据《数据安全法》,国家建立了协同管理机制,以整合协同各部门建立重大数据目录,强化对重要数据的保护。此外,国家还将关乎国家安全、国民经济命脉、重要民生、重大公共利益等数据列入国家核心数据。为了更好地维护重要数据,各地区和部门必须建立数据分类分级保护管理制度,明确各自的重要数据具体目录,以便更好地参考和实施,更具参考性和实操性。

《网络安全法》首次规定了重要数据的分类保护和出境原则,但未能确定其内涵和外延。2017 年 4 月,中央网络安全和信息化委员会办公室发布的《个人信息和重要数据出境安全评估办法(征求意见稿)》第 17 条第一次将重要数据界定为:“与国家安全、经济发展,以及社会公共利益密切相关的数据,具体范围参照国家有关标准和重要数据识别指南。”与其配套的关于《国家标准〈信息安全技术数据出境安全评估指南〉征求意见稿征求意见的通知》在附录中进一步定义了重要数据。两者都明确了一点——重要数据的重要性，针对的是整体层面的利益保护，即保护国家安全、国计民生、公共利益。因此，只要运营者的数据不涉及整体层面利益，就不属于“重要数据”的范畴。比如，一个互联网广告企业的高层会议纪要，假如不触及国家和公共利益，则不属于“重要数据”，可以自由出境；但是，一个生产经营战备物资的企业，其在经营活动中产出的进出货记录、库存水平等，可以因其触及国家安全事项，依法确定其为“重要数据”，并依照《网络安全法》规定，需要境内存储。2019 年 5 月 28 日，我国互联网信息办公室公布了《数据安全管理办法（征求意见稿）》，将“重要数据”定义为包括但不限于未公开的政府信息，大规模人口数量、基因健康、地理环境、矿产资源等，一经泄露将会对我国社会、经济安全、公共健康安全构成严重威胁。2021 年 8 月，我国互联网信息办公室、国家发展和改革委员会、工业和信息化部、公安部、交通运输部联合颁布的《汽车数据安全管理若干规定（试行）》第 3 条第 5 款规定：“重要数据是指一旦遭到篡改、破坏、泄露或者非法获取、非法利用，可能危害国家安全、公共利益或者个人、组织合法权益的数据……”该规定还在汽车领域对重要数据进行了列举。我国坚定地支持数据跨境，《促进和规范数据跨境流动规定》进一步明确了跨境重要数据若无相关规定则不视为重要数据的规则，进一步缓解了数据跨境的法律难题。

数据安全审查制度。《数据安全法》第 24 条规定了对影响或者可能影响国家安全的数据活动进行国家安全审查。2020 年 6 月 1 日起实施的《网络安全审查办法》第 2 条明确了为确保国家经济和公民的安全，关键信息基础设施运营者采购网络产品和服务时应当对互联网进行全面安全审查，以确保产品和服务使用后，关键信息基础设施不受违规限制、扰乱或损坏，或者重要数据不被窃取、泄露或毁损。

《数据安全法》旨在保护我国数据安全，其审查的对象涵盖了一切可能危害国家安全的数据活动，无论是线上还是线下，而且没有对各种数据主体作出任何限制。《网络安全审查办法》则较为严格，审查主体仅包括关键信息基础设施运营者,审查活动主要针对产品或服务的采购环节,但审查内容较为广泛,不仅包括对重要数据被窃取、泄露、毁损的审查,还包括对产品或服务是否具备持续性、是否受到收购政治因素影响,而对供应链安全构成威胁进行审查。

数据安全审查制度旨在确保数据活动不会对国家安全造成不可挽回的损害,因此,企业和其他社会主体在进行数据活动时,必须首先考虑国家安全的全面性和可靠性。审查程序在《数据安全法》中并未体现,有待相关细则加以界定。2022 年 7 月 7 日发布,并于同年 9 月 1 日起正式实施的《数据出境安全评估办法》第 4 条规定:"数据处理者向境外提供数据,有下列情形之一的,应当通过所在地省级网信部门向国家网信部门申报数据出境安全评估:(一)数据处理者向境外提供重要数据;(二)关键信息基础设施运营者和处理 100 万人以上个人信息的数据处理者向境外提供个人信息;(三)自上年 1 月 1 日起累计向境外提供 10 万人个人信息或者 1 万人敏感个人信息的数据处理者向境外提供个人信息;(四)国家网信部门规定的其他需要申报数据出境安全评估的情形。"《数据出境安全评估办法》第 8 条规定明确了数据出境安全评估重点评估数据出境活动可能对国家安全、公共利益、个人或者组织合法权益带来的风险。除了国家审查,《数据出境安全评估办法》第 5 条规定:"数据处理者在申报数据出境安全评估前,应当开展数据出境风险自评估,重点评估以下事项:(一)数据出境和境外接收方处理数据的目的、范围、方式等的合法性、正当性、必要性;(二)出境数据的规模、范围、种类、敏感程度,数据出境可能对国家安全、公共利益、个人或者组织合法权益带来的风险;(三)境外接收方承诺承担的责任义务,以及履行责任义务的管理和技术措施、能力等能否保障出境数据的安全;(四)数据出境中和出境后遭到篡改、破坏、泄露、丢失、转移或者被非法获取、非法利用等的风险,个人信息权益维护的渠道是否通畅等;(五)与境外接收方拟订立的数据出境相关合同或者其他具有法律效力的文件等(以下统称法律文件)是否充分约定了数据安全保护责任义务;(六)其他可能影响数据出境安全的事项。"

重要数据风险评估制度。《数据安全法》明确规定,重要数据风险必须进行定时评估,以确保其安全性。这一制度不仅可以常态化且有效地监管重大数据风险,而且可以为数据安全管理提供有力的支持。《数据安全法》第 30 条第 1 款规定:“重要数据的处理者应当按照规定对其数据处理活动定期开展风险评估,并向有关主管部门报送风险评估报告。”重要数据在采集、储存、应用、加工、传递、提交、公开等环节都应定时进行风险评估,并将评估报告及时向主管部门汇报。

对于评估的对象,《数据安全法》第 30 条第 2 款规定:“风险评估报告应当包括处理的重要数据的种类、数量,开展数据处理活动的情况,面临的数据安全风险及其应对措施等。”这将成为一种常态化的要求,为数据资产的治理和整个数字价值链上的法律义务提供一个重要基础,从而推动人工智能时代的发展。

根据法律规定,地区和政府部门必须建立数据分类分级保护制度,明确地区、单位及其相关产业和应用领域的重要数据具体目录,并对其实行关键保护。此外,我国数据安全工作协调机制也将统筹协同国家有关政府部门,强化对数据安全风险内容的收集、分析、研判和预警工作。评估报告应该提交给负责制定重要数据目录的政府部门,以便通过审核。然而,为了确保整个报告流程的准确性和完整性,最终还需要制定更加详细的规则。

3. 科学界定数据安全保护义务

《数据安全法》规定了数据安全保护义务。该法第四章为“数据安全保护义务”。具体义务内容有:第 27 条规定了制定完备的全流程数据安全管理制度,积极组织展开相关教育训练,采取有效的技术手段和一些必需的保护措施,以确保数据安全;第 28 条规定了在从事数据处理行为或分析开发数据技术时,必须符合公共利益;第 29 条规定了数据处理者承担风险处置义务;第 30 条规定了重要数据处理者的风险评估义务;第 31 条规定关键信息基础设施和其他数据处理者重要数据出境规则的义务;第 32 条规定了境内组织或者个人收集数据的义务;第 33 条规定了数据中介服务机构的义务;第 34 条规定了数据处理相关服务提供者依法取得行政许可的义务;第 35 条规定了配合国家机关依法调取数据的义务;第

36条规定了未经批准不得向外国司法或者执法机构提供境内数据的义务。

机构和个人在从事数据处理活动时,应当履行以下义务,以确保安全性:(1)建立完善的数据安全管理制度;(2)组织机构进行数据安全教育培训,增强安全性意识,提升数据安全管理水平,确保安全性;(3)为了保护安全性,应该采用分类分级的数据保护措施。如果出现数据安全性问题,从事数据处理活动的机构或个人应该采取的措施包括:(1)迅速制定处置措施;(2)按照规定尽快通知用户;(3)向有关主管部门报告。重要数据处理者必须指定数据安全负责人和管理机构,并定期开展风险评估,按时报送评估结果。根据《数据安全法》第29条的规定,数据处理活动要强化风险监测,及时发现数据的安全性问题和遗漏等风险,迅速采取补救和处置措施,依照规定立即告知用户,并向有关主管部门报告,以确保数据安全。

4. 数据交易中介服务机构的数据安全保护义务

根据《数据安全法》第33条的规定,经营数据交易中介服务的机构必须明确数据源头,核实交易过程各方的身份,并保存审查和交易过程记录。国内外都曾发生过数据交易违规事件,其中包括未能及时向消费者发出通知,或者未能对潜在客户进行合理筛选,导致消费者的敏感个人信息被转交给可能存在危险的客户,从而导致数据安全受到威胁。在我国,数据交易机构曾经泄露了大量个人隐私信息,这种情况在历史上也是相当严重的。数据交易机构在处理数据时应该注意的义务远不止《数据安全法》规定的内容,以个人信息为例,不论是《网络安全法》还是《个人信息保护法》,抑或其他相关规范都明确了“告知+同意”原则。

数据交易机构的数据来源多样。大致包括以下渠道:政府公开数据;数据提供者发布的数据,提供者包括企业、科研机构及个人;互联网采集、抓取的数据;基于业务范围内平台沉淀、产生的数据。为了提高交易效率和避免出错,许多数据交易机构会将交易数据存储在自己的服务器上。这意味着,存储数据的机构必须遵守法律法规,采取数据分类、备份和加密等措施来保护数据。

（二）经济影响

自 2022 年下半年起，《网络安全法》、《数据安全法》及《个人信息保护法》约定的数据出境监管制度——包括数据出境安全评估、个人信息出境标准合同和个人信息保护认证的执行规则陆续公布，这被业内人士形象地称为“中国数据出境监管三件套”。这一变化标志着，自《网络安全法》确立数据出境安全评估制度以来，中国的数据跨境传输监管进入了系统化运作的新阶段。这套“中国数据出境监管三件套”适用于大范围的数据出境场景，它与适用于特殊情况下的数据跨境监管制度共同构建了中国的数据跨境传输监管框架。

数据跨境流动是数字时代高水平开放的紧迫诉求。根据麦肯锡的研究报告，早在 2014 年，数据流动直接创造的价值就高达 2.8 万亿美元，预计到 2025 年，数据跨境流动对全球生产总值的贡献价值将达到 11 万亿美元。“数字全球化”的作用日益超过贸易和投资全球化，数据跨境流动的重要性越发凸显。[1] 当下，数据跨境流动问题是国外跨国公司和国内国际化经营企业反映强烈的突出问题。数字时代，全球业务运行必然要求数据实时跨境流动。从数据安全角度考虑，对数据跨境流动管控是各国的共同做法。我国目前主要采用发布规则并逐单核准模式。这种方式有利于数据跨境流动安全，但对政府和企业来说都负担较重、效率较低。例如，国内专业数据服务商承接海外客户的“数据定制”和“来数加工”很有竞争力，这种业务本身就是大量数据的跨境流动和加工应用。当数据跨境流动管理趋紧时，该类服务商就只能到海外投资建厂，用离岸接包方式从事业务，使国内失去相应就业岗位。从我国数据要素市场发展刚刚起步、企业对个人数据保护宽严程度差别大、监管机构经验相对有限的现实出发，可以采取统筹加强企业数据跨境流动守法能力建设、制定数据跨境流动标准合同、制定重要领域特别规则和制定负面清单等多种管理方式，尽快完善我国数据跨境流动方面的制度体系，做到高效便捷和安全可

---

〔1〕 参见上海数据交易所：《全球数据跨境流动规则全景图》，2023 年 11 月 26 日。

控的统一。[1]

在“中国数据出境监管三件套”中,安全评估与标准合同、认证构成了“法定适用”与“选择适用”的两层次数据跨境监管规则。其中,安全评估属法定适用,包括涵盖重要数据的场景、特殊主体,如关键信息基础设施运营者以及处理大量个人信息(规定门槛)的情况。针对法定适用安全评估之外的场景,可以选择标准合同或认证。

法规明确了特殊情况下的数据跨境监管制度,包括网络和数据安全审查制度、外国要求提供境内数据的审批制度和特殊类型数据的出境管制等。同时,为了促进数字经济发展和改善外商投资环境,我国也尝试了数据跨境便利化,如在特定地区开展数据跨境传输安全管理试点,并在粤港澳大湾区框架下,加强内地与香港特别行政区的数据跨境安全有序流动。此外,主管部门还将探索便利化的数据跨境流动安全管理机制,为符合条件的外商投资企业提供便利。[2]

三、“数据二十条”,“数字要素 ×”:推动数据确权及交易规则建立

虽然《数据安全法》在“踩刹车”的同时,首次规定了数据交易的规则和相关要求。但是数据权属不明、交易规则缺失都影响着数据流通的可信、高效开展。现阶段,这一工作主要依赖相关的国家政策来进行推动。

(一)数据二十条:推动数据“三权分置”

数据应否且能否确权,目前无论在理论上还是在立法实践中都存在争议。[3] 在国际上,欧盟没有任何成员国确认数据产权,美国也没有确认数据产权。但是不赋予数据产权并不意味着不保护数据权益,欧美国家

---

〔1〕 参见江小涓:《数据要素市场建设的十大关键词》,载网易网 2024 年 1 月 16 日,https://www.163.com/dy/artide/IOJGELqJ0511DDOK.html? spss = dy - author。

〔2〕 参见李俊、赵若锦、范羽晴:《我国数据跨境流动治理成效、问题与完善建议》,载《国际商务研究》2023 年第 6 期。

〔3〕 参见李爱君:《数据要素市场培育法律制度构建》,载《法学杂志》2021 年第 9 期;戴昕:《数据界权的关系进路》,载《中外法学》2021 年第 6 期;王利明:《论数据权益:以“权利束”为视角》,载《政治与法律》2022 年第 7 期。

普遍通过商业秘密保护法、知识产权法(保护版权与数据库权利)、合同法、竞争法、个人信息保护法、刑法以及相关的数据法案等来保护数据权益,并在此基础上推动数据利用。作为数据流通实践与政策制定最为活跃的国家,我国也正在进行相关的制度探索,提出了数据权利分置方案并在对其进一步完善。在数据交易规则的设计上,以促进流通为基本精神且契合数据。[1]

1. 制度内容

我国较早开始重视数据价值。于2019年10月,党的十九届四中全会通过的《关于坚持和完善中国特色社会主义制度 推进国家治理体系和治理能力现代化若干重大问题的决定》将数据提升成为与劳动、资本、土地、知识、技术、管理同等重要的市场经济的基础生产要素,凸显了数据这一新型、数字化生产要素的重要性。为了进一步发挥数据生产要素的价值,建设数据要素市场,我国进行了堪称世界范围内最为活跃的实践和制度探索。

(1)数据"三权分置"的提出

为解决数据权属难题,我国经历了数据两权分置到"三权分置"的转变。2021年12月,国家发展和改革委员会等9部门共同颁发的《关于推动平台经济规范健康持续发展的若干意见》提出初始的两权分置——所有权和使用权的分离。因为数据资源的特点,数据所有权难以界定,且不利于数据流通。2022年6月22日,中央全面深化改革委员会第二十六次会议审议通过了《关于构建数据基础制度更好发挥数据要素作用的意见》,该次会议指出"要建立数据产权制度,推进公共数据、企业数据、个人数据分类分级确权授权使用,建立数据资源持有权、数据加工使用权、数据产品经营权等分置的产权运行机制,健全数据要素权益保护制度"。数据产权配置的新框架,即数据"三权分置"自此产生,围绕数据形成面向主体的数据资源持有权、基于处理的数据加工使用权、针对竞争的数据产品

---

〔1〕 参见陈吉栋、刘羿鸣:《数字法治与数字法学兴起十年综述》,载《中国信息安全》2023年第2期。

经营权,[1]进一步确定了鼓励数据交易流通的政策导向。

数据“三权分置”聚焦数据的使用与流通,淡化了所有权问题,体现了对不同主体权益的保障。[2] 数据资源持有权是对数据资源持有者的权益保护,既是对数据控制事实状态的确权承认,也反映了促进国家数据资源登记汇总和强化数据分类分级保护的公共利益。数据加工使用权是包含加工权、使用权的复合权益。数据产品经营权是企业开发、使用、交易和支配数据产品的权利,构成了数据价值的实现机制,主要是一种数据竞争性权益。

数据处理者对数据的权利并不等同于所有权的排他性。[3] 从数据获取、采集的角度界定数据资源持有权,从数据加工的角度界定数据加工使用权,从数据产品生成的角度界定数据产品经营权,“三权分置”与数据产业链的运行逻辑一脉相承。[4]

数据持有权根据数据的来源可以分为公共数据、企业数据、个人数据的持有,持有主体包括政府、企业和个人。其中,数据资源持有权主要包括:自主管理权、数据流转权、数据持有限制。数据加工使用权是数据价值增值的核心,数据处理包括数据的收集、存储、使用、加工、传输、提供、公开等行为。数据加工使用权的权利主体为数据处理者,但需要附加条件保护。对于非法获取的个人信息等数据,即便达到匿名化,也不能仅凭此认为加工使用行为的合法性。数据产品经营权是实现数据价值的关键,然而,由于法律对数据产品经营权、数据加工使用权及其赋权条件尚无明确规定,数据要素流转中的问题难以得到有效解决。

(2)数据“三权分置”的地方实践

《数据二十条》是国家的顶层设计,要解决数据市场流通难题,需要将该意见有效落实到各地数据流通交易实践中,通过地方立法来进行规制。

---

〔1〕 参见邓辉:《数据“三权分置”的新路径》,载《中国社会科学报》2022 年 9 月 28 日,第 A04 版。

〔2〕 参见许可:《从权利束迈向权利块:数据三权分置的反思与重构》,载《中国法律评论》2023 年第 2 期。

〔3〕 参见申卫星:《数据产权:从两权分离到三权分置》,载《中国法律评论》2023 年第 6 期。

〔4〕 参见初萌:《数据产权“三权分置”是什么》,载《学习时报》2023 年 1 月 18 日,第 3 版。

自数据“三权分置”制度提出，这一创新性的制度为解决数据权属问题提供了新思路，各地也根据这一新思路进行了探索，并纷纷出台数据制度，同时探索了不同的数据交易方式，为我国的数据制度的确立提供了宝贵的经验。

各地数据产权制度的实践现状。《数据二十条》出台后，各地进行了数据制度的创立和改进，试点稳步推进，但目前各地数据制度的模式各异，尚未形成一套统一的标准化制度（见表6－1）。

表6－1　各地落实《数据二十条》的政策及亮点

地区	落实政策及亮点
深圳市	深圳市发展和改革委员会于2023年6月发布《深圳市数据产权登记管理暂行办法》，深圳市率先对新型数据财产权保护模式予以探索，以发展和改革委员会为统筹主管部门，由数据产权登记服务机构承担登记工作，通过对数据分类确权，划分数据“三权分置”，建立数据要素流通各个环节分别登记的体系。顶层文件中并未对“三权”的内涵进行明晰，深圳市的该暂行办法在《数据二十条》关于数据产权结构性分置制度设想的基础上，首次从地方官方的层面对数据资源持有权、数据加工使用权、数据产品经营权三种数据产权的权能进行了细化，并给出了定义，是对数据“三权分置”制度的有效探索。该暂行办法从数据流通交易的全流程考虑，建立首次登记、许可登记、转移登记、变更登记、注销登记和异议登记等多种登记方式，不仅实现数据确权的功能，还为企业数据产权授权提供登记制度上的保障，维系企业间数据获取与授权，促进数据流通与交易安全，为实现构建数据资源持有权、数据加工使用权和数据产品经营权“三权分置”迈出更进一步的制度建设
上海市	2023年7月，上海市发布的《上海市促进浦东新区数据流通交易若干规定（草案）》，细化了“三权分置”，探索了数据产权人制度，草案率先落实《数据二十条》提出的数据资源持有权、数据加工使用权、数据产品经营权“三权分置”概念，三种权利在内在含义、取得方式、主要权能和权利归属上，回应企业诉求，为数据合理开发和运营提供法律保障，激发企业参与数据要素市场建设的热情
北京市	2023年7月，中共北京市委、北京市人民政府印发《关于更好发挥数据要素作用进一步加快发展数字经济的实施意见》。该实施意见提出，北京市针对数据资源持有权、数据加工使用权和数据产品经营权，提出了一系列规定。数据提供单位需审查授权运营，同意后方可共享和运营。而数据加工使用权的实施涉及实名认证与备案管理、操作行为记录和审查管理、原始数据加密和脱敏管理、元数据管理等功能。对于数据产品经营权，该意见鼓励以各类产品和服务形式，向社会提供服务，并要求运营单位将相关数据产品及服务的定价、应用场景、使用规范等备案给专区监管部门

续表

地区	落实政策及亮点
贵州省	贵州省大数据发展管理局于2023年8月16日发布了《贵州省数据流通交易促进条例(草案)》(征求意见稿),该草案明确提出设立数据流通交易服务机构,即贵阳大数据交易所,并创造性提出了数据来源者权益、数据资源持有权益、数据加工使用权益和数据产品经营权益4项权益。数据来源者权益包括获取或者查阅、复制、转移由其促成产生数据的权益。数据资源持有权益主要指数据持有者可以自主管控持有的数据。数据加工使用权益包括对持有数据进行加工分析、开发利用的权益。数据产品经营权益指对经加工、分析等形成的数据产品和服务,享有数据产品经营,并许可他人使用数据产品和服务的权益
浙江省	浙江通过"立法+管理办法+工作要点+指南"的方式,形成了数据要素市场化配置制度设计,构建起了"1+N"系统性制度体系。其中《浙江省数据知识产权登记办法(试行)》的起草说明明确了"三权分置"下的分级分类保护,即通过区块链等技术进行数据存证或保全公证保障数据资源持有权,通过数据知识产权登记保障数据处理者的数据加工使用权,通过数据知识产权登记后的运用保护保障数据产品经营权
山东省	山东省工业和信息化厅于2023年7月组织开展综合试点,包括数据"三权分置"综合试点和数据资产化综合试点。山东省推动数据知识产权实践,是"三权分置"数据产权制度的具体应用。山东省建立起了数据知识产权制度体系,建设了数据产品登记平台,建立了数据知识产权登记申请初审、复审制度,试点工作取得了创新性突破
成都市	成都市早在2017年便开始了对于公共数据市场化运营的探索。成都市政府在全国范围内率先配套出台《成都市公共数据运营服务管理办法》,成都市以公共数据资产的开发利用为突破口,积极探索政府数据授权运营。成都市不仅探索了"三权分置"制度,还在保护数据资源持有权的基础上,创造性地将数据加工使用权、数据产品经营权授予市属全资国有企业成都市大数据集团,搭建了全国首个公共数据运营服务平台,并开始了对开展公共数据授权运营的探索

各地数据交易场所的制度探索。目前,各地已经建立了几十所数据交易所(中心),这些交易场所担负着探索数据流通交易规则的重任,构成了数据流通交易的基础设施,形成了数据"三权分置"制度的实践新案例(见表6-2)。

表 6－2　各地数据流通交易的探索实践

地区	探索内容
北京市	北京地区在数据交易所层面亦有探索落实数据产权“三权分置”实践。2023年2月,北京国际大数据交易所数据交易平台的工业数据专区上线。据了解,工业专区旨在重点解决工业数据资源持有权、加工使用权、产品经营权等分置的产权问题,加速推进工业领域数据要素市场构建
上海市	上海市着力构建多层次数据要素市场,打造全链条数商生态体系。数据产品交易凭证可以实现一数一码,并且可登记、可统计、可普查,在技术上保证了数据产品交易流程的可追溯性与可控性。上海数据交易所牵头组织了数商协会,积极促成数据交易,并发放数据交易凭证
贵州省	贵阳大数据交易所于2015年4月14日正式挂牌运营,是全国第一家正式成立的数据交易所。在数据专区方面,贵阳大数据交易所陆续推出气象数据专区、电力数据专区、政府数据开放专区、算力资源专区和时空数据专区。在定价模式方面,贵阳大数据交易所研发上线“数据产品交易价格计算器”,逐步建立起“报价—估价—议价”的定价体系,探索符合数据要素特性的定价模式和价格形成机制
浙江省	浙江省成立了省市两级数据交易场所。浙江大数据交易中心2016年由浙江省政府批准成立。2023年8月25日,浙江大数据交易中心上线发布了“产业数据流通交易专区”,数据产品涵盖了工业大数据、产业金融大数据、产业链大数据等领域,可服务于工业制造、城市治理、金融科技、公共服务、企业服务等应用场景。杭州数据交易所于2023年8月23日由杭州市金融投资集团投资组建。杭州数据交易所已与阿里、蚂蚁、百度、曙光云计算、科大讯飞、浙大网新等行业头部企业开展业务合作,着力探索多领域的数据要素流通场景拓展,推动公共数据授权运营场景应用实现
海南省	海南省打造了开发交易一体的数据产品超市。海南省数据产品超市(以下简称海南数据超市)于2021年12月正式上线运营。海南数据超市的数据产品主要源于公共数据、社会数据和其他数据。数据生产交易安全一体化,海南数据超市不仅仅是一个数据交易平台,更是政府主导的集开发生产平台、流通交易平台和安全使用平台于一体的“三合一”集成平台

地方制度探索的现存问题。与土地、劳动力等要素相比,数据要素具有权属动态性、价值非均质性、主体非竞争性等特殊属性,这些属性决定了数据生产过程具有多重性。数据“三权分置”虽然为厘清数据交易中各主体权益关系提供了科学方案,但不同类型的数据的权属有较大差别,个人数据、企业数据、公共数据的权属需要不同制度进行调整,当前仍处在

市场建设初期,所需素材和处理经验都不足,对各主体权益的讨论仍待深入。[1] 此外,各地各部门数据确权授权实践差异显著,制度建设有待补齐。深圳、上海等地虽在数据立法方面取得积极进展,但对数据“三权分置”的实践仍处于探索阶段,各地数据交易的基础条件和模式特色差别较大。同时,各地数据产权探索相对独立,且一般都聚焦于某一个方面,较难在制度层面形成共识。更为根本的是,数据“三权分置”的法律内涵有待明确。数据“三权分置”仅停留在倡导与探索阶段,目前还仅仅是政策性文件的制度安排,代表数据市场要素的国家顶层设计,有待法律框架进一步探索落地。在数据要素市场建设和发展的实践中,数据的流通和利用,尤其是个人信息数据的依法利用、公共数据的授权运营、企业数据权利的有效保障等,最终都需要法律的完善修改和明确才能有效落地。

2. 经济影响

中共中央、国务院《关于构建数据基础制度更好发挥数据要素作用的意见》是中国为了优化国家数据治理体系,提升数据的战略利用程度,以及推动经济社会更高质量发展而颁布的一个重要文件。它旨在通过构建数据基础制度,明确数据的属性、权益归属、流通规则和安全防护,从而充分释放数据要素的创新潜能和经济价值。

首先,在创新驱动和新业态发展方面。数据被明确为一种新的生产要素,这将推动企业加大对数据收集、存储、分析和应用的投入,催生大量数据驱动的创新业态。这不仅涉及传统的信息技术行业,还可能渗透金融、医疗健康、智慧城市、智能制造等领域,推动这些行业的创新变革。我国的数字经济是世界上最有活力的经济体之一,数字经济也正在逐渐成为我国国民经济的主导力量之一。截至 2023 年,全国数字经济产业共有 2,743,729 家企业,占全国企业总量的 6.72%(见图 6-3),其中广东省、山东省和浙江省数字经济产业企业数量位列全国前三,分别有 406,436 家、215,229 家和 183,425 家。数据确权有助于刺激创新和创业,使企业便捷地获取和利用数据资源,进而开拓新的业务模式和创新项目。

---

〔1〕 参见王伟玲:《中国数据产权制度构建研究》,载《经济纵横》2024 年第 1 期。

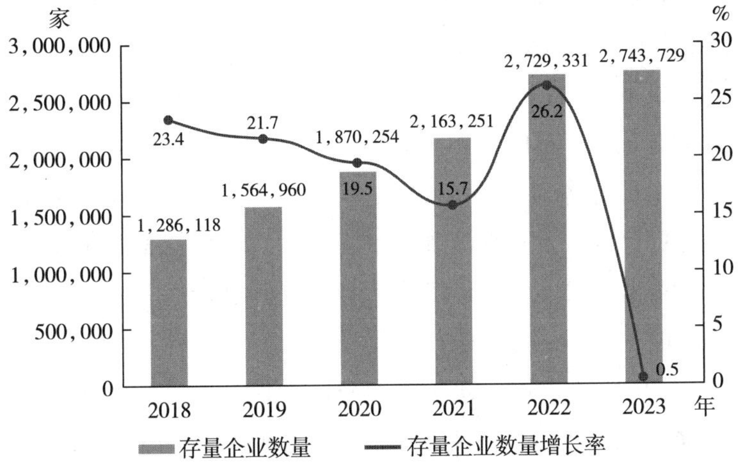

图 6-3 2018 年 1 月至 2023 年 2 月全国数字经济存量企业数量变化

资料来源:《上奇研究院:2023 中国数字经济产业分析报告》,载先导研报网 2023 年 3 月 23 日,https://www.xdyanbao.com/doc/4ca119kmwo? qhclickid = f10357bbda4181ce。

其次,在经济效率提升方面。构建合理的数据流通机制将有助于数据资源的高效配置和利用,打破数据孤岛,优化资源配置方式,提高整个社会的经济运行效率。

再次,在促进跨境数据流动方面。通过建立国际合作与交流机制,我国的数据政策将更加开放,有助于国内企业更好地参与到全球价值链中,促进国际贸易和国际投资。

最后,在规范企业行为与信息安全保障方面。政策提出的数据分类、分级制度,以及对个人隐私和公司商业秘密的保护,将规范企业在数据收集和利用上的行为,减少不正当竞争,提升整个市场环境的良性发展。通过强化数据安全法规建设和执行,将提高信息基础设施防护能力,提升公民个人信息保护水平,增加整个社会对数字经济的信任和依赖。

(二)数字要素×:推动数据的高水平应用

在数字化浪潮中,数据作为一种新型的资产和资源,已成为创新、竞争和增长的重要驱动力。随着技术的飞速发展,特别是互联网、物联网以及智能技术的普及,大数据的应用场景不断拓宽,其价值日益凸显。这一趋势不仅推动了社会的信息化发展,也重塑了全球经济的版图。紧随其后的数据产权法律体系的形成和数据贸易协议的出现，促使国家和组织对“数据要素 ×”给予越来越多的关注。在我国“互联网 +”、大数据等国家战略的背景下，“数据要素 ×”不仅是国家信息化发展的重要组成部分，也是新型工业化、数字化、城镇化和农业现代化的支撑点。为深入贯彻党的二十大和中央经济工作会议精神，落实中共中央、国务院《关于构建数据基础制度更好发挥数据要素作用的意见》，国家数据局会同有关方面研究起草了《“数据要素 ×”三年行动计划(2024—2026 年)》。

1. 制度内容

《“数据要素 ×”三年行动计划(2024—2026 年)》主要包括 5 部分 23 条措施，可概括为：把握一条主线、做好三方面保障、实施五大举措，推动十二项行动。把握一条主线是以推动数据要素高水平应用为主线，以推进数据要素协同优化、复用增效、融合创新为重点，通过强化场景需求牵引，带动数据要素高质量供给、依法高效流通，培育新业态、新模式，充分实现数据要素价值，为推动高质量发展提供有力支撑。为此，主要需要做好三个方面保障及实施五大举措。第一，提升数据供给水平，重点是完善数据资源体系、加大公共数据资源供给、引导企业开放数据、健全标准体系、加强供给激励。第二，优化数据流通环境，重点是提高交易流通效率、打造安全可信流通环境、培育流通服务主体、促进数据有序跨境流动。第三，加强数据安全保障，重点是落实数据安全法规制度、丰富数据安全产品、培育数据安全服务。主要包括加强组织领导、开展试点示范、推动以赛促用、加强资金支持和加大宣传推广等。推动十二项行动，聚焦工业制造、现代农业、商贸流通、交通运输、金融服务、科技创新、文化旅游、医疗健康、应急管理、气象服务、城市治理、绿色低碳 12 个行业和领域，明确发挥数据要素价值的典型场景，推动激活数据要素潜能。

“数据要素 ×”特征主要体现在三个方面。一是从连接到协同，也就是从基于数据生成和传递的互联互通，转变为基于数据有效应用的全局优化，进一步提升全要素生产率。通过从数据中挖掘有用信息，作用于其他要素，能够找到企业、行业、产业在要素资源约束下的“最优解”，提高全要素生产率，解决过去解决不了的难题。二是从使用到复用，也就是从千行百业利用互联网技术，转变为基于行业间数据复用的价值创造，拓展经济增长新空间。数据是知识的载体，数据在不同场景、不同领域的复用，将推动各行业知识的相互碰撞，孕育出新产品、新服务，创造新的价值增量。三是从叠加到融合，即从数据汇聚支撑的效率提升，转变为多来源多类型数据融合驱动的创新涌现，培育经济增长新动能。不同类型、不同维度的数据融合，将推动不同领域的知识渗透，促进生产工具创新升级，催生新产业、新模式。[1]

2. 经济影响

"数据要素 ×"行动通过推动数据在多场景应用，提高资源配置效率，创造新产业新模式，培育发展新动能，从而实现对经济发展倍增效应。2023 年度数据基础制度"地方方案"加快出台，20 多个省市发布数据条例，在数据确权、流通、使用、治理等方面探索适用本地的措施。25 份以上的行业数据流通规则发布，推动了大数据在交通、医疗、金融、农业、工业等领域的流通应用。[2] 数字经济成为我国稳增长促转型的重要引擎。2022 年，我国数字经济规模达 50.2 万亿元，总量稳居世界第二，同比名义增长 10.3%，占国内生产总值比重提升至 41.5%。数字产业规模稳步增长，电子信息制造业实现营业收入 15.4 万亿元，同比增长 5.5%；软件业务收入达 10.81 万亿元，同比增长 11.2%；工业互联网核心产业规模超 1.2 万亿元，同比增长 15.5%。数字技术和实体经济融合深入推进。农业数字化加快向全产业链延伸，农业生产信息化率超过 25%。全国工业企业关键工序数控化率、数字化研发设计工具普及率分别增长至 58.6% 和 77.0%。全国网上零售额达 13.79 万亿元，其中，实物商品网上零售额占社会消费品零售总额的比重达 27.2%，创历史新高。数字企业创新发展动能不断增强。我国市值排名前 100 的互联网企业总研发投入达 3384 亿元，同比增长 9.1%。科创板、创业板已上市战略性新兴产业企业中，数字

---

〔1〕 参见《国家数据局研究实施"数据要素 ×"行动》，载微信公众号"CAICT 数据要素"2023 年 11 月 25 日，https://mp.weixin.qq.com/s/NKjN1LYny-5tX_F0RA4zBA。

〔2〕 参见赛迪智库数字经济形势分析课题组：《2024 年我国数字经济发展形势展望》，2024 年 1 月 5 日。

领域相关企业占比分别接近40%和35%。[1] 如图6-4所示,我国数据交易市场发展势头迅猛,2019~2021年,我国数据市场交易规模从285亿元提升至463亿元,年均增长27.5%,据中国信息通信研究院预计,2025年我国数据交易规模将超2200亿元。[2] 这里要作出说明的是,数据交易市场规模与本章开始探讨的数据要素市场规模不同,其内涵和外延小于数据要素市场,这也从侧面说明数据要素市场亟待进一步激活和拓展。

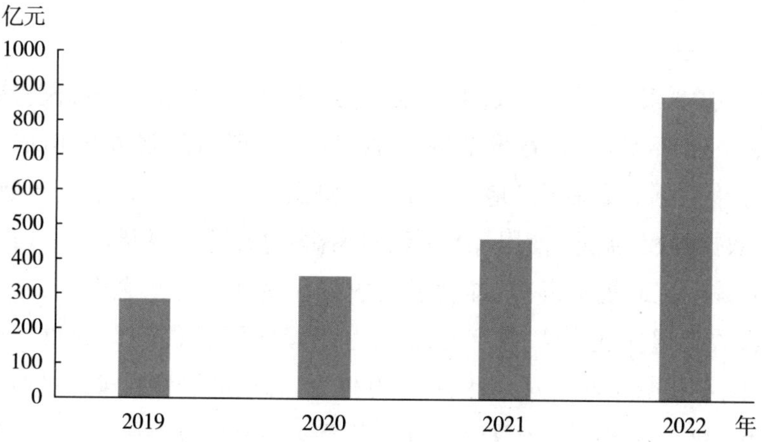

图6-4 2019~2022年我国数据市场交易规模

资料来源:笔者根据第一财经发布的《数字中国年度报告(2023)》等公开数据整理形成。

四、各地立法探索:推动公共数据授权运营和要素市场建设

在数据要素市场的建设过程中,公共数据作为一种数据的主要类别,规模占据着整个数据总量的70%~80%,但是其中蕴含的价值由于各种原因尚未被充分挖掘。随着中央政府提出建立公共数据开放共享机制,以及建立完善的数据流通交易规范,各地政府纷纷出台了一系列的政策,以促进公共数据的有效利用。其中,《安徽大数据发展条例》《上海市数据条例》《浙江省公共数据条例》《江苏省公共数据管理办法》等数十部地方性法规,为公共数据的进一步开放利用提供了有力的保障。

---

〔1〕 参见国家互联网信息办公室:《数字中国发展报告(2022年)》,2023年4月。
〔2〕 参见《数据产品交易标准化白皮书(2022年)》,2022年11月12日。

（一）公共数据授权运营制度形成

促进公共数据开发利用存在两种模式，即公共数据开放模式和公共数据授权运营模式。"十四五"规划在"进一步提高数字政府建设水平"一章中明确提出要"加强公共数据开放共享"，但目前无论是在数量还是质量上都难以满足数字经济发展对公共数据日益增长的需求，因此，政府部门仍然需要进一步将自己掌握的信息向社会公开，以便更好地满足社会的需求。当前，根据公共数据的敏感性等特性，可将其划分为三类：无条件开放、有条件开放和禁止开放。

公共数据开放模式存在很多不足。第一，公共数据中蕴含着大量个人信息、公民隐私，可能导致的数据安全问题使行政机关及其人员在开放时往往持谨慎态度；第二，公共数据开放以无偿方式进行，政府在向社会提供公共数据时难以弥补必要的成本，影响了其积极性；第三，目前开放的公共数据质量还有待提高，且难以满足企业的个性化需求。基于上述原因，公共数据开放目前陷入了尴尬局面，对此，需要促使公共数据增值性利用由开放向授权运营转换。

（二）各地公共数据授权运营实践

公共数据作为一种主要的数据类别，占数据总量的70% ~80%，具有赋能实体经济、提升治理能力的双重效能，被视为建构数据要素市场的重要部分。公共数据的开发利用有公共数据开放和公共数据授权运营两种模式。授权运营作为一种社会化、市场化利用公共数据的全新制度安排，承载着政府、市场与社会的强烈期盼。"十四五"规划提出"开展政府数据授权运营试点"，《数据二十条》《"数据要素 ×"三年行动计划（2024—2026年）》等重要文件均重视公共数据的价值利用，在这些文件的指引下，促使地方层面有关公共数据授权运营的探索逐步展开。

我国已有多地出台了公共数据授权运营的具体管理办法。多地已建立公共数据授权运营制度，并进一步制定了相应管理办法，如北京、浙江等地出台了公共数据授权运营管理办法，杭州、温州、济南、青岛等地出台了本地公共数据授权运营管理办法或方案，各地积极围绕本地实际情况配套相应制度。关于公共数据授权运营模式，各地各部门围绕公共数据授权运营开展了大量积极探索,不断尝试创新,积累了一定经验,各地开展公共数据授权运营的推进思路各具特色,既有研究总结了5种代表性的实践路径。

1.北京:公共数据+行业应用

北京在公共数据运营中采取分行业集中的数据专区模式。在金融公共数据领域,北京市已经探索出了一种以场景为牵引的、分行业的数据专区模式。该模式实施始于2020年9月,北京金融控股集团有限公司获得了北京市政府的授权,开始运营金融公共数据专区。这标志着我国在公共数据授权运营模式上的创新。

2023年12月,北京市经济和信息化局发布了《北京市公共数据专区授权运营管理办法(试行)》,旨在对公共数据专区授权运营管理机制、公共数据专区授权运营工作流程、公共数据专区运营单位管理要求、专区数据管理要求、安全管理和考核评估等方面进行规范。

《北京市公共数据专区授权运营管理办法(试行)》提出分类建设三种公共数据专区(领域类、区域类和综合基础类),对专区授权运营管理机制、工作流程、运营单位管理要求、数据管理要求、安全管理和考核评估等方面进行规范,鼓励公共数据专区探索市场自主定价模式。

《北京市公共数据专区授权运营管理办法(试行)》明确北京市大数据主管部门作为公共数据专区统筹协调部门,负责制定、解释公共数据专区授权运营规则,以及指导、监督综合基础类公共数据专区的建设和运营。北京市大数据中心依托本市信息化基础设施为各专区建设提供共性技术支持。

北京市大数据主管部门统筹制定公共数据专区运营绩效考核评估指标体系,定期组织专区监管部门、数据提供部门等开展专区应用绩效考核评估。对于考核评估结果优秀的专区运营单位,优先试点创新举措,并在数据申请应用、产业政策引导等方面适当倾斜。对于评估结果较差的专区运营单位,由北京市大数据主管部门会同专区监管部门进行提醒或约谈,连续两次评估结果较差的,上报北京市政府同意后终止专区授权运营协议。

2. 浙江：顶层统筹+试点落地

浙江省较早地出台了公共数据授权运营的相关政策和法规，为公共数据授权运营提供了顶层统筹的制度保障。2022 年 10 月，浙江省起草了《浙江省公共数据授权运营管理暂行办法（征求意见稿）》，该征求意见稿对授权程序的规定是由公共数据主管部门发布重点领域的授权运营公告，申请单位经过“申请—资格审查—评审”环节才能获得授权，与公共数据主管部门签订运营协议。2023 年 8 月，浙江省发布《浙江省公共数据授权运营管理办法（试行）》。《浙江省公共数据授权运营管理办法（试行）》明确了公共数据授权运营的职责、权限、流程、监管等方面的规定，为公共数据授权运营提供了制度保障，在省市县三级政府建立了公共数据授权运营管理工作协调机制，负责行政区域统筹，协调公共数据主管部门和相关机构的工作，确保公共数据授权运营工作的顺利进行。

同时，浙江省在全域内设立多个试点，通过试点先行的方式，探索公共数据授权运营的模式和机制，在杭州市、宁波市、余姚市、温州市等市均已完成了公共数据授权运营的探索。

（1）杭州市

2023 年 10 月，杭州市公共数据授权运营工作协调机制办公室发布公告，确定阿里健康科技（中国）有限公司为医疗健康领域的公共数据授权运营单位，依法展开公共数据授权运营活动，具体应用场景为健康服务应用，授权运营期为 2 年。

此前，杭州市数据资源管理局曾收到浙江省大数据发展管理局的验收意见，由杭州国际数字交易中心负责建设和运营的杭州市公共数据授权运营平台正式通过省级验收。杭州市公共数据授权运营平台是杭州市公共数据授权运营的统一通道，为公共数据授权运营提供了支撑和保障。

（2）宁波市

2023 年 10 月，宁波市大数据发展管理局、浙江宁数科创集团有限公司与深圳数据交易所、浙江大数据交易中心战略合作协议签约，并举行了浙江大数据交易服务平台宁波专区开通、首批数据产品上架发布、首单交易仪式。宁波市利用国家保险创新综合试验区优势，与上海保险交易所开展战略合作,中保科联基于健康保险交易平台数据开发的普惠型保险产品参保人数近6269万人次,保费交易额突破88亿元,合作保险机构55家,覆盖全国12个省市。中保科联获得的金融保险领域的授权,涉及保险机构的快赔理赔、两核风控、重疾模型,以及普惠保险、甬学保、灵活保等保险产品创新开发提供数据支撑和技术服务,授权运营期限3年。

(3)余姚市

2023年11月,余姚市首个公共数据授权运营应用场景出炉,由余姚舜智公司申报的"道德信用贷"应用场景顺利通过余姚公共数据授权运营协调机制审议,成为余姚市首个公共数据授权运营场景。同时,这也意味着该应用场景将合法投入市场运营,进一步推动该市数据资产向数据产品转化,实现数据"变现"。

该产品围绕重点解决具备良好道德表现的常住农户信贷问题,通过"区块链+政务数据"共享,以及融合省、市回流的失信执行人、行政处罚、志愿服务信息、公积金个人缴存信息、社保就业领域人员参保信息等公共数据,形成公共数据运营模式,输出数据产品,打造了"道德信用贷"专题库、道德码、道德积分等数据产品。

3. 广西:统一授权+全流程支持

2023年11月,首张《广西公共数据授权运营凭证》通过"智桂通"公共数据运营平台对外颁发。凭证涵盖编号、数据授权方名称、数据开发场景、产品服务范围、服务对象描述、数据运营方名称、数据运营方统一社会信用代码、有效期等信息,并加盖广西公共数据授权运营专用章。为落实广西壮族自治区人民政府办公厅《关于印发加快推进"智桂通"建设实施方案的通知》及《广西壮族自治区自然资源厅公共数据授权运营试点工作实施方案》的工作要求,自治区选取自然资源、交通、农业、工业、电力等6个重点领域依托"智桂通"及依法设立的数据交易平台,开展公共数据授权运营工作,规范入围、申请、审核、公布、登记、备案、交付、中止等授权运营管理活动。

上述颁发的授权运营凭证是柳州市大数据发展局开发的公积金核验数据产品,通过对公积金、社保、税务等公共数据进行脱敏加工建模,精准为企业"画像"，实现贷款信用快速评估。

"智桂通"公共数据运营平台作为广西公共数据授权运营试点的统一入口，平台汇聚数据总量达37亿条，挂载了政务服务、企业服务、交通出行、旅游文化等数据接口720个，日均接口调用次数超2000万次。实现了公共数据运营的运营方入围、规范性审核、凭证生成、数据产品发布、合同备案等数据运营授权全流程系统支撑。依托"智桂通"基础设施底座、移动开放生态圈、数据运营系统等核心平台构建的公共数据服务和数据产品的安全、监测、追溯保障体系，在确保全流程数据安全可靠、可信、可控的前提下，为各数据需求企业提供服务，以场景加速数据高效流通，带动数据要素全生态链发展。

4. 福建：一体统筹+二级授权

福建省由一家国资大数据集团统筹建设全省公共数据共享、开放和开发利用平台。福建省是国内为数不多的（除直辖市外）以省级行政区为单位统筹公共数据授权运营工作的省份，目前已基本实现了省级层面的公共数据开发利用体制机制和平台基础设施建设的基本贯通。

按照《福建省政务数据管理办法》规定，福建省政务数据资源属于国家所有。因此，福建省委、省政府拥有该省公共数据所有权，由福建省数字办代为履行管理职责。福建省数字办作为授权主体，负责指导、监督和协调公共数据授权运营工作，并对数据二级开发环节中的应用场景进行安全审核，对开发主体的数据使用进行授权。

福建省公共数据由福建省政府组建的福建省大数据集团作为运营主体，对省数字办负责，以公益性质类的国有企业（省属、国有全资控股）作为公共数据资源一级开发主体，解决公共数据市场化运营问题，既受政府完全管控，面向政府提供数据服务，也能灵活应对二级市场需求，面向市场提供数据化公共服务，并保障域内公共数据的安全。

福建省公共数据运营体系和基础设施建设均由大数据集团建立统一的平台、统一的公共支撑、统一的组件支撑、统一的公共资源配给。在数据开发利用场景下，大数据集团作为技术支撑单位和市场化运作单位，并不具备数据的所有权，在数字办对数据使用行为作出行政审批后，由大数据公司与二级开发主体签订数据使用和安全保障协议,提供数据运维保障和技术支持。在数据安全保障方面,福建大数据集团依循“统一建设”的思路,于2023年4月成立全资子公司——福建大数据信息安全建设运营有限公司,统筹全省数字政府安全一体化建设工作,负责为数字福建建设提供核心产业保障和技术支撑,构建“环境可控、风险可管、监管可达”的新一代网络、系统与数据安全体系。

5.济南:综合授权+分领域授权

《济南市公共数据授权运营办法》于2023年12月1日正式实施,该办法探索性地提出了“大数据主管部门综合授权、数据提供单位分领域授权”的授权方式,这种方式既保证了大数据部门能够有力地进行整体指导,又充分调动了各数据持有单位积极参与授权运营,从而保障了数据资源的高质量供给。积极推进《济南市公共数据授权运营办法》试点,根据“一场景一授权”的原则,该市正在推动济南财金集团、北方医疗大数据公司、黄河住房研究院等单位,就数据供给、使用、管理的权责义务,价格形成机制等进行探索。积极推动企业数据入表,山东四季汽车服务有限公司完成全市首单数据融资300万元后,该市正在探索将登记审核后的数据资源作为数据交易、资产入表、融资抵押的依据。

为有效规范公共数据授权运营管理工作,济南市在立法过程中,重点把握引领性、多元化、全方位等重点。突出引领性,努力构建公共数据授权运营体系。依据国家现行政策,结合该市工作实际,《济南市公共数据授权运营办法》对数据授权、加工处理、安全保障、监督管理等公共数据授权运营相关活动进行系统规范。清晰界定了“公共数据授权运营”的概念,明确公共数据授权运营应当坚持发展与安全并重,遵循统筹有力、统分有度、政府指导、市场运作、安全可控的原则,优先用于公共治理和公益事业领域,并积极支持用于与产业发展、行业发展紧密相关且数据增值潜力显著的金融、信用、医疗、交通、文化等领域。

突出多元化,创新设定公共数据授权运营方式。实践证明,多元化的公共数据授权方式更有利于加快打造适合公共数据授权运营和开放利用的生态体系。《济南市公共数据授权运营办法》明确,公共数据授权运营主要采取综合授权、分领域授权的方式，并逐步探索分级授权等其他授权运营方式。其中，综合授权和分级授权由大数据主管部门实施，分领域授权由数据提供单位实施。

同时，《济南市公共数据授权运营办法》对公共数据授权运营的程序及要求进行了详细规范。突出全方位，着力保障公共数据授权运营安全。确保数据安全，是开展公共数据授权运营工作的首要任务。《济南市公共数据授权运营办法》规定，公共数据授权运营应当依法进行安全审查，保障国家安全、社会公共利益，保护国家秘密、商业秘密和个人隐私。明确由市大数据主管部门建立健全公共数据产品全生命周期安全管理机制，制定安全审查、风险评估、监测预警等授权运营安全防护制度规范和技术标准，并建设专属公共数据授权运营平台作为统一的公共数据授权运营通道和管理平台，保证“原始数据不出域”。《济南市公共数据授权运营办法》还从授权运营的安全责任制、安全培训、应急处置、运营评估等多维度作出了安全制度设计，全力保障公共数据授权运营全流程的数据安全。

五、数字经济的发展现状与司法分析

实践是各种法律规则、制度的先导，而数字经济与法治改革之间存在着密切的互动关系。随着数字经济的兴起，尤其是在其初期阶段，往往缺乏专门的法律规则和制度对其加以规制，相关的民事、刑事和行政纠纷也不断涌现，迫使法治改革必须不断适应新形势、新挑战。司法实践在一定程度上创制了数字经济规则，也催生了相关的法律规定。而不同层级的制度创新促进了数字经济的快速发展。司法实践的反馈作用推动了法治改革的深化和完善，并促进了相关法律体系的不断创新和完善。不同层级的制度创新也在一定程度上促进了数字经济的快速发展。这些制度创新不仅为数字经济的健康发展提供了有力支撑，也为法治建设提供了新的实践范例和借鉴经验。未来，我国需要进一步加强法治建设，不断完善相关法律法规和制度机制，为数字经济和数据要素市场的健康发展提供更加有力的保障和支持。

（一）我国数字经济的发展现状

1994 年 4 月 20 日，我国成功接入国际互联网，并于同年 5 月 15 日推出了我国第一套网页，标志着我国正式融入全球数字经济。我国的数字经济发展经历了三个阶段。

1. 我国数字经济的发展历程

我国的数字经济发展经历了三个阶段。在第一阶段（1994 ~ 2004 年），我国涌现出一批互联网企业，如搜狐、网易、阿里巴巴、腾讯和百度等，这些企业不断壮大，形成了我国数字经济的基本格局。在这个阶段，我国政府高度重视互联网基础设施建设，为数字经济发展提供了前提条件，同时互联网企业结合我国国情，创新形成了 2C（B2C 和 C2C）发展模式。

在第二阶段（2005 ~ 2015 年），我国的数字基础设施快速发展，推动了互联网应用的深度和广度。网民的多元化应用需求又进一步促进了基础设施的建设。以网络零售、电子商务、门户网站、网上银行、网络游戏等为代表的业态快速发展，带动数字经济进入爆发增长阶段。这个阶段出现了三大变化：一是移动互联网和智能手机的普及，使商业主战场向移动端转移；二是人工智能、大数据、云计算等技术支持了互联网平台撮合机制的实施；三是平台经济出现了爆发式增长，实现了从追赶到创新的跨越式发展。此外，平台企业也加大了商业模式创新，产生了具有中国特色的第三方支付、移动支付、网络游戏等商业模式或营利模式。

在第三阶段（2016 年至今），我国数字经济表现出对内融合发展、对外积极引领和参与全球数字经济治理的趋势。2016 年，在我国的主导下，二十国集团首次通过《G20 数字经济发展与合作倡议》，明确了数字经济的内涵和重要性。我国提出数据要素是数字经济深化发展的核心引擎，并强调构建数据基础制度以更好发挥数据要素作用。此外，我国推动实体经济和数字经济融合发展、数字技术和实体经济深度融合，出现了多种多样的融合发展模式，如产业融合、两化融合、两业融合、线上线下融合、农文旅融合、城乡融合等。大数据、云计算、虚拟现实、人工智能等数字技术在各产业加速渗透，推动了在线教育、互联网医疗、线上办公、智能工厂等新产业、新业态、新模式的出现，并且推动了传统产业数字化转型。同时，我国对数字经济的重视程度和要求逐步提高，不断做强做优做大数字经济。

2. 我国数字经济建设的主要成就

根据中国信息通信研究院的《中国数字经济发展白皮书》(2021 年)显示,我国数字经济规模不断增长,占 GDP 比重为 38.6%。[1]（见图 6-5）

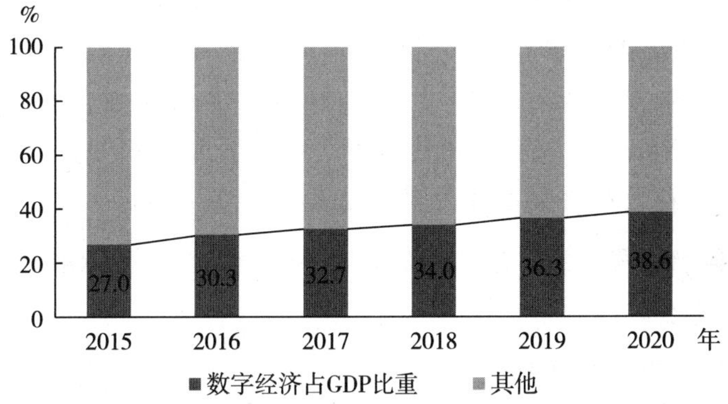

图 6-5　我国数字经济占 GDP 比重

资料来源:中国信息通信研究院。

数字经济已成为驱动我国经济高质量发展的核心关键力量,其主要建设成就可概括为以下六个方面:

第一,数字产业化规模不断壮大,数字产业新模式、新业态规模不断增长,产业发展新动能、新趋势越发显著。

第二,产业数字化转型步伐加快,农业数字化转型稳步推进,制造业数字化转型持续深化,服务业数字化发展进入"快车道"。

第三,新模式、新业态不断涌现,数字技术持续渗透并融入传统行业,促使传统行业实现线上化转型,并创造了众多的新业态、新模式和新职业。

第四,区域数字经济创新发展,以京津冀、长三角、粤港澳、成渝双城为代表的新经济圈,聚焦发展大数据、人工智能、先进计算、高端芯片等数

---

[1] 参见中国信息通信研究院:《中国数字经济发展白皮书》,中国信息通信研究院 2021 年版,第 6 页。

字经济核心产业,已成为我国的数字经济创新高地,引领全国数字经济发展。

第五,政务信息系统整合共享,在全国统一电子政务网络的基础上,我国建立起国家数据共享交换平台,基本实现了“网络通”、“数据通”和“业务通”;各级政府从营商环境、事中事后监管等方面,开创了诸多新便民服务,政府治理效能大步提升。

第六,数字服务改善民生,数字技术的广泛应用,加速了生活服务的数字化转型进程,在线教育、线上办公、网络购物、无接触配送的出现,深刻地改变了衣食住行,使人们的生活方式更加丰富多彩。[1]

(二)涉数据要素的司法案件统计分析

近年来,数字经济领域中涉及数据要素的纠纷已逐步被纳入司法裁判审理范围之中。

1. 数据来源与总体分析

在中国裁判文书网和北大法宝司法案例数据库中选取“数据”“个人信息”“隐私”“数字资产”“网络虚拟财产”“数字财产”“爬虫”“算法”“数据产品”作为关键词,进行全文检索,取得自2014年1月1日至2023年5月11日与数据要素有关联的案件,其总量为660,190件。

按照时间分布将检索的案件进行排列,可以发现自2016年以后,涉数据要素案件的数量出现了明显的增长。在2016~2019年间呈现出较大数量层级上的逐年递增趋势,特别是在2020~2021年,包括涉数据要素案件数量实现了9万宗左右的数量增长。对于2021年后出现的数量回落,则主要是受到了全球疫情流行的影响。事实上,与过去10年司法活动逐年活跃、稳步增长的态势相比,2021~2022年度民事案件审结数量也呈现每年不低于10%的下降趋势。(见图6-6)

---

〔1〕 参见石勇:《数字经济的发展与未来》,载《中国科学院院刊》2022年第1期。

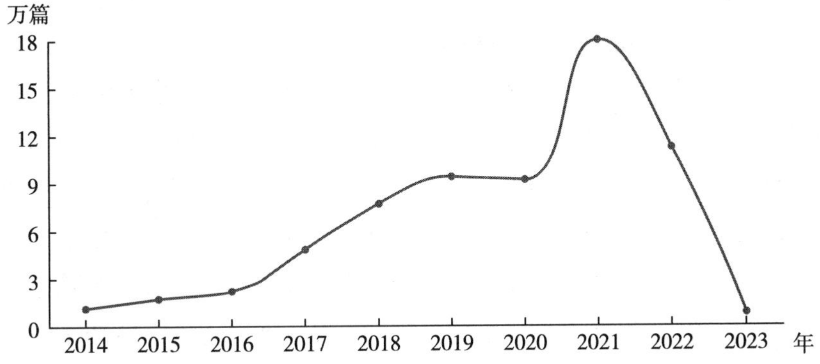

图 6－6　我国法院 2014～2023 年涉数据要素案件的时间分布

将涉数据要素案件纠纷按照审理法院所在地进行整理，可见在过去 10 年中全国 31 个省级行政区都存在涉数据要素案件，涉数据要素纠纷广泛分布于全国，地域分布广泛。31 个省级行政区划审结案件数量的平均值为 21，296 件，其中 9 个省级行政区划的案例数超过了平均值，分别为北京市、辽宁省、黑龙江省、上海市、江苏省、浙江省、山东省、湖南省、广东省，主要分布在华北、华东、东南地区，可以推知，涉数据要素纠纷的发生范围广泛，并与地区经济发展情况存在关联。

在案件类型方面，民事案件 516，525 件，占案件总数的比例约为 78%；刑事案件 48，856 件，占案件总数的比例约为 7.4%；行政案件 20，129 件，占案件总数的 3%；此外，还有 50 件国家赔偿案件和 74，576 件执行案件，共占比 11%。可见，我国涉数据要素案件主要由民事纠纷引起，并通过民事诉讼的方式予以保护，刑事案件和行政案件较少。（见图 6－7）

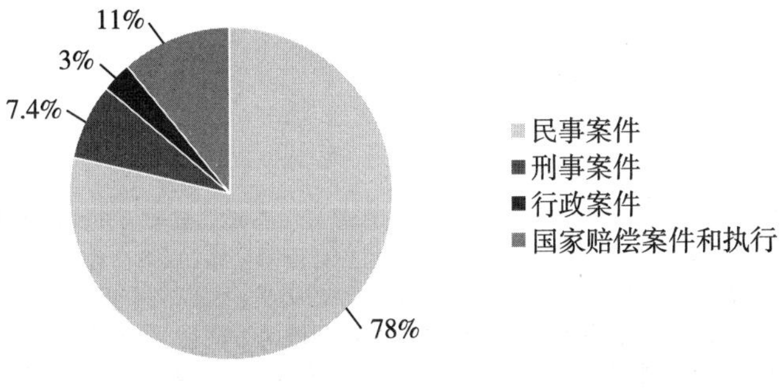

图 6－7　我国法院 2014～2023 年涉数据要素的案件种类分布

2. 案由与引用法条分析

涉数据要素诉讼主要涉及以下几种案由：

(1)合同纠纷。传统上的合同纠纷主要涉及确认合同效力纠纷、买卖合同纠纷、借款合同纠纷等，但在数字经济领域，以数字服务为合同标的的数字服务合同的存在更为广泛，由此引发的纠纷也非常多，需要予以重视。数字服务合同不同于传统的服务合同，如果数字服务与数字产品相结合，相对人欲解除合同需要承受的成本将更高。因此，为了保障当事人的合法权益，在涉数据要素纠纷的审理过程中，要关注案件中涉及的服务合同是否属于数字服务合同，并根据数字服务合同的特征采取不同的监督路径。例如，在"俞某华诉广州华多网络科技有限公司网络服务合同案"[1]中，法院首先将被告(直播平台)与原告(平台用户)之间的契约关系定性为一种数字服务合同，并基于这种判断审查直播平台的行为是否符合合同约定和相关法律法规的规定，最终作出了判令被告承担原告损失40%责任的判决，为妥善调处网络服务合同纠纷、完善网络服务提供者责任承担规则提供了范例。

(2)侵权类纠纷。随着以ChatGPT等为代表的通用人工智能技术的兴起，有关人工智能主体侵权的纠纷也逐渐增多，主要体现为人工智能生成内容对他人肖像权、名誉权以及著作权等民事权益的侵犯。由于理论界就人工智能侵权主体及其生产者的责任分担和过错判断尚未达成清晰共识，导致法院在审理相关案件时可能发生错误。目前来看，学界普遍不认可人工智能体的法律主体地位，因此，当AI程序生成内容侵犯了公民的民事权益时，应当注重判断AI程序的生产和运营者是否存在过错并要

〔1〕 本案的主要案情：俞某华的YY直播平台账号显示在异地被登录并被盗刷了价值1180元的红钻券。俞某华立即联系平台运营商广州华多网络科技有限公司(以下简称华多公司)，但其未采取措施致红钻券被盗用。俞某华遂起诉华多公司请求赔偿损失。法院经审理认为，华多公司向用户提供的防盗措施不够周密，且未能提供或保存被盗财产的流向等信息，在技术和服务上存在一定疏漏，对俞某华的损失负有次要责任，故判令华多公司承担被盗损失的40%的责任。参见广州互联网法院民事判决书，(2019)粤0192民初70号。

求其承担相应的责任。例如,在“魏某 AI 换脸侵权案”[1]中,由于被告既未证明其使用视频已经取得了原告的同意,也未能证明有第三方合法来源且其已尽到了合理的审核义务,法院判定被告未经原告的同意,使用技术手段伪造原告视频中的肖像并以营利为目的,侵犯了原告的肖像权。而在被称为某人工智能生成内容著作权案中,法院认为由计算机软件智能生成的文章不构成作品,因此,驳回了原告以被告侵犯其著作权为由提出的诉请。[2]

(3)人格权纠纷。不仅包括隐私权、肖像权等具体人格权,还包括诸如个人信息权益等一般人格权,其中隐私权和个人信息权在权利内容和保护法益方面有部分重叠,可能导致法院在案由认定中发生错误,因此,检察机关需要着重关注个人信息权和隐私权的区分,从而确保法律的正确适用。

从《民法典》对个人信息保护和隐私权的规定来看,隐私权是一种具体的人格权,而对个人信息作为一种一般人格权益予以保护。《个人信息保护法》实施后,《个人信息保护法》与《民法典》在个人信息保护的法律适用方面形成了特别法与一般法之关系。《个人信息保护法》明确规定,自然人的个人信息受法律保护,任何组织、个人不得侵害自然人的个人信息权益,个人在个人信息处理活动中享有知情权、决定权等权利。例如,在“邓某与北京顺丰速运有限公司之侵权责任纠纷”[3]中,二审法院认为,自然人的收件地址、工作兼职等信息,其与个人紧密关联且时常反映出个人的部分特征,具有识别性的意义,应当将其界定为个人信息而非隐私权。二审法院据此对一审法院的判决进行了部分改判,最终判定被告

---

〔1〕 本案的主要案情:魏某系网络红人,热爱古风汉服,在抖音、小红书平台发布的作品多为含有其肖像的古风视频。2022 年 4 月,魏某先后在抖音和小红书上发布置顶声明,表明自己对换脸 App 的痛恶以及保护个人肖像权的立场,声明自己除抖音和小红书之外,并未在其他自媒体平台发布,也未授权给其他“换脸软件”使用含有自己肖像的视频作品。2022 年 7 月,魏某起诉 4 家运营 AI 换脸软件的公司侵害其肖像权,均获法院支持。案涉均以“换脸”为主要功能和卖点,利用网红或明星们良好的外部形象所拍摄的素材引流,诱导用户点击下载、付费。参见成都铁路运输法院民事判决书,(2022)川 7101 民初 5502 号。

〔2〕 参见广东省深圳市南山区人民法院民事判决书,(2019)粤 0305 民初 14010 号。

〔3〕 参见北京市第三中级人民法院民事判决书,(2020)京 03 民终 2049 号。

应当对原告承担侵权责任。

(4)知识产权和反垄断纠纷,具体包括知识产权权属、侵权纠纷,不正当竞争纠纷,垄断纠纷等纠纷类型。涉数据要素的知识产权纠纷具有复杂性和专业性,法院可能因缺乏相应的专业技术知识而错误判断案由和适用法律,需要检察机关的及时介入。例如,在涉及数据库的知识产权保护案件中,检察机关可以根据《著作权法》第 15 条[1]的规定来审查数据库是否构成著作权法意义上的"作品",进而对法院的审判进行监督。在(2016)粤 0604 民初 1541 号案中,广东省佛山市禅城区人民法院认为原告开发的数据库中对商标信息的编排方式、分类方式具有一定的独创性。因此,原告济南白兔公司通过自己的整理收集,将商标公告信息加以汇编制作成商标信息数据库,该数据库符合汇编作品特性,拥有自身的特点,属于著作权法保护的范畴。

此外,在不正当竞争纠纷中,通过"撞库"等不正当手段获取商业数据的现象较为频发,需要予以关注。撞库,是指因用户在不同网站可能会使用同一套账户和密码,黑客通过收集互联网已泄露的用户和密码信息,生成对应的字典表,尝试批量登录其他网站后,得到一系列可以登录的用户,从而获取相应的商业数据。在认定撞库行为是否构成不正当竞争时,应当从行为的方式和手段、行为目的和后果、是否违反诚实信用原则和公认的商业道德等层面进行分析。例如,在"杭州×掌公司、杭州×导公司等与浙江×服公司不正当竞争纠纷"[2]案中,法院认为,浙江×服公司以不正当手段获取数据,且其运营的网站与"×装网"又提供同质化服务,浙江×服公司主观上具有"搭便车""不劳而获"的故意,其侵权行为不仅仅是一种牟利性的商业行为,更具有明显的指向性,其行为已构成不正当竞争行为。

相关引用法条分析如下。

---

[1] 《著作权法》第 15 条规定:"汇编若干作品、作品的片段或者不构成作品的数据或者其他材料,对其内容的选择或者编排体现独创性的作品,为汇编作品,其著作权由汇编人享有,但行使著作权时,不得侵犯原作品的著作权。"

[2] 参见杭州铁路法院民事判决书,(2018)浙 8601 民初 956 号。

首先,涉数据要素纠纷的民事案件中,有数个法律条文被反复引用,分别是2010年《著作权法》第10条[1](被引用66,179次)、第48条[2](被引用65,039次)、第49条[3](被引用63,341次),《反不正当竞争法》第2条[4](被引用3915次)。(见图6-8)

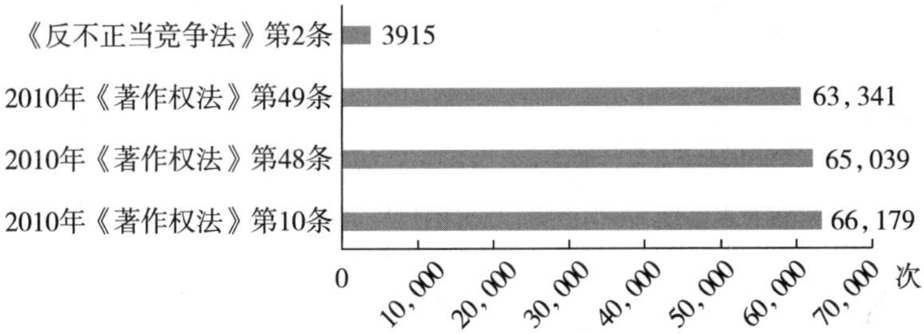

图6-8 2014~2023年涉数据要素纠纷民事案件法条引入情况

其次,刑事案件中,《刑法》第285条第1款,[5]最高人民法院、最高人民检察院《关于办理危害计算机信息系统安全刑事案件应用法律若干问

[1] 2010年《著作权法》第10条规定:"著作权包括下列人身权和财产权:(一)发表权,即决定作品是否公之于众的权利;(二)署名权,即表明作者身份,在作品上署名的权利;(三)修改权,即修改或者授权他人修改作品的权利……(十七)应当由著作权人享有的其他权利。著作权人可以许可他人行使前款第(五)项至第(十七)项规定的权利,并依照约定或者本法有关规定获得报酬。著作权人可以全部或者部分转让本条第一款第(五)项至第(十七)项规定的权利,并依照约定或者本法有关规定获得报酬。"

[2] 2010年《著作权法》第48条规定:"有下列侵权行为的,应当根据情况,承担停止侵害、消除影响、赔礼道歉、赔偿损失等民事责任;同时损害公共利益的,可以由著作权行政管理部门责令停止侵权行为,没收违法所得,没收、销毁侵权复制品,并可处以罚款;情节严重的,著作权行政管理部门还可以没收主要用于制作侵权复制品的材料、工具、设备等;构成犯罪的,依法追究刑事责任:(一)未经著作权人许可,复制、发行、表演、放映、广播、汇编、通过信息网络向公众传播其作品的,本法另有规定的除外;(二)出版他人享有专有出版权的图书的……(八)制作、出售假冒他人署名的作品的。"

[3] 2010年《著作权法》第49条规定:"侵犯著作权或者与著作权有关的权利的,侵权人应当按照权利人的实际损失给予赔偿;实际损失难以计算的,可以按照侵权人的违法所得给予赔偿。赔偿数额还应当包括权利人为制止侵权行为所支付的合理开支。权利人的实际损失或者侵权人的违法所得不能确定的,由人民法院根据侵权行为的情节,判决给予五十万元以下的赔偿。"

[4] 《反不正当竞争法》第2条规定:"经营者在生产经营活动中,应当遵循自愿、平等、公平、诚信的原则,遵守法律和商业道德。本法所称的不正当竞争行为,是指经营者在生产经营活动中,违反本法规定,扰乱市场竞争秩序,损害其他经营者或者消费者的合法权益的行为。本法所称的经营者,是指从事商品生产、经营或者提供服务(以下所称商品包括服务)的自然人、法人和非法人组织。"

[5] 《刑法》第285条第1款规定:"违反国家规定,侵入国家事务、国防建设、尖端科学技术领域的计算机信息系统的,处三年以下有期徒刑或者拘役。"

题的解释》第 1 条,[1]《刑事诉讼法》第 15 条、第 225 条等法条反复被引用。

最后,行政案件中,出现次数较多的法条有《政府信息公开条例》第 10 条[2]、第 14 条[3]、第 15 条[4]、第 23 条[5],最高人民法院《关于审理政府信息公开行政案件若干问题的规定》第 12 条[6]等。

---

〔1〕《关于办理危害计算机信息系统安全刑事案件应用法律若干问题的解释》第 1 条规定:非法获取计算机信息系统数据或者非法控制计算机信息系统,具有下列情形之一的,应当认定为刑法第 285 条第 2 款规定的"情节严重":(一)获取支付结算、证券交易、期货交易等网络金融服务的身份认证信息 10 组以上的;(二)获取第(一)项以外的身份认证信息五百组以上的;(三)非法控制计算机信息系统 20 台以上的;(四)违法所得 5000 元以上或者造成经济损失 1 万元以上的;(五)其他情节严重的情形。实施前款规定行为,具有下列情形之一的,应当认定为刑法第 285 条第 2 款规定的"情节特别严重":(一)数量或者数额达到前款第(一)项至第(四)项规定标准五倍以上的;(二)其他情节特别严重的情形。明知是他人非法控制的计算机信息系统,而对该计算机信息系统的控制权加以利用的,依照前两款的规定定罪处罚。

〔2〕《政府信息公开条例》第 10 条规定:"行政机关制作的政府信息,由制作该政府信息的行政机关负责公开。行政机关从公民、法人和其他组织获取的政府信息,由保存该政府信息的行政机关负责公开;行政机关获取的其他行政机关的政府信息,由制作或者最初获取该政府信息的行政机关负责公开。法律、法规对政府信息公开的权限另有规定的,从其规定。行政机关设立的派出机构、内设机构依照法律、法规对外以自己名义履行行政管理职能的,可以由该派出机构、内设机构负责与所履行行政管理职能有关的政府信息公开工作。两个以上行政机关共同制作的政府信息,由牵头制作的行政机关负责公开。"

〔3〕《政府信息公开条例》第 14 条规定:"依法确定为国家秘密的政府信息,法律、行政法规禁止公开的政府信息,以及公开后可能危及国家安全、公共安全、经济安全、社会稳定的政府信息,不予公开。"

〔4〕《政府信息公开条例》第 15 条规定:"涉及商业秘密、个人隐私等公开会对第三方合法权益造成损害的政府信息,行政机关不得公开。但是,第三方同意公开或者行政机关认为不公开会对公共利益造成重大影响的,予以公开。"

〔5〕《政府信息公开条例》第 23 条规定:"行政机关应当建立健全政府信息发布机制,将主动公开的政府信息通过政府公报、政府网站或者其他互联网政务媒体、新闻发布会以及报刊、广播、电视等途径予以公开。"

〔6〕《关于审理政府信息公开行政案件若干问题的规定》第 12 条规定:"有下列情形之一,被告已经履行法定告知或者说明理由义务的,人民法院应当判决驳回原告的诉讼请求:(一)不属于政府信息、政府信息不存在、依法属于不予公开范围或者依法不属于被告公开的;(二)申请公开的政府信息已经向公众公开,被告已经告知申请人获取该政府信息的方式和途径的;(三)起诉被告逾期不予答复,理由不成立的;(四)以政府信息侵犯其商业秘密、个人隐私为由反对公开,理由不成立的;(五)要求被告更正与其自身相关的政府信息记录,理由不成立的;(六)不能合理说明申请获取政府信息系根据自身生产、生活、科研等特殊需要,且被告据此不予提供的;(七)无法按照申请人要求的形式提供政府信息,且被告已通过安排申请人查阅相关资料、提供复制件或者其他适当形式提供的;(八)其他应当判决驳回诉讼请求的情形。"

3. 小结

由上述分析可见,随着数字经济的快速发展,有关数据要素的民事、刑事、行政纠纷不断涌现。为回应这一趋势,在民事方面,司法机关往往采用将数字产权纳入既有的知识产权和《民法典》人格权框架中予以保护,引用《著作权法》《反不正当竞争法》《民法典》等相关法条。但需要明确的是,目前存在的各种路径都存在相应的优势和不足,如在著作权保护路径中,数据集合主要是通过算法或者计算机系统自动生成的,通常难以构成"选择或编排的独创性",通过汇编作品进行保护存在法律障碍;在商业秘密保护路径中,涉及非秘密性的数据无法进行保护;《反不当竞争法》一般条款的适用,只是解决眼下问题的权宜之计,不利于司法的安定性和实际权益的明晰。在刑事方面,选择帮助信息网络犯罪活动罪、侵犯公民个人信息罪、诈骗罪和非法获取计算机信息系统数据、非法控制计算机系统罪等罪名来保障公民、集体和国家的合法利益,惩罚犯罪体现了检察机关顺应时代变化而在工作思路上的改变,但上述罪名大多涉及对人格权意义上的信息权益的保护,难以从"数据"或"产权"的角度对公民的数据权利予以保障。在行政方面,法院依据《政府信息公开条例》等有关法律有效维护了公民的知情权,但关于公共数据开放和授权运营的案例尚少,相关的法律规定也不够完善,此外,检察机关在行政案件中的介入还不够。通过对涉数据要素相关法律问题更加深入的研究,厘清相关权利义务,合理配置权力责任,同时继续发挥司法机关维护公平正义的作用,从而促进数据要素市场进一步发展壮大,数字经济保障体系更加完善,并为数字经济发展提供有力的法治支撑。

六、总结

(一)数据安全规则的建立为数据要素市场确立了基本秩序

网络、数据安全相关法律法规体系不断完善,数据安全与隐私保护相关的法律法规体系基本建成,为数据要素市场建设奠定了安全基础。在数字时代,安全再次从"幕后"走向"台前",成为制定法关注的重要价值与法益,安全原则也因此成为一项法律原则,成为安全与效益之间的法益衡量工具。

在数字化和智慧化叠加应用的背景下,安全观念不仅是物理空间中稳定的自然状态,而且涵盖了虚拟空间中民事活动不被他人监视、跟踪与记录的自由状态。广义层面的安全将国家作为描述对象,中义层面的安全则是侧重社会结构或社会某一领域或行业,狭义层面的安全则强调以社会治理过程中某个具体环节为对象。安全的立法形态呈现为"零散规则—区块化规则—体系化规则"三个基本阶段。《民法典》对隐私权和个人信息保护作出专门规定,《网络安全法》《数据安全法》《个人信息保护法》等也从立法目的、适用范围、实施方法等方面对个人信息保护作出相关规定,《关键信息基础设施安全保护条例》《网络安全审查办法》《数据出境安全评估办法》等法律法规、政策文件相继出台,基本构建起了网络安全政策法规体系的"四梁八柱",监管日趋完善,为加快推进数据资产化打下坚实根基。

当下大数据、人工智能、区块链等新兴技术的高速迭代拉开了私法调整范畴与实践立法需求的距离,数据安全立法也呈现这三个阶段的趋势。数据安全法秩序,应从过去的"权利人—义务人"的二元主体结构延伸为"监管机构—信息处理者—信息主体"的三元主体结构。[1] 数据安全治理成效显著,相关部门持续开展"净网""剑网"等专项行动,进一步压实企业主体责任,切实解决扰乱市场秩序、侵害用户权益、威胁数据安全等问题,网络空间持续清朗,为保障数据要素安全、持续激发数字经济活力提供了有力保障。[2]

进一步地说,数字经济的发展以及实践,反过来也倒逼着法律规则的进一步更新与完善。目前安全制度基础规则越来越完善。大致体现在如下几方面:第一,数据分类分级要求;第二,数据处理活动全流程安全守法底线;第三,风险监测、评估审计、事件处置等法律规则;第四,数据处理者

---

〔1〕 参见赵精武:《民法上安全原则的确立与展开:以风险社会治理转型为视角》,载《暨南学报(哲学社会科学版)》2022 年第 4 期。

〔2〕 参见曾宇:《释放数据价值要守好安全底线》,载中国网,http://www.china.com.cn/opinion/think/2023-09/13/content_116334641.shtml。

数据安全保护义务,以及数据处理者违反规定时对应的法律责任规则。

(二)探索数据权利制度推动建立数据要素高效流通规则

作为数据要素市场基础制度体系建设的里程碑式文件,《数据二十条》创造性地绘制了“以数据产权、流通交易、收益分配、安全治理为重点”的数据基础制度蓝图,为建设“高效、公平、安全”的数据要素市场提供了坚实的政策基础。具体到数据权利,“数据二十条”提出了“数据资源持有权、数据加工使用权、数据产品经营权等分置的产权运行机制”,引发了法学学者尤其是民法学者介入数据权利讨论的热潮。在“数据二十条”提出“三权分置”方案之后,大量研究致力于探索“三权”的内容与相互关系。各地数据交易所开展了具体的落地实践探索与制度转化,在一定程度上刺激了交易的信心并推动了数据流通水平。

无论对数据权益配置提出什么理论方案,都应回答如下几个问题:在什么客体上,确认哪些主体的什么权利,通过何种途径确保权益的变更流通。数据产权的“三权分置”实质上就是对于企业数据财产权权利内容的描述或形象化呈现。权利主体是企业或者数据劳动者,权利客体是数据财产,其范围包括原始数据、数据资源和数据产品。数据财产权是一种私权、财产权、绝对权,是直接支配和排他的权利。细化排他性的观点认为,应在数据分级分类的基础上构建起完全支配绝对排他、完全支配无排他性、有限支配有限排他的分级分类确权规则。然而,既有研究对数据财产权的权利内容观点不一:有的认为应包括持有、利用、收益和处分 4 大权能;有的认为内容可分为访问权、复制权、使用权和处分权;还有的认为,可分为持有控制数据、处理利用数据、获取数据收益、处分数据,遭受侵害或者妨碍时的停止侵害、排除妨碍和消除危险请求权。

数据赋权的权利束进路得到了沿袭,这类观点多依据霍菲尔德权利分析理论(权利束),区分数据生产、数据处理和数据治理等行为,在提供者、采集者、存储者和信息的加工者、分配者、使用者等不同主体之间进行精准确权。如此以数据资源持有权、数据加工使用权和数据产品经营权的动态赋权形式,建立数据主体享有的数据控制权、数据处理权、数据处分权和数据收益权的权利体系。熊丙万“财产权标准化”理论可谓权利束理论的升级,即根据数据财产权利人与不同社会交往对象之间的社会关系熟悉度,分别构建相应标准化程度的数据财产权样态。数据持有及其保护被认为是解决目前数据确权难题的前提问题。在此认识下,数据持有是一种事实控制;数据持有权则是数据产品化过程中不断动态发展的权利。在要素化阶段配置分享而非分置的产权,而在数据产品化阶段配置可分置的稳定的持有权。整体上,数据持有权可以通过用户协议、反垄断法等获得保护。

国家知识产权局开展数据知识产权工作地方试点以来,数据知识产权的学术讨论增多,构成了数据赋权的另外一种路线。支持"数据知识产权"的学者大多认同"数据产权是一种新型财产权"的观点,并将其客体限缩于满足一定条件的商业数据集合。知识产权论者大多认为商业数据作为公共物品且具有非竞争性和非损耗性,论证商业数据集的创新性多从主体投入智力劳动、数据集合结构方式具有一定的独创性单方展开,也有直接将数据认定为新型知识产权客体的主张,后者在客体范围上较前者更广。

数据知识产权仅具有"有限排他性"且具有权利分置的制度构成。这就决定了其赋权形式可采取"控制—共享""保护—限制"的二元权利主体构造:赋权之一,是数据制作者权(有限排他效力的财产权),包括消极权能(禁止权)与积极权能(控制权、开发权、利用权);赋权之二,是数据使用者权,即用户及其他同业经营者的访问权和携带权。有学者进一步论述了数据专有权可以按照《商标法》的实施模式进行规范构造,权利的取得可以采取注册取得模式。数据知识产权反对者众多,如有民法学者认为,数据权益与知识产权在权益结构、期限限制、保护理念、权利客体要件等方面存在诸多不同。知识产权学者则认为,现有知识产权制度以及合同、侵权等规则已经为商业数据提供充分保护,无须在立法上赋予新的数据权利。

需要指出的是,赋权被认为是数据流通交易的基础制度,前述理论探讨为国家层面的数据立法提供了正反两方面的理论参考。但是,数据赋权并非天然具有正当性。由于(电子)数据在系统中记录,在互联网技术架构之上建立的链、网、云、端体系内实现流通，这决定数据的计算无处不在、无时不有，并在形态、价值等不断流变的过程中形成不同主体之间的权利义务关系。由于，《数据二十条》中的赋权方案本身并非权利分置的方案，因此，所谓的数据“三权分置”本身仅是政策表达并无规范意义。更为重要的是，对于数据排他性的讨论以及登记制度设计仍然应采取开放态度。此外，赋权研究不应忽视资源分配的基本现实（谁掌握着数据）及其规律（依靠什么控制数据），忽视这一前提，赋权制度的设计将可能是不正义的。一个有意思的观察是，在 Web3.0 时代，区块链技术构筑的分布式网络推动了内容价值向个人分配（确权）的进程，但是，“生成式人工智能将会成为 Web3.0 时代的网络集权工具”，散落在用户手中的数据资源可能会再次聚集。[1]

这些实践问题倒逼我国加快数权法立法进程。根据产权保护，加快特别是新领域、新业态知识产权保护和数据知识产权保护的制度建设。但数据既是信息载体又是生产要素，与劳动、资本、土地、知识、技术等生产要素不同，具有非竞争性、非排他性、可复制性等特点，这就决定了数据行为规则、数据权利保护不能套用传统的法治模式。最大限度发挥数据的要素作用，既要解决好以“所有权”为重点的数据产权问题，更要加快完善基于“共享权”的数据权利保护问题，既要“数尽其用”，更要保护数权。对此，应加大数权立法的理论研究，重点解决数据权属、形态、公共数据共享机制等关键问题。此外，还应适时启动数权法立法建议稿起草工作，并纳入全国人大常委会立法规划。[2]

（三）探索公共数据授权运营制度支撑数据价值开发利用实践

公共数据授权运营作为一种数据价值利用的基本模式，是由我国特殊的国情与数据治理模式决定的。授权运营制度的良性运转，有赖于对该制度的充分理解以及清晰、有效的外部规范体系的建立。据观察，各地

---

〔1〕 参见陈吉栋：《人工智能法的理论体系与核心议题》，载《东方法学》2023 年第 1 期；陈吉栋：《公私交融的人工智能法》，载《东方法学》2024 年第 2 期。

〔2〕 参见连玉明：《健全和完善数据要素市场体系　加快数权法立法进程》，载《人民政协报》2024 年 3 月 26 日，第 3 版。

授权运营的实践包含授权机制、各方主体的权责分配、授权运营的期限、评价和退出机制等内容,具体的制度相应地也可以围绕以上方面展开。由于授权运营性质上属于政府特许经营,同时也是一种公物的特别使用机制,因此,可适当借鉴和类推适用政府特许经营和公物理论的有关规定。整体来看,对于公共数据授权运营的制度设计,应进一步厘清授权运营方、数据使用方等概念,以数据为视角厘清各主体间关系,明确政府定位,保障授权运营制度有效发挥运营价值、实现立法目的。

打造授权运营模式的多元性和开放性。对此,应结合当地数字基础设施和政府管理实际情况,将统一授权与场景授权结合,既保证授权运营的基本模式,又兼顾产业发展对场景的数据需求。主要措施有:(1)以有利于数据供给、运营效果为导向,结合实际提供数据和运营数据的平台基础设施情况,对于公共部门持有的数据,以集中授权为基础,以行业化场景授权为补充;对于其他数据主体如医疗机构等,通过试点的方式进行场景化授权。(2)推动特定场景下公共数据主体通过公共数据运营平台授权运营,或直接通过数据交易所实现产品、服务向需求方的提供。(3)高度公开、运营透明,即公共部门应完全公开其所持有数据的数据目录,并明确各类数据授权运营的条件,便利各类主体申请公共数据授权运营。(4)特定场景的促进利用措施,对生物医药、自动驾驶等领域的公共数据授权运营,在风险可控的基础上,促进公共数据的利用。

从数据资源的来源角度,开放性的授权运营体系有利于吸引区内外各类、各级公共数据资源持有主体通过区内的授权运营体系实现其持有的公共数据资源的开发利用,以弥补区内公共数据资源覆盖范围和行业积累的局限性,通过数据交易所作为统一产品服务的出口,有利于激活数据交易所的交易,推动公共数据资源开发和交易体系的建立。从数据产品和数据服务的角度,通过多层次的公共数据授权运营实现对原始数据的分层加工、分层治理、分层授权运营,有利于实现公共数据价值的发掘,也有利于避免行业主管部门直接对接市场,实现有效过渡,通过一级授权运营主体衔接主管部门和二级授权运营主体,由二级授权运营主体直接服务产业、服务市场,充分发挥不同主体自身特点和积极性,避免"错位"

"越位"。

关注数据主体(生产主体/持有主体),如政府部门、医疗、教育等机构在授权运营环节中的权责利统一,有助于推动数据主体信息化、数字化投入成本、安全责任、主体责任同授权运营收益的衔接与平衡,建立公共数据治理体系、运营体系,实现数据生产、数据供给质和量的常态化提升制度,实现提升数字政府能效、推动数字经济发展。

高效的公共数据授权运营依托于基础设施的支撑。基础设施包括物理层面的资源管理平台(运营平台的建设与维护)、授权链、存储云与身份验证机制。例如,以随申码为基础,构建个人信息统一利用的公共基础设施,链接公共数据管理平台/运营平台,实现个人数据的汇集和收益。一方面,打通对个人数据处理的知情同意路径,可以降低企业公共数据授权运营对于个人信息主体数据权利的保护和支持;另一方面,可以此为基础推动个人信息可携权、查阅权等权利的行使,让公民享有数字经济的红利,实现数据普惠。此外,还可以此为基础引入数据经纪商、数据信托人,通过专门服务机构的管理,在个人端激活数字交易。

现阶段,就此问题各地处理方式均有不同。例如,授权运营平台有"政府建设—市场运营""市场建设—市场运营"两种模式,而数据初级产品则有"市场建设—市场运营(同一主体)""市场建设—市场运营(不同主体)"两种模式。几乎所有地方的授权运营制度中,都未对授权到期后或者授权关系因故终止后的相关资产处置作出原则性约定,而试图将此问题搁置到授权协议中单独协商处理。数据基础设施作为基础设施,其对公众的可持续服务是一个关键问题,因此公共数据的基础设施无论是授权运营平台或是公共数据初级产品,其都应当归属于公共部门所有。在授权关系中,应当尽可能分离建设主体和运营主体,并尽可能要求将数据初级产品的建设置于可控的授权运营域下。

在数据流通中,数据供给方和需求方对流通有着不同诉求,供给方核心的技术诉求是保障数据可控、流通安全和过程可信,需求方希望数据价值最大化释放。当前,数据流通方式常分为数据不出域的分布式流通和数据汇聚式流通。分布式数据流通以隐私计算技术为代表,可实现联合统计、隐私集合求交、隐匿查询等,整体安全性较高。汇聚式流通的通用性强、效率高,安全性常依赖于安全的计算环境和使用控制技术的实施程度。其中,数据沙箱是基于软件或软硬件形式提供的一种安全计算环境,常用于多方数据的汇聚计算。具体来说,应从沙箱管理能力、数据使用控制、沙箱安全性和流通计算功能等方面对数据流通场景中的数据沙箱进行要求,以实现沙箱流通功能可用、数据使用可控和数据流通安全,从而安全有效汇聚数据和释放价值。在沙箱管理能力中,包含数据管理、任务管理、资源管理和空间管理等方面的要求;在数据控制能力中,包含数据的访问控制、使用过程中的控制以及全流程监控审计;在沙箱安全性中,对通信安全、系统安全、计算安全和数据安全等方面进行要求,并包含安全审查机制;在流通计算部分,涉及数据在流通过程中的数据处理功能和包括数据融合、统计分析和建模等在内的算法应用能力,以及包含对数据调试相关功能,如预置算法、工具和测试数据实现对数据的模拟调优。

(四)完善全流程监管措施推动数据跨境流动

现阶段,国内外数据跨境流动规制出现新趋势。国家互联网信息办公室于 2024 年 3 月 22 日公布并施行《促进和规范数据跨境流动规定》,确定了申报豁免与自贸区负面清单制度,并提高了备案评估的门槛,有序放宽了数据跨境流动的监管,开始向“促进与规范并重”的规制策略转变。与之相反,美国政府则于同年 2 月 28 日签署发布了《防止受关注国家访问美国人的大量敏感个人数据和美国政府相关数据的行政令》(*Executive Order on Preventing Access to Americans' Bulk Sensitive Personal Data and United States Government-Related Data by Countries of Concern*),结合其 2020 年和 2024 年对 WeChat 和 TikTok 颁布了贸易限制政策,表明美国在数据跨境流动上日趋保守。随着全球贸易保护主义和单边主义的兴起,社交数据由于其庞大的用户数量和敏感的数据性质,近年来逐渐成为各国政府数据跨境流动监管的重点。在数据跨境流动的模式上,针对数据的财产权属性,欧盟与我国均采取了“标准合同 + 安全评估”的模式,通过标准合同明确了法律概念的定义、数据传输方和处理方的法律义务、争议的救济方式等,将法律规制转化为合同权利义务,便于相关主体直接通过诉讼仲裁等方式解决争议，促进了社交数据规范跨境流动与开发利用。

现阶段，针对各国对社交数据跨境流动的规制，社交平台规则存在一些共性。例如，WeChat、TikTok、Facebook（Meta）与 X4 家主流社交平台，我们可以从数据收集、数据储存、数据传输、数据使用和用户权利 5 大板块观察社交平台对于社交数据跨境流动政策实践及其经验。

在数据收集上，为了应对政府对不同数据的分类规制，平台根据数据的性质和类别，实施了分类分级的管理策略。各平台收集的用户数据包括账号与密码、上传内容、聊天数据、行为数据（包括点赞、评论和收藏等）、好友及粉丝列表、身份及年龄认证、支付信息（包括信用卡号、送货地址和购买记录）、位置信息、API 接口数据等。可根据数据收集的方式，将相关数据分为用户提供数据和自动收集数据。平台对两类数据设定了不同的授权和管理标准，其中，用户提供数据主要为用户的个人信息和在平台创作的内容，其提供、修改和删除都需要由用户进行操作；而自动收集数据则主要是用户在使用平台时的行为数据，由平台自动进行储存与处理，除用户下载安装、注册登录或首次使用外，平台自动收集数据的操作均不会主动告知用户。

在数据储存上，各平台均表示会根据运营和服务的需要，将收集到的数据在用户所在国家或地区之外进行储存。在跨境储存地点的选择上，除选择欧盟成员国及符合欧盟"充分保护认定"的地区以满足欧盟要求外，社交平台也会考虑税收成本和法治优势，在新加坡、马来西亚等地设立数据中心。

在数据传输上，为了应对欧盟对数据跨境流动的要求，4 家平台均采用了标准合同模式，适用欧盟委员会关于向第三国传输个人数据的范本合同（SCC）以保护用户的数据权利。同时，Facebook（Meta）还强调了会判断数据传输的目的地是否符合欧盟委员会要求的"具备足够的数据保护能力"。在传输形式上，WeChat 与 Facebook（Meta）承诺会在特定情况下对传输的数据进行去除身份识别信息、聚合化或匿名化处理，以符合相关国家对敏感个人信息的传输标准。

在数据使用上，除了向服务提供商和广告商等第三方分享数据，4 家平台均表示会在“特定情况”下,根据政府规制,向境外政府或执法机关披露或传输收集到用户数据,以应对政府对数据监管的要求,且此类披露不会征求用户的事前或事后同意。

关于用户对数据的权利,根据各国民法的相关要求,4 家平台均给予了用户对数据的控制权,明确用户可以对自己储存在平台中的数据进行访问、修改、删除等操作,也可以管理平台对部分数据的访问权限。4 家平台还表示,会在平台隐私政策更新生效前通知用户、重新获取用户的授权,用户也可以随时查看平台的相关政策。

综上所述,针对数据跨境的政府规制探索,社交平台也在不断加强对社交数据跨境流动的规范。包括在符合相关规制要求的“白名单”地区设立数据中心、规范对收集用户数据的授权程序、采取标准合同等跨境传输方式、允许执法部门在特殊情况下调取数据等。对于我国数据跨境流动立法,可以针对社交数据的特性,进一步完善分类分级的规制范式。进一步明确社交数据中的“敏感个人信息”的类型与范围,采取正面案例—正面清单与负面清单相结合的制度集,促进其他非敏感数据的自由流动,充分发挥社交数据的经济价值。

此外,应当建立对数据流动的全周期监管体系,追踪和监督数据的二次流动以及数据的跨境访问,更全面地监督数据跨境的传输、处理、共享、使用全流程。我国还应该积极参与国际数据跨境流动规则的制定,制定和推广数据保护的国际标准的中国范式。正如国家数据局局长刘烈宏于 2024 年 3 月 25 日在中国发展高层论坛的演讲中所言,中国经济与世界经济的融合正变得越来越深,需持续加强多双边数字领域合作,与主要经贸伙伴国家和地区携手建立数据跨境流动合作机制,更加积极参与全球数字领域规则制定。

附件：数据要素相关法律法规与政策文件

文件	日期
政府信息公开条例	2007 年 4 月
最高人民法院关于审理政府信息公开行政案件若干问题的规定	2011 年 7 月
最高人民法院、最高人民检察院关于办理危害计算机信息系统安全刑事案件应用法律若干问题的解释	2011 年 8 月
电信和互联网用户个人信息保护规定	2013 年 7 月
网络安全法	2016 年 11 月
信息安全技术　数据交易服务安全要求（GB/T 37932—2019）	2019 年 8 月
要素市场化配置意见	2020 年 3 月
信息安全技术　个人信息安全规范（GB/T 35273—2020）	2020 年 3 月
民法典	2020 年 5 月
数据安全法	2021 年 6 月
深圳经济特区数据条例	2021 年 7 月
汽车数据安全管理若干规定（试行）	2021 年 8 月
个人信息保护法	2021 年 8 月
上海市数据条例	2021 年 11 月
要素市场化配置综合改革试点总体方案	2021 年 12 月
中共中央、国务院关于加快建设全国统一大市场的意见	2022 年 3 月
信息安全技术　网络数据处理安全要求（GB/T 41479—2022）	2022 年 4 月
数据出境安全评估办法	2022 年 7 月
中共中央、国务院关于构建数据基础制度更好发挥数据要素作用的意见	2022 年 12 月
上海市促进浦东新区数据流通交易若干规定（草案）	2023 年 7 月

第七章　结　　语

对我国转型社会时期,经济社会发展与法治之间的内在关联进行研究,证明我国经济社会发展过程中,法治所起到的积极作用,法学界的贡献是什么,如何来客观评价这种贡献。本书按照“十四五”规划中中央提出的土地要素市场、劳动力要素市场、资本要素市场、技术要素市场和数据要素市场5个领域来证明经济社会发展中法治在推动经济社会发展中起到的作用、功能或地位。土地要素市场涉及城市规划、房屋;劳动力要素市场涉及人口红利(人口城镇化)、企业改制、社会保障制度的落实(五金、四金制度)、城市治理、精细化治理等领域;资本要素市场涉及证券、投资、金融、银行;技术要素市场涉及知识产权、科技法等领域;数据要素市场出现较晚,但也是一个非常重要的领域。通过分析上海土地批租、城市综合管理改革、自贸试验区改革等梳理这些领域中的改革创新与制度性内容。

本书以文献分析法、经济分析法、利益分析法、制度分析法、域外经验比较分析法、实践经验分析法为分析方法。在分门别类的基础上注重5个要素之间的内在联系,从制度的层面来挖掘内在联系,为其他要素市场领域的改革提供可能衔接的地方。同时,本书注意其中的一些典型制度,如渐进改革、举国体制、试错式改革等。不仅如此,本书还注意现代社会形成的新的法律制度,如平台经济中用工、技术、资本、数据等使用问题,以及5要素在当下社会叠加的社会风险问题。

在土地要素方面,本书按照法律制度创新,推进土地要素市场的完善,导致了什么样的成效,这些成效能否用数据来证明的思路,梳理了法律制度、党的政策、重要文件等。同时,土地市场变革引发的社会反响与效益,如土地批租是国内的一项带来益处的制度创新。法学界缺乏对该项法律制度带来的经济、社会等效应的研究。土地批租5年前给国家带来了47万亿元的经济效应,2020年效益是8万亿元。通过图表、文字叙述,可以显示历年土地批租所带来的经济效应。土地要素方面可以用数据表现,如“大包干”带来的逐年粮食变化(连续5年,保持13,000亿斤以上的粮食产量),因土地引发的纠纷、诉讼,土地增收变迁(如乌坎事件所带来的变化),交通带来的变化,异地土地实行占补平衡(如云南省提供3万亩地弥补上海市建设用地)等。通过这些数据分析所表现出来的曲线,分析背后的原因。

劳动力要素方面,该要素在我国是不稳定的要素,人的迁移性决定该要素具有复杂性。最先国内没有关于劳动力市场的论述,到2003年为止都是劳务市场的说法。在劳务市场盛行之时,劳动力用户籍来固定已无可能,劳动力的迁移使人脱离了公社,劳动力成为可以自由支配的要素。农村吸纳不了的众多劳动力,自然转移到了城市。我国工厂多数为劳动密集型产业,大量的农村劳动力弥补了城市劳动力的需求。这些劳动力的待遇与市民身份密切相关。按照城市化发展的规律,目标是3年内城市化率达到70%,但受到多方面的限制,如18亿亩耕地的限制(分配到单个农民的耕地不足),劳动力素质(还涉及社会保障的其他方面,如子女教育)。城市化建设也包含多方面,如道路交通、公共设施、产业调整、生育政策、户籍制度、同城效应等。以东北为例,考虑产业下滑与人员流出等情况,中央放宽东北人口生育限制,但限于收入水平,生育积极性并不高。劳动力变迁引发的社会治理的问题不胜枚举。即使城市化率达到70%,所面临的社会保障问题也值得研究。

资本要素方面,资本要素对经济发展的作用日趋增大。改革开放以来,中国金融市场发展较快,但由于市场结构单一,该要素越来越不适应实体经济发展的需要。资本要素分配一直以间接融资体系为主导,由此导致了多层次资本市场发展不足。2018年,我国直接融资占比仅30%,年底存量占比仅为13.5%。在高速增长阶段,我国的产业结构以资本、劳动密集型传统产业为主,资金需求量大,以银行为主的间接融资体系匹配了大型、国有企业融资需求。但随着我国经济进入高质量发展阶段,新兴产业、中小企业成为经济发展主要驱动力,这类企业普遍具有轻资产、风险高的特点,间接融资体系由于风险偏好低、重抵押物、风险识别能力弱等问题,不能适应新形势下资本配置的需要。中小微企业融资难融资贵问题长期得不到根本性解决。我国民营企业只占用约40%的信贷资源,与其经济贡献不匹配。中小银行是支持民营和小微企业发展的主力军,但金融供给、抵御风险和资本补充能力都严重不足。

技术要素方面,目前社会发展与技术进步之间的关系密切。随着专利法的出台,两者关系更为清楚。此外,中央出台了新政策,其中关于研发投入的抵扣,大大刺激了企业投入的积极性。然而,还是存在一些政策的问题,首先,研发投入较为分散,无法达到像欧美国家那样的产出,我国每年投入两万亿元,但用于高科技方面的投入只占5%,高端研究占比不高。其次,专利转化率低。例如,上海张江高科技园区学习中关村开办企业,但每年新开与关闭的公司都差不多为200多家,之所以关闭,是因为没有持续性的研究投入,银行投资有偏颇,大部分专利都由浙江企业收购,本地开花外地结果。最后,发明占比不高。职务发明与非职务发明值得进一步研究。技术交易方面,“店小二”精神对于技术交易的成功具有启示意义,上海市在这方面是楷模。技术交易与经济发展的关系密切。

数据要素方面,数据作为一种新型生产要素,是数字经济高质量发展的核心动力。培育和建设规范的数据要素市场能够充分挖掘和释放数据要素的内在价值,促进数字经济和实体经济深度融合。但是由于数据要素具有可复制性、非标准化等特点,数据交易在安全方面有天然的脆弱性。一方面,数据具有数量庞大、价值稀疏和种类多维的特性。我国目前互联网普及率在70%以上,仅个人数据端每天产生的数据都是海量规模,还有来自企业端、政府端各种类型的大量数据,缺少标准化的规则进行筛选。而数据价值的稀疏性意味着其中大量的数据缺乏实际应用价值,这也弱化了大范围数据确权的必要性。数据的多种类型、多种分类标准、多种内容形式造成数据权属的内涵外延不同,涉及的主体不同,数据确权的规则不明确。另一方面,数据要素定价难。传统的生产要素如土地、资本、劳动力等,都可以转化为实物,但是数据要素具有虚拟性,主要表现形式为数字、文本信息、音频、视频等虚拟形态,数据要素的价值难以剥离和计量。

跋

自承接国家社科重点项目之后,课题组对改革与法治创新的内容进行了多次讨论,选择了比较难走的路径,用事实和数据说明制度创新和法治创新对于要素市场化配置的作用,进而说明对经济社会发展的作用。有的法律直接作用于经济和社会发展,有的则是通过对社会关系的调整,间接作用于经济社会发展,一些在法律实施后出现的变化折射了法治的作用,无论是直接还是相对间接,课题组都聚焦于显示法治与改革发展的相关性,证明法治的作用。关于这点,笔者在前言中已经作了说明。

课题组进行的实证研究,没有多少现成资料,很多数据是从各种不同领域的年鉴中收集来的。课题组没有处理大量数据的能力,只从中撷取很小一部分,选择一些视角运用这些资料,以说明课题的主题。

鉴于5个要素市场化转型时间长短不同,市场化程度也不同,资料的多寡有较大差别。虽然课题组试图说明法律制度创新所产生的影响,但是,现在看来,似乎只是部分实现了初衷。

课题组的成员都很努力,他们手头都有各种任务,但是,还是尽心尽力完成了各自承担的那部分章节。其间,他们泡图书馆、通志馆、档案馆,走访参与当年决策的人员,花力气将各种数据用图表展示出来,以便读者理解。对他们,我充满感激。我还要感谢接受访谈的各政府部门官员。因为人数较多,在此不一一列举。

本书是课题组合作的产物,孙建伟承担了土地要素的部分,要特别说明的是,他收集到的土地使用权有偿使用制度实施以来各年度的土地收益情况,清晰显示了法律制度创新对经济社会发展的作用,对本书具有较大的意义。宋伟哲承担了劳动力要素配置市场化的内容,他与孙建伟访谈专家,以上海市再就业工程为例,反映制度和法治创新在实现经济转型过程中,对解决失业问题所产生的重要作用。郑孝平加入课题组较晚,但是,他在证券业从业多年,又是高端管理者,故很快领悟了课题的目的和意义,他将理论与实际相结合,对证券领域法治的发展与作用叙述得很到位。曾坚一如以往,以作法制史研究的严谨态度,梳理了知识产权法治的沿革,以及对经济社会发展的影响,他制作和采用了大量图表,对增强本书的可读性是有益的。陈吉栋承担了数据要素部分,这个领域发展很快,为了不致与发展脱节,他对稿件进行多次修改,孙建伟也参与了这部分的修改。笔者承担关于资本要素中的关于银行改革的部分内容,虽然收集了大量数据和案例,但是,真正使用的仅是一小部分,而且,讲述的是银行最初的改革,与现在距离较远。但也许因为这样,对那时改革的意义认识得更清楚些。本书成稿后,笔者花了较多时间统稿。虽然尚有不少遗憾之处,但是,笔者觉得书稿还是有新意的,是我们参与法治建设的一个阶段性结果。期待大家的批评指正。

沈国明

2025 年 1 月 28 日